高职高专“十三五”规划教材

汽·车·系·列

汽车电工电子技术

刘春晖　孟宪臣　刘宏南　主编

化学工业出版社

·北京·

本书按照高职高专汽车类专业培养目标的要求及汽车技术发展的需要，以应用为主要目的，将电工技术、电子技术的基本知识与汽车电气设备、汽车电子控制系统等专业课程的内容进行了有机的融合，教学目标明确，针对性强，注重学生基本能力的培养。

本书全面、系统地介绍了与汽车电工电子技术相关的8个方面的内容，分别是直流电路、电磁现象及应用、正弦交流电路、电动机与发电机、电工测量及安全用电、半导体器件及应用、汽车常用电子电路和数字电路基础。各章后都有思考与练习题。

本书通俗易懂，实用性强，学生易学，老师易教，可作为高职高专院校、高级技工学校、技师学院汽车类专业汽车电工电子技术课程教材，也可作为广大汽车维修人员自学参考用书。

图书在版编目（CIP）数据

汽车电工电子技术/刘春晖，孟宪臣，刘宏南主编．北京：化学工业出版社，2016.7（2024.9重印）
高职高专“十三五”规划教材
ISBN 978-7-122-27088-7

Ⅰ.①汽… Ⅱ.①刘…②孟…③刘… Ⅲ.①汽车-电工技术-高等职业教育-教材②汽车-电子技术-高等职业教育-教材 Ⅳ.①U463.6

中国版本图书馆CIP数据核字（2016）第106018号

责任编辑：王听讲　　装帧设计：史利平
责任校对：王素芹

出版发行：化学工业出版社（北京市东城区青年湖南街13号　邮政编码100011）
印　　装：北京七彩京通数码快印有限公司
787mm×1092mm　1/16　印张14½　字数380千字　2024年9月北京第1版第2次印刷

购书咨询：010-64518888　　售后服务：010-64518899
网　　址：http://www.cip.com.cn
凡购买本书，如有缺损质量问题，本社销售中心负责调换。

定　　价：39.00元

前　言

随着电子技术和信息技术的飞速发展，电工电子技术渗透到汽车工业的各个领域。编者根据多年的一线汽车电工维修工作经验，以及多年的汽车电气设备及汽车电子控制系统的教学经验，结合汽车类专业特点编写本书。

本书紧密结合高职高专教育的特点，以电工电子基础知识和基本技能在汽车电气设备及汽车电子控制系统中的具体应用为出发点，以“必需、够用”为度，着重基本概念、基本定律的学习和基本技能的培养。为体现汽车专业特色，书中列举了许多汽车电子电路应用实例，使学生将电工电子基础知识与汽车专业知识有机结合，培养他们分析专业问题和解决实际问题的能力。

本书着力体现高职高专教育的特点，以分析和应用为目的，重点讲述电工电子技术的基本概念，避免复杂的理论推导，重视基础知识的应用，以培养基本操作技能为目的。通过本课程的学习，使学生掌握汽车维修必备的电工电子基本知识和基本技能，培养他们运用电工电子基本知识分析汽车电路故障的能力，为后续汽车电类专业课程的学习打下基础。在编写体例上，本书采用简练准确、图文并茂的表达形式，力求达到直观明了、易读易学的效果。

本书共分 8 章，内容包括直流电路、电磁现象及应用、正弦交流电路、电动机与发电机、电工测量及安全用电、半导体器件及应用、汽车常用电子电路和数字电路基础。每章都配有思考与练习题，便于学生复习巩固。

我们将为使用本书的教师免费提供电子教案等教学资源，需要者可以到化学工业出版社教学资源网站 http：//www.cipedu.com.cn 免费下载使用。

本书由山东华宇工学院刘春晖、杭州万向职业技术学院孟宪臣、阜新高等专科学校刘宏南任主编，参加本书编写工作的老师还有山东华宇工学院杜祥、沙恒、潘炳木、孙清明、乔华英、刘宝君。

由于编者水平所限，书中难免有不当之处，恳请使用本教材的广大师生及有关专家批评指正。

编者

目 录

第 1 章　直流电路

【教学提示】

教	知识重点	1. 欧姆定律 2. 串联电路与并联电路 3. 电阻、电感和电容元件 4. 基尔霍夫定律
	知识难点	欧姆定律，电感和电容元件，基尔霍夫定律
	推荐教学方式	从任务入手，从实物出发，边讲边学
	建议学时	8 学时
学	推荐学习方法	自己先预习，不懂的地方做出记录，查资料，听老师讲解；在老师指导下做认知实验，要在老师的指导下通电验证
	需要掌握的知识	1. 电路的基本物理量 2. 欧姆定律 3. 串联电路与并联电路 4. 电阻、电感和电容元件 5. 基尔霍夫定律
	需要掌握的技能	1. 正确运用欧姆定律解题 2. 使用基尔霍夫定律分析电路节点及电路回路

直流电路是指含有直流电源，并且电路各处的电压、电流、电动势等物理量的大小和方向都不随时间变化的电路。直流电路的一些内容已在物理课中学习过，这是学习本章的基础。以此为起点，本章将综合性地讨论电路的基本概念、基本定律和基本分析方法，以便使读者对直流电路有比较完整而系统的认识。直流电路具有典型意义，其基本概念、基本定律和分析方法也适用于其他电路。

【学习目标】

① 掌握电流、电位、电压、电动势、电能和电功率的基本概念；

② 熟悉电路的基本元件：电阻元件、电容元件、电感元件；

③ 掌握电路的基本定律：欧姆定律、基尔霍夫定律；

④ 了解电路中各点电位的意义及简单运算。

1.1　电路特点及状态

本节主要介绍电路及电路图，汽车电路的特点，以及电路的三种状态。

电路是电流所经过的路径，一般是由电源、用电器、导线和开关组成的闭合回路。电路按作用不同，分为电工电路和电子（信号）电路两大类。它们的作用不同，组成也不同。

汽车电路的特点：两个电源；并联单线；网络控制；低压直流；负极搭铁。

电路的三种状态：通路状态就是有载工作状态。断路（开路）是指电源或电路某处断开，电路中没有电流流过。断路（开路）分为控制性开路和故障性开路。控制性开路是人们根据需要，利用开关将处于通路状态的电路断开；故障性开路是一种突发性、意想不到的断路状态。短路是指电源未经负载而直接由导体构成闭合回路。

1.1.1 电路及电路图

1.1.1.1 电路

电路是电流所经过的路径，一般是由电源、用电器、导线和开关组成的闭合回路。日常生活中的手电筒是一个最简单的直流电路应用。汽车上的照明信号系统（如图 1-1 所示）也是直流电路的典型应用。

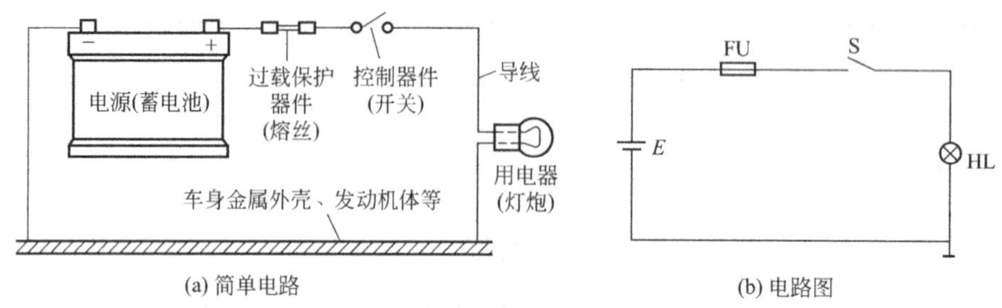

图 1-1　汽车照明装置简图

如图 1-2 所示为倒车信号电路。倒车信号器件包括倒车灯和倒车蜂鸣器。倒车灯安装在汽车后组合灯内，倒车灯开关安装在变速器盖上，倒车蜂鸣器单独安装。倒车灯和倒车蜂鸣器均由倒车灯开关统一控制。当变速器挂入倒挡时，倒车灯开关将倒车灯和倒车蜂鸣器电路接通，使倒车灯点亮，蜂鸣器鸣叫。

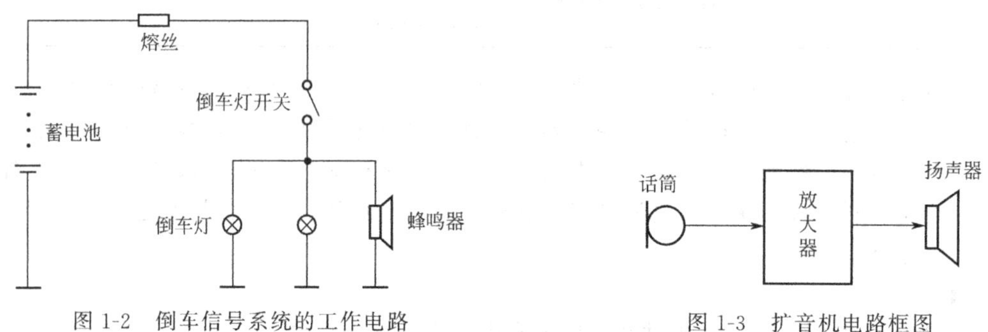

图 1-2　倒车信号系统的工作电路

图 1-3　扩音机电路框图

电路按作用不同，分为电工电路和电子（信号）电路两大类。它们的作用不同，组成也不同。

电工电路由电源、用电器、导线和控制开关组成，其作用体现在电能的产生、传输控制和转换上。最能说明问题的例子是汽车照明电路（如图 1-1 所示），开关闭合时，蓄电池产生的电能经熔断丝、开关、连接导线送到车灯，由车灯将电能转换成热能，并以光的形式反映出来，实现电能的产生、传输控制和转换。在电路中，蓄电池是提供电能的设备，是电源，它将化学能转换成电能。车灯是使用电能的设备，是负载，也称用电器，其作用是将电能转换成热能。这一转换是不可逆的，说明电能被消耗了，因此车灯是电阻性负载。开关和连接导线位于电源和负载之间，称为中间环节，在电路中起电能的传输和控制作用。可见，电源、负载和中间环节组成了照明电路，图 1-1(b) 所示为其电路模型。

与电工电路不同，电子电路由信号源、负载和中间环节组成，其作用体现在电信号的产生、处理传输和变换上。典型的例子是扩音机电路，其框图如图 1-3 所示。话筒产生的电信号（电压或电流）经放大器处理后传送给扬声器，由扬声器将其转换为声音，实现电信号的产生、处理传输和变换功能。在电路中，话筒是输出电信号的设备，称为信号源。在电路中，它将声音信号变换为电压或电流信号。扬声器是接收和转换电信号的设备，是负载。放大器处于信号源与负载之间，为中间环节，在电路中用来放大电信号。可见，信号源、负载和中间环节组成了扩音机电路。

需要指出的是，电工电路和电子（信号）电路是全体电路的代表，它们的作用和组成反映了全体电路的作用与组成情况。了解这一点，有助于回答电路的作用和组成问题。

1.1.1.2　电路图

按照规定，各种电气元件都可以用特定的图形符号和文字符号来表示。部分常用的电气元件符号如表 1-1 所示。

表 1-1　常用电气元件符号

图形符号	英文符号	名称	图形符号	英文符号	名称	图形符号	英文符号	名称
	S 或 SA	开关		C	电容器		—	连接导线 不连接导线
	E	蓄电池		PA	电流表		FU	熔断器
	L	线圈		PV	电压表		HL	照明灯 指示灯
	L	铁芯线圈		V 或 VD	二极管		—	转速表
	R	电阻		—	搭铁		—	串励直流 电动机
	RP 或 R_P	电位器		—	接机壳 或接地		—	并励直流 电动机

将实际电路中的各个元件用其图形符号表示，这样画出的图形称为实际电路的电路原理图，简称电路图，如图 1-1 所示。

1.1.2　汽车电路的特点

1.1.2.1　两个电源

汽车上的两个电源指交流发电机和蓄电池两个供电电源。蓄电池是辅助电源，在汽车未运转时，向有关电气设备供电；交流发电机是主电源，当发动机运转到一定转速后，交流发电机转速达到规定的发电转速，开始向有关电气设备供电，同时对蓄电池充电。两者互补，可以有效地使用电设备在不同的情况下都能正常工作，同时延长了蓄电池的供电时间。

1.1.2.2　并联单线

汽车上的电源和所有的电气设备均采用并联方式，即它们正常工作时的电压相同。采用并联方式，个别电气设备故障而不能正常工作时，不会影响其他电气设备，每个用电设备都由各自串联在其支路中的专用开关控制，互不干扰。单线制是指从电源到用电设备只用一根导线连接，而用汽车底盘、发动机等金属机体作为另一根公用导线。由于单线制节省导线、线路清晰、安装和检修方便，且电器不需与车体绝缘，因此现代汽车电路均采用单线制，但在一些不能形成可靠的电气回路或需要精确电子信号的回路中采用双线制。

1.1.2.3　网络控制

由于汽车智能化的要求，多数用电设备的工作电流已不是由单一的开关信号控制，而是由具有一定逻辑关系的多个信号来控制。这些控制构成一个网络，称之为网络控制，即用电设备是否工作，由网络控制。实现网络控制，主要引入了电控单元（ECU），它连接特定部位的传感器，每个传感器提供一路信号。在各种用电设备的工作电流控制中，有些信号是共用的，所以汽车上的各个电控单元也要靠网络技术来连接。随着汽车电气技术的发展，拟人思维的功能控制需要的信号越来越多，满足的关系越来越复杂，网络结构不断发展。目前汽车车载网络结构逐步向CAN总线制过渡。

1.1.2.4 低压直流

汽车电系的额定电压有12V和24V两种。目前，汽油车普遍采用12V电系，中、重型柴油车多采用24V电系。对于汽车正常运行中的电压，一般12V系统的为14V，24V系统的为28V。汽车采用直流系统的原因是汽车发动机要靠电力启动机启动，它是直流串激电动机，必须由蓄电池供电，而向蓄电池充电必须用直流电，所以汽车电系为直流系统。这主要是从蓄电池充电的角度来考虑。

1.1.2.5 负极搭铁

采用单线制时，蓄电池的一个电极须接至车架，俗称“搭铁”，用符号“⊥”表示。将蓄电池的负极接车架，称为“负极搭铁”；反之，称为“正极搭铁”。汽车电系统一定为负极搭铁。

1.1.3 电路的三种状态

电路在使用过程中，由于使用条件不同，处于不同的状态。归纳起来有通路、开路和短路三种状态。每种状态有其自身的特点。

1.1.3.1 通路（有载）

通路状态就是有载工作状态。如图1-4所示，开关S接通“1”号位置，负载中有电流通过。在这种状态下，电源端电压与负载电流的关系用电源的外特性确定。根据负载的大小，分为满载、轻载和过载三种情况。

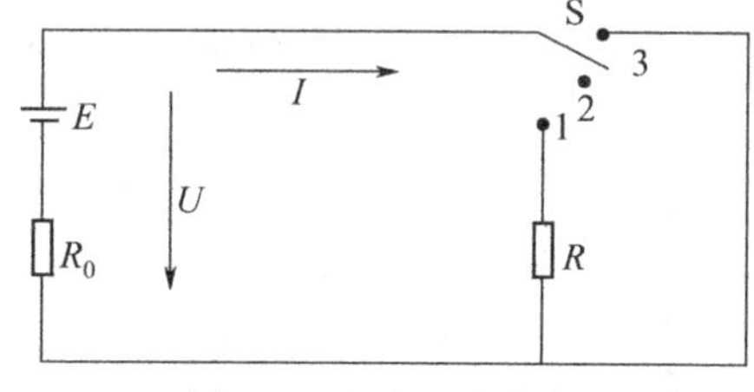

图1-4 电路三种状态

负载在额定功率下的工作状态叫做额定工作状态或满载。电气设备在额定状态下工作是最经济合理和安全可靠的，并且能保证电气设备的使用寿命。

负载偏小，实际消耗的功率低于额定功率的工作状态叫做轻载。轻载运行，电气设备不能充分发挥效能。

负载偏大，实际消耗的功率高于额定功率的工作状态叫做过载或超载。长时间过载，会缩短电气设备的使用寿命。严重过载，会使电气设备很快烧毁。

1.1.3.2 断路（开路）

断路是指电源或电路某处断开，电路中没有电流流过。如图1-4所示，开关S接通“2”号位置，电路中没有电流流过，电源不向负载输送电能。对于电源来说，这种状态叫做空载。断路的主要特点是：电路中的电流为零，电源端电压和电动势相等。

开路分为控制性开路和故障性开路。控制性开路是人们根据需要，利用开关将处于通路状态的电路断开；故障性开路是一种突发性、意想不到的断路状态。例如，在汽车电路中，电源与负载之间的连接线松脱，负载与导体的金属部分接触不良，都会引起断路故障。所以，在接线时要牢固、可靠，尽量避免断路故障发生。

在汽车电路发生断路故障时，通常利用试灯或万用表（直流电压挡）寻找电路的断路点，如图1-5所示，方法是：将试灯一端（或电压表负表笔）接在电源负极（或汽车车体的任意金属部位，可就近搭铁），另一端依次触及电路接线点a、b、c、d。如果灯亮，说明此接线点至电源正极间无断路；如果灯不亮，说明此接线点与前一接线点间有断路。用这种办法逐步缩小查找范围，直至找到断路点。

1.1.3.3　短路

短路是指电源未经负载而直接由导体构成闭合回路。如图 1-4 所示，开关 S 接通“3”号位置，电源被短接，电路中的短路电流 $I=E/R_0$。由于电源内阻一般都很小，所以 I 极大。此时，电源对外输出电压 $U=E-IR_0\approx 0$。

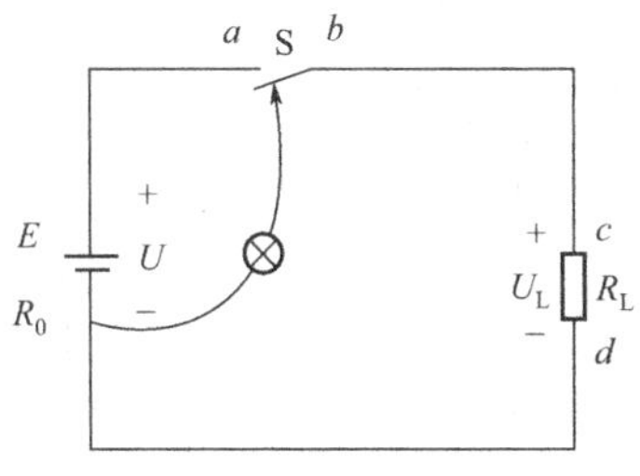

图 1-5　用试灯寻找断路点

短路电流极大，不仅会损坏导线、电源和其他电气设备，甚至会引起火灾。因此，短路是电路的严重故障状态，必须禁止发生。在电路中常串接保护装置，如熔断丝或自动断电器等。一旦发生短路故障，能自动切断电路，起到安全保护作用。一般地，熔断丝由低熔点的铅锡合金丝做成，发生短路时，短路电流产生的热能使熔丝立即熔断，从而保护电路中的设备，使其免于烧毁。

需要说明的是：在汽车电路故障诊断维修工作中，为了快速寻找故障点，经常采用短路的方法，将某两个接线柱短路。为了和事故性短路相区别，常把这种短路称为短接。

图 1-6 所示为汽车启动系统原理简图。若按下启动按钮，启动电动机不转，经查电源、熔断丝 FU 及搭铁线均无故障，可采用短接法查找故障位置，操作步骤如图 1-7 所示。

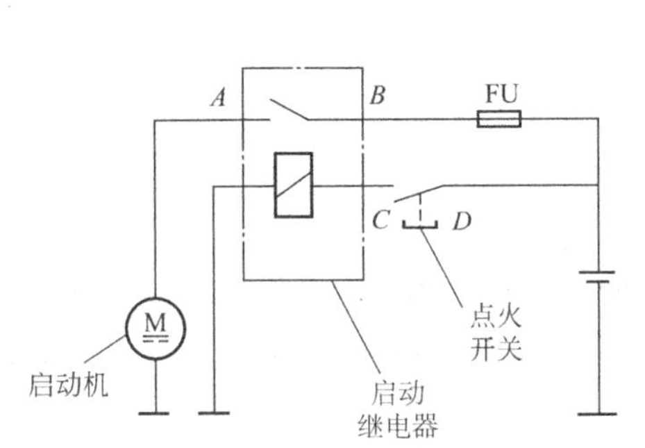

图 1-6　汽车启动系统原理简图

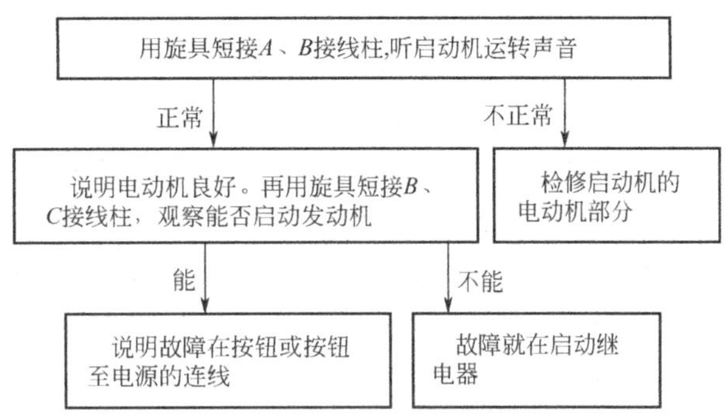

图 1-7　用短接法查找故障位置

1.2　电路的基本物理量

本节主要介绍电路的基本物理量——电流、电压、电阻、电能、电功率的概念及应用。

电流是电荷在电场力的作用下定向运动形成的。电流的强弱用电流强度来表示。单位时间内通过导体横截面的电量称为电流强度（简称电流）。电流分为直流电流和交流电流两大类。习惯上规定，正电荷定向运动的方向为电流的方向。在金属导体中，电流的方向与自由电子运动的方向相反；在电解液中，电流的方向与正离子运动的方向相同，与负离子运动的方向相反。

电压的实际方向规定为由高电位端指向低电位端，即电位降低的方向。电动势的方向与电压的方向相反，规定为由电源的低电位端指向高电位端，即电位升高的方向。为了便于分析和维修电路，通常需要选定某一点作为参考点，电路中某点与参考点之间的电压称为该点的电位。

电路中，对电流通过有阻碍作用并造成能量消耗的部分叫做电阻。

导体的电阻不仅与结构、材料有关，还与温度有关。其受温度影响的程度，用温度系数 α 来衡量。

电流流过负载时对负载所做的功称为电功，用符号 W 表示。电功的国际单位是焦耳（J）。

电流做功的快慢用电功率描述，其大小等于单位时间 t 内电流所做的功 W，即瓦特定律。

1.2.1 电流

1.2.1.1 电路的电流

我们知道，水能在管中流动，称之为水流；同样的，电荷能在导线中流动，电荷的流动称为电流。如图 1-8 所示，合上电源开关，电灯就会发光，这是因为在电路中有电流通过。电流虽然用肉眼看不见，但是可以通过它的各种表现被人们察觉。

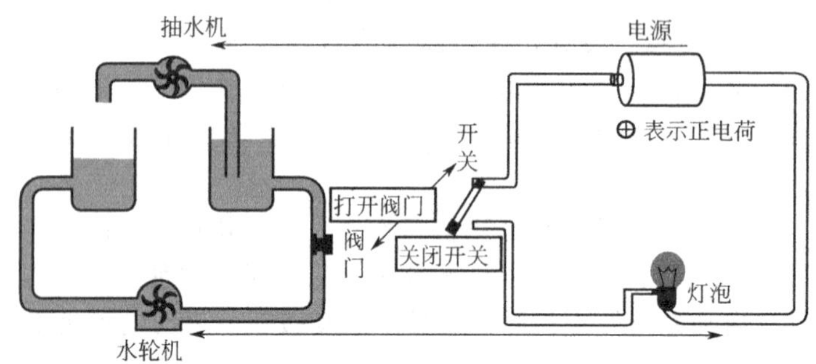

图 1-8 水流与电流的产生

1.2.1.2 电流强度定义及其表达式

电流是电荷在电场力的作用下定向运动形成的。例如，在金属导体中，自由电子在电场力的作用下定向运动形成电流；在电解液（如蓄电池）或者被电离的气体中，正、负离子在电场力的作用下做相反运动形成电流。因此，电流的大小和方向都与电荷有关。

电流的强弱用电流强度来表示，其定义为：单位时间内通过导体横截面的电量称为电流强度（简称电流），用字母 I 表示。若在时间 t 内通过导体横截面的电荷量为 Q [单位为库仑 (C)]，则通过该截面的电流为二者之比，即

$$I=\frac{Q}{t}$$

电流分为直流电流和交流电流两大类。直流电流是指方向和时间不做周期性变化的电流（如图 1-9 所示），但电流大小可能不固定，而产生波形。这种电流称为脉动直流电流（如图 1-10所示）。直流电流记作 DC（Direct Current），用大写字母表示。交流电流是指大小和方向随时间做周期性变化的电流（如图 1-11 所示）。交流电流记作 AC（Alternating Current），用小写字母表示。因此，上式为直流电流的表达式。交流电流的表达式为

$$i=\frac{\mathrm{d}q}{\mathrm{d}t}$$

式中，$\mathrm{d}q$ 是 $\mathrm{d}t$ 时间内通过导体横截面的电荷量。

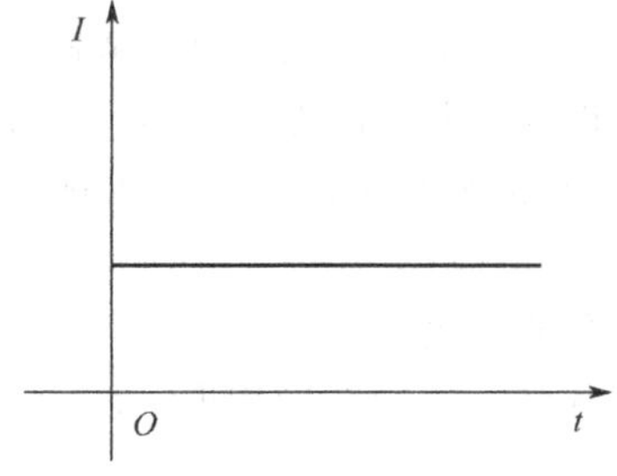

图 1-9 恒定电流

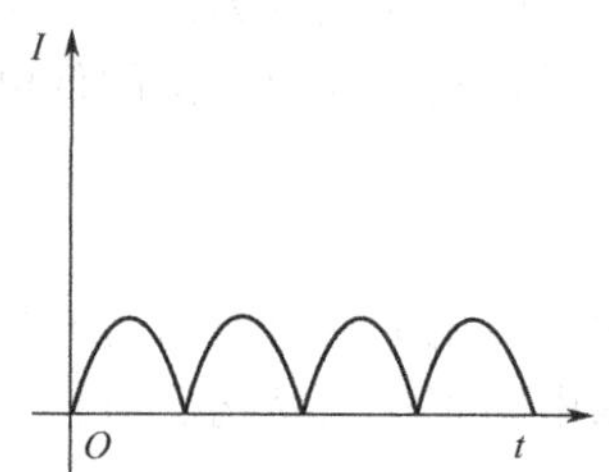

图 1-10 脉动直流电流

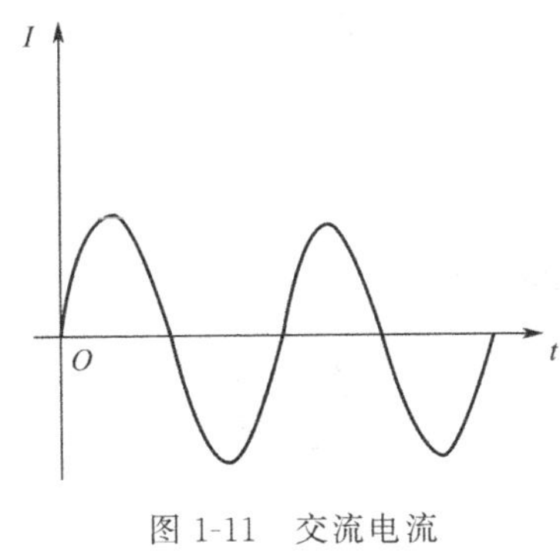

图 1-11 交流电流

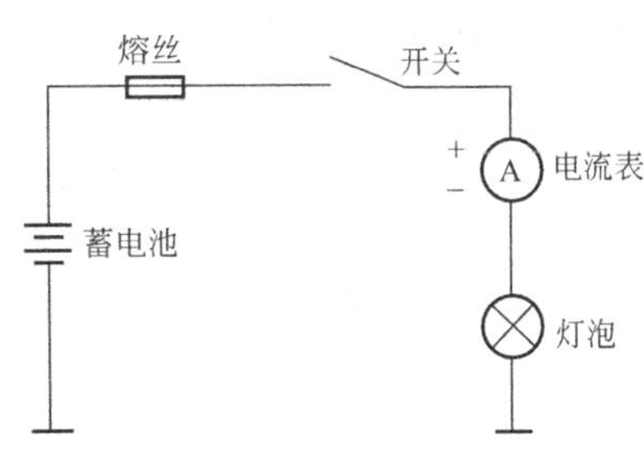

图 1-12 测量电流的电路连接

在国际单位制中，电流强度的单位是安（培）（A）。常用的电流强度单位还有毫安（mA）、微安（μA），并且

$$1\text{mA}=10^{-3}\text{A}$$
$$1\mu\text{A}=10^{-6}\text{A}$$

习惯上规定，正电荷定向运动的方向为电流的方向。在金属导体中，电流的方向与自由电子运动的方向相反；在电解液中，电流的方向与正离子运动的方向相同，与负离子运动的方向相反。

实际电路中的电流大小可以用电流表来测量。测量时，必须把电流表串联在被测电路中，并使电流从电流表的正极流入，负极流出，如图 1-12 所示。

1.2.1.3 电流的方向

电流的方向（实际方向）定义为正电荷的运动方向。在简单直流电路中，电流的实际方向很容易确定，但是在复杂的直流电路中，某一段电路中的电流方向有时难以判定；在交流电路中，电流方向随时间而变，在电路上无法用一个箭头表示其实际方向。为此，在分析计算电路时，经常任选一个方向作为电流的参考方向。所选的电流参考方向有可能与实际方向相同，也可能相反。若相同，则根据参考方向计算出来的电流为正值，如图 1-13(a) 所示；若相反，则根据参考方向计算出来的电流为负值，如图 1-13(b) 所示。因此，参考方向与实际方向的关系不同，电流的正负值也不同。

为了避免重复，在没有特别指明的情况下，电路图上标注的电流方向都是其参考方向。此外，电流的参考方向除用箭头表示外，还可用双下标表示。例如，电流 I_{ab} 表示参考方向由 a 指向 b。

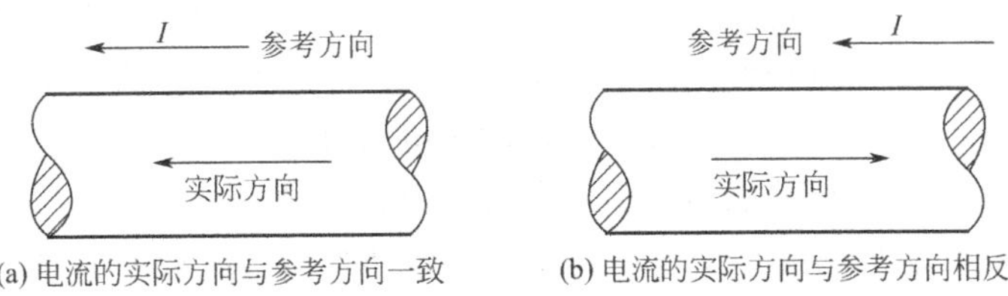

图 1-13 电流的参考方向与实际方向

1.2.2 电压、电位和电动势

1.2.2.1 电压和电动势

1）电压和电动势定义及其表达式

如图 1-14 所示，水位高度不同，产生的压力也不同，高水位产生了势能，导致水的流动。电压也是一样，因为两点间存在电势差，导致正的带电离子从高电势向低电势流动，形成电

流。电流形成的根本原因是导体两端存在电势差，对于常见的干电池、锂电池和铅酸电池，在两个接线端子间都存在电压。

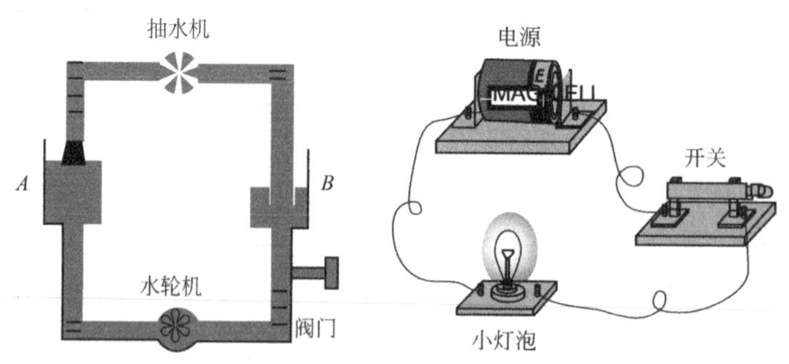

图 1-14 水压与电压的产生

在图 1-15 中，a、b 是电源的正、负极。a 为正极，带正电荷，b 为负极，带负电荷。正、负电荷相互作用在电极 a、b 之间，形成电场，其方向由 a 指向 b。如果用导体（连线和负载）将 a 和 b 连接起来，则在电场力的作用下，正电荷将由 a 向 b 运动。在此过程中，电场力做功。为了衡量电场力做功的本领，引入电压这一物理量。在电路中，a、b 两点间的电压 U_{ab} 在数值上等于电场力将单位正电荷从 a 点移到 b 点所做的功。设由 a 到 b 电场力做的功为 W，被移动的电荷量为 Q，则二者之比就是 a、b 间的电压，即

$$U_{ab}=\frac{W}{Q}$$

电压有直流和交流之分，上式为直流电压的表达式。交流电压要用电功的变化量 $\mathrm{d}w$ 与电荷的变化量 $\mathrm{d}q$ 之比表示，即

$$U_{ab}=\frac{\mathrm{d}w}{\mathrm{d}q}$$

在图 1-15 中，正电荷在电场力的作用下，从正极 a 向负极 b 移动，在导体中形成电流。正电荷到达负极 b 后，与负极 b 的负电荷中和，使电极间的电场减弱，电流相应减小。如果中和过程持续下去，电极间的电场逐渐减小到零，电流减小到中断。为了使电流持续不断并保持稳定，在电源内部必须具有一种力，它能把正电荷从负极 b 推到正极 a，使电极间始终维持稳定的电场强度。所有的电源都具有这种力。在电池中，这种力是由化学反应产生的化学力；而在发电机中，这种力是由电磁作用产生的电磁力。由于这种力存在于电源内部，因而称为电源力。电源力在推动正电荷移动时做功。因此，为了衡量电源力做功的能力，引入了电动势这一物理量。

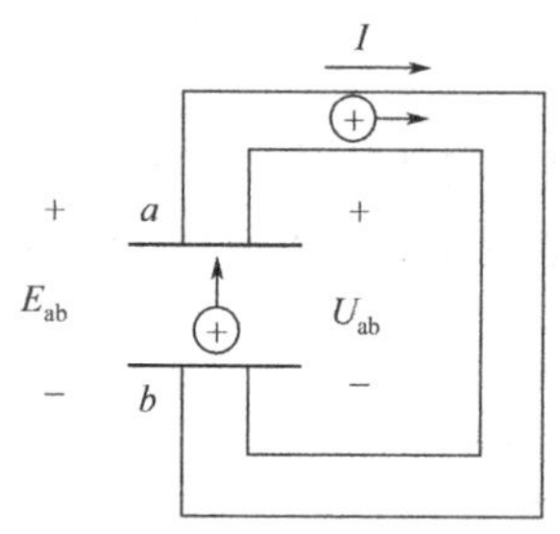

图 1-15 电荷的回路

电源的电动势 E_{ba} 在数值上等于电源力将单位正电荷从电源的负极 b 经电源内部移到正极 a 所做的功。设由 b 到 a 电源力做的功为 W，被移动的正电荷为 Q，则它们的比值就是电动势 E_{ba}，即

$$E_{ba}=\frac{W}{Q}$$

电压和电动势的单位相同，都是伏（V）。1V 就是电源力把 1C（库）的电荷从一点移至另一点做 1J（焦）的功。其他常用单位还有千伏（kV）、毫伏（mV），与伏（V）的换算关系为

$$1kV=10^3V$$
$$1V=10^3mV$$

2）电压和电动势的方向

电压和电动势都是标量，但在分析电路时，和电流一样，也说它们具有方向性。电压的实际方向规定为由高电位端指向低电位端，即为电位降低的方向。如在图1-15中，a端电位高（用“+”表示），b端电位低（用“-”表示），则电压的方向由a指向b。电动势的方向与电压的方向相反，规定为由电源的低电位端指向高电位端，即电位升高的方向。如在图1-15中，b端电位低（用“-”表示），a端电位高（用“+”表示），则电动势的方向为由b指向a。b端为电源的负极，a端为正极，因此电动势的方向为电源的负极指向正极。

电压、电动势的参考方向除用“+”、“-”表示外，还可用双下标表示。以电压为例，a、b间的电压U_{ab}，其参考方向是由a指向b；如果参考方向选为由b指向a，则为U_{ba}，$U_{ab}=-U_{ba}$。

1.2.2.2　电位

物体处在不同的高度，具有不同的位能（势能）；相对高度越大，位能越大。众所周知，水总是从高的地方流向低的地方，也就是从高水位流向低水位；水位高的地方位能高，水位低的地方位能低。电也是如此，电荷在电路中各点所具有的能量一般也是不等的。正电荷从高电位流向低电位，而负电荷从低电位流向高电位。

实际中，为了便于分析和维修电路，通常需要选定某一点作为参考点，电路中某点与参考点之间的电压称为该点的电位。参考点的电位通常规定为零，所以又叫零电位点。电位的文字符号用带单下标的字母V表示，如V_A，表示A点的电位。电位的单位也是伏（V）。

零电位点可以任意选定，但为了统一，一般选大地作为参考点，即视大地的电位为零。在电子仪器和设备中，常把金属外壳或电路的公共接点的电位作为零电位。零电位的符号有两种，图1-16(a)表示接地，图1-16(b)、(c)表示接公共点或接机壳。在汽车电路中，蓄电池负极直接或间接地通过导线连接在金属车身或车架上，俗称“搭铁”。

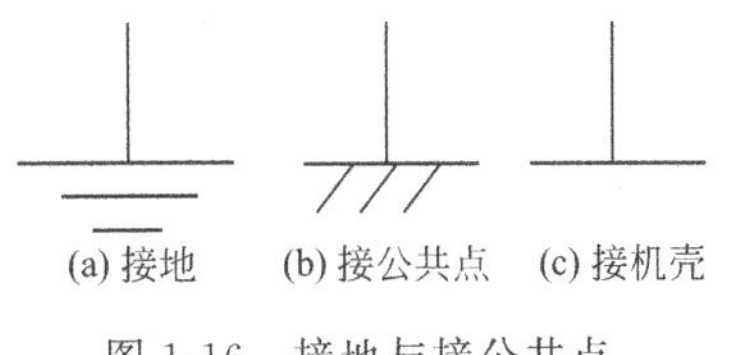

图1-16　接地与接公共点

电位有正电位和负电位之分。当某点的电位大于零时，表示该电位高于参考点电位，称之为正电位；当某点电位小于零时，表示该点电位低于参考点电位，称之为负电位。

规定电路中的零电位点之后，电路中任何一点与零电位点之间的电压就是该点的电位。这样，电路中各点的电位就有了确定的数值。当各点电位已知后，就能求出任意两点（A，B）间的电压。例如，$V_A=30V$，$V_B=20V$，那么A、B之间的电压为

$$U_{AB}=V_A-V_B=30-20=10\ (V)$$

1.2.3　电阻

如图1-17所示，管路大小对水流有阻碍作用。同样的，物质也能对电流产生阻碍作用，称其为该作用下的电阻物质。电阻将导致电子流通量的变化，电阻越小，电子流通量越大，反之亦然。

导体具有两面性：一方面，对电流有良好的传导性；另一方面，对电流有一定的阻碍作用（这种阻力是自由电子做定向运动时与导体的原子发生碰撞产生的），这种阻碍作用的大小用电阻来表示。也就是说，电路中对电流通过有阻碍作用并造成能量消耗的部分叫做电阻。

在一定温度下，导体的电阻R的大小与导体的长度l成正比，与截面积S成反比，且还与

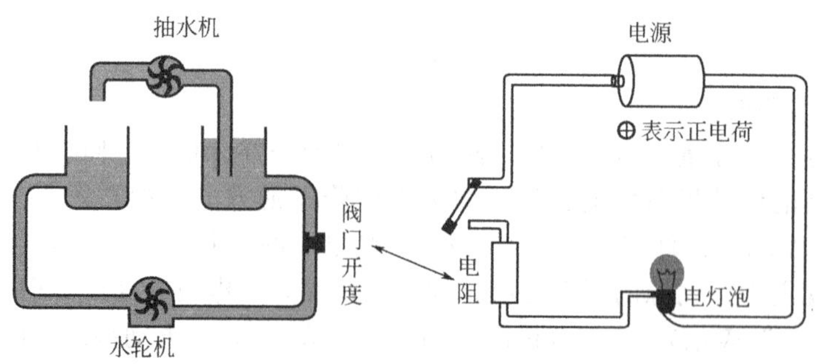

图 1-17 水流与电流的阻碍

导体的电阻率 ρ 有关。这一关系称为电阻定律，即

$$R=\rho \frac{l}{S}$$

电阻 R 的标准单位是欧（Ω）。当导体两端的电压为 1V，通过的电流是 1A 时，这段导体的电阻就是 1Ω。常用的单位还有 kΩ（千欧）、MΩ（兆欧），与 Ω（欧）的换算关系是

$$1\text{k}\Omega=10^3\Omega$$

$$1\text{M}\Omega=10^3\text{k}\Omega=10^6\Omega$$

电阻率 ρ 的单位是欧·米（Ω·m），其大小取决于材料的性质。性质不同的导体，其电阻率不同，用途也不一样。表 1-2 列出了常用导体材料的电阻率 ρ 及温度系数 α。

表 1-2 常用导体材料的电阻率 ρ 和电阻温度系数 α（20℃）

用途	材料名称	电阻率 ρ/Ω·m	电阻温度系数 α/℃$^{-1}$
导电材料	银	0.0165×10^{-6}	0.0038
	铜	0.0175×10^{-6}	0.0040
	铝	0.0283×10^{-6}	0.0042
	低碳钢	0.12×10^{-6}	0.0060
	铁	$(0.13\sim0.3)\times10^{-6}$	0.0060
电阻材料	锰铜	0.42×10^{-6}	0.000005
	康铜	$0.4\sim0.51\times10^{-6}$	0.000005
	镍铬合金	1.1×10^{-6}	0.00013
	铁铬铝合金	1.4×10^{-6}	0.00005
	碳	10.0×10^{-6}	−0.0005

由表 1-2 可知，银、铜、铝的电阻率都很小，说明它们的导电性能很好，常用作导电材料。其中，铜、铝由于价格低廉，而被广泛用于制造各种导线、电磁电器和电磁设备的线圈等。银的导电性能虽然最好，但由于价格贵，只在有特殊要求的地方使用，如半导体器件的引线、电器的触点等位置。镍铬合金、铁铬铝合金的电阻率都较高，而且具有耐高温的能力，因此常用来制造各种电热器件，如车用点烟器和车用空调的发热丝。

导体的电阻不仅与结构、材料有关，还与温度有关。受温度影响的程度，用温度系数 α 来衡量。α 越大的导体，其电阻受温度的影响越大；反之，受温度的影响越小。由表 1-2 看出，锰铜、康铜的温度系数 α 近似为零，说明它们的电阻几乎不受温度变化的影响，十分稳定，而且其电阻率比铜大几十倍，是很好的电阻材料，因此广泛用于制造各种电阻器。常用电阻器的外形图及符号如图 1-18 所示。

由表 1-2 还可看出，大部分导体的温度系数 α 为正值，个别导体的温度系数 α 为负值，如碳导体，其电阻随着温度升高而减小，常用于制作温度补偿元件，用在电子电路中。

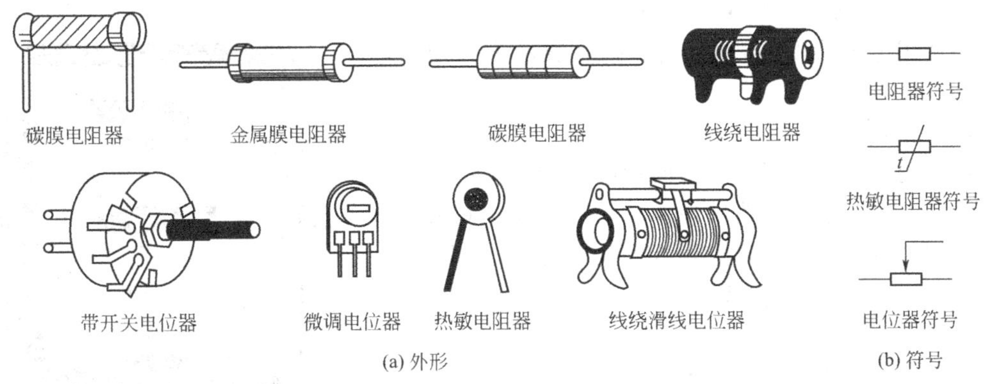

图 1-18　常见电阻器的外形及符号

一般情况下，碳膜和金属膜电阻的阻值用色环法表示，有四环和五环，识读方法如图 1-19所示。

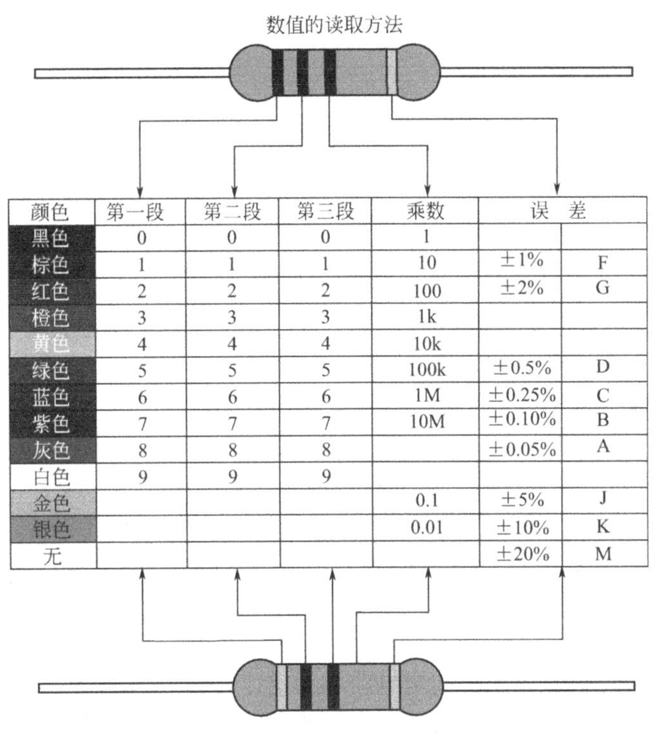

颜色	第一段	第二段	第三段	乘数	误　差	
黑色	0	0	0	1		
棕色	1	1	1	10	±1%	F
红色	2	2	2	100	±2%	G
橙色	3	3	3	1k		
黄色	4	4	4	10k		
绿色	5	5	5	100k	±0.5%	D
蓝色	6	6	6	1M	±0.25%	C
紫色	7	7	7	10M	±0.10%	B
灰色	8	8	8		±0.05%	A
白色	9	9	9			
金色				0.1	±5%	J
银色				0.01	±10%	K
无					±20%	M

图 1-19　色环电阻识读方法

1.2.4　电能和电功率

1.2.4.1　电能

电流流过负载时对负载做的功称为电能，用符号 W 表示。在一段电路中，电流对导体做的功与导体两端的电压 U(V) 和通过导体的电流 I(A) 以及通电时间 t(s) 成正比，其计算公式为

$$W=UIt$$

电能的国际单位是焦耳（J）。在工程上，常用的电能单位为千瓦时（kW·h），俗称度，即

$$1\text{度}=1kW\cdot h=3.6\times10^6J$$

一般使用电能表测量电能。图 1-20 所示为家用电能表，也称电度表。

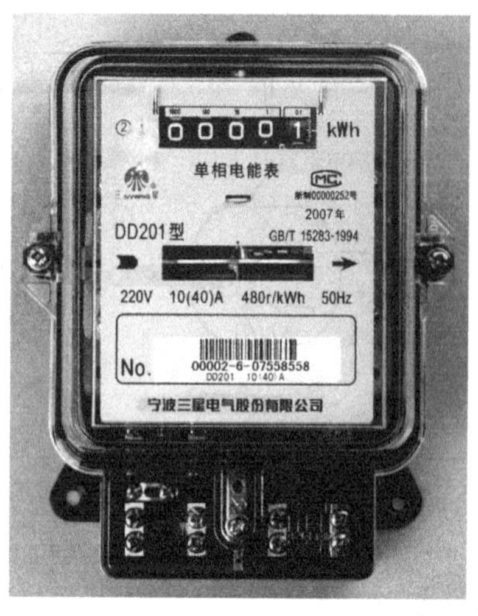

图 1-20 电能表

1.2.4.2 电功率

不同的用电器在相同时间内的用电量是不同的，即电流做功快慢不同。电流做功快慢用电功率描述，其大小等于单位时间 t 内电流所做的功 W（即瓦特定律），即

$$P=\frac{W}{t}=UI$$

电功率的国际单位为瓦特，简称瓦（W）。常用的电功率单位还有千瓦（kW）、毫瓦（mW）等，换算关系为

$$1kW=10^3W=10^6mW$$

瓦特定律确定了电流、电压和电功率之间的关系，可用图 1-21 所示的三角形来表达。遮住三角形中的未知值，便可获得计算公式。

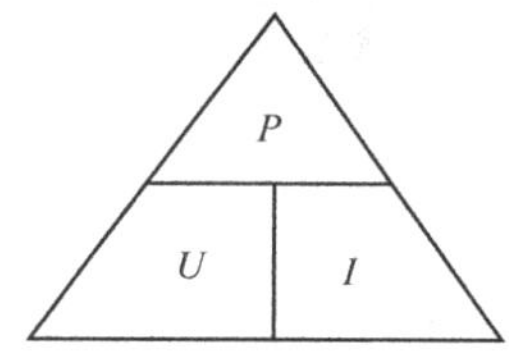

图 1-21 用三角形表达瓦特定律数学式

【例 1-1】 汽车前照灯电功率为 60W，额定电压为 12V。求额定电流 I 和每小时消耗的电能 W。

由式 $P=UI$ 可知

$$I=\frac{P}{U}=\frac{60}{12}\text{（A）}=5\text{（A）}$$

$$W=Pt=60\times3600=2.16\times10^5\text{（J）}$$

1.3 欧姆定律

本节主要介绍部分电路欧姆定律和全电路欧姆定律。

通过一段导体的电流与这段导体两端的电压成正比，与这段导体的电阻成反比。这就是部分电路欧姆定律，简称欧姆定律。

全电路中的电流与电源的电动势成正比，与内、外电路中的电阻之和成反比。这个结论称为全电路欧姆定律。

1.3.1 部分电路欧姆定律

部分电路是指不含电源的一段电路，如图 1-22 所示。通过一段导体的电流与这段导体两端的电压成正比，与这段导体的电阻成反比。这就是部分电路欧姆定律，简称欧姆定律，其表达式为

$$I=\frac{U}{R}$$

式中，U 为导体两端的电压（V）；R 为导体的电阻（Ω）；I 为流过导体的电流（A）。

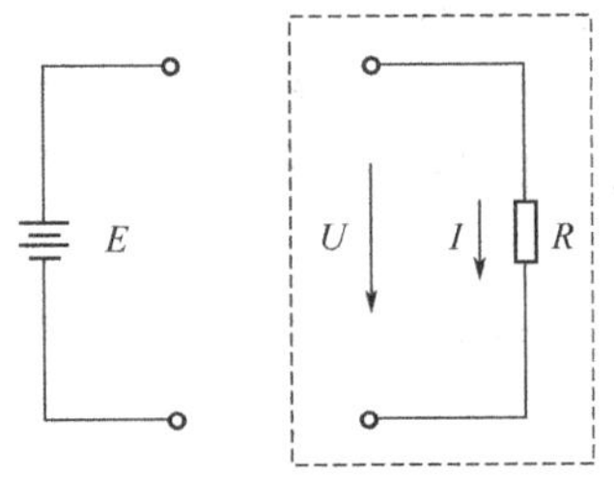

图 1-22　部分电路

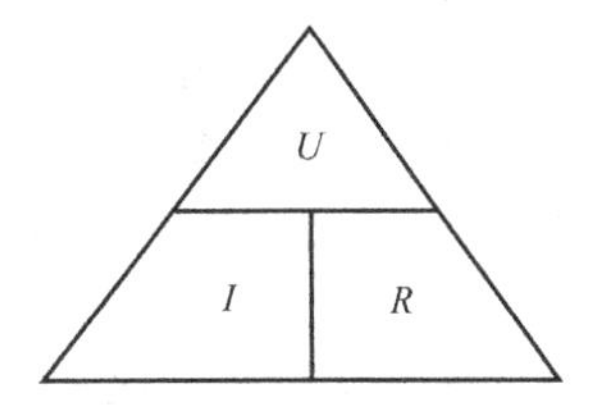

图 1-23　用三角形表达欧姆定律数学式

欧姆定律揭示了电路中电流、电压和电阻三者之间的关系，是电路的基本定律之一，应用非常广泛。只要知道 I、U、R 三个物理量中的两个，就可以很方便地求出第三个量。以上公式还可以写为

$$U=IR, R=\frac{U}{I}$$

欧姆定律公式可以用图 1-23 所示的三角形来表达，已知其中两个值，便能求出第三个值。

【例 1-2】 如果人体电阻的最小值为 800Ω，已知通过人体的电流达到 50mA 时，就会引起呼吸器官麻痹，不能自主摆脱电源。试求人体的安全工作电压。

解　根据部分电路欧姆定律，可得

$$U=IR=50\times10^{-3}\times800=40\ (\text{V})$$

因此，在不同的工作环境下，生产场所规定的安全电压都在 40V 以下，如 36V、24V、12V 等。

1.3.2　全电路欧姆定律

全电路是指含有电源的闭合电路，如图 1-24 所示。图中，虚线框内表示一个电源。电源也是有电阻的，这个电阻称为内电阻，用 r 表示。为了看起来方便，通常在电路图上单独画出。实际上，内电阻在电源内部，与电动势是分不开的，所以也可以不单独画出，而是在电源符号的旁边注明内电阻的数值。

实验证明：全电路中的电流与电源的电动势成正比，与内、外电路中的电阻之和成反比。这个结论称为全电路欧姆定律，用数学式表示为

$$I=\frac{E}{R+r}$$

式中，E 为电源的电动势（V）；R 为外电路的电阻（Ω）；r 为电源的内电阻（Ω）；I 为闭合电路中的电流（A）。

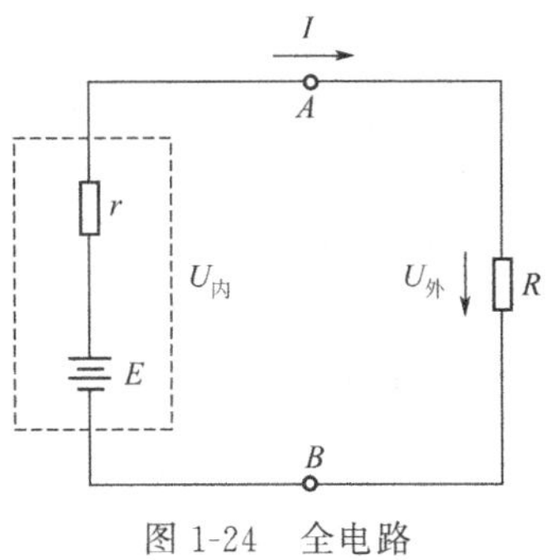

图 1-24　全电路

由上式可得

$$E=IR+Ir=U+Ir$$

或

$$U=E-Ir$$

外电路总电阻 R（负载电阻）上的电压称为外电压，也称为路端电压。由部分电路欧姆定律可知，$U=IR=E-Ir$。内电阻 r 上的电压称为内电压，由部分电路欧姆定律可知，$U_r=Ir$。

对于给定的电源，E 和 r 是不变的。由 $E=IR+Ir=U+Ir$ 可知，当负载电阻 $R\to\infty$，即断路时，$I=0$，$U=E$，即电源的电动势在数值上等于路端电压。利用这一特点，可用电压表测量电源的电动势。当负载 R 变小时，电流 I 变大，内电阻上的电压变大，路端电压 U 随之变小。当负载电阻 $R=0$，即短路时，$I=E/r$。由于内电阻 r 一般都很小，因而电路中的电

流比正常工作电流大很多，如果没有熔断器，会导致电源盒导线烧毁。

电源两端的电压 U 随电源输出电流 I 的变化关系，即 $U=f(I)$，称为电源的外特性，如图 1-25 所示。如果电源输出电流 I 很大，而电源两端电压下降很小，则该电源的外特性较好（即电源保持端电压恒定的能力较强）；反之，则较差。

由 $U=E-Ir$ 可知，电源的内电阻 r 越小，电源的外特性越好；r 越大，电源的外特性越差。

【例 1-3】 如图 1-26 所示电路，已知电源电动势 $E=2.4\text{V}$，内电阻 $r=10\Omega$，负载电阻 $R=20\Omega$。试求电路中的电流 I 和路端电压 U。

解 根据全电路欧姆定律，可得

$$I=\frac{E}{R+r}=\frac{2.4}{20+10}\ (\text{A})=0.08\ (\text{A})$$

路端电压为

$$U=IR=0.08\times 20=1.6\ (\text{V})$$

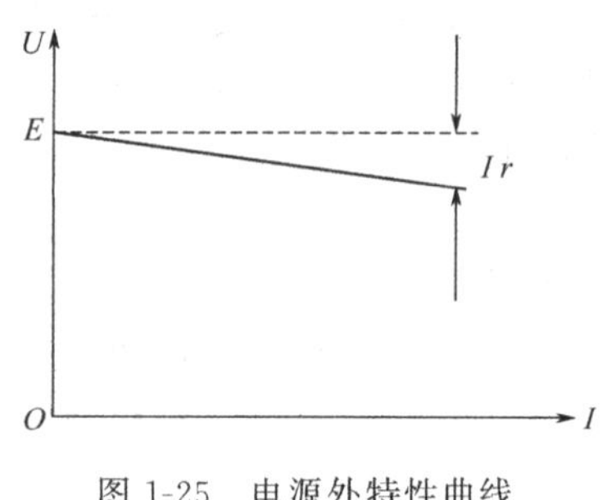

图 1-25 电源外特性曲线

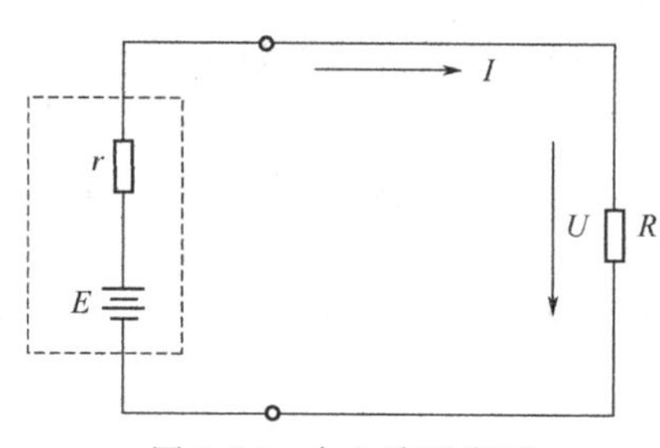

图 1-26 全电路示意图

1.3.3 焦耳定律

电流流过导体时会产生热量，称为电流热效应。英国物理学家焦耳通过大量的实验证明：电流流过导体时，导体产生的热量 Q 与电流强度 I 的平方、导体的电阻 R 及通电时间 t 成正比，这就是焦耳定律，其数学表达式为

$$Q=I^2Rt$$

电流的热效应在汽车上应用相当广泛。例如，汽车照明灯是利用电流产生的热使灯丝达到白炽状态而发光的；熔断器是利用电流的热效应熔断熔丝来切断电源的；汽车上的双金属片式断电器也是利用电流的热效应，使双金属片受热弯曲，从而切断电路的；汽车上的电热式机油压力表、水温表的指针偏转是依靠通过加热线圈的电流产生的热量，使双金属片受热变形，从而驱动并控制指针偏转，指示出不同的机油压力值和发动机冷却水温度值的。电流的热效应也有不利的一面，如汽车电路中的导线都有一定的电阻，在通电时会发热，若截面选择过小，电阻大，易造成发热严重，加速导线外皮绝缘材料老化，严重时引起漏电或短路事故；若截面选择过大，则浪费材料，不经济。

电气设备运行是否正常，往往以设备的温度是否正常来判断。若超过一定的温度，会引起设备过载或局部短路，应停电检修后再用。

1.4 串联电路与并联电路

本节主要介绍串联电路和并联电路及其应用。

由两个或多个电阻一个接一个地连接，组成一个无分支电路，各电阻通过同一电流。这样的连接方式称为串联电路。串联电路的应用包括降压；用电位器改变输出电压；控制负载电流。

由两个或多个电阻连接在两个公共点之间，组成一个分支电路，各电阻两端承受同一电压。这样的连接方式称为并联电路。

一个电源一般不只给一个负载供电，往往还给其他负载供电。负载的连接方式很多，但最常用、最基本的是串联和并联。下面以电阻负载为例，简要分析串联电路和并联电路的特点，以及电流与电压之间的关系。

1.4.1 串联电路

1.4.1.1 串联电路定义及相关计算公式

由两个或多个电阻一个接一个地连接，组成一个无分支电路，各电阻通过同一电流。这样的连接方式称为串联电路，如图 1-27 所示。

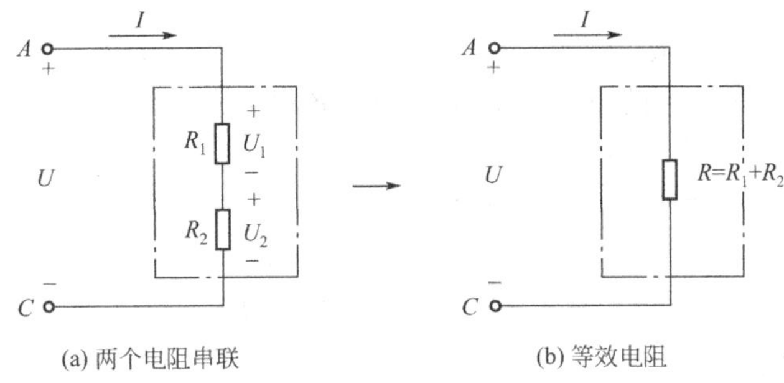

图 1-27　串联电路

串联电路的特点如下所述。

（1）等效电阻。串联电路等效电阻等于各分电阻之和，即

$$R=R_1+R_2+\cdots+R_n$$

（2）分压关系。串联电路中的电阻有分压作用，其计算公式为

$$\frac{U_1}{R_1}=\frac{U_2}{R_2}=\cdots=\frac{U_n}{R_n}=\frac{U}{R}=I$$

（3）功率分配。串联电路中，各电阻的功率分配关系为

$$\frac{P_1}{R_1}=\frac{P_2}{R_2}=\cdots=\frac{P_n}{R_n}=\frac{P}{R}=I^2$$

1.4.1.2 串联电路的应用

（1）降压。当某一用电器的额定电压低于电源电压时，根据串联电路具有分压作用的特点，可在电路中串联一个适当的电阻（降压电阻），使用电器分得的电压为额定电压。应当注意的是，与负载相串联的电阻，其实际功率不应超过它的额定功率。

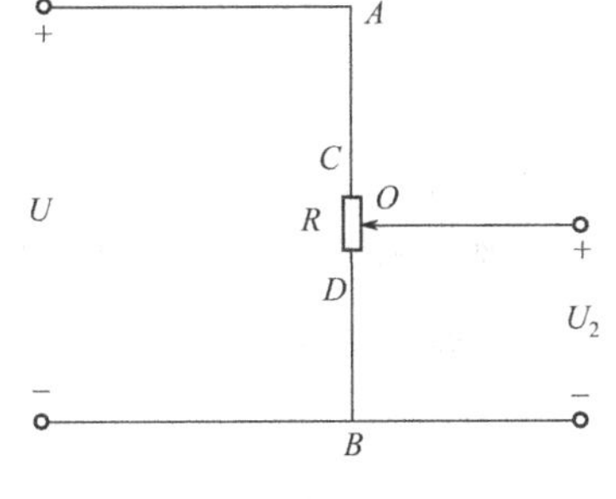

图 1-28　电位器电路

（2）用电位器改变输出电压。在汽车电路系统中，许多传感器是利用电位器的分压工作原理制成的。如图 1-28 所示，滑动触点 O 和固定端 B 接负载作为输出端。当滑动触点在外力作用下滑动时，改变了两部分电阻的比例关系，得到不同的输出电压。当滑动触点从 C 点移动到 D 点时，输出电压 U_2 从 U 变为零。

（3）控制负载电流。负载的工作状况与电流大小有直接关系，如直流电动机的转速与电流大小有关，捷达、桑塔纳轿车空调系统电路中的鼓风机、风扇电动机电路就串联了三个电阻，通过风扇电动机开关可以改变串联电阻的个数，达到改变风扇电动机转速的目的。

注意：在串联电路中，如有任何一个负载断路，则整个电路便不再有电流流过，所有负载的电流都等于零。

1.4.2 并联电路

1.4.2.1 并联电路定义及相关计算公式

由两个或多个电阻连接在两个公共点之间，组成一个分支电路，各电阻两端承受同一电压。这样的连接方式称为并联电路，如图 1-29 所示。

并联电路的特点如下所述。

(1) 等效电阻。并联电路的等效电阻（即总电阻）的倒数等于各并联电阻的倒数之和，即

$$\frac{1}{R}=\frac{1}{R_1}+\frac{1}{R_2}+\cdots+\frac{1}{R_n}$$

(2) 分流关系。并联电路的电阻有分流作用，各电阻的电压相等，电流、电阻和电压的关系式为

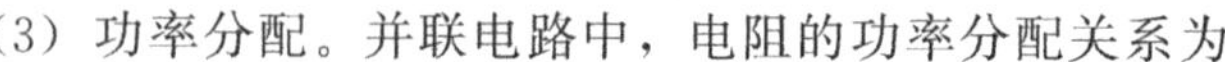

$$I_1R_1=I_2R_2=\cdots=I_nR_n=IR=U$$

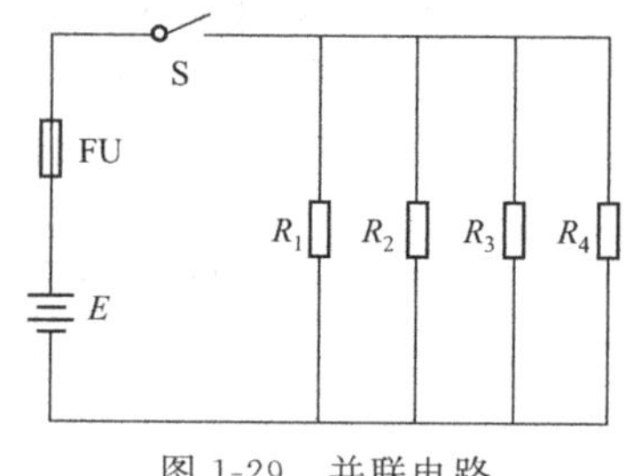

图 1-29 并联电路

(3) 功率分配。并联电路中，电阻的功率分配关系为

$$P_1R_1=P_2R_2=\cdots=P_nR_n=PR=U^2$$

1.4.2.2 并联电路的应用

(1) 并联电路的分流应用。在电路中并联一个电阻，电流就多了一条通路，可以分去干路的一部分电流。并联电路的这种作用称为分流作用，起分流作用的电阻称为分流电阻。

因为

$$U=IR=\frac{IR_1R_2}{R_1+R_2}$$

则支路电流为

$$I_1=\frac{IR_2}{R_1+R_2}$$

电流表可以用并联电阻分流的办法扩大量程。

(2) 在汽车上的应用。汽车上的用电器，如喇叭、照明灯、电动机等，都是并联在直流电源上的。并联电路的优点就在于各个用电器能单独工作，互不影响。因此，对于几个额定电压相同的负载，只要电源能满足全部负载的电流要求，就可以把它们并联在同一电源上。

(3) 并联大电阻可获得较小的阻值。在电工测量中，用并联电阻的方法可以扩大电流表的量程。

注意：在并联电路中，任一支路负载断路，不会影响其他负载上流过的电流。

在一个电路中，若既有电阻的串联，又有电阻的并联，则这种电路称为电阻的混联电路。对于电阻的混联电路，可以根据电阻串、并联的特点，应用欧姆定律求解。

1.4.3 混联电路

既有电阻串联，又有电阻并联的电路，叫做混联电路。这种电路在实际工作中应用很广，形式多种多样。混联电路的串联部分具有串联电路的特点，并联部分具有并联电路的特点，只要能准确判断电路某一部分各电阻的串、并联关系，掌握串、并联电路的特点，混联电路的问题不难解决。这里必须明确以下几个问题。

（1）表面上看，有的混联电路由很多支路组成，连接关系很复杂，但混联电路仍属于简单电路。“简单电路”是个术语，它是指可以用串、并联的方法求出等效电阻，化简为单一回路的一类电路。凡不能用串、并联的方法化简为单一回路的电路称为复杂电路。

（2）求解混联电路时，应采用逐步解决的办法，即凡能看清串、并联关系的部分，应立即用其等效电阻代替，使电路进一步简化。求等效电阻的关键在于正确识别各个电阻的串、并联关系。必须清醒地看到：串、并联都是针对电源或电路的某两端而言的，不能抽象地谈论串联或并联关系。

（3）求等效电阻时，在明确两个端点的基础上，必须认定通过同一电流的各电阻是串联关系，连接在两个公共点间的各电阻是并联关系。在分析问题时，要尽量缩短电路图中无电阻的导线，同时注意在不改变电路连接关系的前提下，原电路图中各电阻的位置可以任意改动，以便看出连接关系。可以多画几张过渡草图，逐步解决问题。

【例 1-4】 某混联电路及其中各电阻的阻值如图 1-30(a) 所示，求等效电阻 R_{AB}。

解 将电路图中间的无电阻导线缩为一个点后，可以看出左侧两个 2Ω 电阻为并联关系，上面两个 4Ω 电阻为并联关系。将并联后的等效电阻替换入原图后，结果如图 1-30(b) 所示。在图 1-30(b) 中，右侧两个 2Ω 电阻串联后与中间的 4Ω 电阻并联，等效为一个 2Ω 电阻，如图 1-30(c) 所示。

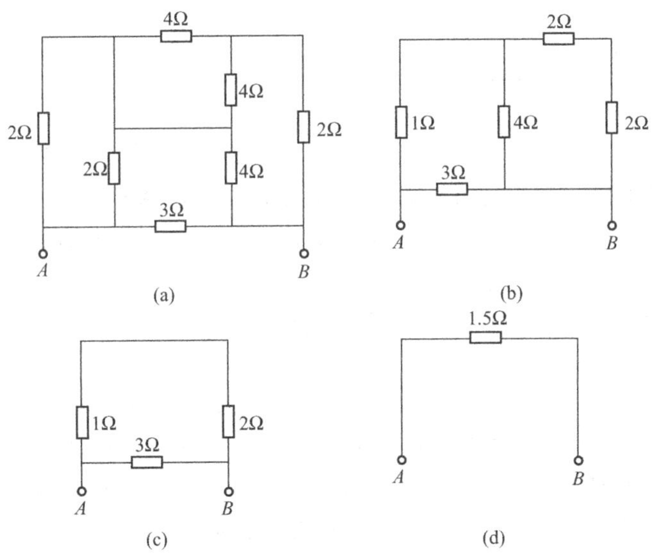

图 1-30　【例 1-4】电路图

由图 1-30(c) 可得

$$R_{AB}=\frac{(2+1)\times 3}{(2+1)+3}=1.5(\Omega)$$

即图 1-30(a) 中所有电阻可等效为一个 1.5Ω 电阻，如图 1-30(d) 所示。

1.5　电阻、电感和电容元件

本节主要介绍电阻元件、电感元件、电容元件及其应用。

电阻元件简称电阻，其作用是控制和调节电路中的电流和电压，或用作消耗电能的负载。

电感器是指用导线绕制成的线圈，当电感线圈通以电流时，将产生磁通，在其内部及周围建立磁场，储存磁场能量。

电容器是一种储存电荷与电能的容器。任何两块非常接近的金属导体，中间隔以不导电的绝缘物质（例如空气、蜡纸、云母片、涤纶薄膜、陶瓷等），就形成一个电容器。

1.5.1 电阻元件

1.5.1.1 电阻的有关概念

电阻元件简称为电阻，是从实际电阻器中抽象出来的，如电灯、电炉、电机等，图形符号如图 1-31 所示，用 R 表示。电阻是汽车电气和电子设备中用得较多的基本元件之一，其作用是控制和调节电路中的电流和电压，或用作消耗电能的负载。电阻元件是一个耗能元件，将从电源吸收的电能全部转化为热能。这是不可逆的能量转换过程。

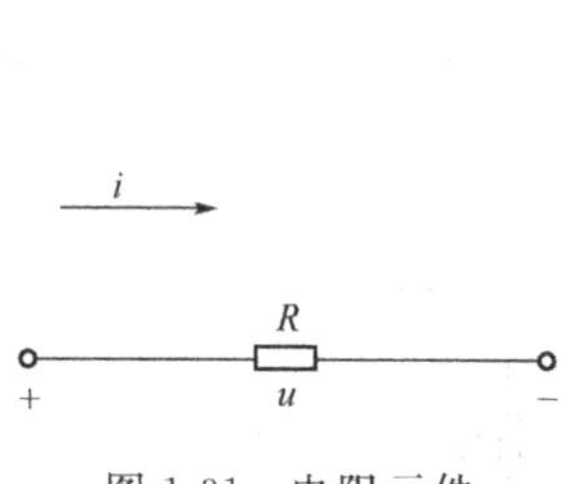

图 1-31 电阻元件

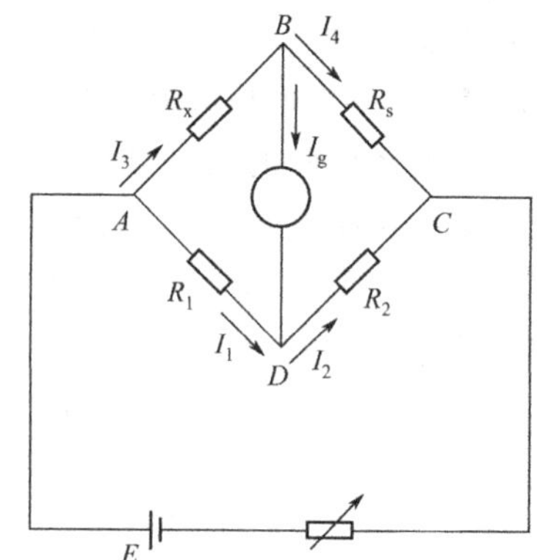

图 1-32 惠斯登电桥法测量电阻原理图

通过电阻元件的电流 I 和两端电压 U 之间的关系用欧姆定律表示。实际应用中，电阻的连接方式既有串联，又有并联，或串、并联的组合。分析这类电路时，要根据电路的具体结构，运用电阻的串、并联关系来化简。

1.5.1.2 电阻串并联在汽车上的应用——惠斯登电桥

1）惠斯登电桥测量原理

惠斯登电桥法可以比较准确地测量电阻，其原理如图 1-32 所示。

惠斯登电桥由四个“桥臂”电阻（R_1、R_2、R_s 和 R_x）、一个“桥”（B、D 间所接的灵敏电流计）和一个电源 E 组成。当 B、D 两点电位相等时，灵敏电流计 G 中无电流流过，指针不偏转，此时电桥平衡。电桥平衡的条件用公式表示为

$$\frac{R_x}{R_s}=\frac{R_1}{R_2} \quad 或 \quad R_x=\frac{R_1}{R_2}R_s$$

一般把 $R_1/R_2=K$ 称为倍率或比率，于是有

$$R_x=KR_s$$

一般固定比率 K，调节 R_s（标准电阻），使电桥达到平衡。灵敏电流计在测量过程中起判断桥路有无电流的作用。灵敏电流计有足够的灵敏度来反映桥路电流的变化，电阻的测量结果与灵敏电流计的精度无关。

由于标准电阻可以制作得比较精密，所以利用电桥的平衡原理测量电阻的准确度很高，优于伏安法测量电阻，这也是电桥应用广泛的原因之一。

电桥电路在汽车上应用广泛，如汽车热线式及热膜式空气流量传感器、电阻应变式碰撞传感器以及半导体压敏电阻式进气歧管压力传感器等。

2）惠斯登电桥的应用

电桥电路是一种用比较法进行测量的仪器，不仅可精测电阻，而且可以用于测量电感、电容、频率、压力、温度、形变等物理量，广泛应用于自动控制中。根据用途不同，电桥有多种类型，它们的性能、结构各异，但基本原理相同。惠斯登电桥只是其中最简单的一种。

汽车发动机电子控制系统的热线式空气流量传感器是惠斯登电桥的一个应用实例。空气流量传感器的主要功用是精确地测量吸入发动机的空气量，并且将测得的数值输送给汽车电控单元。图 1-33 所示为安装于发动机进气口处的热线式空气流量传感器总成。

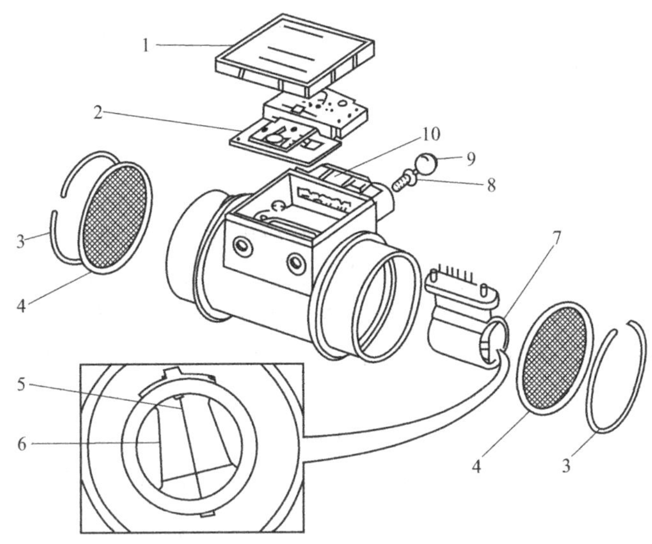

图 1-33　热线式空气流量传感器的结构

1—传感器密封盖；2—印制控制电路板；3—卡环；4—防护网；5—温度补偿电阻丝（冷线）；6—铂金丝（热线）；7—取样管；8—CO 调节螺钉；9—防护塞；10—接线插座

图 1-34 所示为热线式空气流量传感器的内部电路。由于热线式空气流量传感器具有不受空气密度影响、反应时间短及价格低廉等优点，现已逐渐取代叶片式空气流量传感器。

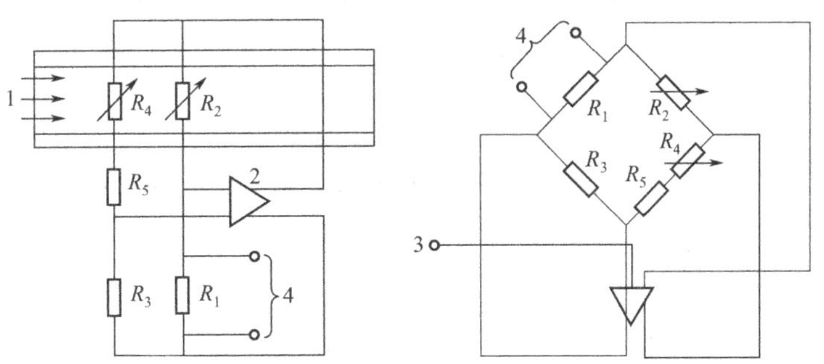

图 1-34　热线式空气流量传感器内部电路

1—进气流；2—放大器；3—电源；4—输出信号；R_1、R_3、R_5—电阻；R_2—白金热线；R_4—温度补偿电阻丝（冷线）

热线式空气流量传感器的基本构件是感知空气量的白金热线。在传感器内部电路中，热线是惠斯登电桥电路的一个臂，由于进气温度的变化也会使热线温度发生变化，影响进气量的测量精度，因此，在靠近热线的地方另外装有一根温度补偿电阻丝 R_4（也称冷线），其阻值随着进气温度的不同而发生变化，起到参照标准的作用。在工作中，热线温度始终高于冷线温度（温差一般保持在 120℃左右）。

当空气通过传感器时，热线变冷，R_2 变小，使电桥失去平衡，此时系统会自动增加供给热线的电流，使热线恢复原来的温度和电阻值，直至电桥恢复平衡。由于电流增大，精密电阻 R_1 的电压降也增加，将电流的变化转换为电压的变化。这一信号输入电控单元，用来指示流过传感器的空气量。

1.5.2 电感元件

电感器是指用导线绕制成的线圈，简称为电感，用 L 表示；单位为亨利，简称亨，用 H 表示。电感元件是从实际电感线圈抽象出来的电路模型。当电感线圈通以电流时，将产生磁通，在其内部及周围建立磁场，储存磁场能量。当忽略导线电阻及线圈匝与匝之间的电容时，可将其抽象为只具有储存磁场能量性质的电感元件。电感上的磁通量与电流成正比，即

$$L=\frac{\Phi}{i}$$

式中，L 称为电感，是表征电感元件的特征参数；Φ 为磁通量（Wb）。

当线圈中电流的变化率为 1A/s，产生 1V 的感应电动势时，该电感线圈的电感为 1H。工程上也常采用毫亨（mH）和微亨（μH）来计量电感，$1\mu H=10^{-3}mH=10^{-6}H$。线圈电感量 L 的大小与线圈的尺寸、匝数及线圈的导磁性能等有关。为了增大电感量，有的线圈含有铁芯，称为铁芯线圈。这种线圈是非线性的，而且有铁芯损耗。

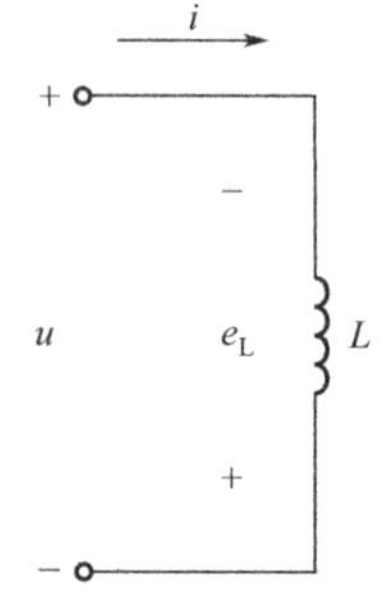

图 1-35 电感元件

如图 1-35 所示，根据电磁感应定律，当电感线圈中的电流 i 变化时，磁通随之变化，并在线圈中产生自感电动势 e_L，即

$$u=-e_L=L\frac{di}{dt}$$

上式表明，电感元件两端的电压与电流相对时间的变化率成正比。

电感元件是一个储能（磁场能量）元件。当通过电感线圈中的电流增加时，电感线圈将电能转变成磁场能储存在线圈中；而当电流减小时，磁场能转变成电能送回到电路中。若忽略其电阻，则不消耗能量。在直流电路中，由于电流恒定，产生的磁场不发生变化，则线圈中不产生感应电动势，故电感 L 在直流电路中相当于短路（线圈电阻很小）。电流变化越快，电感元件产生的自感电动势越大，与其平衡的电压也越大。

在实际使用中，若单个电感线圈不能满足要求，可将几个电感线圈串联或并联使用。如不考虑线圈间的互感，两个电感元件串联的等效电感为 $L=L_1+L_2$；并联时的等效电感为

$$\frac{1}{L}=\frac{1}{L_1}+\frac{1}{L_2}$$

1.5.3 电容元件

1.5.3.1 电容器的特性

电容器是一种储存电荷与电能的容器。任何两块非常接近的金属导体，中间隔以不导电的绝缘物质（例如空气、蜡纸、云母片、涤纶薄膜、陶瓷等），就形成一个电容器。组成电容器的导体称为极板，隔离两块极板的绝缘物质称为介质。在电路图中，电容器用符号⊣⊢表示。

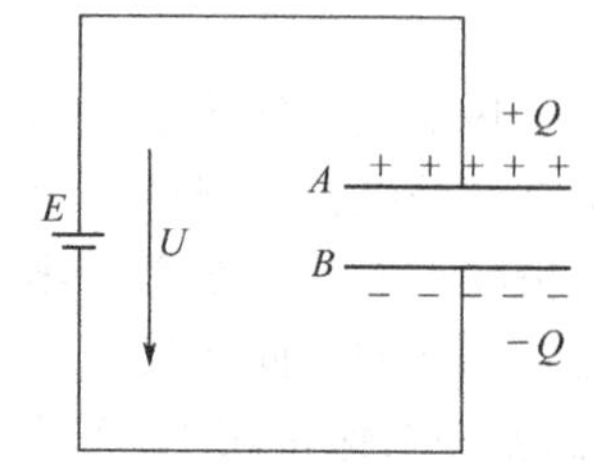

图 1-36 电容器电路

如图 1-36 所示，当把电容器与直流电源相接时，电容器的两块极板上就分别带上了等量的异种电荷。反映电容器储存电荷能力的物理量称作电容量，符号为 C。电容器的电容量 C 等于它的任一块极板所带电量 Q 与加在电容器两端的电压 U 的比值，即

$$C=\frac{Q}{U}$$

电容器的单位是法拉，简称法（F），常用的单位还有微法（μF）和皮法（pF），换算关系为

$$1\text{F}=10^6\,\mu\text{F}$$

$$1\mu\text{F}=10^6\,\text{pF}$$

电容器的参数主要有电容量及其误差范围、耐压值等，通常都标在电容器的外壳上。耐压也叫额定工作电压，是电容器长期工作能承受的最大电压。额定电压的大小与介质的种类和厚度有关。

注意：电容器上标明的耐压值，都是指直流电压，如用在交流电路中，应使所加交流电压的最大值（峰值）不能超过电容器上标明的电压值。

对于理想的电容器，其两块极板间的电阻值应是∞。但是任何介质都不是绝对的绝缘体，所以它的电阻值不可能是∞，一般在百兆欧以上。这个电阻称为电容器的绝缘电阻或漏电阻。绝缘电阻越大，表明电容器的质量越好。

与电感元件类似，电容元件也不消耗电源的能量，是一个储能（电场能量）元件，即将电能变成电场能量储存在电容器极板之间。当电容两端的电压 U 减小时，储存的电场能量将释放出来送还给电源。电容器具有通交流、隔直流的特性，电容器两端的电压不能突变，只能逐渐变化。

电容器的种类很多，按其结构分为固定电容器、可变电容器和半可变电容器；按介质的不同，分为纸质电容器、云母电容器、电解电容器等。常见电容器的外形及符号如图 1-37 所示。

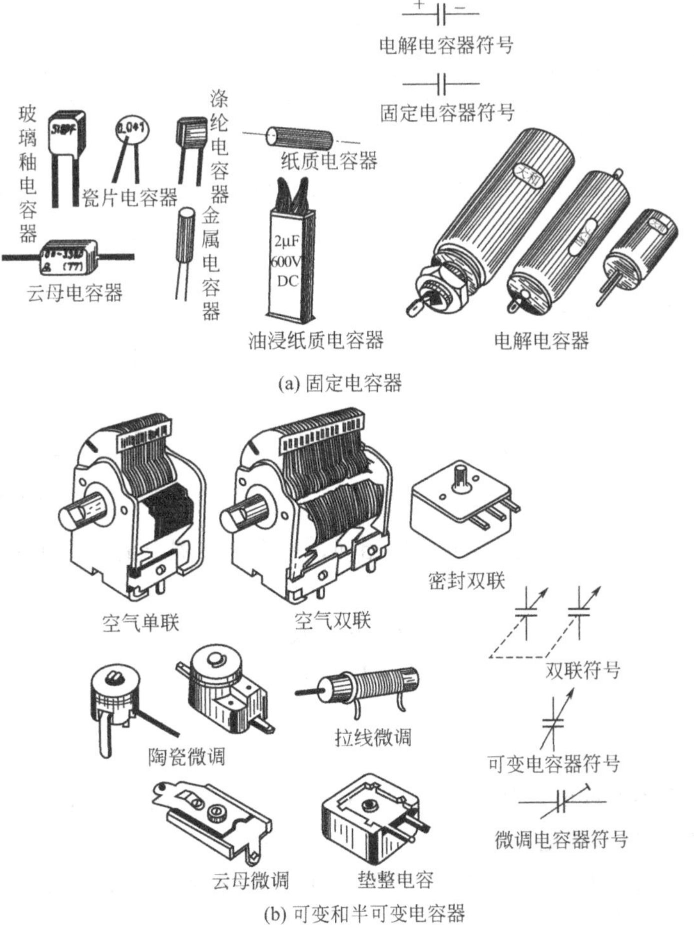

图 1-37　部分电容器的外形、名称和符号

电容器承受的电压不能超过其额定电压。在汽车上，虽然蓄电池的电压是12V（或24V），但有些电路上有超过300V的高电压，因此选用电容器时要考虑电路的工作状态，应选用有足够余量耐压的电容器；否则，可能因电压过高而击穿电容器中的绝缘介质。当环境温度很高时，电容器会加速老化，所以对于要求可靠性高的部件，通常选用云母、聚酯电容。电解电容器是有极性电容器，在直流电路中使用时，注意极性不要接反（电解电容器的正极接高电位一侧）。

1.5.3.2 电容器的串联和并联

在实际应用中，如果仅用单个电容器不能满足要求，可以将几个电容元件串联或并联使用。

（1）电容器的串联。当几个电容器串联时，可用一个等效电容器来代替。图1-38所示为两个电容器的串联电路。串联时，每个电容器上的电荷Q相等，每个电容器上的电压之和等于总电压，即

$$Q=Q_1=Q_2$$
$$U=U_1+U_2$$

根据上述关系，可得

$$\frac{Q}{C}=\frac{Q}{C_1}+\frac{Q}{C_2}$$
$$\frac{1}{C}=\frac{1}{C_1}+\frac{1}{C_2}$$

可见，几个电容器串联时，其等效电容量C的倒数等于每个电容器电容量的倒数之和。电容串联时，其等效电容小于每个电容的值；但电容串联时，其电压与电容成反比，电容小的分得的电压大。

（2）电容器的并联。图1-39所示为两个电容器的并联电路。

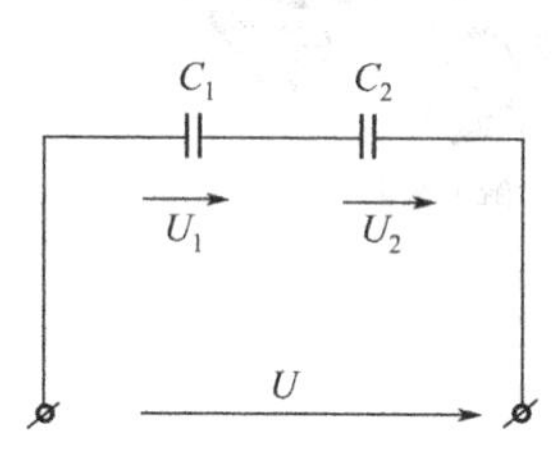

图1-38 两个电容器的串联

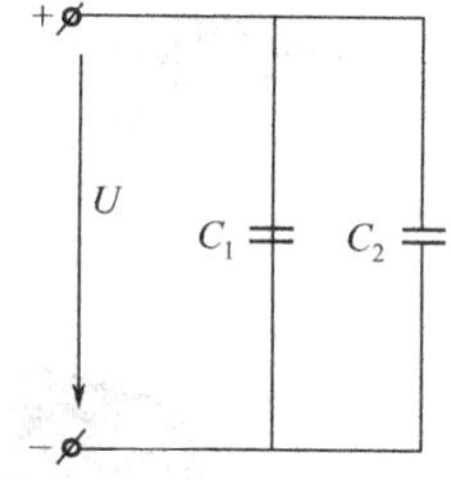

图1-39 两个电容器的并联

电容器并联时，每个电容器两端的电压相同，每个电容器上的电荷相加等于并联电路内的总电荷，即

$$Q=Q_1+Q_2$$
$$U=U_1=U_2$$

相除可得

$$C=C_1+C_2$$

可见，几个电容器并联时，其等效电容量C等于每个电容器的电容量之和。

1.5.3.3 电容器的充电和放电

（1）电容器的充电。如图1-40所示，把电容器与电阻R串联后，经开关S接到直流电源上（开关S置A端），使电容器充电。

在电路刚接通的瞬间，因电容器上无电荷，两端的电压为零，这时充电电流最大。随着两

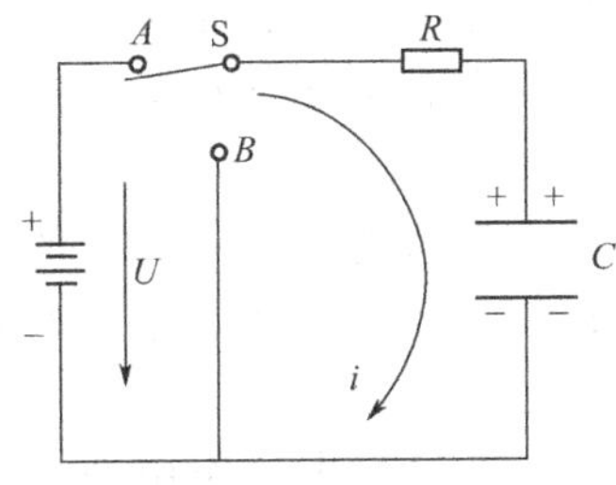

图 1-40　电容器的充电

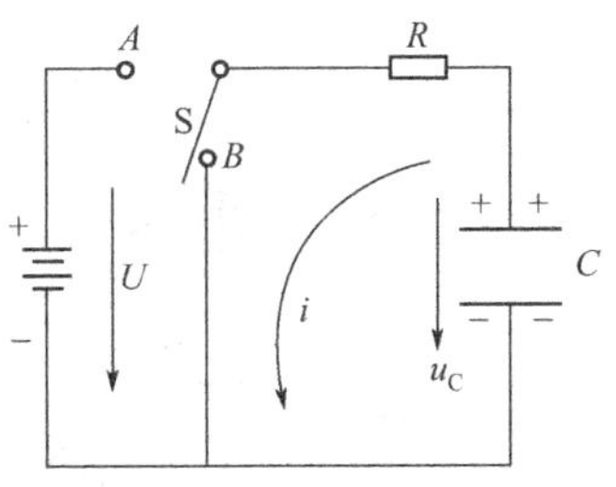

图 1-41　电容器的放电

块极板上的电荷不断积累，电容器两端的电压逐渐增大，充电电流不断减小。当电容器端电压与电源电压相等时，充电电流减至零，充电结束。此时，电容器极板上的电荷达到稳定值 Q，电容器相当于开路。这种情况说明电容器具有隔直流的作用。

(2) 电容器的放电。如图 1-41 所示，在电容器充电完毕后，把开关 S 从 A 端迅速移至 B 端，电容器开始放电。在开始放电的瞬间，放电电流最大。随着电容器两块极板上的电荷不断减少，其两端的电位差逐渐降低，放电电流逐渐减小。最后，电容器两端电压为零，放电结束。

当电容器接通交流电源时，由于交流电的大小和方向不断交替变化，致使电容器反复进行充、放电，电路中就会出现连续不断的交流电流。这说明，对交流来讲，电容器始终是导通的。

综合以上分析，得到以下结论。

① 电容器的充、放电需要具备一定条件。当电容器电路的输入电压高于其两端电压时，电容器充电，直到电容器电压等于外部输入电压时，充电结束。当电容器两端电压高于电路的输入电压时，电容器放电，直到电容器的电压等于外部输入电压时，放电结束。

② 电路的状态改变时，电容器的电压、电流不能突变，只能渐进变化。

③ 充放电过程实际上就是电能的储存和释放过程，电容器本身并不消耗电能，因此电容器是一个储能元件，它与电阻元件完全不同。

④ 电容器具有隔直通交的作用。

⑤ 电容器充放电的快慢与其电容量 C 和电阻 R 的大小有关。充电时，当电路中的电阻一定时，电容量越大，达到同一电压需要的电荷越多，充电时间越长；若电容量一定，电阻越大，充电电流越小，充电到同样的电荷值所需要的时间越长。电容器在放电过程中也是如此。这说明 R 和 C 的大小影响电容器的充、放电时间。R 与 C 的乘积叫做 RC 电路的时间常数，用 τ 表示（单位为 s），即

$$\tau=RC$$

因此，电容器充、放电的快慢可以用 τ 来衡量。τ 越大，充、放电越慢，即暂态过程越长；反之，τ 越小，暂态过程越短。通过改变电路的参数 R 或 C，便可改变电容器的充放电时间，实现电路变化的功能。

在实际应用中，当暂态过程经过 5τ 时间后，可以认为暂态过程基本结束，电容器进入稳定状态。

1.5.3.4　电容器在汽车上的应用

在汽车电气系统中，电容器用来储存电荷，它本身不消耗电能，其储存的电荷会在放电时返回电路。电容器还能吸收电路中的电压变化，利用电压的储存来吸收危险的电压尖峰。即使电路中出现高的电压尖峰，电容器会在电压尖峰损坏电路元件之前将其吸收。如汽油车点火系统中分电器壳体上的电容器，它与分电器断电器触点并联，其结构如图 1-42 所示。它是在两条铝箔或锡箔之间夹以绝缘蜡纸，然后卷成筒状，在真空中抽去层间的空气，经浸蜡处理后装

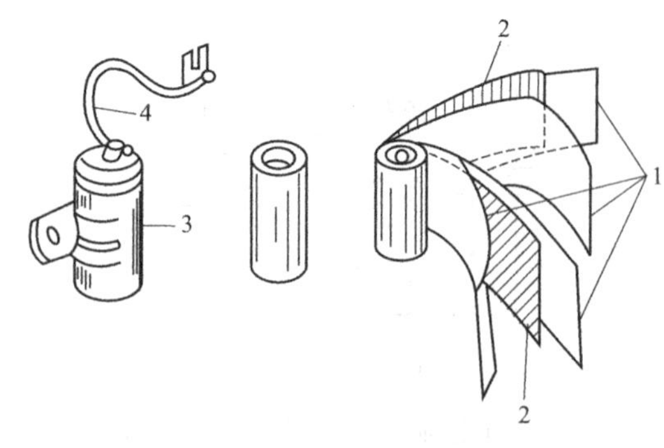

图 1-42 分电器上的电容器的结构示意

1—绝缘蜡纸；2—铝箔；3—外壳；4—引线

于金属外壳内，其中一条箔带的底部与外壳紧密接触；另一条箔带通过与外壳绝缘的导电片由导线引出。电容器的容量一般为 0.15～0.25μF，工作时要承受 200～300V 的自感电动势，因此要求其耐压为 500V，绝缘电阻值不低于 20MΩ。

电容器在点火过程中的作用是：当触点张开，切断低压电路的电流时，在点火线圈初级绕组（低压绕组）中产生 200～300V 的自感电动势，若没有电容器与触点并联，该自感电动势会在触点间形成火花，易使触点烧坏；同时，该自感电动势的方向与原来低压电流的方向相同，使低压绕组回路内的电流不能迅速消失，致使磁场消失减慢，因而次级绕组的感应电动势大大降低。若在触点间并联一只电容器，触点张开时，初级绕组中产生的自感电动势向电容器迅速充电，触点间不会形成强烈的火花，延长了触点的使用寿命；触点打开后，初级绕组和电容器形成振荡回路，充电的电容器通过初级绕组进行振荡放电。当电容器第一次放电时，电流以相反的方向通过初级绕组，使磁场加速消失，在次级绕组产生的感应电动势大大提高，有利于点燃气缸内的可燃混合气。即电容器与触点并联后，起到减小触点火花、延长触点的使用寿命，增强点火线圈次级绕组的高压电的作用。

RC 充、放电电路在汽车上的应用还有很多，例如汽油机用电子转速表电路、间歇式电动刮水器、无触点电子闪光器、电容式闪光器等。

1.6 基尔霍夫定律

基尔霍夫电压定律用于电路的节点分析，基尔霍夫电流定律用于电路的回路分析。基尔霍夫电压定律用于约束回路中各支路电压之间的关系，其内容为：在任一回路中，从任一点以顺时针或逆时针方向沿回路绕行一周，所有支路或元件的电压的代数和恒等于零。基尔霍夫电流定律又称为节点电流定律，它反映了电路中与同一节点相连的各支路中电流之间的关系，其内容为：在任一时刻，分析电路中任一节点，流入该节点的电流之和恒等于流出该节点的电流之和。

欧姆定律是分析和计算电路的基本定律。但在复杂电路的分析与计算中，需要应用基尔霍夫电压定律和电流定律。

图 1-43 所示为汽车电源系统电路。由图可知，汽车电源由蓄电池和发电机并联向负载供

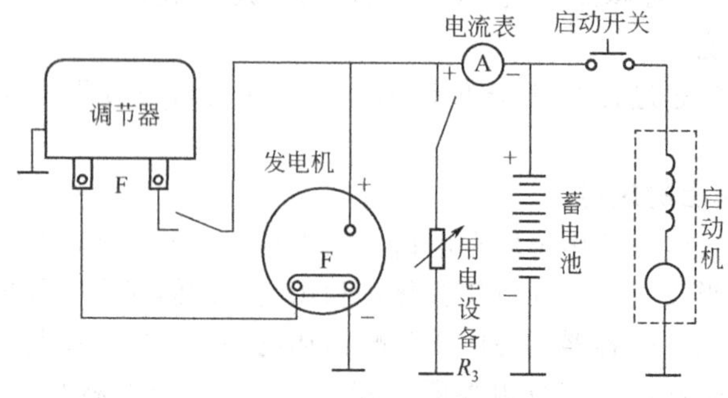

图 1-43 汽车电源系统电路

电，等效为如图 1-44 所示，E_1 和 E_2 等效为图 1-43 中的蓄电池和发电机，R_3 为用电设备。要分析这样一个复杂电路，需要使用求解复杂电路的定律和方法。

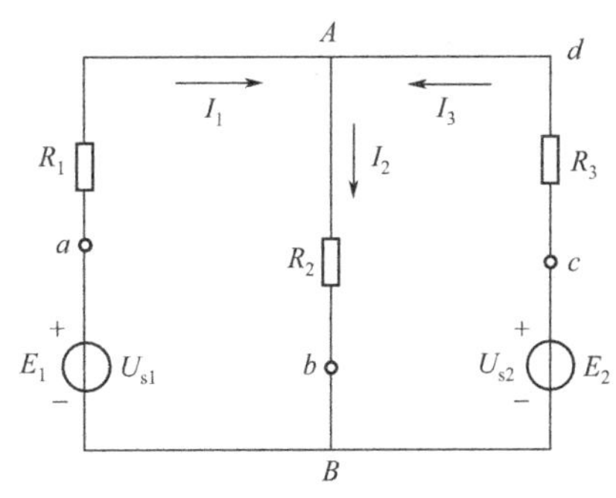

图 1-44　典型支路电路

基尔霍夫电压定律用于电路的节点分析，基尔霍夫电流定律用于电路的回路分析。将这两个定律与欧姆定律结合，可以分析绝大多数的电阻电路。

在学习基尔霍夫定律以前，先介绍以下几个概念。

(1) 支路。由一个或一个以上的电路元件组成的中间无任何分岔的电路称为支路。如图 1-44 所示，AaB、AbB、$AdcB$ 都是支路，而 Ad 不是支路。支路 AaB、$AdcB$ 中含有电源，称为含源支路；支路 AbB 中没有电源，称为无源支路。

(2) 节点。三条及三条以上支路的连接点称为节点。图 1-44 中的 A 点和 B 点都是节点。如果电路中有 n 个节点，则该电路有 $n-1$ 个独立节点。

(3) 回路。电路中的任一闭合路径称为回路。图 1-44 中的 $AaBbA$、$AdcBaA$、$AdcBbA$ 都是回路。只有一个回路的电路称为单回路电路。

(4) 网孔。在回路内部不含有任何支路的回路称为网孔。图 1-44 中的 $AaBbA$ 和 $AdcBbA$ 都是网孔，$AdcBaA$ 则不是网孔。

1.6.1　基尔霍夫电压定律

基尔霍夫电压定律简称为 KVL，用于约束回路中各支路电压之间的关系。

KVL 的内容为：在任一回路中，从任一点以顺时针或逆时针方向沿回路绕行一周，所有支路或元件电压的代数和恒等于零，即

$$\sum U=0$$

上式称为 KVL 方程。

为了应用 KVL 方程，必须指定回路的绕行方向。支路电压的参考方向与回路的绕行方向一致时取正号，反之取负号。

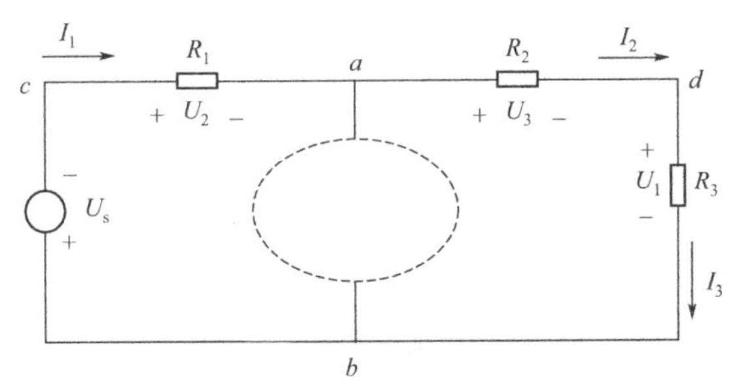

图 1-45　电路中的一个闭合回路

如图 1-45 所示，回路 $cadbc$ 中的电源电压、电流和各段电压的参考方向均已标出。沿回路 $cadbc$ 顺时针绕行，列出 KVL 方程为

$$U_{bc}+U_{ca}+U_{ad}+U_{db}=0$$

其中，

$$U_{ca}=I_1R_1$$
$$U_{ad}=I_2R_2$$
$$U_{db}=I_3R_3$$
$$U_{bc}=U_s$$

以上回路由电动势和电阻构成，因此也可表示为

$$U_s+I_1R_1+I_2R_2+I_3R_3=0$$

关于 KVL 方程的应用，要注意以下几点。

(1) 先设定回路的绕行方向。可选顺时针方向，也可选逆时针方向。

(2) 确定各段电压的参考方向。电阻上电压的参考方向与所取电流的参考方向一致，电源部分的电压方向由电源的正极指向负极。

(3) 凡是参考方向与绕行方向一致的电压取正，反之取负。

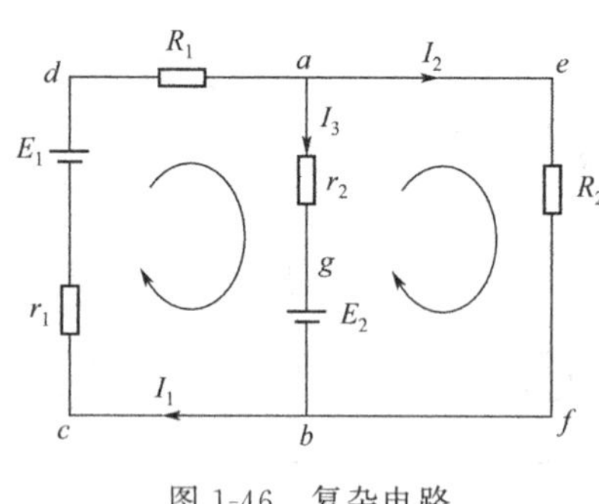

图 1-46 复杂电路

(4) 电阻上电压的大小等于该电阻阻值与流经该电阻的电流的乘积；电源部分的电压等于该电源的电动势。

(5) 沿回路绕行一周，列出 KVL 方程。

如图 1-46 所示回路，列出 KVL 方程为

$$U_{r2}+U_{E2}+U_{r1}-U_{E1}+U_{R1}=0$$

由 $U_{r1}=I_1r_1$，$U_{r2}=I_3r_2$，$U_{R1}=I_1R_1$ 可得

$$I_1r_1+I_1R_1+I_3r_2=E_1-E_2$$

写成一般表达式，表示为

$$\sum IR=\sum E$$

上式是基尔霍夫电压定律的另一种数学表达形式，它表明回路中电阻上电压降的代数和等于回路中电动势的代数和。式中，电阻的电流方向与回路方向一致时，电阻两端的电压取正值，否则取负值；电动势的方向和回路方向一致时，E 取正值，否则取负值。

基尔霍夫电压定律不仅适用于闭合回路，也可以推广到回路的部分电路（广义回路），用于求回路的开路电压。

【例 1-5】 如图 1-47 所示，求 a、b 两点间的电压 U_{ab}。

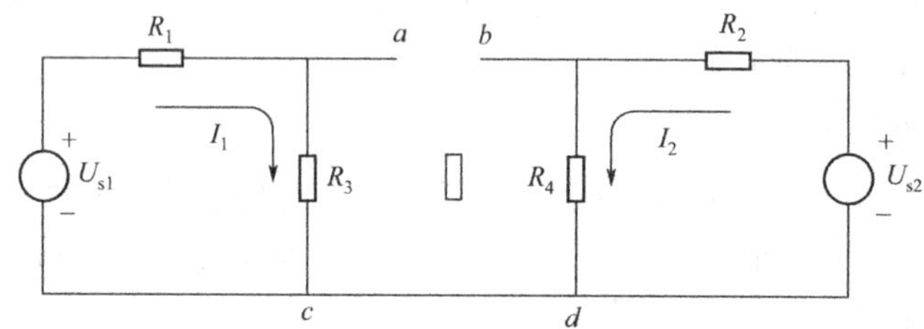

图 1-47 电路中的一个部分电路

解 首先根据欧姆定律求出电路中的 I_1 和 I_2，即

$$I_1=\frac{U_{s1}}{R_1+R_3}$$

$$I_2=\frac{U_{s2}}{R_2+R_4}$$

对于回路 $abdca$，由基尔霍夫电压定律，得

$$U_{ab}+I_2R_4-I_1R_3=0$$

则

$$U_{ab}=I_1R_3-I_2R_4$$

应当注意的是，对独立回路列电压方程，网孔一般都是独立回路。

1.6.2 基尔霍夫电流定律

基尔霍夫电流定律简称 KCL，又称为节点电流定律，它反映了电路中与同一节点相连的各支路中电流之间的关系，其内容为：在任一时刻，分析电路中的任一节点，流入该节点的电流之和恒等于流出该节点的电流之和，即

$$\sum I_{入}=\sum I_{出}$$

上式称为节点电流方程，又称 KCL 方程。如果规定流入节点的电流为正值，流出节点的电流为负值，则 KCL 方程表示为

$$\sum I=0$$

即在任一时刻，通过电路中任一节点的电流代数和恒等于零。这是 KCL 方程的另一种表达形

式。如图 1-48 所示，根据式$\sum I=0$列出节点 P 的电流方程为

$$I_1+I_2+I_3-I_4-I_5=0$$

基尔霍夫电流定律不仅适用于电路中的任一节点，还适用于电路中的任一封闭面。该封闭面称为广义节点，如图 1-49 所示。

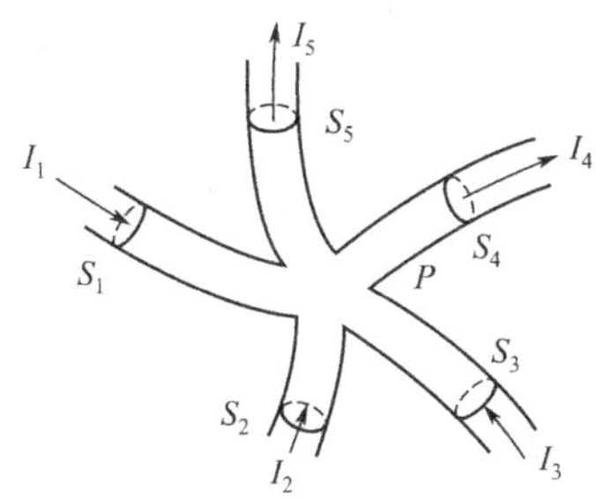

图 1-48　有分支的电路

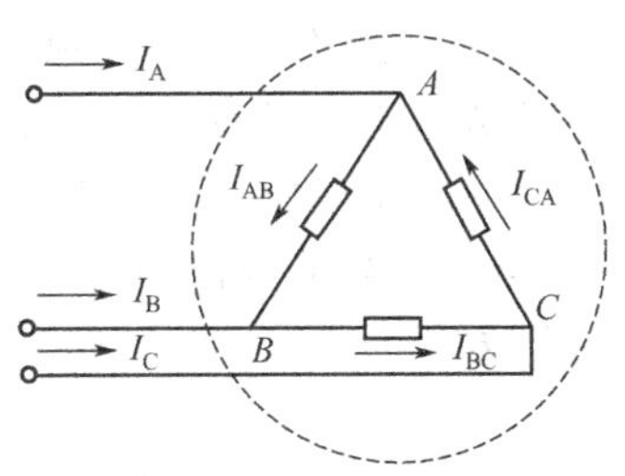

图 1-49　KCL 的推广应用

封闭面包围的是一个三角形电路，它有 A、B、C 三个节点。应用电流定律可以列出：

$$I_A=I_{AB}-I_{CA}$$

$$I_B=I_{BC}-I_{AB}$$

$$I_C=I_{CA}-I_{BC}$$

上面三式相加，得

$$I_A+I_B+I_C=0$$

或

$$\sum I=0$$

上式说明，在任一瞬间，通过任何一个封闭面的电流代数和恒为零。它表示流入封闭面的电流和流出封闭面的电流是相等的。

电流的正负号通常规定为：参考方向指向节点的电流取正号，背离节点的电流取负号。

在应用基尔霍夫电流定律时，需要说明以下几点。

(1) KCL 方程具有普遍意义，它通常用于电路中的节点，也可以推广应用于电路中的任一个封闭面或闭合回路。当该封闭面或闭合回路与电路的其余部分相连接时，流入封闭面或闭合回路的电流等于流出封闭面或闭合回路的电流。若两个电路之间只有一根导线相连，则这根导线中的电流必定为零。

(2) 列 KCL 方程前，首先要设定每一条支路电流的参考方向，然后根据参考方向是流入还是流出列出 KCL 方程。当求出的某支路电流为正值时，说明电流的实际方向与参考方向相同；为负值时，说明电流的实际方向与参考方向相反。

(3) KCL 对电路中的每个节点都适用。如果电路中有 n 个节点，可得到 n 个 KCL 方程，但其中只有 $n-1$ 个 KCL 方程是独立的。

【例 1-6】 如图 1-50 所示电路，已知 $R_1=5\Omega$，$R_2=10\Omega$，$R_3=15\Omega$，$E_1=180V$，$E_2=80V$。求各支路中的电流。

解　应用 KCL 分析电路时，一般有下列步骤。

(1) 假定各支路电流 I_1、I_2 和 I_3 的参考方向，如图 1-50 所示。

(2) 假定各支路绕行方向为顺时针方向，用基尔霍夫电流定律写出节点电流方程。

对于节点 A，

$$I_1+I_2-I_3=0$$

对于节点 B，

$$-I_1-I_2+I_3=0$$

比较以上两式，可以看出它们是重复的，因此只能选用其中一个。可以证明：当电路有 n 个节点时，只能写出 $n-1$ 个相互独立的节点电流方程。

(3) 用基尔霍夫电压定律写回路电压方程。选择闭合回路Ⅰ，已经知道：理想电源两端的电压值等于电动势，电阻两端的电压值等于电阻乘以流经该电阻的电流。根据图 1-50 中标出的各元件两端的极性，可确定该段电压的正、负极性。回路Ⅰ的电压方程为

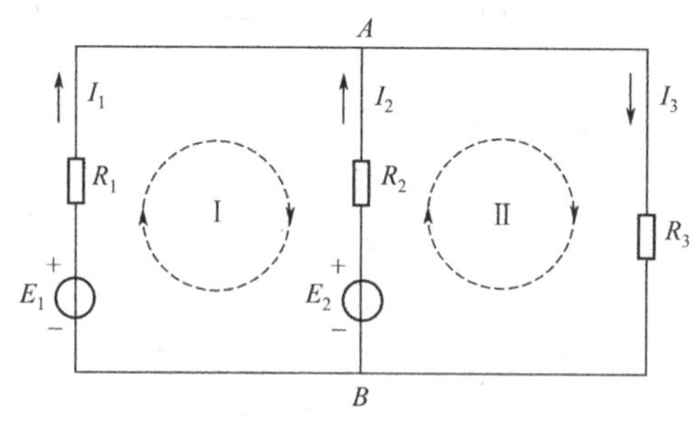

图 1-50 复杂电路举例

$$-E_1+I_1R_1-I_2R_2+E_2=0$$

选择闭合回路Ⅱ，写出回路Ⅱ的电压方程为

$$-E_2+I_2R_2+I_3R_3=0$$

整理得

$$\begin{cases} I_1+I_2-I_3=0 \\ I_1R_1-I_2R_2=E_1-E_2 \\ I_2R_2+I_3R_3=E_2 \end{cases}$$

代入已知电阻和电动势的值，整理、化简后可得

$$\begin{cases} I_1+I_2-I_2=0 \\ I_1-2I_2=20 \\ 2I_2+3I_3=16 \end{cases}$$

联立方程，得

$$I_1=12\ (\text{A}),\ I_2=-4\ (\text{A}),\ I_3=8\ (\text{A})$$

求得的结果中，I_2 为负值，说明 I_2 的实际方向与参考方向相反。电源 E_1 不仅给 R_1 供电，还给 E_2 所在的支路供电。电动势 E_2 与电流方向相反，它可能是一组被充电的电池，或是一台电动机。

以上这种以支路电流为待求量的求解复杂电路的方法称为支路电流法。

思考与练习

一、选择题

1. 习惯上，规定电流的实际方向为（ ）运动的方向。

A. 负电荷 B. 正电荷 C. 带电粒子 D. 带负电离子

2. 对于电源的三种状态，不允许出现的是（ ）。

A. 开路状态 B. 短路状态 C. 有载状态 D. 不存在

3. 用万用表测得 A、B 两点之间的电压为 -24V，则电压的实际方向是（ ）。

A. 从 A 点指向 B 点 B. 从 B 点指向 A 点 C. 不能确定

二、判断题

（ ）1. 电压与电位都是反映电路中能量特性的物理量，所以电压与电位无区别。

（ ）2. “220V100W”的灯泡比“220V45W”的灯泡功率大，因为前者的电阻值大。

（ ）3. 一个具体电路中的参考点可以任意选定多个。

（ ）4. 当负载开路时，流过负载中的电流为 0，负载两端的电压也为 0。

(　　) 5. 在分析与计算电路时，电流、电压的方向可以任意假定。

(　　) 6. 一个节点连有 3 条支路，其电流分别为 I_1、I_2 和 I_3，参考方向均离开节点。如果 I_1、I_2 均为正值，则 I_3 一定为负值。

(　　) 7. 所有流入节点的电流之和一定等于所有流出节点的电流之和。

(　　) 8. 对于任意闭合回路，所有元件电压的代数和一定为零。

三、计算简答题

1. 什么是电路？电路分类如何？各类电路的组成和作用是什么？

2. 电路分析时为何要指定参考方向？如何指定？参考方向下，电流、电压正、负值的意义是什么？

3. 汽车点火电路的附加电阻是用直径为 0.5mm，电阻率 $\rho=1.4\times10^{-6}\Omega\cdot m$ 的铁铬铝丝绕制的。如果绕制 1.4Ω 的电阻，需要多长的导线？

4. 一个单臂电桥电路如图 1-51 所示。若 $R_1=1\Omega$，$R_2=R_4=3\Omega$，$I=6A$，当 AB 间电压为零时，试求：(1) 电阻 R_3 的阻值；(2) I_1 和 I_2 的值。

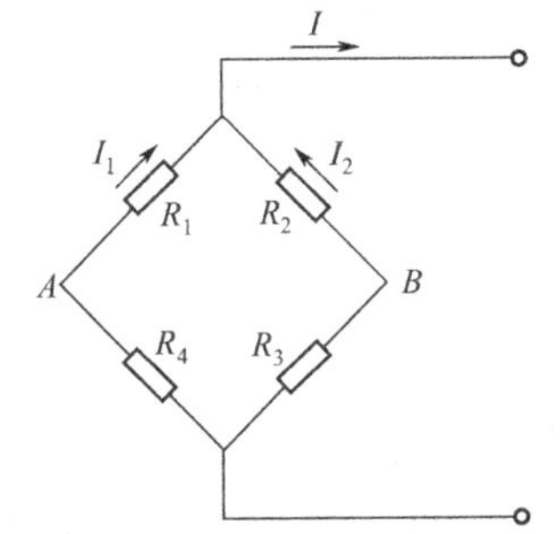

图 1-51　计算简答题 4 用图

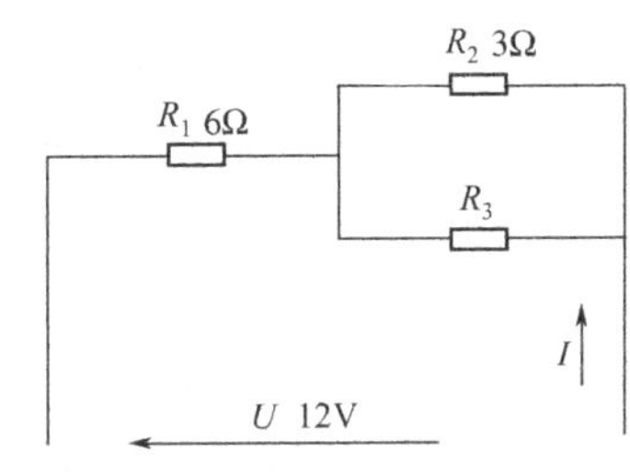

图 1-52　计算简答题 7 用图

5. 有两只电容器，一只电容量大，另一只较小。它们充电到同样的电压时，哪一只带的电荷量多？如果带电荷量相同，哪一只电容两端的电压高？

6. 电阻串、并联有何特点？这些特点的用途是什么？

7. 已知电路如图 1-52 所示。其中，$U=12V$，$I=1.5A$，$R_1=6\Omega$，$R_2=3\Omega$，求 R_3。

第 2 章　电磁现象及应用

【教学提示】

<table>
<tr><td rowspan="4">教</td><td>知识重点</td><td>1. 电流的磁效应
2. 铁磁材料及磁路
3. 磁场对电流的作用
4. 电磁感应
5. 变压器</td></tr>
<tr><td>知识难点</td><td>电流的磁效应，电磁感应，变压器</td></tr>
<tr><td>推荐教学方式</td><td>从任务入手，从实物出发，边讲边学</td></tr>
<tr><td>建议学时</td><td>8 学时</td></tr>
<tr><td rowspan="3">学</td><td>推荐学习方法</td><td>自己先预习，不懂的地方做出记录，查资料，听老师讲解；在老师指导下做认知实验，要在老师的指导下通电验证</td></tr>
<tr><td>需要掌握的知识</td><td>1. 电流的磁效应
2. 铁磁材料及磁路
3. 磁场对电流的作用
4. 电磁感应
5. 变压器</td></tr>
<tr><td>需要掌握的技能</td><td>1. 正确应用右手定则（安培定则）和左手定则
2. 应用楞次定律判断感应电流（电动势）的方向</td></tr>
</table>

人们很早就发现，含有 Fe_3O_4 的铁矿石具有吸引铁屑的特性。这种奇妙的现象就是今天所称的磁性。19 世纪初，德国数学家高斯开始研究地磁效应；丹麦物理学家奥斯特发现，通上电流的导线具有磁效应；后来，法国的安培证明了电磁作用与电流的关系。今天，人们已知道电能够产生磁，磁也可以感应生电，在汽车电子工业中更是广泛地运用电磁原理来制造电子电器部件、控制电路等。

【学习目标】

① 掌握电流的磁效应；

② 熟悉磁场对电流的作用；

③ 掌握应用楞次定律判断感应电流（电动势）的方向的方法。

2.1　磁场的基本知识及物理量

本节主要介绍磁的基本知识，磁感线，以及磁场的基本物理量。

磁铁能够吸引铁、钴、镍等金属或它们的合金物质。磁铁的这种性质称为磁性，具有磁性的物体称为磁铁。磁铁分为天然磁铁（如吸铁石）和人造磁铁两大类。

磁场的基本特征是能对其中的运动电荷施加作用力。规定小磁针的北极在磁场中某点所受磁场力的方向为该磁场的方向。

磁感线在磁体外部由 N 极指向 S 极，在磁体内部由 S 极指向 N 极。这样，磁感线在磁体内外就形成了一条条不相交的闭合曲线。曲线上任何一点的切线方向（小磁针在该点静止后的指向）就是该点的磁场方向。

磁场中垂直穿过单位面积的磁感线的条数叫做该面积所在处的磁感应强度，又叫磁通密度。

磁场中穿过某一面积磁感线的条数叫做穿过该面积的磁通量，简称磁通，用字母 Φ 表示；单位是韦伯（Wb），简称韦。磁通是标量，只有大小，而无方向。

在任何磁介质中，磁场中某点的磁感应强度与媒介质磁导率的比值，称为该点的磁场强度，用 H 表示。

2.1.1　磁的基本知识

能够吸引铁、钴、镍等金属或它们的合金物质的性质称为磁性，具有磁性的物体称为磁铁。磁铁分为天然磁铁（如吸铁石）和人造磁铁两大类。天然磁铁是在自然界的演化过程中自然形成的，典型的例子是磁石；人造磁铁是用人工方法制造出来的。天然磁铁的磁性较弱，因此在实际中使用的都是人造磁铁。人造磁铁又分为永久磁铁和暂时磁铁两种。永久磁铁的磁性能够长期保存，如电工仪表中的马蹄形磁铁和扬声器尾部的圆形磁铁；暂时磁铁的磁性是暂时的，当外部磁化条件去掉后，磁铁的磁性随之消失，如汽车上使用的电磁铁和电磁开关等。常见的人造磁铁有条形磁铁、蹄形磁铁和针形磁铁等，如图 2-1 所示。

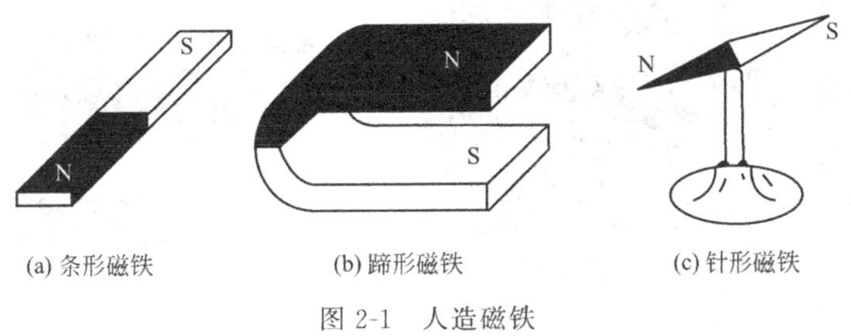

图 2-1　人造磁铁

大量的实验证明，磁铁具有以下主要性质：

（1）磁铁的两端磁性最强，称为磁极。磁极具有南北指向性，通常把指向南端的磁极叫做南极，用 S 表示；指向北端的磁极叫做北极，用 N 表示。

（2）磁铁之间的同性磁极相互排斥，异性磁极相互吸引，如图 2-2 所示。磁极之间的这种相互作用力，叫做磁力。

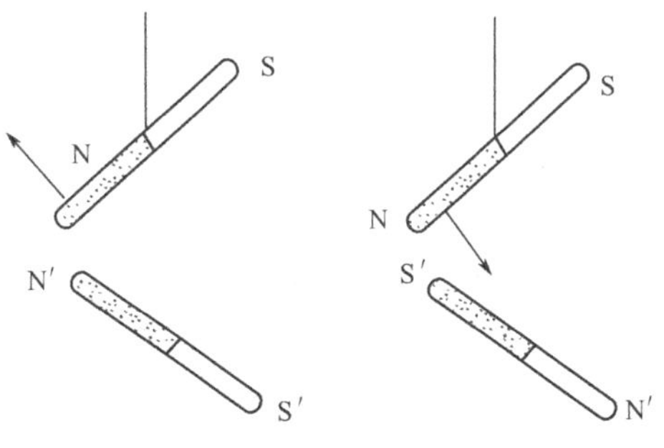

图 2-2　磁极作用示意图

（3）磁铁无论怎样分割，分割后得到的每一小块磁铁仍具有南、北两个磁极，因此磁铁的 N、S 两极相互依存，不能独立存在。

（4）原来没有磁性的铁磁物质放在磁铁旁边会获得磁性，这一现象叫做磁化。被磁化的铁磁物质远离磁铁后仍保留一定的磁性，叫做剩磁。

2.1.2　磁场与磁感线

2.1.2.1　磁场

磁场是广泛存在的。地球、恒星（如太阳）、星系（如银河系）、行星、卫星以及星际空间都存在磁场。为了认识和解释其中的物理现象和过程，必须考虑磁场这一重要因素。磁场是一种无形的场，它存在于磁铁和通电的导体周围。磁场具有力和能的性质，是一种不是由分子和原子构成的特殊物质。

磁场是在电流、运动电荷、磁体或变化电场周围空间存在的一种特殊形态的物质。磁体间的相互作用就是以磁场作为媒介的。

磁场是由运动电荷或变化电场产生的。由于磁体的磁性来源于电流，电流是电荷运动形成的，因而概括地说，磁场的基本特征是能对其中的运动电荷施加作用力。规定小磁针的北极在磁场中某点所受磁场力的方向为该磁场的方向。

磁场在汽车上的应用非常广泛，交流发电机、启动机、点火系统的点火线圈和点火信号发生器、音响的扬声器、电喇叭、各种电磁感应式的传感器、各种电磁式的冷却液温度表及燃油表等无不与磁场有关。

2.1.2.2 磁感线

磁场虽然存在，却是看不见的，但可以用图 2-3 所示的铁粉形象地表达磁铁周围磁场的分布。为了描述磁场的强弱和方向，人们想象出磁感线，如图 2-4 所示。人们规定：磁感线在磁体外部由 N 极指向 S 极，在磁体内部由 S 极指向 N 极。这样，磁感线在磁体内、外就形成了一条条不相交的闭合曲线。曲线上任何一点的切线方向（小磁针在该点静止后的指向）就是该点的磁场方向。

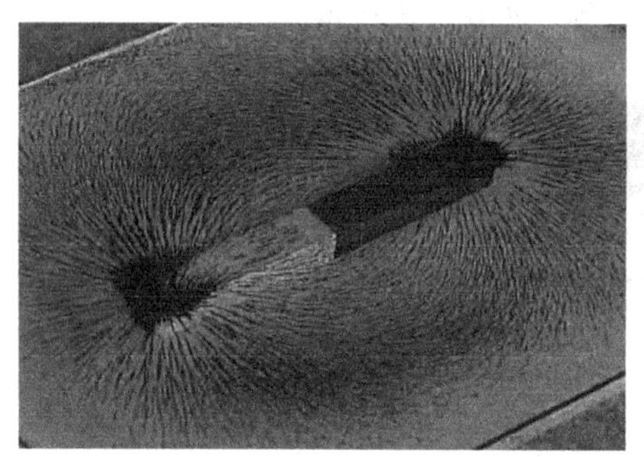

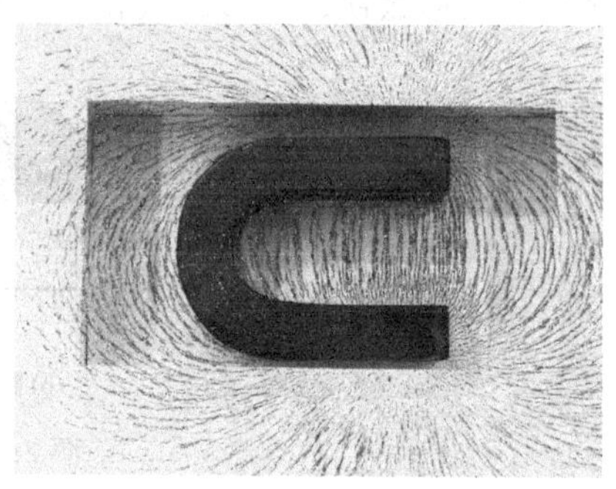

图 2-3 磁铁周围的磁场分布

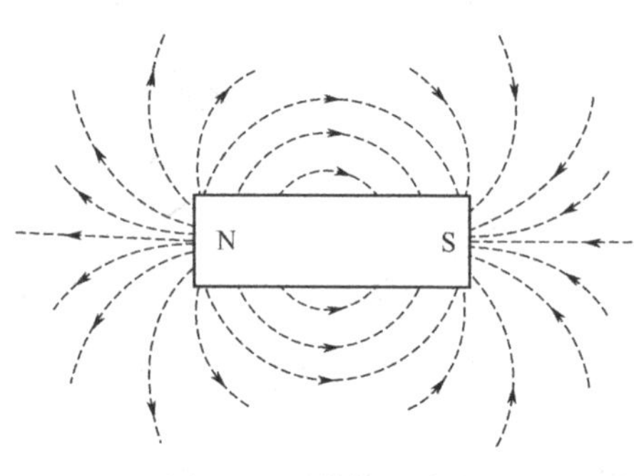

图 2-4 磁铁的磁感线

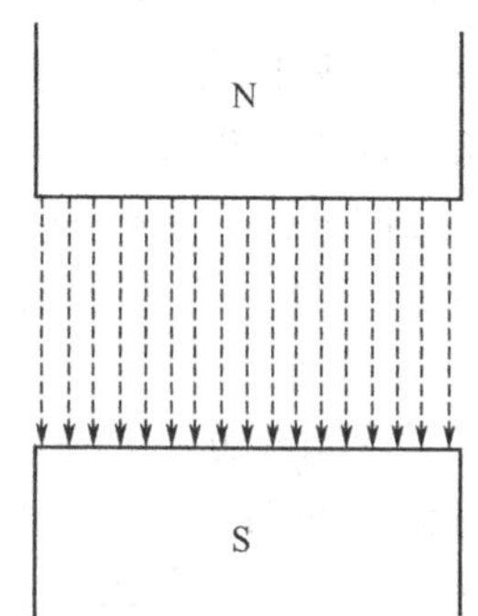

图 2-5 均匀磁场

磁感线在磁极附近最密，表明磁场最强。在现实中，还存在一种如图 2-5 所示，其内部各点的磁场强弱和方向都相同的均匀磁场。在今后的学习中，为了讨论方便，我们将垂直进入和垂直流出纸面的磁感线（或电流）分别用符号“×”和“●”表示。

磁感线具有以下几个特点。

(1) 磁场内部的磁感线为一组封闭的曲线。

(2) 磁感线绝不相交，在磁体外部由 N 极指向 S 极，在磁体内部由 S 极指向 N 极。

(3) 磁感线上任何一点的切线方向即为该点磁场的方向。

(4) 磁感线越密，磁场越强；磁感线越疏，磁场越弱。磁感线均匀分布而又相互平行的区域称为均匀磁场，反之称为非均匀磁场。磁体两极的磁场最强。

(5) 磁感线有排他性，故同性相斥；磁感线具有弹性，可自由缩短，故异性相吸。

2.1.3 磁场的基本物理量

2.1.3.1 磁感应强度

磁场中垂直穿过单位面积上磁感线的条数，叫做该面积所在处的磁感应强度，又叫磁通密度。磁感应强度是表示磁场中某点的磁场强弱和方向的物理量，用符号 B 表示。实验证明，将长度或电流不同的通电导体垂直于磁场方向放置在磁场中的同一点，它们受到的磁场力不同，但它们受到的磁场力 F 与电流 I 和导体在磁场中的有效长度 L 乘积的比值是一个常数。这个常数在磁场强弱不同的点是不一样的。它表征了磁场强弱和方向的物理特性，故把该比值定义为磁感应强度，定义式为

$$B=\frac{F}{IL}$$

式中，F 为垂直于磁场方向放置的通电导体受到的作用力，N；I 为导体中的电流，A；L 为导体在磁场中的有效长度，m；B 为磁感应强度，T。

磁感应强度的单位是 T（特斯拉，简称特）。一个特斯拉的磁感应强度定义为：把一根长度为 1m 的直导线放置在和磁感应强度垂直的位置上，导线中通以 1A 的电流时，导线将受到 1N 的磁场作用力，这时的磁感应强度为 1T，即

$$1\mathrm{T}=1\,\frac{\mathrm{N}}{\mathrm{A}\cdot\mathrm{m}}$$

在工程上，磁感应强度曾使用过的单位是 Gs（高斯，简称高），它们之间的换算关系为

$$1\mathrm{T}=10^4\mathrm{Gs}$$

磁感应强度是向量，它不但能表示磁场中某点的磁场强弱，而且能表示出该点的磁场方向。规定：磁场中某点磁感应强度的方向就是该点的磁场方向，即该点磁感线的切线方向。如果在磁场的某一区域内，磁感应强度的大小和方向处处相同，则该区域的磁场称为均匀磁场，又叫做匀强磁场。距离很近的异名磁极之间的磁场、通电螺线管内部的磁场（除边缘部分），都可近似看作均匀磁场。

2.1.3.2 磁通

磁场中穿过某一面积磁感线的条数叫做穿过该面积的磁通量，简称磁通，用 Φ 表示；单位是韦伯（Wb），简称韦。磁通是标量，只有大小而无方向。对于均匀磁场，因 B 为常数，则有

$$\Phi=BS$$

式中，Φ 为磁通（Wb）；B 为磁感应强度（T）；S 为面积（m^2）。

公式 $\Phi=BS$ 还可以写为 $B=\Phi/S$。由此可知，磁感应强度就是垂直于磁场单位面积上的磁通量，故又称为磁通密度。

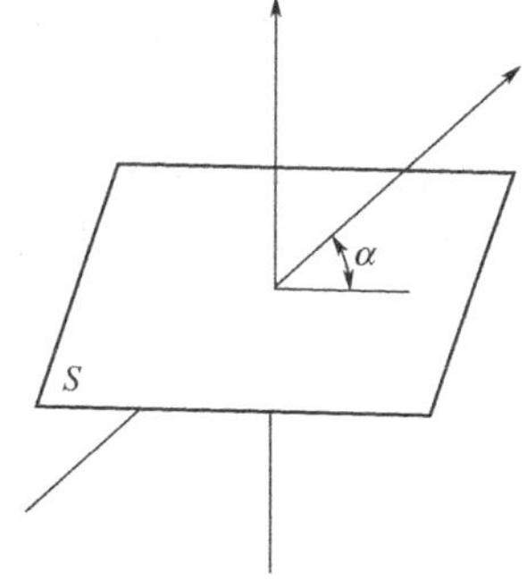

图 2-6　B 与 S 不垂直

如图 2-6 所示，当磁感应强度 B 的方向与面积 S 不垂直，而有一个倾斜角 α 时，应先求出与面积垂直的磁感应强度 B 的分量 $B_{\perp}=B\sin\alpha$。因此，磁通的一般计算公式为

$$\Phi=BS\sin\alpha$$

2.1.3.3 磁导率

通电线圈产生磁场，磁场的强弱与线圈的匝数和电流的大小有关。人们在实验中发现，当保持线圈匝数和电流不变时，分别在线圈中放入铁棒、铜棒和硅钢片时，线圈产生的磁场强弱是不同的。可见，磁场的强弱还与磁场中媒介质的性质有关。

磁导率（绝对磁导率）是表征媒介质导磁能力大小的物理量，用符号 μ 来表示，其单位是

亨/米（H/m）。真空中的磁导率$\mu_0=4\pi\times10^{-7}$H/m。磁导率大的媒介质导磁能力强，磁导率小的媒介质导磁能力弱。在实际应用中，人们一般不直接给出媒介质的磁导率，而是给出其与真空磁导率的比值，称为相对磁导率，常用符号μ_r表示，即

$$\mu_r=\frac{\mu}{\mu_0}$$

相对磁导率μ_r是没有单位的物理量，它表明在其他条件相同的情况下，媒介质中的磁感应强度是真空中磁感应强度的倍数。

2.1.3.4 磁场强度

在任何磁介质中，磁场中某点的磁感应强度与媒介质磁导率的比值，称为该点的磁场强度，用H表示，即

$$H=\frac{B}{\mu}$$

磁场强度是一个向量，其方向与该点的磁感应强度方向相同，其国际单位为安/米（A/m）。磁场强度与磁感应强度的名称相似，切忌混淆。磁场强度是为计算方便而引入的物理量。

2.2 电流的磁效应

本节主要介绍电流的磁场和安培定则。

右手螺旋定则：用右手握住通电直导体，让拇指指向电流的方向，则弯曲四指的指向就是磁感线的方向。

安培定则：用右手握住线圈，让四根弯曲手指的方向和电流的方向一致，那么大拇指所指的方向就是线圈内部磁感线的方向，即N极的指向。

2.2.1 电流的磁场

丹麦物理学家奥斯特于1819年发现，电流的周围存在着磁场。电流是产生磁场的根本原因。永久磁铁的磁场也是由分子电流产生的。所谓分子电流，是由原子内的电子绕原子核高速旋转和电子自转形成的。由此可见，电流和磁场有着不可分割的联系，磁场总是伴随着电流而存在，电流则永远被磁场包围，磁场是由电流产生的。我们把电流产生磁场的现象称作电流的磁效应。

如图2-7(a)所示，将小磁针放在通电直导体的下方，我们发现小磁针转动，并停止在垂直于直导体的位置上。如果切断直导体中的电流，小磁针又恢复到指南北的位置；若改变电流

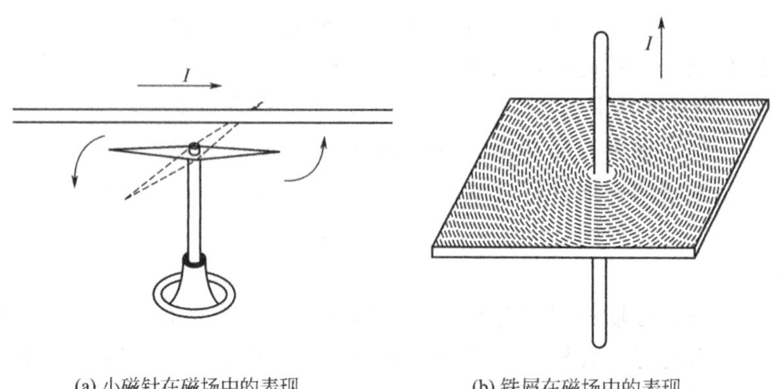

(a) 小磁针在磁场中的表现　　(b) 铁屑在磁场中的表现

图2-7　通电直导体的磁场

的方向，小磁针会反向转动。上述实验表明：通电导体的周围存在磁场，这个磁场与小磁针相互作用，使小磁针转动。

如图 2-7(b) 所示，在载流直导体周围撒上铁屑，由于通电导体产生磁场，铁屑形成了以通电导体为圆心的许多同心圆环。

2.2.2　安培定则

在奥斯特发现电流的磁效应后不久，法国科学家安培（1775～1836 年）确定并用磁感线对通电导体周围的磁场进行了描述。

2.2.2.1　通电直导体的磁场

电流通过直导体时，导体周围产生磁场，其磁感线的分布是在垂直于导体的平面内，以导体为轴心的一组同心圆。其磁场方向可用安培定则，也称右手螺旋定则来判断：用右手握住通电直导体，让拇指指向电流的方向，则弯曲四指的指向就是磁感线的方向，如图 2-8 所示。

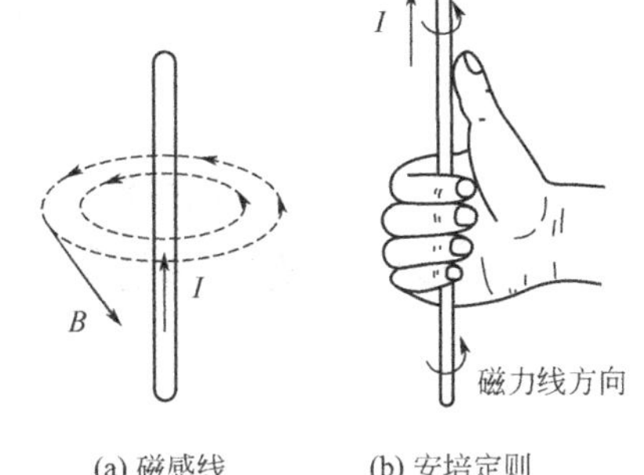

(a) 磁感线　(b) 安培定则

图 2-8　通电直导体磁场的判定

实验证明：通电直导体周围各点磁场的强弱与导体中电流的大小成正比，与该点到导体的垂直距离成反比。

【例 2-1】 用安培定则来判定图 2-9 所示导线中的电流方向和磁感线方向。

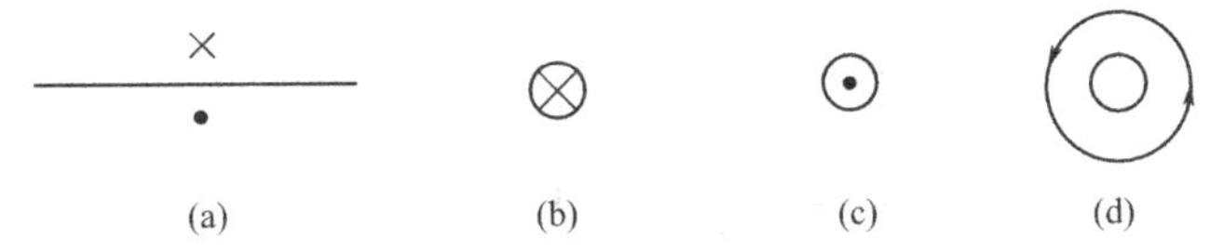
(a)　(b)　(c)　(d)

图 2-9　【例 2-1】图

×—磁感线垂直纸面向里；•—磁感线垂直纸面向外；⊗—电流垂直纸面向里；⊙—电流垂直纸面向外

解：在图 2-9(a) 中，从右向左看，磁感线方向是顺时针的，按安培定则可判定出电流方向向左。

在图 2-9(b)，已知电流方向垂直纸面向里，按安培定则可判定出磁感线是沿顺时针方向旋转，并以导线为圆心的同心圆。

在图 2-9(c) 中，已知电流方向是垂直纸面向外的，同样可判定出磁感线是沿逆时针方向旋转，并以导线为圆心的同心圆。

在图 2-9(d) 中，已知磁感线是以导线为圆心的沿逆时针方向旋转的同心圆，用安培定则可判定出电流方向垂直纸面向外。

2.2.2.2　通电螺线圈的磁场

把直导线绕成螺线管线圈，并通入电流，结果通电线圈产生的磁场类似于条形磁铁的磁场，它是穿过螺线管横截面的闭合曲线。

通电螺线管中产生的磁场和电流的方向也可用安培定则来判定：用右手握住线圈，让四根弯曲手指的方向和电流的方向一致，大拇指所指的方向就是线圈内部磁感线的方向，即 N 极的指向。通电螺线管和条形磁铁一样，也存在两个磁极。在线圈外部，磁感线是从 N 极到 S 极；在线圈内部，磁感线是从 S 极到 N 极，如图 2-10 所示。

实验证明：通电线圈磁场的强弱与线圈的匝数和通过线圈的电流成正比。增加线圈的匝数，磁感线密度随之增高，如图 2-11 所示。

要使线圈的磁场更强，可在线圈中央插入用软铁制成的铁芯，如图 2-12 所示。软铁是一种具有高磁导率的材料，它为穿过线圈中央的磁场提供优良的导磁体。

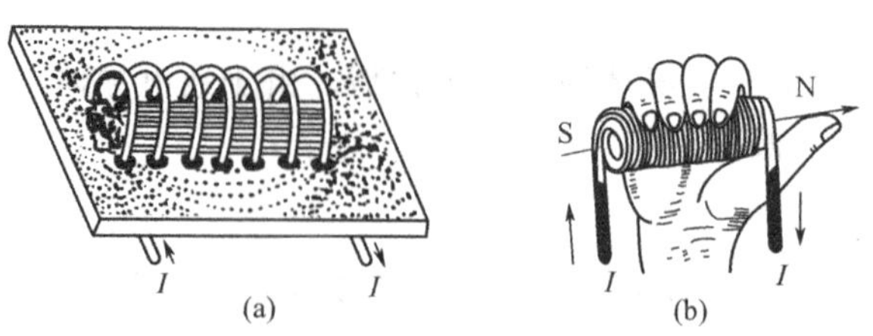

图 2-10　通电线圈磁场的判定

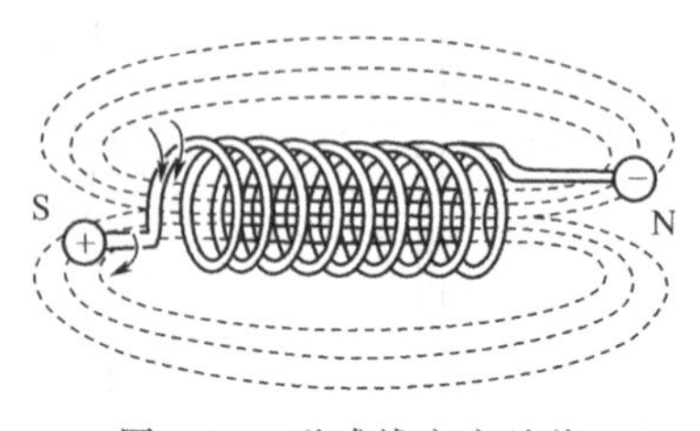

图 2-11　磁感线密度随着匝数增加而增高

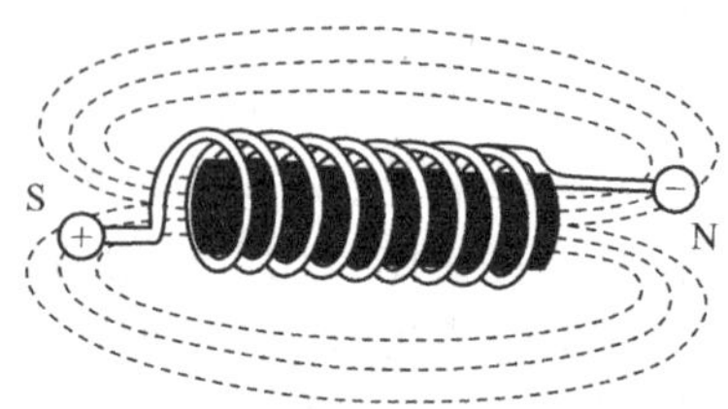

图 2-12　加入铁芯使磁感线集中

【例 2-2】 用右手螺旋定则判断图 2-13 中通电螺线管的 N、S 极或根据已标明的磁极极性判断螺线管中的电流方向。

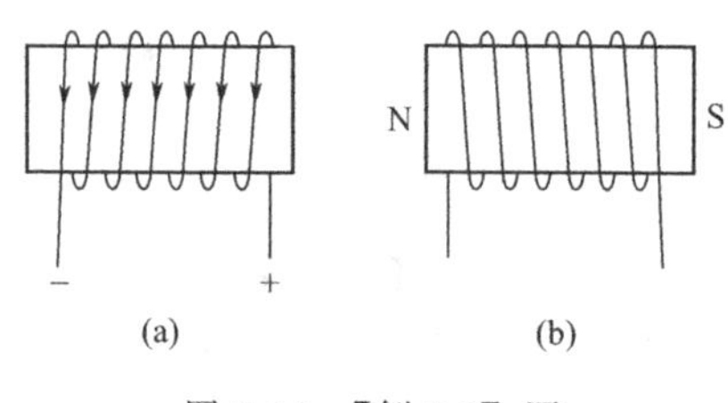

图 2-13　【例 2-2】图

解：在图 2-13(a) 中，箭头所示为电流方向，由右手螺旋定则判定螺线管右端为 N 极，左端为 S 极。

在图 2-13(b) 中，螺线管内部磁场由 S 指向 N，利用右手螺旋定则可知，电流由螺线管右侧向左流动。

2.3　铁磁材料及磁路

本节主要介绍铁磁材料、磁路和磁路的欧姆定律。

铁磁材料包括顺磁材料、反磁材料和铁磁材料。

铁磁材料的磁性能分为高导磁性、磁饱和性和磁滞性。

对于铁磁材料的分类和用途，将分软磁材料、硬磁材料和矩磁材料来分别介绍。

2.3.1　铁磁材料

2.3.1.1　铁磁材料（铁磁物质）

不同物质对磁感应强度的影响不同，其导磁的性能也不一样。根据物质磁导率的大小，通常把物质分为三类：第一类是顺磁材料，其相对磁导率略大于 1（1.000003～1.000004），如空气、氧、铅等；第二类是反磁材料，其相对磁导率略小于 1（0.999995～0.999997），如铜、银、石墨等；第三类是铁磁材料，其相对磁导率远大于 1，如表 2-1 所示。由于铁磁材料磁导率很大，产生相同磁场时，可以大大减少线圈的匝数或流过线圈的电流。因此，铁磁材料在电气技术方面得到了广泛应用。

表 2-1 常用铁磁物质的相对磁导率

铁磁物质	μ_r	铁磁物质	μ_r
铸铁	200～400	铝硅铁磁芯	2.5～7
铸钢	500～2200	镍锌铁氧体(用于1MHz)	10～1000
硅钢片	7000～10000	镍锌铁氧体(用于10MHz)	300～5000
坡莫合金	20000～200000		

2.3.1.2 铁磁材料的磁性能

(1) 高导磁性。铁磁材料具有极强的被磁化特性，在外磁场的作用下能产生远远大于外磁场的附加磁场，原因是在铁磁材料内部存在许多体积很小的自然磁化区，称为磁畴。在未被磁化时，这些磁畴排列杂乱无章，磁场相互抵消，对外不显磁性；当铁磁材料放入磁场时，磁畴顺着磁场的方向发生偏转，排列整齐，从而产生一个与外磁场方向一致的辅助磁场，它与外磁场叠加，使铁磁材料呈现出极强的磁性。这就是铁磁材料高导磁性的物理本质，如图 2-14 所示。因而，铁磁材料是制造电磁铁、变压器、电机等的主要材料。

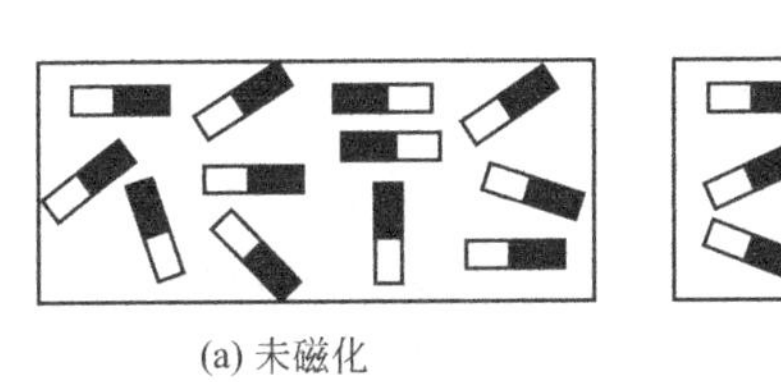

(a) 未磁化

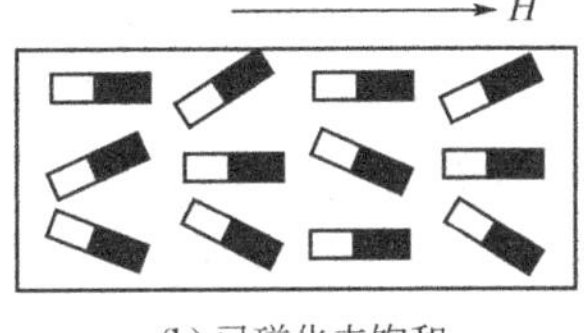

(b) 已磁化未饱和

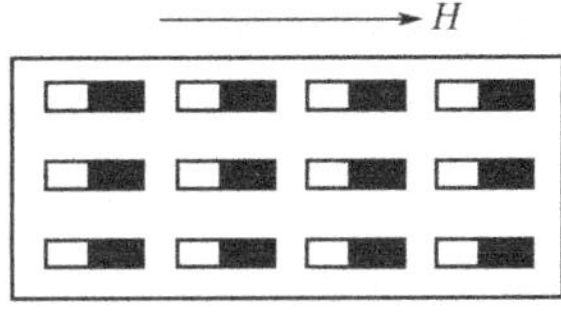

(c) 已饱和

图 2-14 外磁场对磁畴的影响

(2) 磁饱和性。铁磁材料在磁化过程中，当磁畴方向与外磁场方向完全一致时，即使外磁场再增强，铁磁材料中的磁感应强度也不会继续增加，达到了最大值。铁磁材料的这一特性，称为磁饱和性。铁磁材料的磁化过程有自己的规律，可用如图 2-15 所示电路来确定。

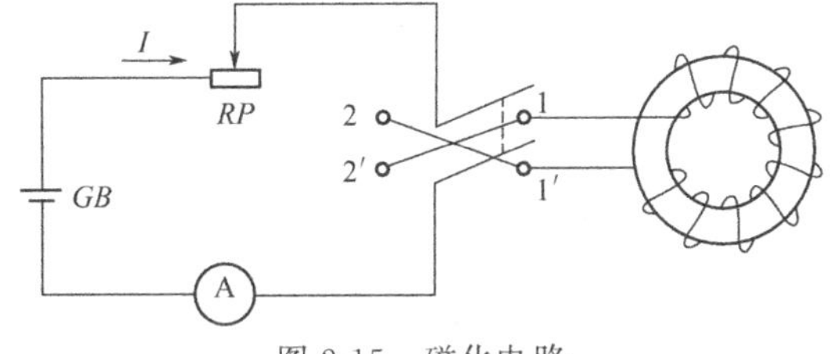

图 2-15 磁化电路

(3) 磁滞性。在外磁场正负变化（即大小和方向不断变化）的反复磁化过程中，铁磁材料内部磁感应强度的变化总是滞后于外磁场的变化，这一特性称为磁滞性。铁磁材料按图 2-15所示电路进行磁化，得到如图 2-16 所示的磁化曲线 Oc 后，如果再反复改变线圈中电流的大小和方向（改变磁场 H），使铁磁材料被反复磁化，其磁感应强度 B 将随磁场 H 的变化，如图 2-17 所示的曲线（磁滞回线）$abcdefa$ 而变化。由磁滞回线可见，B 的变化总是滞后于 H 的变化，即显示出磁滞性。图中，$H=0$ 时，$B=B_0$（0b），叫做剩磁。使剩磁由 B_0 变为 0（$B=0$）的反向磁场 H_c 叫做矫顽力。

在反复磁化过程中，铁磁材料内部的磁畴方向不断改变，造成分子振动加剧，温度升高，能量损耗，这是由于磁滞引起的，故而又称为磁滞损耗。它会导致铁芯发热，对设备运行不利，在实际工作中应引起足够注意。

2.3.1.3 铁磁材料的分类和用途

对于不同的铁磁材料，磁滞回线的形状也不同，它反映了各种铁磁材料的剩磁和矫顽力等磁性能方面的差别。根据磁滞回线的形状及其在工程上的应用，通常把铁磁材料分成三大类。

(1) 软磁材料：指剩磁和矫顽力都很小的铁磁材料，如硅钢片、铁镍合金、铸钢、纯铁

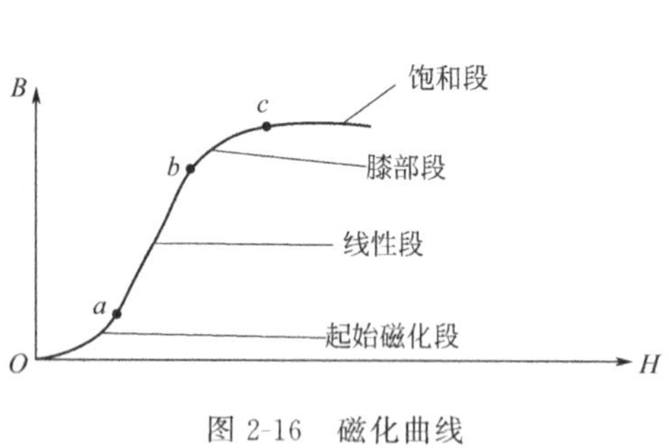

图 2-16 磁化曲线

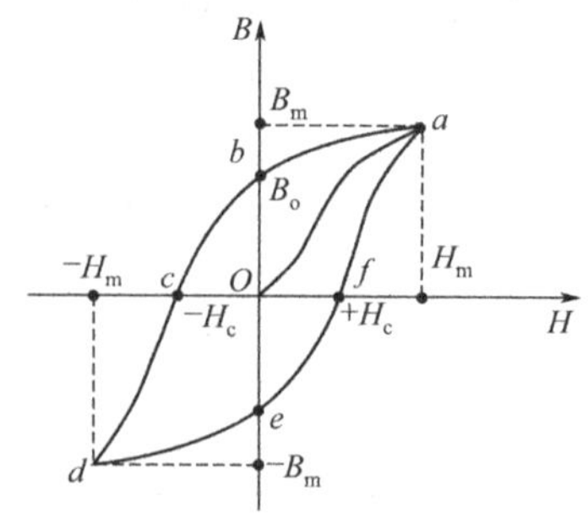

图 2-17 磁滞回线

等。它们的特点是磁导率μ很大，容易磁化，也容易去磁（失磁），磁滞回线窄而陡，包围的面积较小，几乎与起始磁化曲线重合，如图 2-18(a) 所示。由于软磁材料的磁滞损耗很小，常用来做电机、变压器、继电器、电磁铁等电器的铁芯。

(2) 硬磁材料：指剩磁和矫顽力都很大的铁磁材料，如钨钢、钴钢等。它们的特点是不易磁化，也不易去磁，磁滞回线很宽，包围的面积较大，如图 2-18(b) 所示。硬磁材料常用来制作各种永久磁铁。

(3) 矩磁材料：指在很弱的磁场作用下就能被磁化并达到饱和，去掉外磁场后，磁性仍能保持在饱和状态的铁磁材料，如锰-镁铁氧体、锂-镁铁氧体等。其特点是易磁化，不易去磁，磁滞回线是一条矩形的闭合曲线，因而称为矩磁材料，如图 2-18(c) 所示。矩磁材料常用来制作计算机存储元件的环形磁芯。老式计算机的存储磁芯就是利用这种原理制造的。矩磁材料的 $+B$ 及 $-B$ 两种状态分别代表二进制数 0 和 1 两个代码，起到记忆的功能。

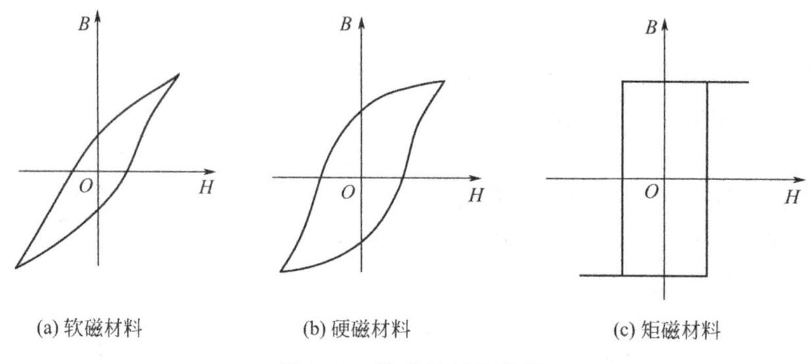

(a) 软磁材料　(b) 硬磁材料　(c) 矩磁材料

图 2-18 铁磁材料的类型

2.3.2 磁路

2.3.2.1 磁路

磁通（磁感线）集中通过的闭合路径称为磁路。与用电动势、电流、电阻描述电路相似，在磁路中，分别用磁动势、磁通量、磁阻来描述磁路。在电气设备中，为了获得较强的磁感应强度，常常把磁通集中到一定形状的路径中。形成磁路的最好方法是用铁磁材料做成各种形状的铁芯，使磁感线在铁芯中形成闭合回路。图 2-19 所示就是几种电器的磁路。

由于铁磁材料的磁导率μ远大于空气，所以大部分磁通沿铁芯而闭合，称为主磁通。经过空气或其他材料的极少部分磁通称为漏磁通，如图 2-19 中的 Φ_s 就是漏磁通。一般情况下，漏磁通很少，在分析和计算时忽略不计。

磁路按其结构形式，分为分支磁路和无分支磁路。分支磁路又分为对称分支磁路和不对称分支磁路。图 2-19 中，(a) 所示为无分支磁路，(b) 和 (d) 所示为对称分支磁路，(c) 所示

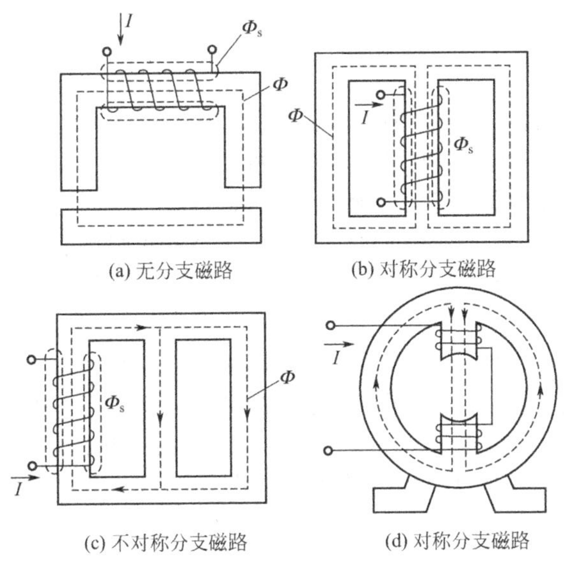

图 2-19　磁路

为不对称分支磁路。

（1）磁动势。通电螺线管产生的磁场与线圈中的电流有关，电流越大，通过线圈的磁动势越大；另外，通电螺线管产生的磁场和线圈的匝数有关，线圈的匝数越多，磁动势越大。由此可见，线圈的匝数和通过线圈的电流决定了线圈中的磁动势。

（2）磁阻。各种材料对磁通都有阻碍作用，磁通和电流一样，有走阻碍作用小的路径的倾向。磁通通过磁路时所受的阻碍作用称为磁阻，用符号 R_m 表示。

2.3.2.2　磁路欧姆定律

如图 2-20(a) 所示，在截面积为 S 的“口”字形铁芯上绕有一组线圈，形成无分支磁路。磁路中的磁通与产生磁通的磁源（磁通势）成正比，与磁路对磁通的阻碍作用（磁阻）成反比，这就是磁路欧姆定律，即

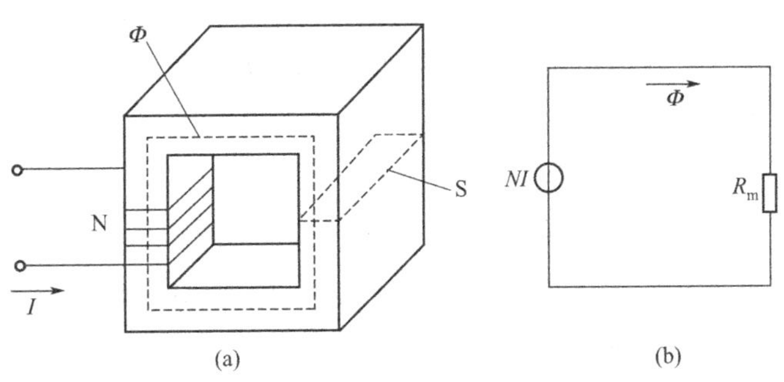

图 2-20　无分支磁路

$$磁通=\frac{磁通势}{磁阻}$$

式中，磁通势（NI）的大小等于线圈匝数 N 与励磁电流 I 的乘积，单位是安匝；磁阻（R_m）的大小等于磁路的平均长度 L 与铁芯材料磁导率 μ 和铁芯截面 S 乘积的比值，即 $R_m=\frac{L}{\mu S}$，单位是 1/H。因此，磁路欧姆定律公式为

$$\Phi=\frac{NI}{R_{\mathrm{m}}}=\frac{NI}{\frac{L}{\mu S}}$$

应当指出：由于铁磁材料的磁导率μ不是常数，磁路磁阻又是非线性的，所以应用磁路欧姆定律进行实际计算比较困难，一般只做定性分析。

2.3.2.3 磁路定律在汽车中的应用——磁感应点火信号发生器

汽车点火系统的作用是为汽油发动机汽缸内已压缩的可燃混合气提供足够能量的电火花，使发动机能及时、迅速地燃烧做功。点火系统在发动机各种工况和使用条件下，均应保证可靠而准确地点火。

汽车点火系统磁感应式点火信号发生器利用磁路的原理产生信号。下面以日本丰田汽车发动机装用的典型的无触点磁感应式电子点火系统为例，分析磁感应式点火信号发生器的工作原理。如图 2-21 所示，磁感应式点火信号发生器主要由装在分电器轴上的信号转子、永久磁铁、铁芯（支座）和绕在铁芯上的感应线圈等组成。信号转子由分电器轴驱动，转子上的凸齿数与发动机汽缸数相等。

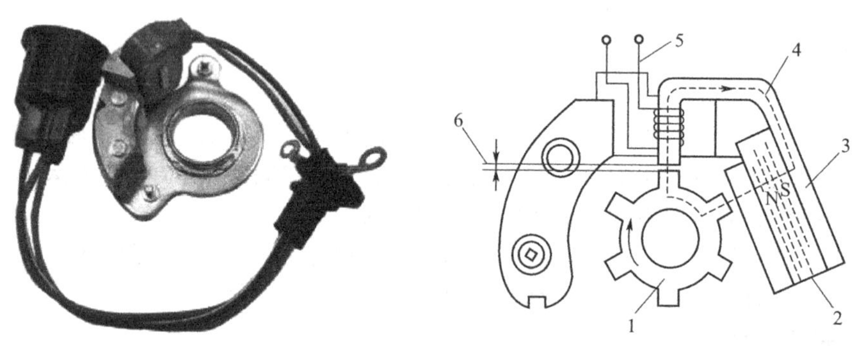

图 2-21 磁感应式点火信号发生器

1—信号转子；2—永久磁铁；3—铁芯；4—磁通；5—传感线圈；6—空气隙

磁感应式点火信号发生器是利用电磁感应原理工作的。在信号转子转动时，通过传感线圈的磁通发生变化，使线圈内感应电动势的方向发生交变变化，将线圈两端输出的交变信号（正脉冲或负脉冲信号）送至点火器输入端，控制点火装置的工作。

信号发生器磁通路径为：永久磁铁 N 极→空气隙→信号转子→空气隙→铁芯（通过传感线圈）→永久磁铁 S 极。

根据磁路欧姆定律 $\Phi=\frac{NI}{R_{\mathrm{m}}}$，在磁通势一定的情况下，磁通与磁阻成反比。在信号转子旋转时，信号转子的凸齿与铁芯间的空气隙将发生变化，引起磁阻不断变化，使通过传感线圈的磁通发生变化，在传感线圈中便产生感应电动势。

如图 2-22 所示，通过对信号转子旋转的 3 个不同状态的分析，得到传感线圈中磁通和感应电动势的波形变化，如图 2-23 所示。

① 如图 2-22(a) 所示，当信号转子凸齿逐渐靠近铁芯时，凸齿与铁芯之间的空气隙逐渐减小，主磁路的总磁阻（R_{m}）逐渐减小，通过传感线圈的磁通量（Φ）逐渐增大，磁通变化率 $\mathrm{d}\Phi/\mathrm{d}t>0$。

② 如图 2-22(b) 所示，当信号转子凸轮与铁芯中心线正好对正时，凸齿与铁芯之间的空气隙最小，主磁路的总磁阻（R_{m}）最小，传感线圈的磁通量（Φ）最大，但磁通量的变化率 $\mathrm{d}\Phi/\mathrm{d}t=0$。

③ 当信号转子从图 2-22(b) 所示位置向图 2-22(c) 所示位置转动时，信号转子凸齿逐渐离开铁芯，凸齿与铁芯之间的空气隙逐渐增大，主磁路的总磁阻（R_m）逐渐增大，通过传感线圈的磁通量（Φ）逐渐减小，磁通变化率 $d\Phi/dt<0$。

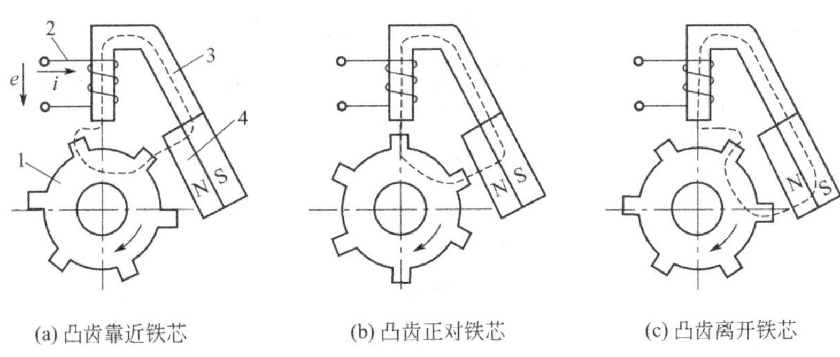

(a) 凸齿靠近铁芯　(b) 凸齿正对铁芯　(c) 凸齿离开铁芯

图 2-22　信号转子旋转的 3 个不同状态

1—信号转子；2—传感线圈；3—铁芯；4—永久磁铁

根据电磁感应定律 $e=-N\dfrac{d\Phi}{dt}$，磁通交变，在传感线圈中产生一个感应电动势，其方向将阻碍磁通量的变化。传感线圈中的磁通和感应电动势的波形如图 2-23 所示。

通过分析可知，对于 6 缸发动机，转子每转过一圈，就会产生 6 次周期交变电动势信号，而且其幅值与转速成正比。

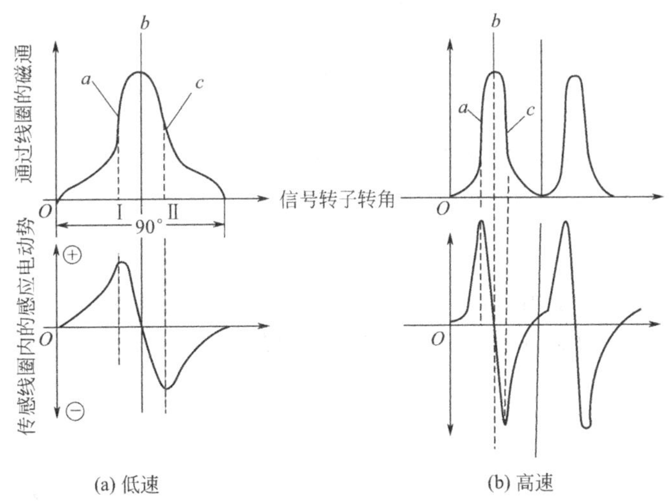

(a) 低速　(b) 高速

图 2-23　不同转速时传感线圈内磁通及感应电动势的变化情况

2.4　磁场对电流的作用

本节主要介绍磁场对通电直导体、通电线圈及通电半导体的作用。

把载流导体放入磁场，载流导体必然受到力的作用。这个力叫做电磁力，也叫安培力。当导体与磁感应强度方向垂直时，导体所受的电磁力最大；平行放置时，不受力。

载流直导体在磁场中的受力方向，可用左手定则来判断，具体方法是：将左手伸平，拇指与四指垂直，让磁感线垂直穿过手心，四指指向电流的方向，则拇指所指的就是导体的受力方向。

霍尔效应中产生的电压（霍尔电压）的大小与通过半导体基片的电流和磁场的磁感应强度成正比，与基片的厚度成反比。

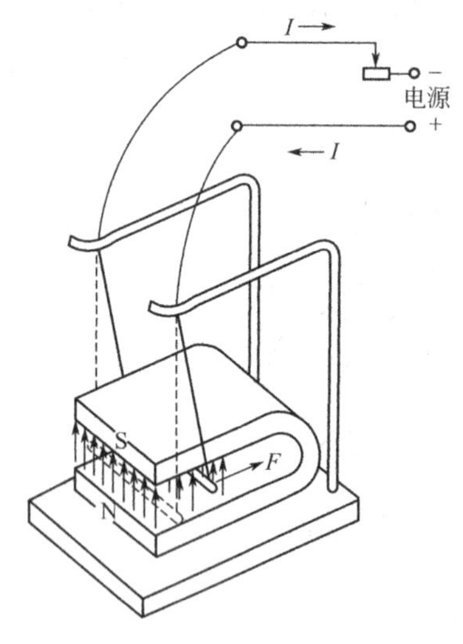

图 2-24 通电导体在磁场中受力

2.4.1 磁场对通电直导体的作用

我们知道，两块磁体靠近时将产生磁力。由于载流导体周围也存在磁场，因此把载流导体放入磁场时，载流导体必然受到力的作用。这个力叫做电磁力，也叫安培力。电磁力也就是磁场对电流的作用力。如图 2-24 所示，在蹄形磁铁中悬挂一根直导体，并使导体垂直于磁感线，在导体未通电时是静止的。如果接通电源，使导体中流过如图 2-24 所示的电流，导体立即向磁铁内运动；若改变电流的方向或对调磁极，导体反方向运动，这说明载流直导体在磁场中受到电磁力的作用。实验证明：在均匀磁场中，通电直导体受到电磁力 F 的大小与磁感应强度 B 成正比，与导体中的电流 I 成正比，与导体在磁场中的有效长度 L 成正比，即

$$F=BIL$$

式中，F 为电磁力（N）；B 为磁感应强度（T）；L 为导体有效长度（m）；I 为导体中的电流（A）。

根据公式 $F=BIL$，可得均匀磁场中磁感应强度 $B\perp I$ 时的另一个公式，即

$$B=\frac{F}{IL}$$

实验进一步证明：当导体与磁感应强度方向垂直时，导体所受的电磁力最大；平行放置时，不受力。若直导体与磁感应强度的方向有夹角 α（如图 2-25 所示），可将导体分解出与 B 垂直的分量 $L_{\perp}$，因 $L=L\sin\alpha$，所以

$$F=BIL\sin\alpha$$

载流直导体在磁场中的受力方向，可用左手定则来判断，具体方法是：将左手伸平，拇指与四指垂直，让磁感线垂直穿过手心，四指指向电流的方向，则拇指所指的就是导体的受力方向，如图 2-26 所示。

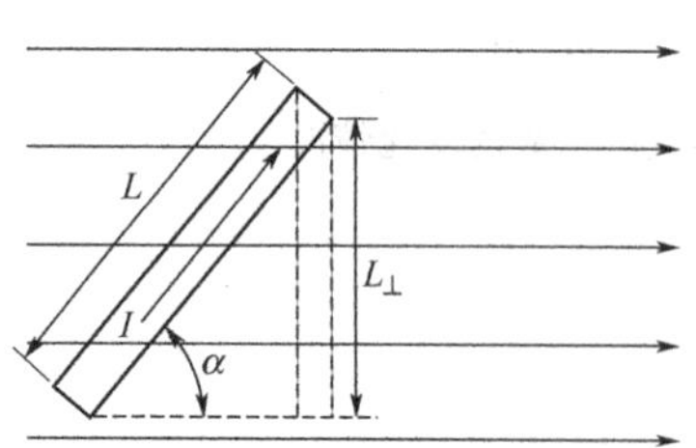

图 2-25 导体与磁感应强度方向有夹角

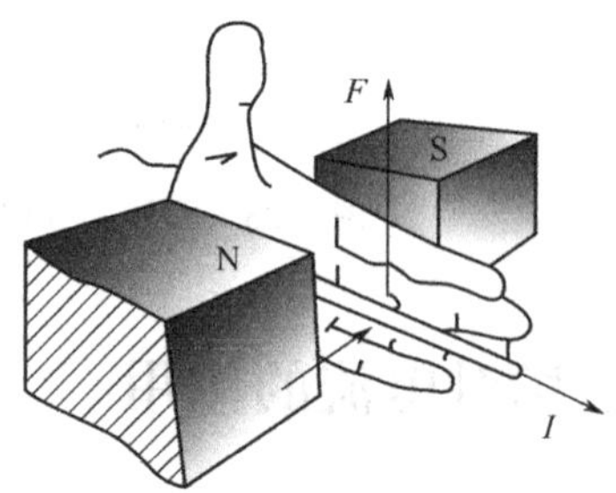

图 2-26 左手定则

【例 2-3】 如图 2-27 所示，试判断图中直导体的电流方向或受力方向（图中，⊗表示电流方向垂直纸面向里，⊙表示电流方向垂直纸面向外）。

解： 利用左手定则，判断结果为：直导体受力方向向下，如图 2-27(a) 所示；直导体电流方向为垂直纸面向外，如图 2-27(b) 所示。

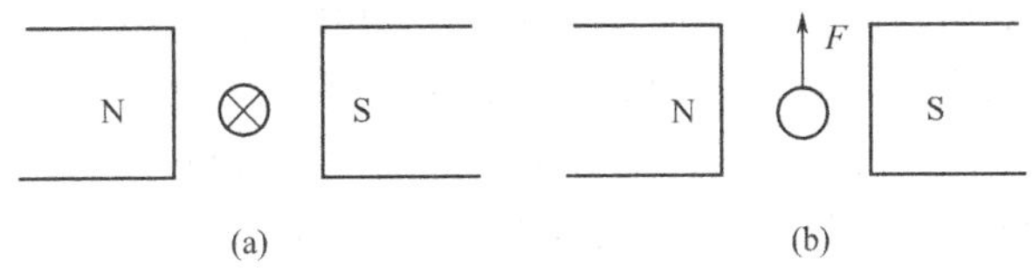

图 2-27 【例 2-3】图

2.4.2 磁场对通电线圈的作用

研究磁场对通电线圈的作用更具有实际意义，因为在汽车电器中的许多直流电动机，如刮水器电动机、空调鼓风机和启动机的直流电动机等都是利用这一原理制成的。

2.4.2.1 通电线圈在磁场中受力转动

如图 2-28(a) 所示，在均匀磁场中放置一个可绕轴 OO' 转动的通电矩形线圈 $abcd$。已知 $ad=bc=L_1$，$ab=cd=L_2$。当线圈平面与磁感线平行时，因 ab 边、cd 边与磁感线平行，所以电磁力为零，而 ad 边、bc 边与磁感线垂直，所受电磁力最大，而且 $F_1=F_2=BIL$。此时，受电磁力作用的两个边称为有效边。

根据左手定则可知：两条有效边的受力方向正好相反，ad 边向上，bc 边向下，且不作用在一条直线上，因而形成一对力偶，使线圈绕轴 OO' 顺时针方向转动。

2.4.2.2 通电线圈在磁场中的转矩

转矩等于力偶中的任意一个力与力偶臂的乘积，因而在图 2-28(a) 中，矩形线圈的转矩为

$$M=F_1L_2=BIL_1L_2=BIS$$

式中，M 为线圈受到的电磁转矩（N·m）；B 为均匀磁场的磁感应强度（T）；I 为线圈中的电流（A）；S 为线圈的面积，$S=L_1L_2$（m^2）。

如图 2-28(b) 所示，线圈顺时针方向转动角度 α 后，线圈的转矩为

$$M=BIS\cos\alpha$$

上式为单匝线圈的转矩表达式，如果矩形线圈匝数为 N，则在磁场中受到的电磁转矩为

$$M=NBIS\cos\alpha$$

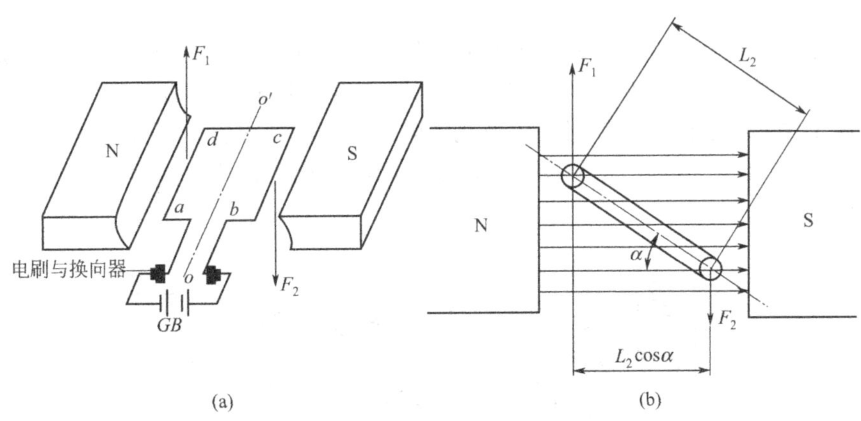

图 2-28 磁场对通电线圈的作用

2.4.3 磁场对通电半导体的作用（霍尔效应）

2.4.3.1 霍尔效应

如图 2-29 所示，把一块半导体基片（霍尔元件）放在磁场中。当在与磁场垂直的方向上

通以电流时，在与磁场和电流垂直的横向侧面上产生电压。这一现象是1879年正就读于美国霍普金斯大学的物理学家霍尔发现的，因此将其命名为霍尔效应。

实验证明：霍尔效应中产生的电压U_H（霍尔电压）的大小与通过半导体基片的电流I和磁场的磁感应强度B成正比，与基片的厚度d成反比，即

$$U_H=\frac{R_H}{d}IB$$

式中，U_H为霍尔电压（V）；R_H为霍尔系数（m^3/C）；d为半导体基片厚度（m）；I为电流强度（A）；B为磁通密度（T）。

由上式可知，当通过的电流I为定值时，产生的霍尔电压与磁感应强度B成正比，即霍尔电压随磁感应强度的大小而变化。当$B\neq0$时，半导体产生霍尔电压；当$B=0$时，霍尔电压降为零，这一原理在汽车上被广泛使用。

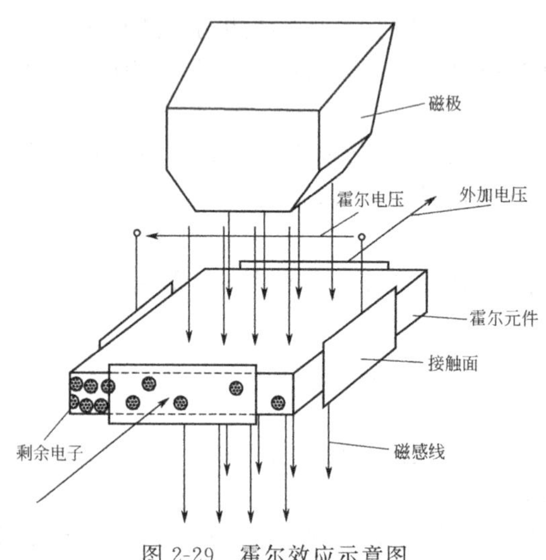

图2-29 霍尔效应示意图

2.4.3.2 霍尔效应在汽车上的应用

在汽车上的位置传感器和速度传感器中常使用霍尔元件作为检测元件，如霍尔式曲轴位置传感器、霍尔式凸轮轴位置传感器、霍尔式轮速传感器等。下面介绍汽车中的霍尔式曲轴位置传感器和转速传感器的工作原理。

1）霍尔式曲轴位置传感器

霍尔式曲轴位置传感器利用触发叶片或轮齿改变通过霍尔元件的磁感应强度（B），使霍尔元件产生脉冲的霍尔电压信号，经放大整形后，即为曲轴位置传感器的输出信号。

图2-30所示为安装在分电器内的霍尔式曲轴位置传感器。霍尔元件固定在陶瓷支座上，它有4个电接头，电源由A、B端输入，霍尔电压由C、D端输出。霍尔元件的对面装有一个永久磁体，它和霍尔元件之间留有一定的空气隙。

传感器转子由分电器轴驱动，转子上有和汽缸数目相同的叶片。当叶片转离磁极和霍尔元件之间的气隙时，磁场通过霍尔元件，其C、D端产生霍尔电压，如图2-30(a)所示。当叶片转入磁极和霍尔元件之间的气隙时，磁感线被隔断，不能通过霍尔半导体基片，使霍尔电压下降为0，如图2-30(b)所示。在分电器轴转动一圈的过程中，传感器输出和汽缸数目相同个数的矩形电压脉冲信号。

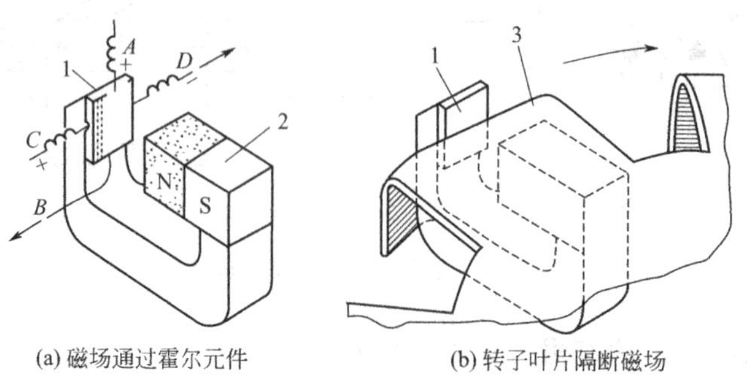

(a) 磁场通过霍尔元件　　(b) 转子叶片隔断磁场

图2-30 霍尔式曲轴位置传感器

1—霍尔元件；2—磁极；3—转子叶片

2）转速的测量

图 2-31 所示是美国 GM 公司的霍尔效应传感器结构示意图。在转子表面靠近边缘的地方固定一块小磁铁，将霍尔半导体（也称霍尔元件）设置在转子边上靠近转子的地方，其正面对着磁铁。每当磁铁转到霍尔元件正面时，霍尔元件输出电压；磁铁转过后，输出电压为零。因此，转子每旋转一周，霍尔元件就输出一个脉冲。这些脉冲接入频率计或计数器，即可测出转子转速。因为转子与曲轴连接在一起，这里测得的转速就是汽车发动机的转速。

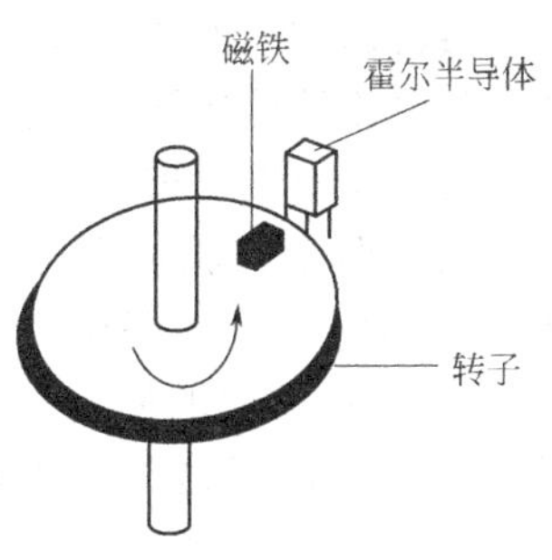

图 2-31　霍尔效应传感器

2.5　电磁感应

本节主要介绍电磁感应、楞次定律、法拉第电磁感应定律、自感现象及互感现象。

由于磁通变化而产生电流的现象称为电磁感应现象。这个电流叫做感应电流，推动感应电流的电动势叫做感应电动势。

楞次定律：感应电流产生的磁通总是企图阻碍原磁通的变化。

法拉第电磁感应定律：线圈中感应电动势的大小与线圈中磁通的变化率和线圈的匝数成正比。

由于线圈本身的电流变化，在线圈中产生感应电动势的现象叫做自感现象，所产生的感应电动势叫做自感电动势。

互感就是由于一个线圈中电流的变化而使另一个线圈产生感应电动势的现象。这个感应电动势称为互感电动势，简称互感电势。

2.5.1　电磁感应现象及其产生的条件

英国科学家法拉第在大量实验的基础上，于 1831 年发现了磁生电的重要事实及规律——电磁感应定律。下面介绍两个典型的电磁感应实验。

［实验一］　在图 2-32 所示的均匀磁场中放置一根直导体 AB，导体两端连接一个灵敏电流计。当导体垂直于磁感线做切割运动时，可以明显地观察到电流计的指针偏转。当导体静止不动或平行于磁感线方向运动时，电流计的指针不转。

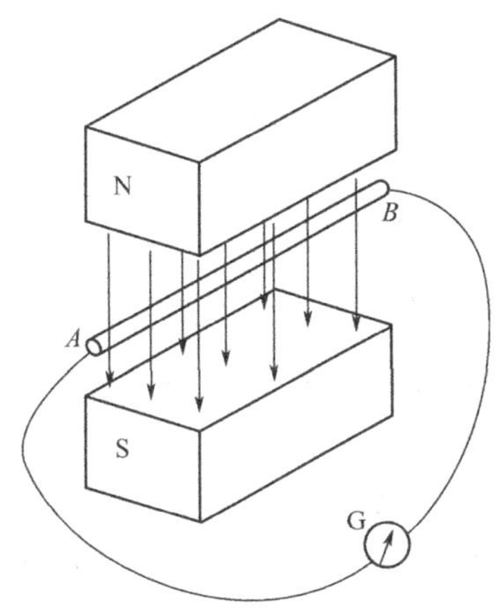

图 2-32　直导体的电磁感应现象

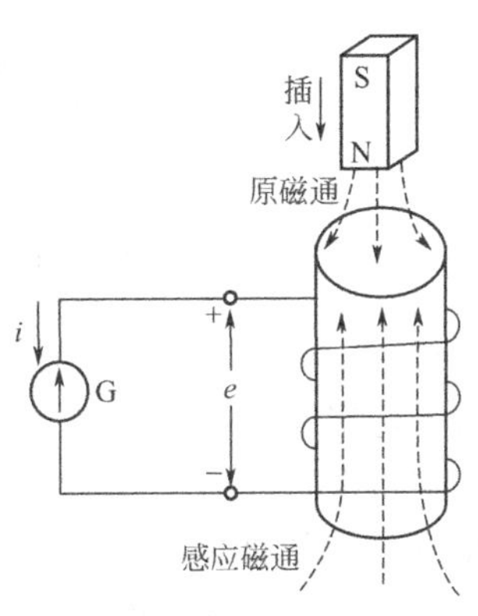

图 2-33　磁铁在线圈中运动

［**实验二**］ 如图 2-33 所示，空心线圈两端连接灵敏电流计，当条形磁铁迅速插入线圈时，观察到电流计的指针偏转。如果条形磁铁在线圈内静止不动，电流计指针也不转；如果将条形磁铁由线圈中迅速拔出，会看到电流计的指针反向偏转。

上述两个实验证明：当导体切割磁感线运动，或者线圈中的磁通发生变化时，在导体或线圈的闭合回路中就会有电流产生。虽然两个实验的形式不同，但其本质是一样的。如果把图 2-32中的回路看成是一个单匝线圈，那么导体中的电流也是由于磁通的变化而引起的。我们把这种由于磁通变化而产生电流的现象称为电磁感应现象。这个电流叫做感应电流，推动感应电流的电动势叫做感应电动势。当导体或线圈不闭合时，在其回路中只产生感应电动势，而无感应电流。由以上分析可知：电磁感应的条件是穿越线圈回路的磁通发生变化。

2.5.2 电磁感应定律

2.5.2.1 楞次定律

俄国物理学家楞次经过大量实验，于 1834 年发现了判定感应电流方向的重要定律——楞次定律。楞次定律又称电磁惯性定律，其内容是：感应电流产生的磁通总是企图阻碍原磁通的变化。应该注意的是：感应电流产生的磁通只是企图阻碍原磁通的变化，而不是阻碍原磁通的存在。

在图 2-34(a) 中，原磁通方向向下，由于磁铁插入线圈时，线圈中磁通变化的趋势是增加。根据楞次定律，感应磁通企图阻碍原磁通的增加，与原磁通方向相反，因此感应磁通的方向向上。最后用安培定则判断出感应电流的方向，即用右手握住线圈，让拇指指向感生磁通方向，则弯曲四指的指向就是感应电流的方向。根据感应电流的方向，把线圈看成电源，则感应电动势 e 的极性为下正上负。用同样的方法判断出图 2-34(b) 中的线圈产生的感应电动势 e 的极性为上正下负。

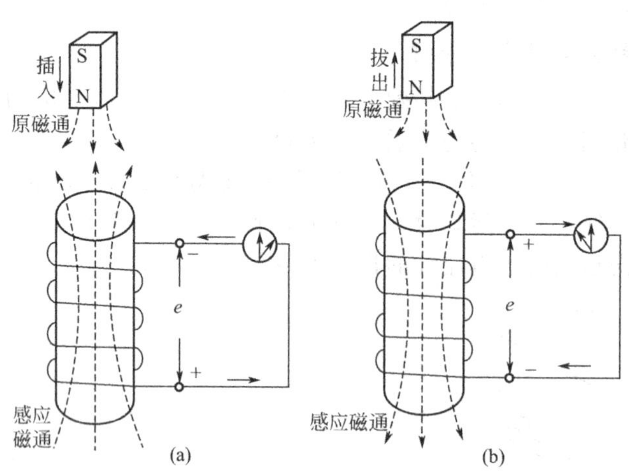

图 2-34 应用楞次定律判断感应电流的方向

综上所述，用楞次定律判断感应电流（电动势）方向的步骤如下。

(1) 首先确定原磁通的方向及其变化的趋势（是增加还是减少）。

(2) 根据楞次定律确定感应磁通的方向，与原磁通同向还是反向。

(3) 根据感应磁通的方向，应用安培定则判断出线圈中感应电流（电动势）的方向。

对于直导体中感应电动势的方向，用右手定则判断更简便。如图 2-35 所示，平伸右手，拇指与四指垂直，让磁感线垂直穿过手心，拇指指向导体运动方向，则四指的指向便是感应电流或感应电动势的方向。

注意：运用楞次定律时，必须把产生感应电动势的线圈或导体看作电源。

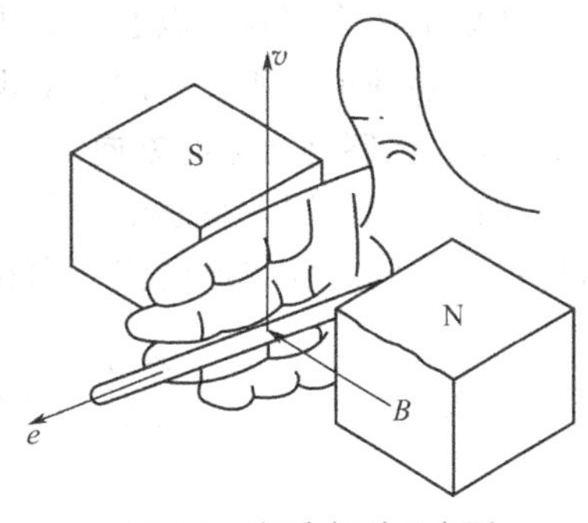

图 2-35 右手定则示意图

2.5.2.2 法拉第电磁感应定律

楞次定律给出了当回路中的磁通量发生变化时判定感应电流（电动势）方向的方法，法拉第电磁感应定律则给出如何计算感应电动势的大小。

法拉第通过大量实验总结出：线圈中感应电动势的大小与线圈中磁通的变化率和线圈的匝数成正比。这就是法拉第电磁感应定律，其数学表达式为

$$e=\left|-N\frac{\Delta\Phi}{\Delta t}\right|$$

式中 e 为感应电动势（V）；N 为线圈的匝数；$\frac{\Delta\Phi}{\Delta t}$为线圈中的磁通变化率（Wb/s）。

公式中的负号表示感应电流产生的磁通总是企图阻碍原磁通的变化。实际中判断感应电动势的方向还是楞次定律更方便，公式只用来计算感应电动势的大小。

实验还证明：在均匀磁场中，做切割磁感线运动的直导体，其感应电动势 e 的计算公式为

$$e=BLv\sin\alpha$$

式中，e 为感应电动势（V）；B 为磁场中磁感应强度（T）；L 为导体在磁场中的有效长度（m）；v 为导体的运动速度（m/s）；α 为导体运动方向与磁感线的夹角（°）。

2.5.3 自感现象

2.5.3.1 自感现象

只要线圈中的磁通发生变化，就会产生感应电动势。根据线圈中磁通变化的原因，可以把电磁感应现象分为自感和互感两种形式。

［实验一］ 在图 2-36 所示电路中，H_1、H_2 是两只完全相同的小灯泡，R 为电阻，L 是有铁芯的线圈，并且选择线圈的电阻和 R 相等。当开关 S 闭合时，灯泡 H_2 立即亮起来，灯泡 H_1 却逐渐变亮，其原因是：通过线圈 L 的电流增加，将引起通过线圈的磁通量增加，根据楞次定律可知，线圈中将产生感应电流，感应电流的方向阻碍线圈中原磁通量的增加，它和原电流方向相反，使通过灯泡 H_1 的电流不能立即增大，H_1 不能立即亮起来。

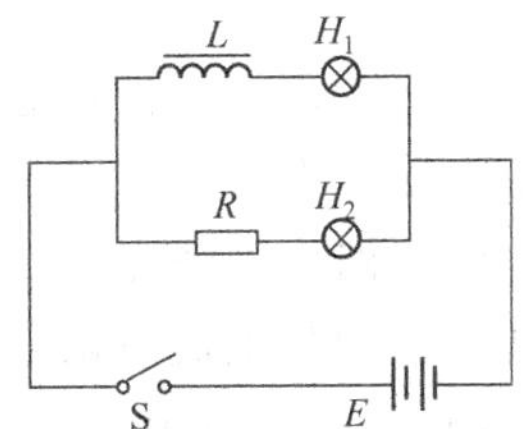

图 2-36 自感现象实验一

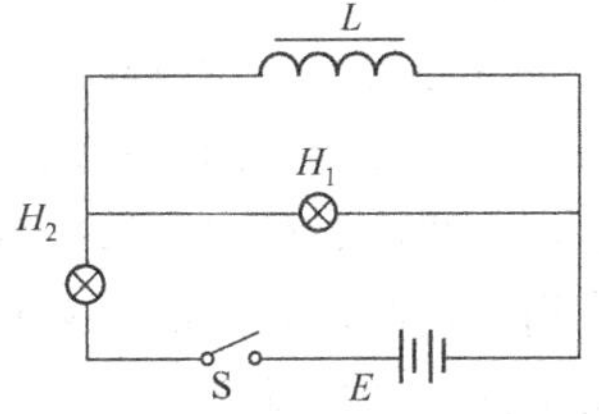

图 2-37 自感现象实验二

［实验二］ 在图 2-37 所示电路中，当开关 S 闭合后，H_1、H_2 立即变亮。H_1 亮一下后逐渐熄灭。随着 H_1 熄灭，H_2 比原来更亮。当 S 关断时，H_2 立即熄灭，H_1 突然亮一下后逐渐熄灭。这是因为 S 关断电路时，流过线圈中的电流突然减少，引起通过线圈 L 的磁通量减小。由楞次定律可知，线圈中将产生感应电动势，由感应电动势产生的感应电流通过灯泡 H_1，所以 H_1 突然亮一下再熄灭。

从以上两个实验可以看出，由于线圈本身的电流变化，在线圈中产生感应电动势的这种现象叫做自感现象，所产生的感应电动势叫做自感电动势，简称自感电势，用 e_L 表示。

2.5.3.2 自感电动势的方向

楞次定律说明：自感电动势总是阻碍原电流的变化。当线圈中的电流 i 增大（减小）时，自感电动势的方向与原电流方向相反（相同），如图 2-38 所示。

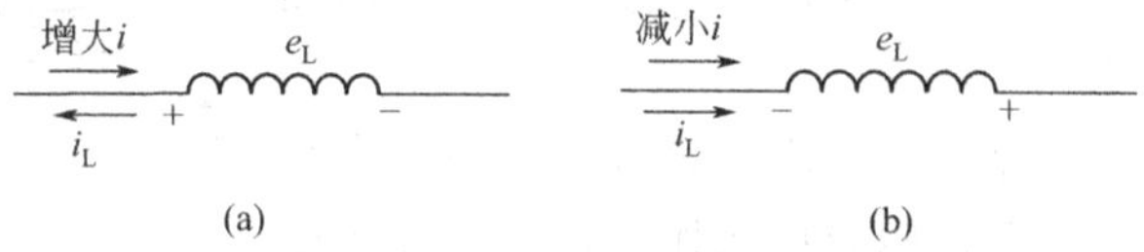

(a) (b)

图 2-38 自感电动势的方向

2.5.3.3 自感电动势的大小

实验证明：自感电动势的大小与线圈中电流的变化率成正比，即

$$e_L=\left|-L\frac{\Delta i}{\Delta t}\right|$$

式中，e_L 为自感电动势（V）；L 为自感系数（H）；$\frac{\Delta i}{\Delta t}$为线圈中电流的变化率（A/s）。

式中，比例系数 L 称为线圈的自感系数，又称作电感（量）。电感是线圈的固有参数，它表征线圈产生自感电动势的能力，其大小与线圈的匝数、形状、大小及周围介质的磁导率有关。电感的单位是亨利（H），较小的还有 mH、μH，其换算关系为

$$1\text{H}=10^3\text{mH}=10^6\mu\text{H}$$

自感现象在电工电子技术中有着广泛的使用，典型的例子是滤波电路。在图 2-39 所示的整流滤波电路中，铁芯线圈 L 和电容器 C_1、C_2 组成 π 形滤波电路，它的作用是将整流后得到的脉动电流中的交流成分滤除，得到比较平滑的直流电压，提供给负载使用。

滤波原理可以这样来理解：当脉动电流中的交流成分通过铁芯线圈时，线圈产生自感电动势。这个自感电动势对交流成分起阻碍作用，使交流成分受到很大的衰减。直流成分通过线圈时不产生自感电动势，因此直流成分会不受阻碍地通过线圈送到输出端。

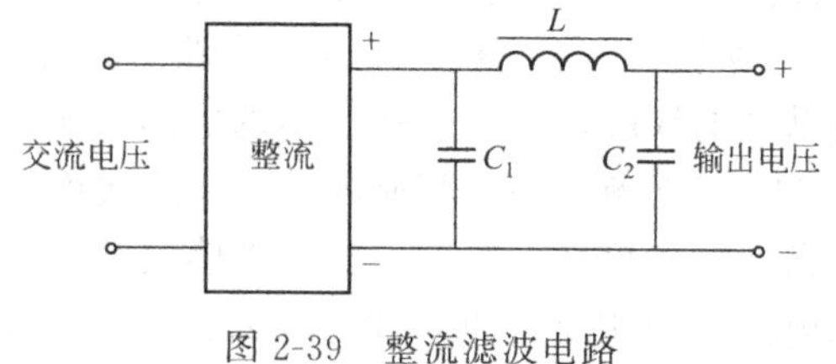

图 2-39 整流滤波电路

自感现象除了有利的一面，也有不利的一面，表现在含有大电感的电气设备接通或断开的瞬间会出现过电压、过电流，使设备受到危害。汽车点火电路主要由点火线圈（初级和次级线圈组成）、蓄电池、凸轮及触点等组成。其中，蓄电池正极、初级线圈、触点、蓄电池负极组成电流通路。在电流通路中，触点起接通或断开电流通路的作用。当凸轮转动时，触点被接通或断开，使通过初级线圈的电流急剧变化，线圈将产生一个很高的自感电动势，其方向与蓄电池的电动势方向相同。两个电压叠加作用到触点上，在触点之间产生火花，将触点烧坏。为了保护触点，通常在触点两端并联一个电容器 C，以吸收储存在线圈中的磁场能，达到保护触点的目的。汽车传统点火系的工作原理见 2.7.5 节。

2.5.4 互感现象与同名端

2.5.4.1 互感现象

所谓互感，就是由于一个线圈中电流的变化而使另一个线圈产生感应电动势的现象。这个

感应电动势称为互感电动势，简称互感电势，用 e_m 表示。

如图 2-40 所示，线圈 1 和线圈 2 靠得很近（称为互感线圈），线圈 2 的两端接一个灵敏电流计。当开关 S 在断开和闭合的瞬间，会看到电流计指针发生左右偏转。这是因为线圈 1 中电流的变化产生了变化的磁通 Φ_{11}，其中一部分变化的磁通 Φ_{12} 通过线圈 2，线圈 2 产生感应电动势，使相连的电流计发生指针偏转。

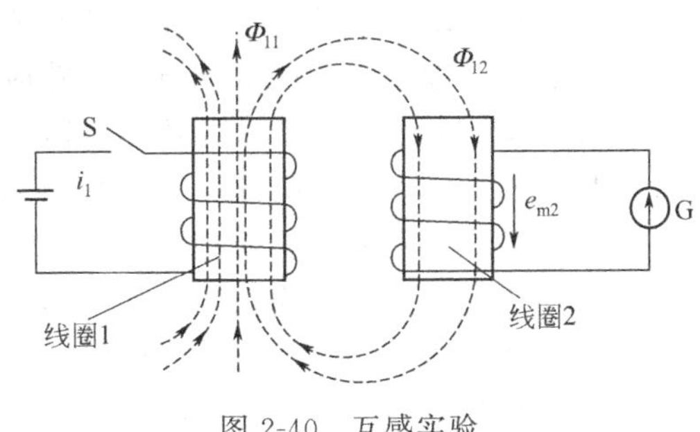

图 2-40 互感实验

2.5.4.2 互感电动势的方向

互感电动势的方向也可用楞次定律来判断，具体方法是如下所述。

(1) 根据线圈 1 中电流的方向，确定线圈 2 中互感磁通的方向。

(2) 根据线圈 1 中电流的变化趋势，确定通过线圈 2 的互感磁通变化趋势。

(3) 根据楞次定律判断线圈 2 中感应磁通的方向。

(4) 根据安培定则判断互感电流（电动势）的方向。

2.5.4.3 互感电动势的大小

实验证明，当互感线圈的几何尺寸、磁路性质等参数确定后，互感电动势的大小与另一个线圈中电流的变化率成正比，即

$$e_{m2}=\left|-M\frac{\Delta i_1}{\Delta t}\right|$$

式中，e_{m2} 为线圈 2 中产生的互感电动势（V）；M 为互感系数（H）；$\frac{\Delta i_1}{\Delta t}$ 为线圈 1 中的电流变化率（A/s）。

式中，比例系数 M 称作互感线圈的互感系数。它是互感线圈的固有参数，表征线圈产生互感电动势的能力，其大小决定于线圈的匝数、几何尺寸、相互位置以及互感磁路的介质。互感系数的单位与电感一样，都是亨利（H）。

2.5.4.4 互感线圈的同名端

互感电动势的方向不仅与磁通的变化趋势有关，还与线圈的绕向有关。为此，引入同名端的概念。所谓同名端，就是指由于互感线圈的绕向一致而使其感应电动势极性一致的接线端。

如图 2-41(a) 所示，绕在同一铁芯上的线圈 A、B、C 中的 1、4、5 端为同名端，2、3、6 端也是同名端。电路中常用“•”、“+”、“−”表示同名端。在开关 S 闭合瞬间，通过线圈 A 的电流增大。根据自感、互感的规律可判断出各线圈感应电动势的极性。从图中可以看出，绕向相同的 1、4、5 三个端点感应电动势的极性都为正（线圈 A 是自感，线圈 B、C 为互感），

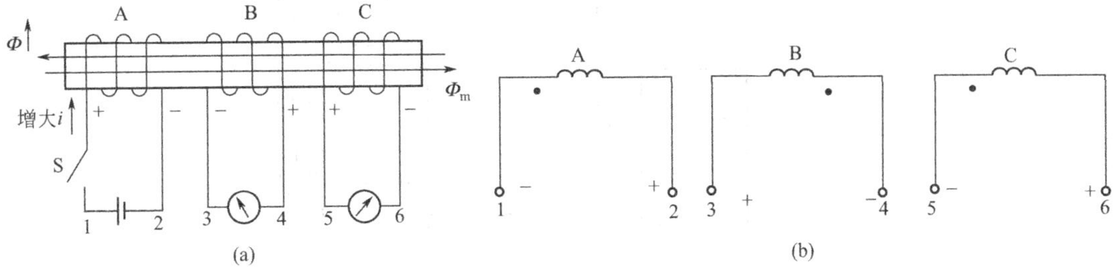

图 2-41 互感线圈的同名端

而2、3、6三个端点的都为负。在断开S的瞬间，极性正好相反。由此可见，无论线圈中的电流如何变化，只要绕向相同的端点，其感应电动势的极性始终是相同的。例如，在图2-41(b)中，假设电流i从线圈B的3端流出且减少，根据自感现象的规律可知，自感电动势在3端为正；然后，根据同名端的概念，判定线圈A、C中互感电动势的正极在2、6端。

互感现象在生产实际中应用非常广泛，如变压器、交流电动机都是利用互感原理制成的。此外，汽车上的点火线圈输出高压信号也是利用了互感原理。初级线圈匝数少，300匝左右；而次级线圈匝数多，通常在20000匝以上，是初级线圈的100倍左右。这样做的目的在于当初级线圈电流变化时，能在次级线圈中产生很高的互感电压。

点火的过程如下：在触点断开瞬间，由于初级线圈的电流发生变化，在初级线圈中产生自感电动势，初级线圈中的自感电动势会在次级线圈中产生高达10kV以上的互感电压。这么高的电压加在火花塞电极两端，会引起火花塞极间跳火，从而点燃气缸中的可燃混合气，使发动机工作。

互感现象也会带来危害，如在电子设备中，若线圈之间的位置安排不当，线圈之间会因为互感耦合而产生不必要的干扰，影响各自的工作，为此常把线圈的距离加大或垂直安放，以避免相互影响。又如对电磁干扰比较敏感的电子设备，常常制作屏蔽罩，用于屏蔽外磁场的影响。由铁磁材料制作的屏蔽罩的磁阻很小，因而外磁场的绝大部分磁通沿罩壁通过，进入罩内的磁通极少，起到了屏蔽作用。

2.6 涡流与趋肤效应

本节主要介绍涡流及其利弊。

在整块铁芯上绕有一组线圈，当线圈中通有交变电流时，铁芯内产生交变磁通，交变磁通在铁芯中产生感应电动势。由于铁芯是一个闭合的导电回路，因而在感应电动势作用下产生感应电流。这种感应电流在整块铁芯中流动，形如水中的漩涡，故称涡流。

2.6.1 涡流及其利弊

涡流是电磁感应现象的一种特殊形式。如图2-42所示，在整块铁芯上绕有一组线圈，当线圈中通有交变电流时，铁芯内产生交变磁通，交变磁通在铁芯中产生感应电动势。由于铁芯是一个闭合的导电回路，因而在感应电动势作用下产生感应电流。这种感应电流在整块铁芯中流动，形如水中的漩涡，故称涡流。涡流不但造成电器铁芯发热，而且具有去磁作用（涡流产生的磁通削弱原磁场），这些都是电气设备所不希望的。为了防止涡流造成危害，在低频范围内，如电机等电器的铁芯，都用电阻率较大、表面涂有绝缘物质的硅钢片叠装而成，如图2-42(b)所示；在高频范围内，如电视机的中周磁芯等，常用绝缘电阻很大的铁粉做成。

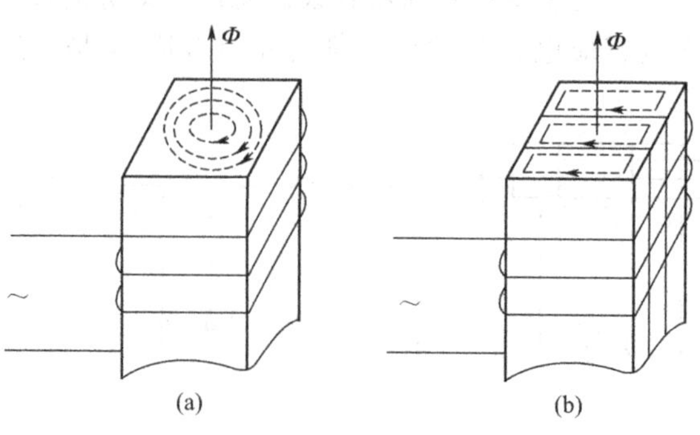

图2-42 涡流

在许多情况下，涡流是有害的，它对电气设备有不良的影响。但涡流也可为人类服务，测量仪表中的阻尼装置、高频感应电炉等都是涡流在工业中的典型应用。

2.6.2　趋肤效应及其利弊

实践证明，直流电通过导线时，导线横截面上各处的电流密度相等。交流电通过导线时，导线横截面上电流的分布是不均匀的，越是靠近导线中心，电流密度越小；越是靠近导线表面，电流密度越大。这种交变电流在导线内趋于导线表面流动的现象叫做趋肤效应（也称集肤效应或表面效应）。图 2-43 所示为不同频率的电流在导线中流动时的分布情况（各图皆为导线的横截面）。

趋肤效应可用图 2-43(d) 来解释。圆形导线截面可以想象为由许多“细导线”扎在一起而组成。当交流电通过导线时，靠近导线中心（图中 A）处的感应电动势大，电阻也大；边缘（图中 B）处的电阻就小。这样，靠近中心处的电流小，越是接近边缘处的电流密度就越大，形成电流的趋肤效应。

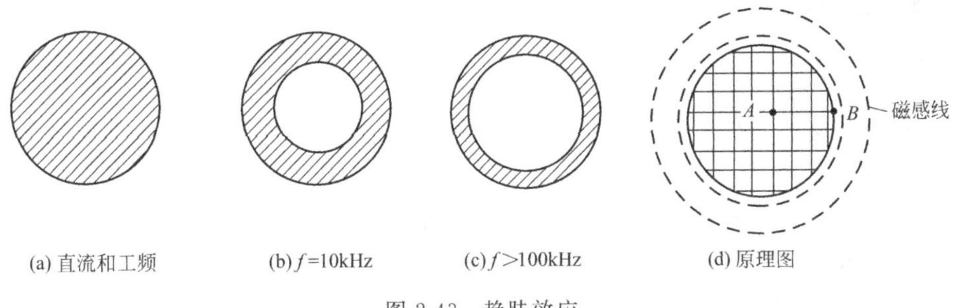

(a) 直流和工频　(b) f=10kHz　(c) f>100kHz　(d) 原理图

图 2-43　趋肤效应

由于趋肤效应，使高频电流比较集中地分布在导线表面而增大电阻。因而在高频电路中常用空心导线，以节省材料；用多股相互绝缘的绞合导线或编织线，以增大导线的表面，减小电阻。例如在中波段收音机中，天线线圈用的纱包线就是由七股或十二股相互绝缘的漆包线绞合而成。

趋肤效应也被人们利用。例如高频淬火及金属表面硬化处理等，就是趋肤效应的实际应用。

2.7　变压器

本节主要介绍变压器的类型、结构及工作原理，以及常用变压器及其应用。

变压器是利用电磁感应原理，把一种电压等级（大小）的交流电能变换成相同频率的另一种电压等级（大小）的交流电能的一种静止的电气设备。

变压器主体都是由绕组和铁芯两大部分组成的。绕组是变压器的电路部分，用导线绕制而成。铁芯是变压器的磁路部分。为提高磁路的导磁能力，铁芯采用磁性材料硅钢片叠成。

变压器工作原理的基础是电磁感应定律。两个互相绝缘的绕组套在同一个铁芯上，绕组之间只有磁的耦合而没有电的联系。

变压器可实现电压变换、电流变换和阻抗变换。

常用的变压器有自耦变压器、互感器和三相变压器。

普通变压器是连续工作的，点火线圈则是断续工作的。它根据发动机不同的转速，以不同的频率反复储存能量及释放能量。

变压器的用途归纳为：经济地输电，合理地配电，安全地用电。它具有变换电压、变换电流、变换阻抗的功能，因而在电力系统输电和用户用电，以及工程的各个领域应用广泛。

2.7.1 变压器的作用及分类

2.7.1.1 变压器的作用

变压器是利用电磁感应原理，把一种电压等级（大小）的交流电能变换成相同频率的另一种电压等级（大小）的交流电能的一种静止的电气设备。

(1) 电压变换：在输、配电系统中升高或降低电压等级，得到所需等级的电压。升压后的高电压利于电能的传输，可以减少电能在传输过程中的损耗；降压后的电压便于绝缘，利于电气设备的使用与维护。

(2) 电流变换：在需要不同电流等级的场合，可以利用变压器实现电流变换。电流互感器就是利用电流变换的原理工作的。

(3) 阻抗变换：当电路中的负载大小不匹配时，通过专门设计的具有某一电压比的变压器进行阻抗变换，可实现负载之间的阻抗匹配。

2.7.1.2 变压器的分类

(1) 按用途分：电力变压器、专用变压器、调压变压器、测量变压器、试验变压器和安全变压器。

(2) 按铁芯结构形式分：心式变压器和壳式变压器。

(3) 按线圈绕组形式分：双绕组变压器、三绕组变压器、多绕组变压器和自耦变压器。

(4) 按绕组材料分：铜绕组变压器和铝绕组变压器。

(5) 按相数分：单相变压器、三相变压器和多相变压器。

(6) 按冷却方式分：空气自冷式（干式）变压器、油浸自冷式变压器和油浸风冷式变压器。

2.7.2 变压器的结构

各种变压器（如图 2-44 所示）尽管用途不同，但基本结构相同，其主体都是由绕组和铁芯两大部分组成。

2.7.2.1 绕组

绕组是变压器的电路部分，用导线绕制而成。图 2-45(a) 所示为单相变压器的基本结构示意图。左、右两套绕组分别套在“口”字形铁芯的两个芯柱上。每套绕组又分为高压绕组和低压绕组，高压绕组 1 在外层，低压绕组 2 在里层。这样安排的好处是能够降低对绕组和铁芯之间的绝缘要求。两个高压绕组和两个低压绕组根据需要可以分别串联或并联使用，方便、灵活。

图 2-44 各种变压器

图 2-45(b) 所示为三相变压器的基本结构示意图，A、B、C 三相的高压绕组和低压绕组分别套在“日”字形铁芯的三个芯柱 A、B、C 上。三个高压绕组和三个低压绕组根据需要可以分别连接成星形或三角形。

2.7.2.2 铁芯

铁芯是变压器的磁路部分。为提高磁路的导磁能力，铁芯采用磁性材料硅钢片叠成。这样，当绕组通入电流时，在铁芯中产生足够强的磁场。磁感线穿过高压绕组，也穿过低压绕

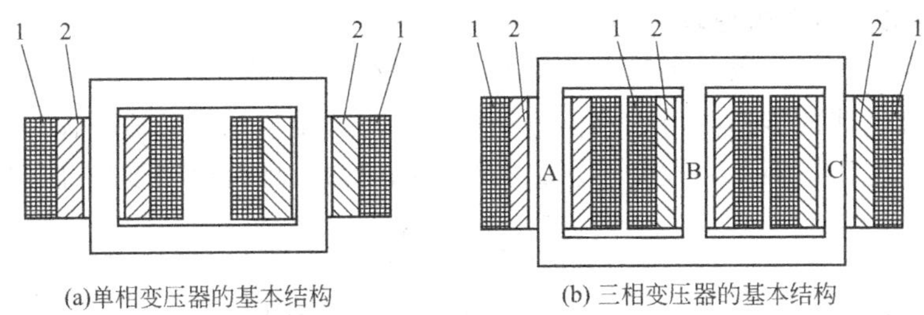

图 2-45　变压器的基本结构

1—高压绕组；2—低压绕组

组，以磁耦合的形式把高压绕组和低压绕组联系起来。

铁芯之所以能产生很强的磁场，是因为磁性材料具有磁化特性。已经知道，空心的绕组通入电流时，产生的磁场很弱。然而，在绕组内加上铁芯，情况就不一样了。这时，绕组磁场可把铁芯强烈磁化，使铁芯变成磁体，产生很强的附加磁场。于是，绕组产生的实际磁场大大增强。

采用优质的磁性材料能显著改善电气设备的性能，减小设备的尺寸和质量。如图 2-46 所示为两种常用的小型变压器的外形，它们的铁芯都是由导磁性能良好的磁性材料制成。容量较大的变压器还有散热装置。因为变压器工作时，绕组和铁芯都会发热，如果热量不能很好地散发，会加速变压器绝缘材料的老化和损坏。所以，通常把绕组连同铁芯浸在油箱中，油箱外面装有散热油管，以增大散热面积。

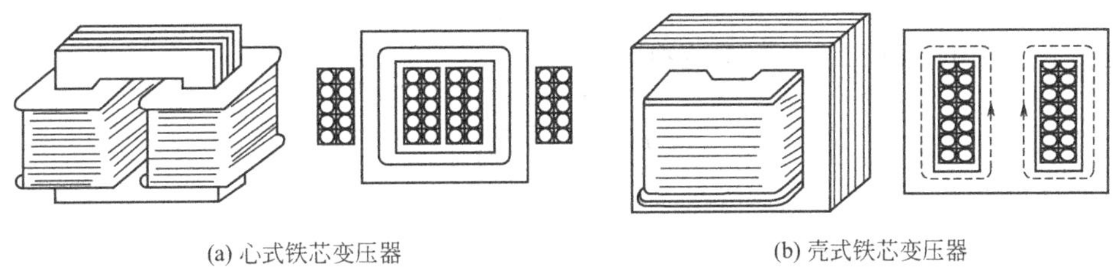

图 2-46　变压器的外形结构

2.7.3　变压器的工作原理

2.7.3.1　感应电动势的产生

变压器工作原理的基础是电磁感应定律。两个互相绝缘的绕组套在同一个铁芯上，绕组之间只有磁的耦合而没有电的联系，如图 2-47 所示。

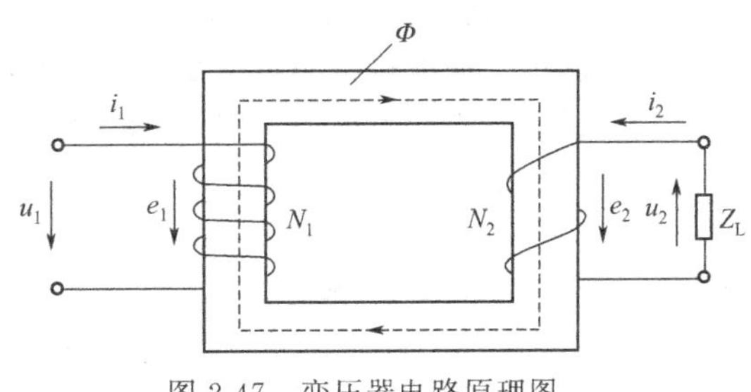

图 2-47　变压器电路原理图

其中，绕组 N_1 接交流电源，称为一次绕组；绕组 N_2 接负载，称为二次绕组。当一次绕组接到交流电源时，绕组中有交流电流流过，在铁芯中产生与外加电压频率相同的交变磁通 Φ。根据电磁感应定律，交变磁通 Φ 在一、二次绕组中感应出相同频率的电动势 e_1、e_2。

2.7.3.2　电动势之间的关系

$$e_1=-N_1\frac{\mathrm{d}\Phi}{\mathrm{d}t},\qquad e_2=-N_2\frac{\mathrm{d}\Phi}{\mathrm{d}t}$$

式中，N_1、N_2 分别为一、二次绕组的匝数。

2.7.3.3 变压器的电压变换原理

（1）电压变换：若把负载接到二次绕组上，在电动势 e_2 作用下，变压器向负载输出电能，实现不同电压等级电能的传递。由于感应电动势的大小与绕组的匝数成正比，绕组的感应电动势近似等于各自的电压，因此，改变一、二次绕组的匝数比即可改变变压器电压，即

$$\frac{U_1}{U_2} \approx \frac{e_1}{e_2} = \frac{N_1}{N}$$

（2）变压器的电压比 K_U：电压比指的是变压器的一次电压（一次绕组两端电压）U_1 和二次电压（二次绕组两端电压）U_2 的比值，即

$$K_U = \frac{U_1}{U_2} = \frac{N_1}{N_2} \begin{cases} \text{当 } K_U > 1 \text{ 时，变压器为降压变压器} \\ \text{当 } K_U < 1 \text{ 时，变压器为升压变压器} \end{cases}$$

【例 2-4】 低压照明变压器一次绕组 $N_1 = 660$ 匝，一次电压 $U_1 = 220\text{V}$。若要求二次电压 $U_2 = 36\text{V}$，求二次绕组的匝数 N_2 及电压比 K_U。

解

$$N_2 = \frac{U_2}{U_1} N_1 = \frac{36}{220} \times 660 = 108 \text{（匝）}$$

$$K_U = \frac{U_1}{U_2} = \frac{220}{36} = 6.1$$

2.7.3.4 变压器的电流变换原理

（1）电流变换：变压器是一种静止的电器，在电能的传递过程中损失很小，在理想情况下，一次功率等于二次功率。所以，

$$U_1 I_1 = U_2 I_2$$

于是得到一次电流和二次电流的变换关系

$$\frac{I_1}{I_2} = \frac{U_2}{U_1} = \frac{N_2}{N_1}$$

（2）变压器的电流比 K_I：

$$K_I = \frac{I_1}{I_2} = \frac{N_2}{N_1}$$

变压器的电流比指的是变压器的二次侧接负载后，一次电流与二次电流之比。电流比与电压比互为倒数。

2.7.3.5 变压器的阻抗变换原理

（1）阻抗变换电路说明：图 2-48(a) 所示为某阻抗数值的负载接到变压器的二次侧后，从一次侧看进去呈现的阻抗值，用 $|Z|$ 表示；图 2-48(b) 所示为同一负载直接接到变压器一次侧时呈现的阻抗值，用 $|Z'|$ 表示。

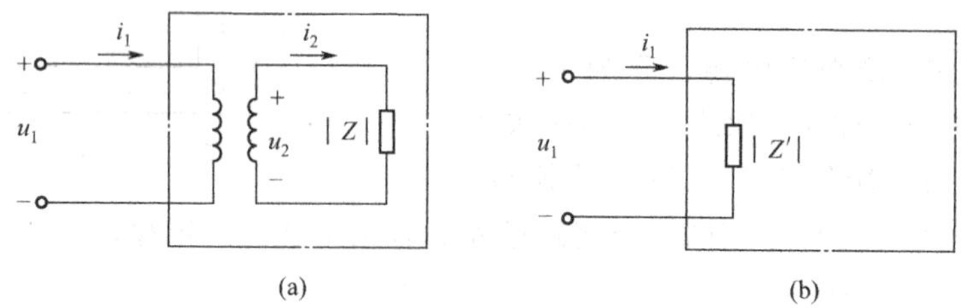

图 2-48 变压器阻抗变换电路图

（2）阻抗变换原理：

因为 $\frac{U_1}{U_2} = \frac{N_1}{N_2}$，所以 $U_2 = \frac{N_2}{N_1} U_1$；因为 $\frac{I_1}{I_2} = \frac{N_2}{N_1}$，$I_2 = \frac{N_1}{N_2} I_1$。所以

$$|Z|=\frac{U_2}{I_2}=\frac{\frac{N_2}{N_1}U_1}{\frac{N_1}{N_2}I_1}=\left(\frac{N_2}{N_1}\right)^2\frac{U_1}{I_1}=\frac{1}{K_U^2}|Z'|$$

$$|Z'|=K_U^2|Z|$$

结论：对于同样的负载，接到变压器的二次侧与直接接到变压器的一次侧，其阻抗相差 K_U^2 倍。

2.7.4　几种常用的变压器

2.7.4.1　自耦变压器

自耦变压器（如图 2-49 所示）也称为调压变压器，原理电路如图 2-50 所示。

图 2-49　自耦变压器的外形

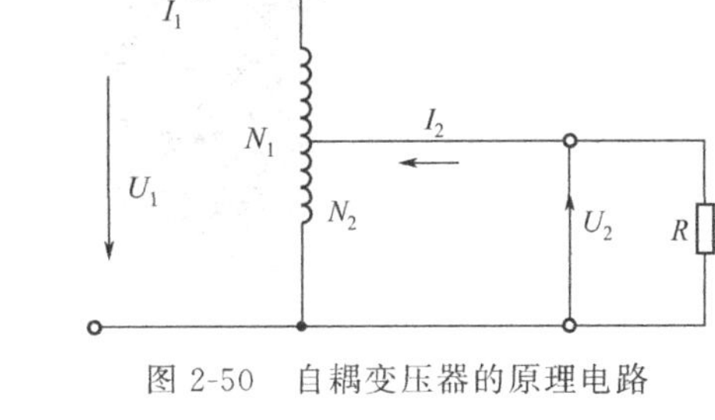

图 2-50　自耦变压器的原理电路

普通变压器的原绕组和副绕组是分开的两个绕组。如果把原绕组和副绕组合二为一，就构成只有一个绕组的变压器。这种变压器称为自耦变压器。自耦变压器的原、副绕组是共用的，副绕组（低压绕组）是原绕组（高压绕组）的一部分，它可以输出连续可调的交流电压。调节滑动端的位置，就可以改变 N_2，即可改变输出电压 U_2。原、副绕组间不仅有磁的耦合作用，还存在直接的电气联系。

自耦变压器在使用前，应将输出电压调至为零。接通电源后，慢慢转动手柄，调节出所需电压。

自耦变压器与普通变压器相比有很多优点，如损耗小，效率高，节省铜线等。但原、副边存在电气上的联系，高压侧一旦断线或接地，高压电就会引入低压侧，造成事故，因此自耦变压器通常仅用于变压比不大的场合，K 一般为 1.5～2.0。

调压器属于自耦变压器，它利用滑动触点来均匀改变副绕组的匝数，使副边电压平滑可调。其外形和原理图如图 2-51 所示。图中，U_1 为输入电压，U_2 为输出电压，转动手柄使滑动触头 P 处于不同的位置，就可以改变输出电压。如果要使 $U_2>U_1$，将滑动触点 P 处于 b 点上方。

注意：在使用调压器时，应注意原、副绕组不可对调，防止因使用不当而导致电源短路，烧坏调压器。

2.7.4.2　互感器

供测量用的将高电压变换成低电压、将大电流变换成小电流的变压器称为互感器。互感器分为电流互感器和电压互感器两种。

（1）电压互感器。电压互感器如图 2-52 所示，它是用来测量电网高压的一种专用变压器，能把高电压变换成低电压进行测量。

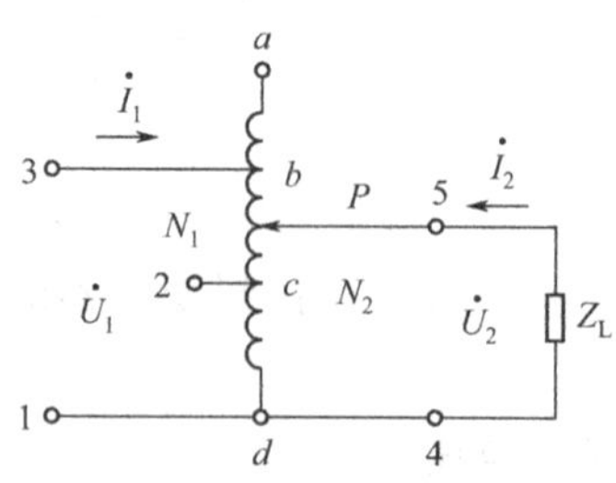

图 2-51 调压器的外形和原理图

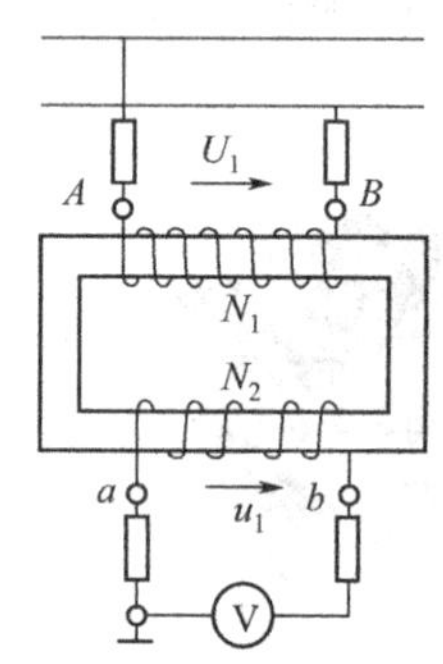

图 2-52 电压互感器的外形和接线图

从本质上讲，电压互感器是一个降压变压器。它的原绕组匝数很多，副绕组匝数较少。在使用时，原绕组并联在需要测量的高压电路上，副绕组接低压电压表，只要读出电压表的示数，即可计算出待测高压。

实际使用时，为便于实现与电压互感器配套使用仪表的标准化，不论原绕组高压为多少，低压额定值均为 100V。使用时，应根据供电线路的电压来选择电压互感器。如互感器标有 10000V/100V，电压表的示数为 88V，则原绕组的电压为 $U_1=10000/100\times88=8800$（V）。

注意：使用电压互感器时，副绕组的一端和铁壳应可靠搭铁，以确保使用安全。电压互感器副绕组边不允许短路，因为短路电流很大，会烧坏线圈，为此应在原绕组边接入熔断器作为短路保护。

（2）电流互感器。电流互感器如图 2-53 所示，它是用来测量大电流的专用变压器。使用时，原绕组要串联在电源线上，将大电流通过副绕组变成小电流，由电流表读出副绕组上的小电流值，从而计算出大电流值。

图 2-53 电流互感器外形和接线图

电流互感器原绕组匝数很少（最少仅为 1 匝），绕组的线径较大；副绕组的匝数较多，通过的电流较少，但副绕组上的电压很高。为了便于和仪表配套，实现标准化，电流互感器不论原绕组电流多大，副绕组电流额定值均为 1A 或 5A。如某电流互感器标有 100A/5A，电流表的读数为 3A，则所测量的原绕组的大电流为 $i_1=100/5\times3=60$（A）。

注意：由于电流互感器副绕组的电压很高，使用时严禁开路，副绕组一端和外壳都应可靠搭铁。电流互感器的副绕组边不允许开路，在副绕组边电路中不允许安装熔断器等保护设备，电流互感器副绕组的一端以及外壳、铁芯必须同时可靠接地。

钳形电流表是电流互感器和电流表组成的测量仪表，用它来测量电流时不必断开被测电路，使用十分方便。图 2-54 所示为钳形电流表的外形和原理图。测量时，先按下扳手，使可动的钳形铁芯张开，把通有被测电流的导线套进铁芯，然后放开扳手，使铁芯闭合。这样，被套进的载流导体就成为电流互感器的一次侧绕组（即 $N_1=1$），绕在铁芯上的二次侧绕组与电流表构成闭合回路，从电流表可直接读出被测电流的大小。

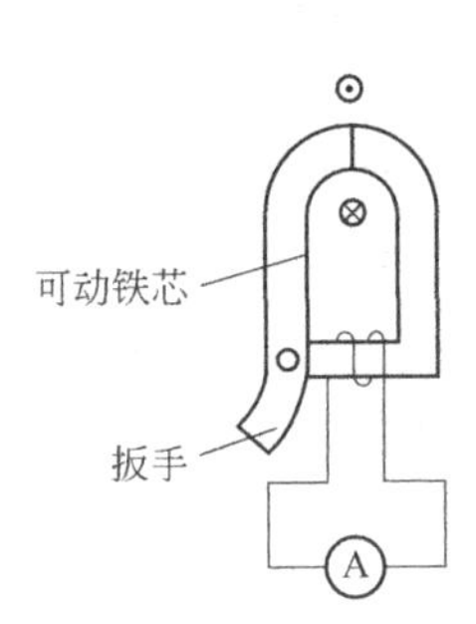

图 2-54 钳形电流表的外形和原理图

图 2-55 电力生产中常用的三相变压器

2.7.4.3 三相变压器

电力生产一般采用三相交流发电机，对应的电力输送采用三相三线制或三相四线制。为了减少电能在传输过程中的损耗，需要把生产出来的电能用三相变压器升压后输送出去；到了用户后，用三相变压器降压后供用户使用。图 2-55 所示为电力生产中常用的三相变压器。

三相变压器由三个相互独立的单相变压器组成。它们的原、副绕组根据需要可接成星形或三角形，原绕组与电源相连，副绕组与三相负载相连，构成三相电路。三相变压器在运行时绕组的接法很多，例如 Y/Y0、Y/△、△/Y0、△/△、△/Y 等，斜线左方表示原绕组的接法，右方表示副绕组的接法。Y 表示无中性线，Y0 表示有中性线。图 2-56 和图 2-57 所示分别为 Y/△型和 Y/Y0 型三相变压器。

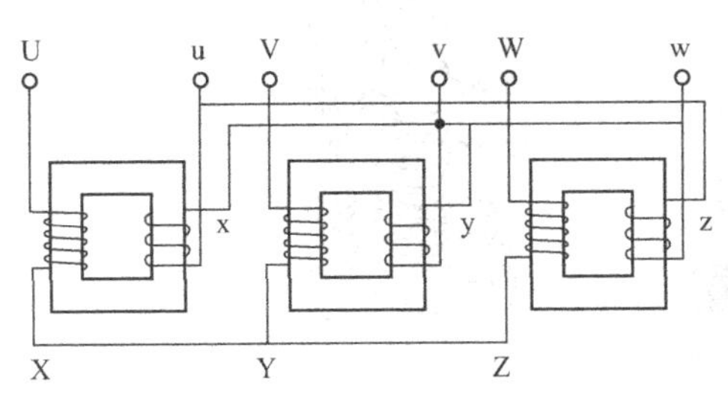

图 2-56 Y/△型三相变压器

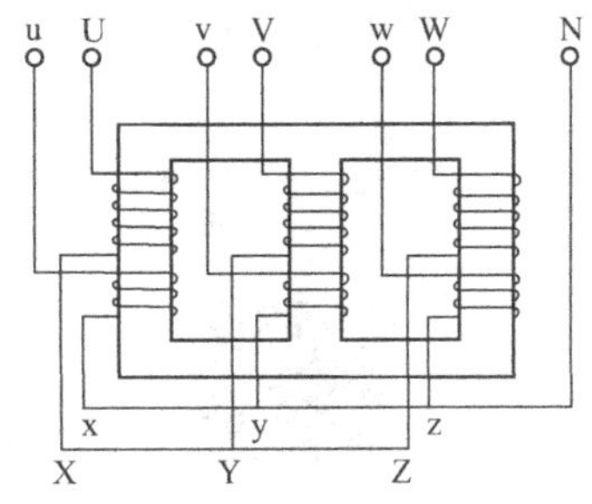

图 2-57 Y/Y0 型三相变压器

车间变电所的三相变压器多采用 Y/Y0 连接，其优点是低压侧可以构成三相四线制供电系统，提供 380V 线电压和 220V 相电压。

2.7.5 变压器在汽车上的应用——点火系统

2.7.5.1 点火线圈的组成及工作原理

点火线圈主要由初级线圈、次级线圈及铁芯组成，如图 2-58 所示。

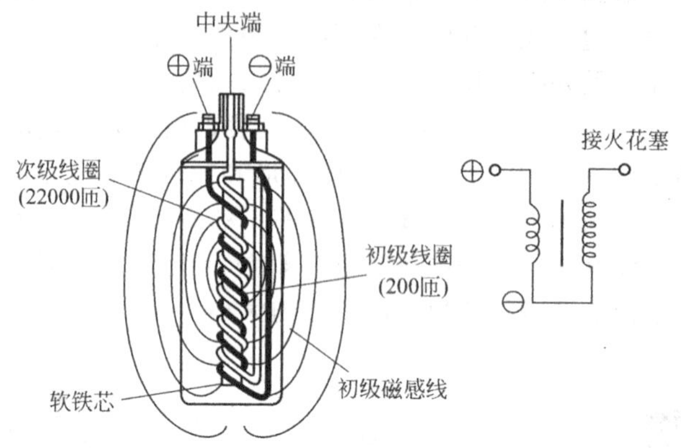

图 2-58 点火线圈的结构与工作原理

点火线圈工作方式与普通变压器不一样。普通变压器是连续工作的，点火线圈则是断续工作的，它根据发动机的不同转速以不同的频率反复储存能量及释放能量。当初级线圈接通电源时，随着电流增长，其四周产生一个很强的磁场，铁芯储存磁场能；当开关装置使初级线圈电路断开时，初级线圈的磁场迅速衰减，次级线圈将感应出很高的电压。初级线圈的磁场消失速度越快，电流断开瞬间的电流越大；两个线圈的匝数比越大，则次级线圈感应出来的电压越高。

2.7.5.2 点火线圈的类型

按磁路的结构形式不同，点火线圈分为开磁路点火线圈和闭磁路点火线圈两种类型。

1）开磁路点火线圈

开磁路点火线圈的结构如图 2-59 所示。点火线圈中心是用硅钢片叠成的铁芯，铁芯外部套有绝缘的纸板套管，套管上绕有次级线圈，是直径为 0.06～0.1mm 的漆包线，一般约 20000 匝。初级线圈是直径为 0.5～1.0mm 的高强漆包线，绕在次级线圈的外面，一般约 200 匝。绕组和外壳之间装有导磁钢套。为加强绝缘与防潮，铁芯底部装有瓷绝缘支座，支座内充满沥青或变压器油等绝缘物。

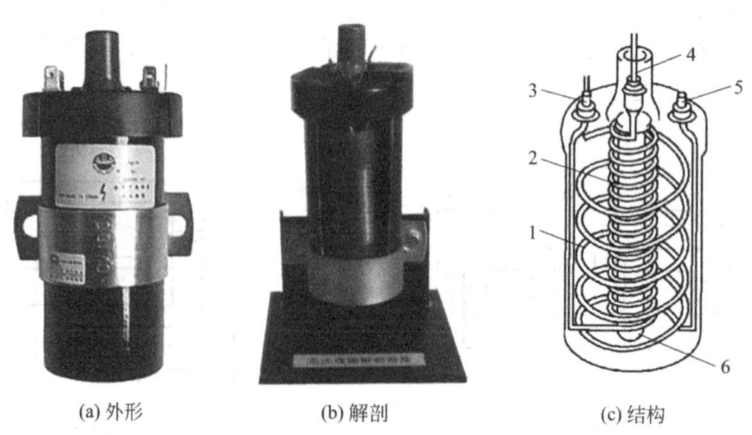

(a) 外形 (b) 解剖 (c) 结构

图 2-59 开磁路点火线圈的外形及结构

1—初级线圈；2—次级线圈；3—点火线圈“+”极接线柱；4—中央高压线接线柱；5—点火线圈“–”；极接线柱；6—铁芯

由于铁芯没有构成闭合回路，所以称为开磁路点火线圈，其磁路如图 2-60 所示。在早期的点火系中，开磁路点火线圈应用较多。但由于其磁路磁阻大，磁通量泄漏多，因此能量转换效率低，现已很少应用。

2）闭磁路点火线圈

闭磁路点火线圈也称为高能点火线圈，其结构是在“口”字形或“日”字形铁芯内绕有次级线圈，在次级线圈外面绕有初级线圈，初级线圈产生的磁通量通过铁芯构成闭合磁路，其磁路如图 2-61 所示。

与开磁路点火线圈相比，闭磁路点火线圈具有漏磁少、能量损失小、转换效率高、体积小、质量小和易散热等优点，因此在现代汽车点火系中应用广泛。

图 2-60　开磁路点火线圈的磁路

1—磁感线；2—铁芯；3—初级线圈；4—次级线圈；5—导磁钢套

2.7.5.3　传统点火系的工作原理

传统点火系的电路分为低压电路和高压电路。低压电路的作用是控制点火线圈初级电路的通断，使点火线圈内磁场产生突变，而使点火线圈次级线圈产生高压电。低压电路主要包括蓄电池、电流表（有些车辆没有）、点火开关、附加电阻、点火线圈初级线圈、断电器、电容器等。高压电路的作用是在点火线圈初级电路被切断时感生出高压电，击穿火花塞间隙，点燃可燃混合气。高压电路主要包括点火线圈次级线圈、中心高压线、配电器、分缸高压线、火花塞等。传统点火系的工作原理如图 2-62 所示。

(a) 闭磁路点火线圈外形

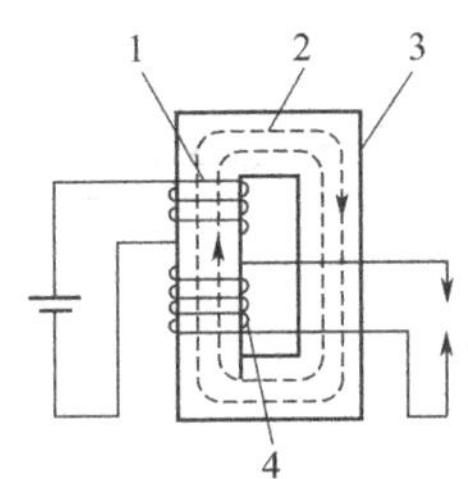

(b) “口”字形铁芯

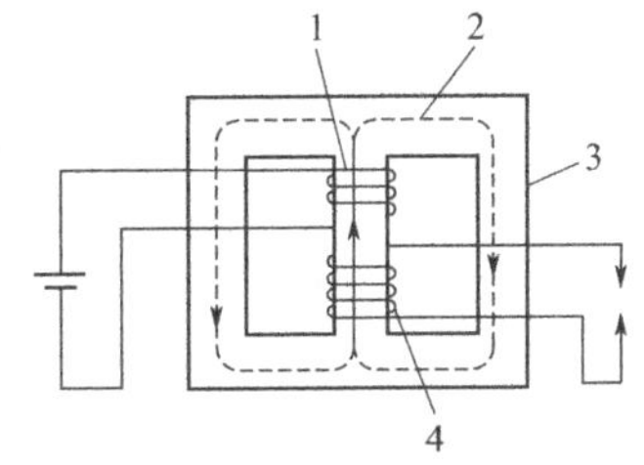

(c) “日”字形铁芯

图 2-61　闭磁路点火线圈的磁路

1—初级线圈；2—磁感线；3—铁芯；4—次级线圈

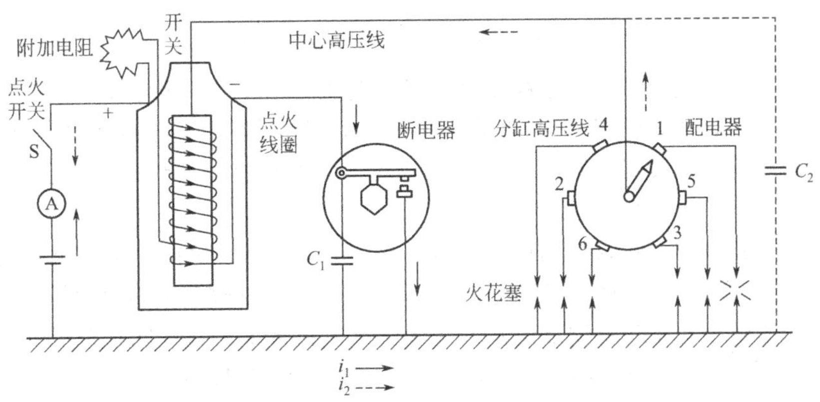

图 2-62　传统点火系的工作原理简图

发动机工作时，由发动机凸轮轴以 1∶1 的传动关系驱动分电器轴。分电器上的凸轮使断电器触点交替地闭合和打开。当触点闭合时，接通点火线圈初级线圈的电路；当触点打开时，切断点火线圈初级线圈的电路，使点火线圈的次级线圈中产生高压电；经火花塞的电极产生电火花，点燃混合气。其工作过程分为以下三个阶段。

（1）触点闭合，初级电流逐步增长。在点火开关接通的情况下，当断电器触点闭合时，点火线圈的初级线圈中有电流通过。流过初级线圈的电流称为初级电流 i_1，其电路是蓄电池正极→电流表→点火开关→点火线圈“+开关”接柱→附加电阻 R_f→点火线圈“开关”接柱→点火线圈初级线圈→点火线圈“−”接柱→断电器触点→搭铁→蓄电池负极。

在断电器触点由断开到闭合的一瞬间，初级线圈中从无电流到有电流。根据楞次定律，在初级线圈中产生了一个与初级电流 i_1 方向相反的自感电动势，它阻碍初级电流迅速增长，使初级电流 i_1 按指数规律逐步增长，如图 2-63(a) 所示。若触点保持闭合，大约 20ms 后，初级电流 i_1 将达到最大稳定值。

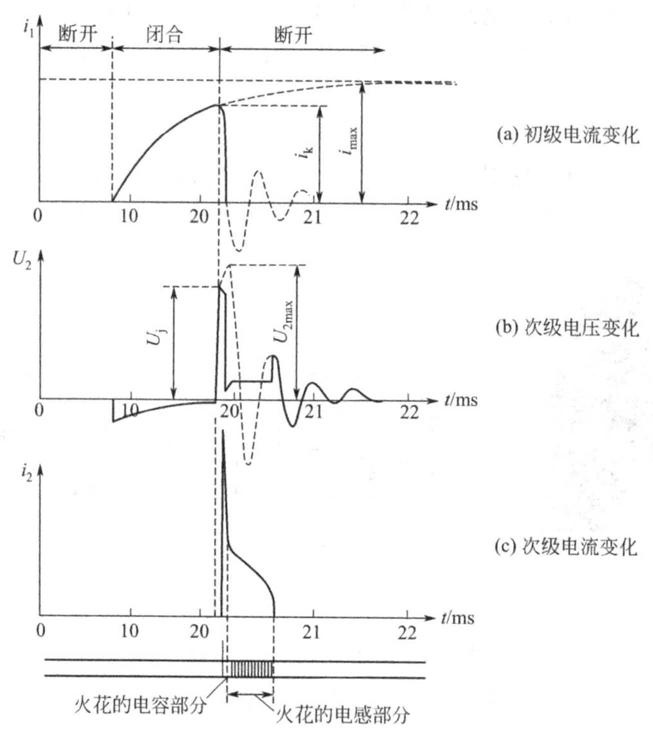

图 2-63 传统点火系工作过程波形图

（2）触点断开，次级线圈中产生高压电。当分电器凸轮转过一定角度后，将断电器触点顶开，初级电路被切断，初级电流 i_1 迅速下降到零。根据楞次定律，在初级线圈和次级线圈中都产生感应电动势。初级线圈匝数少，产生 200～300V 的自感电动势；次级线圈由于匝数多，产生高达 15～20kV 的互感电动势。

当断电器触点断开时，初级线圈产生的自感电动势加在触点之间，击穿触点间隙形成电火花，使初级电流 i_1 不能迅速断流，造成铁芯中磁场的下降速率减小，次级线圈的互感电动势降低，且触点间的电火花很快烧蚀触点，使点火系不能正常工作。为此，在断电器触点之间并联一个电容 C_1，在触点断开瞬间，迅速吸收初级线圈产生的自感电动势充电，由此减小触点间的电火花，提高次级线圈的互感电动势，增大触点的使用寿命。

此外，在高压导线与高压导线之间、高压导线与机体之间、火花塞中心电极与侧电极之间

存在一个分布电容 C_2，相当于在次级线圈两端并联一个电容。如果火花塞电极间隙过大而不被击穿，次级电压将达到最大值 U_{2max}。此后，次级电压将随初级电流的变化衰减振荡，如图 2-63(b)中虚线所示。

(3) 火花塞电极间隙被击穿，产生电火花，点燃可燃混合气。一般来说，火花塞的击穿电压 U_j 总是低于 U_{2max}。当增长的次级电压 U_2 达到 U_j 时，火花塞电极间隙被击穿而形成电火花，次级电流 i_2 迅速增加，次级电压 U_2 急剧下降，如图 2-63(c) 所示。当火花塞电极间隙击穿以后，储存在 C_1、C_2 中的电场得以释放。这部分由电容储存的能量维持的放电过程称为电容放电，其特点是放电时间极短，放电电流很大。因此，电容放电只消耗了一部分磁场能。火花塞间隙击穿以后，火花塞电极间的“电阻”减小，铁芯中剩余的磁场得以沿着电离了的火花塞间隙缓慢放电，形成电感放电，又称火花尾。其特点是放电时间较长，放电电流较小，放电电压较低。实验证明，电感放电的持续时间越长，点火性能越好。

发动机完成一个工作循环，点火系按点火顺序各缸轮流点火一次。

2.8　电磁铁和继电器的应用

本节主要介绍电磁铁和继电器的应用。

根据电流能产生磁场，磁能吸引铁的特性制成的一种电器叫做电磁铁。

电磁铁的类型有直流电磁铁和交流电磁铁。电磁铁用于汽车中的喷油器。

继电器用来接通和断开控制电路。可用小电流来控制大电流的自动开关。

继电器的应用包括电喇叭、闪光器和电源总开关。

2.8.1　电磁铁

2.8.1.1　电磁铁结构与工作原理

根据电流能产生磁场，磁能吸引铁的特性而制成的一种电器叫做电磁铁。图 2-64 所示为工业用起重电磁铁。电磁铁的形式很多，但基本组成相同，其结构如图 2-65 所示。励磁绕组由漆包线或纱包线分多层绕制在骨架上，经绝缘处理后套在铁芯上。当励磁绕组中通过一定的电流时，铁芯被磁化并产生电磁吸力，将衔铁吸向铁芯。绕组断电后，电磁力消失，衔铁在回位弹簧的作用下复位。

图 2-64　工业用起重电磁铁

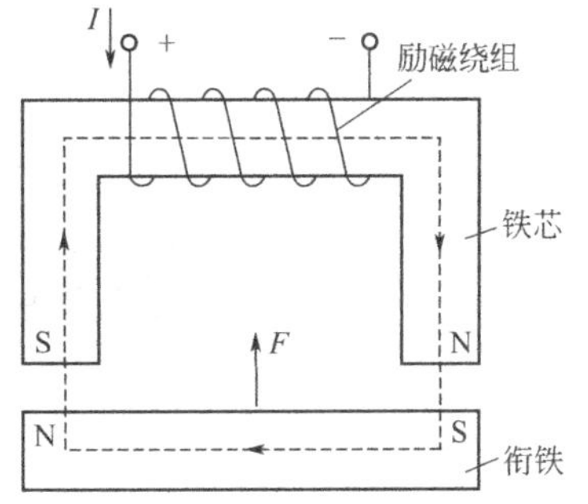

图 2-65　电磁铁原理图

电磁铁为什么会产生吸力呢？这是因为线圈通电后，在它的周围产生磁场，线圈中软磁材料做的铁芯被磁化而产生磁性。对于电磁铁来说，励磁绕组通电后产生的磁通经过铁芯和衔铁形成闭合磁路，使衔铁也被磁化，生成与铁芯不同的磁极而产生异性磁极间互相吸引的磁力，如图 2-65 所示。有的电磁铁虽然没有衔铁，但是靠近它的其他铁磁物质（被搬运或被加工的钢铁件等）同样被磁化，因而具有很强的磁力（注意：铜和铝制工件的磁导率 μ 极小，不能被磁化）。

2.8.1.2 电磁铁的类型

根据电磁铁线圈通过的电流不同，分成直流电磁铁和交流电磁铁两类。

1）直流电磁铁

直流电磁铁线圈电流 I 的大小与衔铁的运动过程无关。这是因为电流 I 仅取决于线圈电阻 R 和加在线圈上的电压 U，作用在衔铁上的吸力则与衔铁的位置有关。电磁铁刚启动时，衔铁和铁芯之间的空气隙最大，此时磁路中的磁阻最大，因磁动势不变，故磁通小，磁感应强度也小，吸力最小。当衔铁完全吸合后，磁路中的磁阻最小，此时吸力最大。

由于直流电磁铁具有结构简单、易于控制等特点，广泛用于汽车控制领域，如各种电磁开关阀、喷油器、电喇叭等。

2）交流电磁铁

当交流电磁铁线圈通入正弦交流电时，铁芯中产生交变磁通。交流电磁铁的吸力随时间而变化，平均吸力是最大吸力的一半。

交流电磁铁刚刚启动时（即刚接入电源，衔铁尚未动作的瞬间），线圈中电流有效值最大；衔铁被吸合后，线圈中的电流最小。衔铁所受到的吸力与此相反，刚启动时最小；当衔铁吸合后，衔铁的吸力最大。因此，衔铁与磁体之间一定要吸合好；否则，若衔铁被卡住，线圈通电后，线圈中的电流为最大值，时间一长会使线圈严重发热，甚至被烧坏。

2.8.1.3 电磁铁的应用

利用电磁铁磁性强、控制方便等特点，可制成许多控制部件或执行部件应用到汽车上。图 2-66所示为汽车电控燃油喷射系统中的喷油器。其中，电磁铁中的衔铁与针阀是一体的，喷油器利用电磁铁的电磁吸力来打开或关闭燃油计柱塞，从而控制喷油器的喷油量。

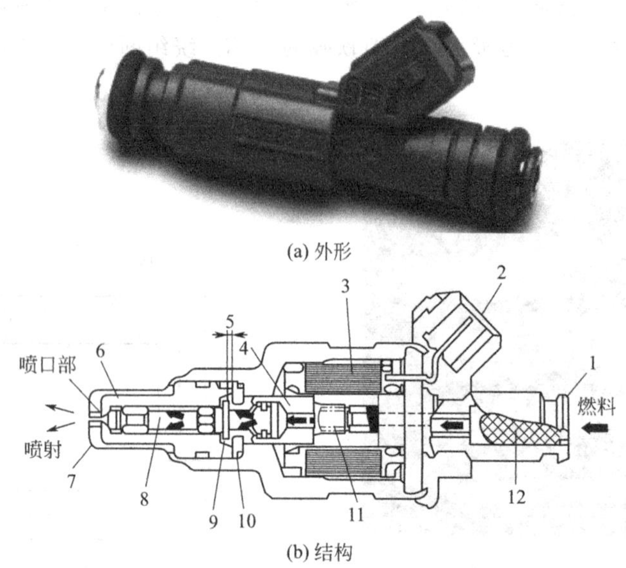

图 2-66 汽车电控燃油喷射系统中的喷油器

1—燃油接头；2—电插头；3—电磁线圈；4—衔铁；5—行程；6—阀体；7—壳体；8—针阀；9—凸缘部；10—调整垫片；11—弹簧；12—滤清器

在汽车自动变速器控制电路中，有许多不同结构的电磁阀。图 2-67 所示为开关式电磁阀，主要由电磁铁（电磁线圈＋衔铁）、阀芯等组成。通过电磁铁的工作（线圈得电或失电）控制阀芯动作（推开或下移），实现对液压油路的开启、关闭控制。

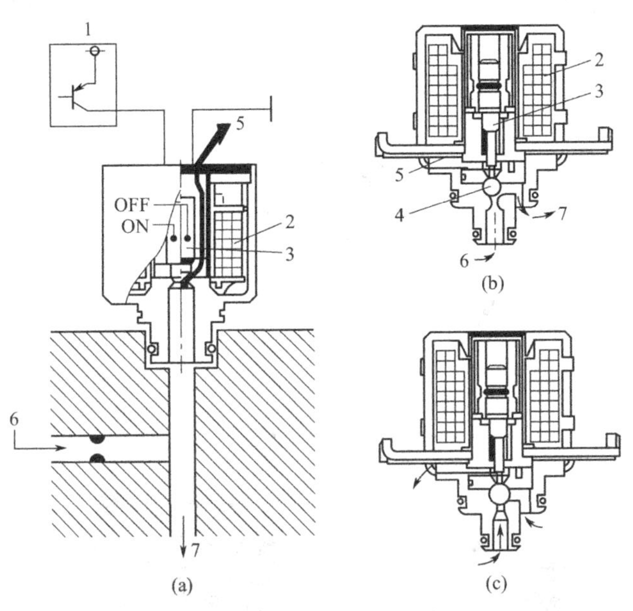

1—计算机；2—铁芯线圈；3—衔铁；4—球阀；5—泄油孔；6—主油道；7—控制油道

图 2-67　开关式电磁阀

2.8.2　继电器

继电器是自动控制电路中常用的一种元件。它是一种传递信号的电器，用来接通和断开控制电路。它是可用较小的电流来控制较大电流的一种自动开关。继电器的输入信号可以是电压、电流等电量，也可以是热、速度、油压等非电量；输出都是触点动作，使输出量发生预定的变化。继电器的电磁系统和触头都较小，因此它的动作迅速，反应灵敏。在工业控制中使用的中间继电器、热继电器等体积较大，线圈通过的电流或承受的电压较大，触点允许通过的电流较大。

继电器应用在汽车上的方方面面，通常一辆汽车上有几十个各种型号的继电器，如控制前照灯、雾灯等照明系统的灯光继电器，控制启动机工作的启动机继电器，控制电动燃油泵工作的燃油泵继电器，控制发动机电控单元（ECU）工作的 EFI 主继电器，控制空调系统工作的空调继电器，以及控制喇叭工作的喇叭继电器等。汽车控制电路继电器常用的有电磁式继电器和干簧式继电器。其中，电磁式继电器又分为接柱式继电器和插接式继电器。

2.8.2.1　电磁式继电器

电磁式继电器通常用来传递信号和同时控制多个电路，也可直接用它来控制电气执行元件。它由铁芯线圈（电磁铁）和可与电磁铁联动的触点组成。继电器线圈得电后闭合的触点称为动合触点（或常开触点），继电器线圈得电后断开的触点为动断触点（或常闭触点）。图 2-68 所示为常用电磁式继电器的图形符号。其中，触点的位置为线圈未得电时的原始状态，如动合触点是断开状态。在选用继电器时，主要考虑电压

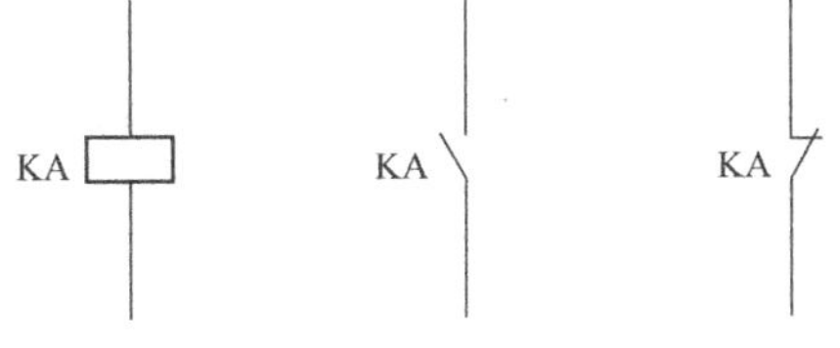

(a) 继电器线圈　(b) 动合触点　(c) 动断触点

图 2-68　常用电磁式继电器的图形符号

等级和触头（动合和动断）数量。

接柱式继电器容量较大，在国产车的启动电路、电扬声器电路中常见，但连接繁琐。插接式继电器安装方便，体积相对较小，成本较低，便于控制电路采用。图 2-69 所示为几种常见插接式继电器的外形示意图，图 2-70 所示为几种常见插接式继电器的内部结构及插座插脚布置图。

图 2-69 几种常见汽车用插接式继电器的外形示意图

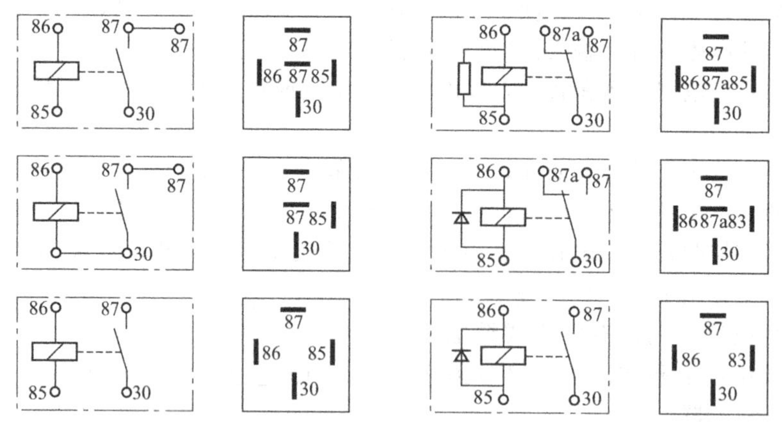

图 2-70 几种常见插接继电器的内部结构及插座插脚布置图

在汽车电路中有多种形式的继电器用于控制不同的电路，如喇叭继电器、启动继电器、闪光（转向）继电器、灯光继电器及刮水继电器等。

2.8.2.2 干簧式继电器

干簧管又称干式舌簧管（如图 2-71 所示），是一种在玻璃管内封装两个或三个由既导磁又导电材料做成的簧片组成的开关元件，玻璃管内充有惰性气体（如氮、氦等）。管内平行封装的簧片端部重叠并留有一定间隙，其重叠部位构成干簧管的开关触点。图 2-72 所示为干簧式继电器结构、图形符号及工作原理。当绕在干簧管上面的线圈通电后形成磁场使簧片磁化时，或者是永磁体靠近干簧管时，簧片的触点感应出极性相反的 N 极和 S 极，如图 2-72(c) 所示。由于磁极极性相反而相互吸引。当吸引的磁力超过簧片的抗力时，分开的触点便会吸合；当磁力减小到一定值时，在簧片抗力的作用下，触点恢复到初始状态，起到开关的作用。

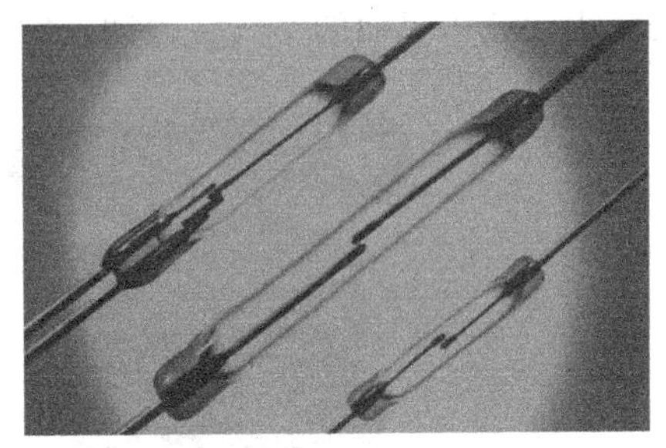

图 2-71　干簧式继电器

干簧继电器是一种小型继电元件，具有动作速度快、工作稳定、机电寿命长以及体积小等特点，多用于信号采集，在自动化、运动技术测量、通信技术等方面应用广泛。

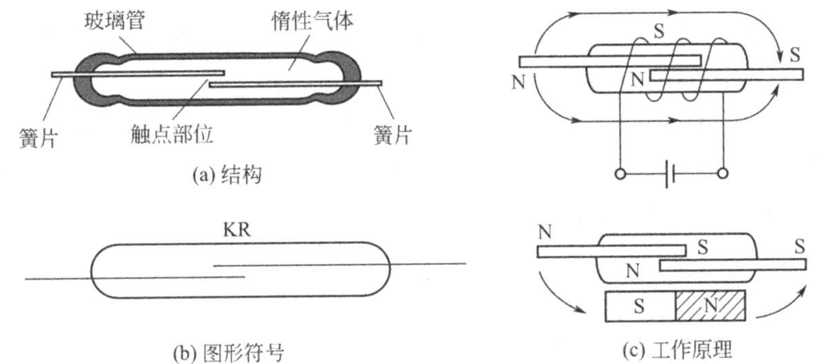

图 2-72　干簧式继电器结构、图形符号及工作原理

2.8.3　继电器在汽车上的应用

2.8.3.1　喇叭继电器电路

电喇叭是安装在汽车上的一种电器，用来警告行人和其他车辆，保证行车安全。触点式电喇叭有筒形、螺旋形和盆形三种。盆形电喇叭具有结构尺寸小、指向性好等特点，被现代汽车广泛采用。盆形电喇叭的结构如图 2-73 所示。从组成上看，盆形电喇叭由铁芯线圈、衔铁、膜片、动断触点等组成。膜片与衔铁是固定连接。动断触点与铁芯线圈相串联，其状态由衔铁决定。衔铁下移时，触点打开；复位时，触点恢复闭合状态。

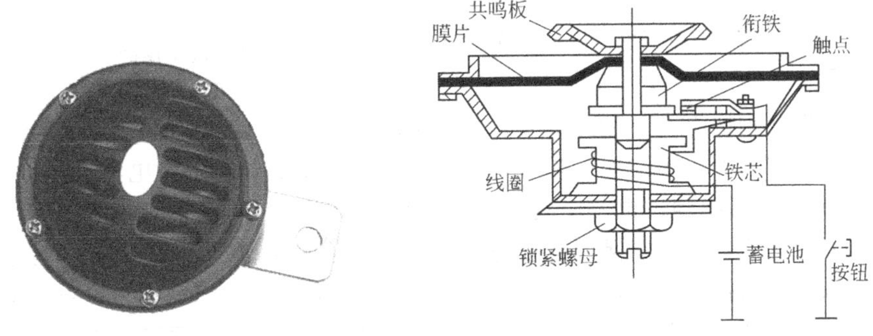

图 2-73　盆形电喇叭的外形及结构

盆形电喇叭的工作原理是：按下喇叭按钮，线圈通电，电路为蓄电池正极→线圈→触点→喇叭按钮→接地端（搭铁）→蓄电池负极。通电后，铁芯产生磁力，吸引衔铁和膜片下移。衔铁下移中将触点顶开，线圈电路被切断，其磁力消失，衔铁及膜片在触点臂的弹力作用下复位，触点又闭合。触点闭合后，线圈又通电，产生磁力吸下衔铁和膜片。如此循环，使膜片振

动，引起喇叭里面的空气柱振动，发出音量适中、和谐悦耳的声音。

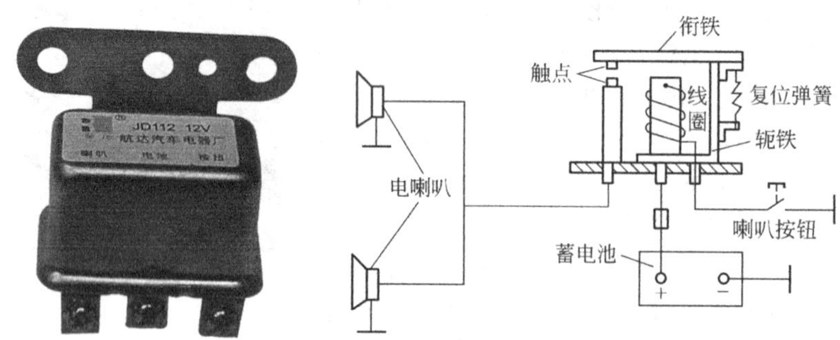

图 2-74　喇叭继电器外形及电路图

喇叭继电器（如图 2-74 所示）由铁芯线圈、衔铁、触点、复位弹簧等组成。线圈电路由蓄电池供电，由安装在方向盘上的喇叭按钮控制电喇叭工作。喇叭继电器的工作原理是：按下喇叭按钮，线圈通电，电路为蓄电池正极→铁芯线圈→喇叭按钮→蓄电池负极。线圈通电后，铁芯产生的电磁力将衔铁吸下，触点闭合，喇叭电路接通，使电喇叭鸣响。当松开喇叭按钮后，线圈失电，在复位弹簧作用下，衔铁复位，触点打开，从而切断喇叭电路，喇叭停止鸣叫。

2.8.3.2　蓄电池继电器（电源总开关）

为了防止汽车在停驶时，蓄电池通过外电路自行漏电，某些中、重型载货汽车上装有控制电源的总开关。电源总开关有闸刀式和电磁式两种。闸刀式电源总开关（如图 2-75 所示）靠手动来接通或切断电源电路（如东风系列车），后者则靠电的磁场吸力来工作。

图 2-75　汽车用闸刀式电源总开关

DK-138D 型电源总开关（也称蓄电池继电器）为电磁开关，其结构及外形如图 2-76 所示。它由铁芯 2，钢柱 1，接触桥 6，触点 3、4 和线圈 9、10 等组成。电源总开关的接通或断开，是通过电源总开关按钮（如东风 EQ1092 型载货汽车的按钮在车内仪表台上）操纵的。当电源总开关按钮 8 接通电路时，电流流向为蓄电池正极→蓄电池开关接线柱 B→熔断丝→电源总开关按钮 8→线圈 9→触点 4→搭铁→蓄电池负极（此时，线圈 10 被触点 4 短路）。由于线圈 9 的电阻（$R=4.5\Omega$）很小，电流较大，产生很强的电磁吸力，吸动钢柱 1，使接触桥 6 压缩弹簧 7 向下移动，接触桥 6 与静触点 3 接触，接通主电路。同时，与接触桥固定为一体的触动器 5 将触点 4 断开，于是电流经过线圈 9、线圈 10（$R=70.5\Omega$）回到蓄电池。电路中增加了 70.5Ω 的电阻，使电流显著下降。但由于线圈 10 的匝数较多，因而电磁吸力仍能保证接触桥与静触点接触良好，所有用电设备均能投入工作。

当将电源总开关按钮断开时，线圈 9 和 10 中的电流被切断，弹簧 7 推开接触桥，使之与静触点脱离，从而切断主电路。此时，即使用电设备搭铁，蓄电池也不对之供电。使用时应注意，发动机正常运转后，不可将启动开关断开，否则将切断蓄电池电路，影响发电机正常工作。

2.8.3.3　电容式闪光器

电容式闪光器外形及电路原理如图 2-77 所示。它由一只大容量电解电容器和双线圈继电器组成，其工作原理如下所述。

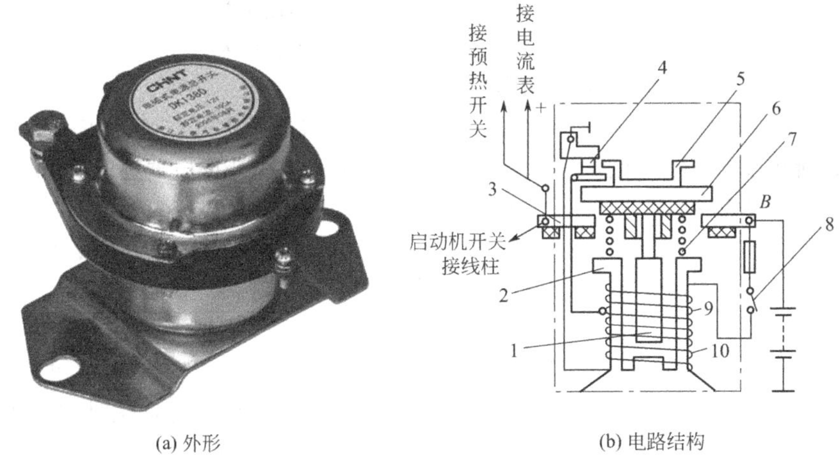

(a) 外形　　(b) 电路结构

图 2-76　电源总开关的外形及电路结构

1—钢柱；2—铁芯；3—静触点；4—触点；5—触动器；6—接触桥；7—弹簧；8—启动开关；9、10—线圈

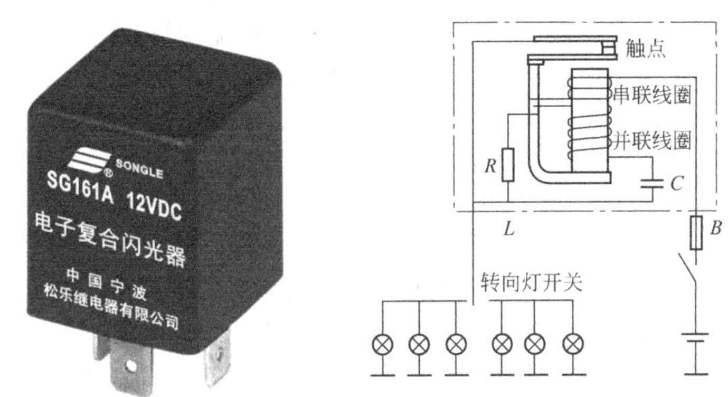

图 2-77　电容式闪光器外形及电路原理示意图

接通转向灯开关（左或右）后，串联线圈经触点、转向信号灯构成回路，且电流较大，产生较强磁场，吸动衔铁，使触点张开。此过程中，串联线圈通电时间极短，转向信号灯不亮。触点张开后，电容器经串联线圈、并联线圈、转向灯开关、转向灯及转向指示灯构成充电回路。由于充电电流很小，此时，转向灯与转向指示灯不亮。触点在串并联线圈的合成磁场（方向相同）作用下，仍保持张开状态。电容器充足电后，并联线圈电流消失，铁芯吸力减小，触点在复位弹簧作用下闭合，转向灯与转向指示灯亮。同时，电容器经并联线圈及触点放电。由于串联线圈与并联线圈磁场方向相反，铁芯吸力极小，触点保持闭合状态。当电容器放电结束后，并联线圈电流消失，铁芯吸力在串联线圈磁场作用下增强，触点再次张开，转向灯与转向指示灯变暗，电容器再次放电。如此周而复始，转向灯与转向指示灯不停地闪烁。

电容式闪光器具有监控功能，当一侧转向灯有一只或一只以上转向灯泡烧毁或接触不良时，闪光器就使该侧转向灯接通时只亮不闪，告示该侧转向灯电路异常。

思考与练习

一、选择题

1. 电感量一定的线圈，产生自感电动势大，说明该线圈中通过电流的（　　）。

A. 数值大 B. 变比量大

C. 时间长 D. 变化率大

2. 传统点火系中的点火线圈的作用是（ ）。

A. 按顺序向各汽缸点火 B. 将低压电转变为高压电

C. 接通或断开点火系初级电路 D. 用来减小断电器触头断开时的火花能量

3. 变压器的铁芯都采用（ ）材料。

A. 硬磁 B. 软磁 C. 矩磁 D. 半导体

4. 变压器原绕组 100 匝，副绕组 200 匝，在原绕组两端接有电动势为 10V 的蓄电池组，则副绕组的输出电压是（ ）。

A. 20V B. 5V C. 0V D. 2V

5. 若电源电压与频率都保持不变，变压器铁芯中的磁通空载时与负载时相比较，（ ）。

A. 空载时磁通大 B. 负载时磁通大

C. 空载负载一样大 D. 无法比较

6. 变压器的基本工作原理是（ ）。

A. 电磁感应 B. 电流的磁效应

C. 能量平衡 D. 电流的热效应

7. 在传统点火系中，与断电器触点并联的电容的作用是（ ）。

A. 灭磁 B. 作为辅助电源

C. 用来减小断电器断开的火花，延长触点使用寿命

D. 滤波

二、判断题

（ ）1. 有电流必定有磁场，有磁场则一定有电流。

（ ）2. 只要线圈中有磁通经过，在线圈中就能产生感应电流。

（ ）3. 空气隙的磁阻远远大于同样长度、同样截面的铁磁性材料的磁阻。

（ ）4. 变压器只能改变交流电压的大小。

（ ）5. 传统点火系中的点火线圈就是一个变压器。

（ ）6. 要将 220V 的交流电压降成 110V，为了节约铜线，变压器初级线圈用 2 匝，次级线圈用 1 匝即可。

（ ）7. 变压器是一种静止的电气设备，它只能传递电能，不能产生电能。

（ ）8. 变压器可以改变各种电源的电压。变压器可以改变各种电源的电压。

三、简答题

1. 左手定则和右手定则各用来判别什么？怎样使用？

2. 楞次定律的内容是什么？

3. 简述变压器的工作原理。

4. 简述点火线圈的工作原理。

5. 为什么交流线圈的铁芯要用硅钢片叠成？用整块铸钢有什么不好？

6. 电流互感器和电压互感器在结构和接法上有什么区别？在使用时各要注意什么？

第 3 章　正弦交流电路

【教学提示】

<table>
<tr><td rowspan="4">教</td><td>知识重点</td><td>1. 正弦交流电
2. 正弦交流电的表示法
3. 单相正弦交流电路
4. 三相正弦交流电路</td></tr>
<tr><td>知识难点</td><td>正弦交流电的表示法,单相正弦交流电路,三相正弦交流电路</td></tr>
<tr><td>推荐教学方式</td><td>从任务入手,从多媒体演示出发,边讲边学</td></tr>
<tr><td>建议学时</td><td>8 学时</td></tr>
<tr><td rowspan="3">学</td><td>推荐学习方法</td><td>自己先预习,不懂的地方做出记录,查资料,听老师讲解;在老师指导下做认知实验,要在老师的指导下完成学习</td></tr>
<tr><td>需要掌握的知识</td><td>1. 正弦交流电
2. 正弦交流电的表示法
3. 单相正弦交流电路
4. 三相正弦交流电路</td></tr>
<tr><td>需要掌握的技能</td><td>三相负载的连接</td></tr>
</table>

大小、方向都随时间周期变化的电动势、电压和电流总称为交流电。因为交流电的各量在电路中的方向是不断反复变化的，所以常在电路中标注它们的参考方向。

在交流电作用下的电路称为交流电路。在交流电路中，我们将讨论三种不同性质的负载元件：电阻、电感和电容。三种元件在电路中的作用不同。电阻把电能转化为热能消耗掉，其转换过程不可逆转，因此，它是耗能元件。电感把从电路中吸收的电能转化成磁场能储存起来；电容把从电路中吸收的电能转化成电场能储存起来，但它们能在一定的条件下放出能量。

目前，发电厂向用户提供的都是交流电，这是因为可以用变压器方便地将交流电电压升高或降低，解决了远距离输电需要用高压而用电需要低压的矛盾。同时，交流电机比直流电机结构简单、效率高、价格低且维修方便，所以交流电应用广泛。在有些必须使用直流电的场合，可以通过整流装置将交流电转变为直流电。

【学习目标】

① 掌握正弦交流电的表示法；

② 熟悉单相正弦交流电路；

③ 掌握三相正弦交流电路。

3.1　正弦交流电

本节主要介绍正弦交流电的基本概念。

大小、方向都随时间周期变化的电动势、电压和电流总称为交流电。在交流电作用下的电路称为交流电路。

正弦交流电的要素是：瞬时值、最大值和有效值；周期、频率和角频率；相位、初相和相位差。

3.1.1 正弦交流电的产生

交流电按其变化规律，分为正弦交流电和非正弦交流电。交流电的电流波形如图 3-1 所示。在以后的学习中，若没有特殊说明，都是指正弦交流电。

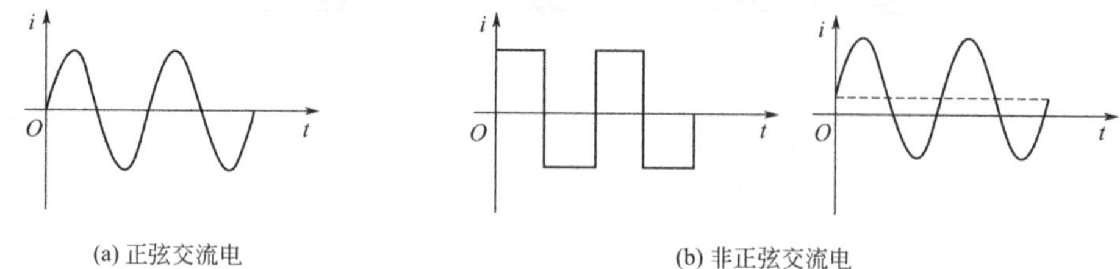

图 3-1 交流电流的波形

交流电是由交流发电机产生的。由于交流发电机采用如图 3-2(a) 所示的特定结构形式，使得磁极与电枢之间空气隙中的磁感应强度按下列规律分布：①磁感线垂直于电枢表面；②电枢表面任一点的磁感应强度按正弦规律分布，如图 3-2(b) 所示。

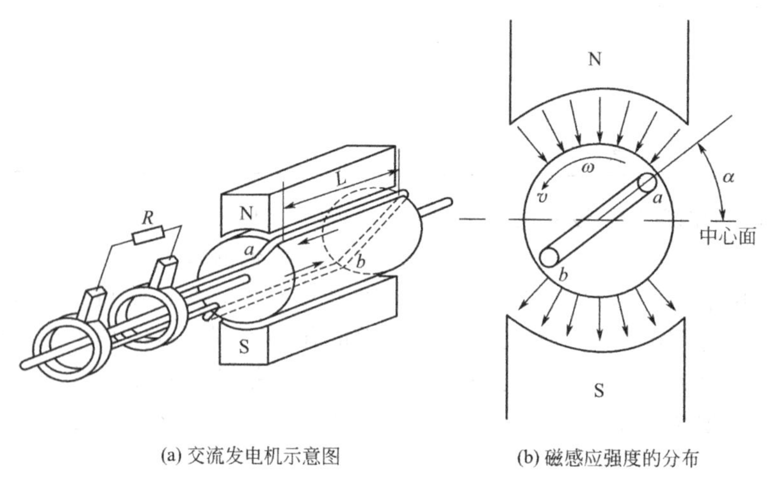

图 3-2 最简单的交流发电机

对于最简单的二极（一对磁极）发电机，电枢转过的角度（通常叫做机械角度）正好等于正弦交流电变化的角度（通常称电角度）；如果磁极对数是 2 对以上，电角度与机械角度便不再相等，而是成倍数关系。例如，若发电机定子是 2 对磁极，转子每旋转 1 周，即机械角度从 $0\to 2\pi$，感应电动势要变化 2 周，如图 3-3 所示。如果发电机有 3 对磁极，线圈转 1 周，感应电动势将变化 3 周，以此类推。对具有 P 对磁极的交流发电机，线圈每旋转 1 周，感应电动势将变化 P 周。

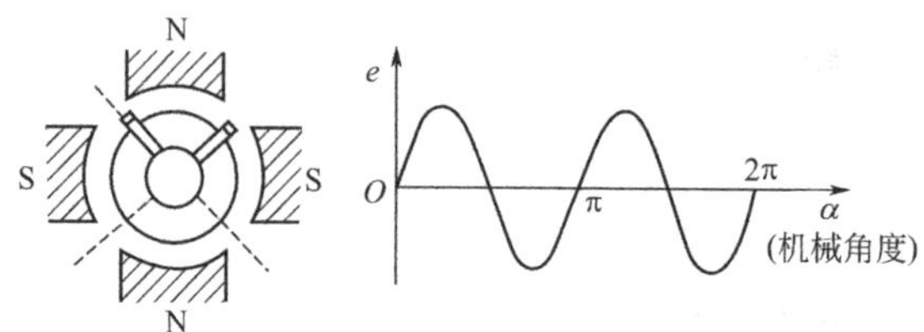

图 3-3 2 对磁极交流发电机及其感应电动势的变化曲线

3.1.2 正弦交流电的三要素

描述正弦交流电的物理量常简称为正弦量。以正弦电压为例，瞬时电压 u 随着时间 t 的变化而变化。可以将正弦量用下面的式子来表示：

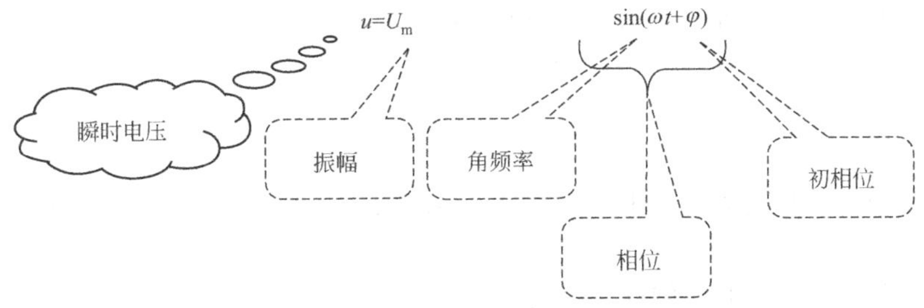

式中，u 称为瞬时值；U_m 称为最大值（振幅）；ω 称为正弦量的角频率；φ 称为正弦量的初相位（简称初相）。显然，如果 U_m、ω、φ 已知，那么瞬时值 i 与时间 t 的关系就确定了。因此，最大值、角频率、初相称为正弦量的三要素。

对应的正弦交流电流的表达式为

$$i=I_m\sin(\omega t+\varphi)$$

3.1.2.1　瞬时值、最大值和有效值

正弦交流电随时间按正弦规律变化。我们把正弦量在任一时刻的值称为瞬时值，用小写字母表示，如 i、u 和 e 分别表示电流、电压和电动势的瞬时值。瞬时值是时间的函数，随时间的变化而变化。其中，最大的瞬时值称为最大值或幅值，用大写字母加下标 m 表示，如 I_m、U_m 和 E_m 分别表示电流、电压和电动势的最大值。

瞬时值是随时间变化的，不同的时刻，数值不同，最大值是一个特殊时刻的瞬时值，都无法测量，因此工程上常用有效值表示其大小。

有效值是根据电流的热效应定义的，内容是将交流电流和直流电流分别通过同一电阻，如果在相等的时间里，两者产生的热量相等，则把直流电流的数值称为交流电流的有效值。交流电流的有效值用大写字母 I 表示。同理，可以把在同一电阻上产生热效应相等的直流电压、直流电动势分别称为交流电压、交流电动势的有效值，用大写字母 U、E 表示。

交流电的有效值在实际中有着广泛的应用。平常所说的交流电流、电压和电动势的大小，交流测量仪表的读数，以及各种交流电气设备的铭牌标注的额定值，都是指有效值。

有效值与最大值存在一定的关系：如果交流电是正弦的，那么其有效值等于最大值除以 $\sqrt{2}$，即

$$U_m=\sqrt{2}U, U=\frac{1}{\sqrt{2}}U_m$$

3.1.2.2　周期、频率和角频率

周期 T 是指正弦量变化 1 周所用的时间。所谓变化 1 周，是指正弦量的相位 ωt 增加 2π 弧度或 360°，如图 3-4 所示。周期的单位是秒（s）。如果太大，也可使用 ms（毫秒）和 μs（微秒）作为单位。

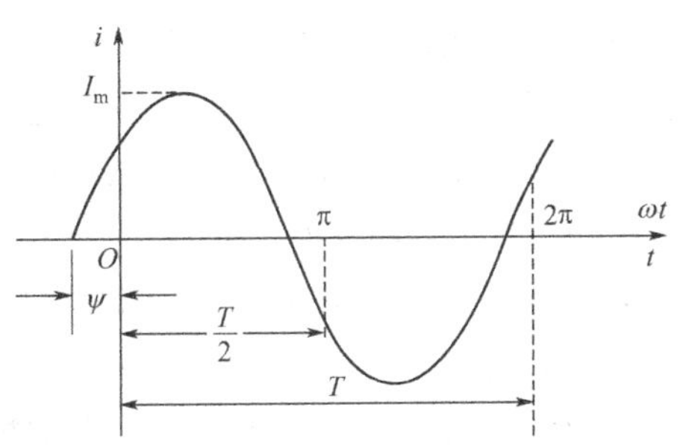

图 3-4　正弦电流波形

频率 f 定义为单位时间内正弦量变化的周数，单位是赫［兹］（Hz）。若赫［兹］（Hz）不够用，也可用 kHz（千赫）和 MHz（兆赫）作为单位。频率与周期的关系为

$$f=\frac{1}{T}$$

我国和大多数国家都采用 50Hz 作为电力标准频率，有些国家（如美国、日本等）采用 60Hz。这种

频率在工业生产上应用广泛，习惯上也称为工频，如交流电动机和照明负载都采用这种频率。

周期和频率是表示正弦量变化快慢的物理量，除此之外，还可用角频率 ω 表示。因为正弦量在一个周期 T 的时间内，相位 ωt 增加了 2πrad，所以

$$\omega=\frac{2\pi}{T}=2\pi f$$

角频率的单位是弧度每秒（rad/s）。上式表示 T、f、ω 三者之间的关系，只要知道其中之一，其余均可求出。

【例 3-1】 已知 $f=50$Hz，问 T、ω 是多少？

解：

$$T=\frac{1}{f}=\frac{1}{50}=0.02\ (\text{s})$$

$$\omega=2\pi f=2\times 3.14\times 50\approx 314\ (\text{rad/s})$$

3.1.2.3 相位、初相和相位差

在正弦量的瞬时表达式 $u=U_m\sin(\omega t+\varphi)$ 中，角度（$\omega t+\varphi$）称为正弦量的相位角，简称相位，单位是弧度（rad）或度（°）。如果某一时刻的相位已知，则该时刻的正弦量的数值、方向随之确定。因此，相位是决定正弦量在某一时刻的状态的物理量。

$t=0$ 时刻的相位角叫做初相角。简称初相。在 $u=U_m\sin(\omega t+\varphi)$ 中，φ 角就是初相。初相对应的瞬时值叫做初始值。若初相已知，则初始值随之确定。因此，初相是确定初始值的物理量。

初相也可用波形表示。在图 3-4 中，正弦量由负值向正值增加所经过的零值点叫做正弦量的零值点，它与计时起点 O 之间的电角度 φ 就是正弦量的初相。由正弦量零值点的规定所决定，初相的取值范围为 $\varphi\leqslant\pm\pi$ 或 $\varphi\leqslant\pm 180°$。

比较图 3-5 中的正弦交流电信号，可以看出，图 3-5(a) 中 u_1 信号的最大值大于 u_2 信号；图 3-5（b）中 u_1 信号的角频率大于 u_2 信号；图 3-5(c) 中 u_1 的信号初相位小于 u_2 信号。

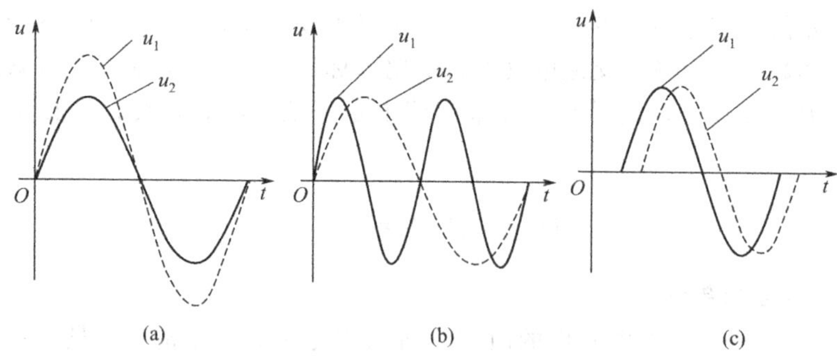

图 3-5　正弦交流电信号的比较

在图 3-5(b) 中，两个信号的初相位不能进行比较，因为它们不是同频率的正弦量。在正弦交流电路中，两个正弦量信号进行运算和比较的原则是两个正弦量信号频率相同。

相位差指的是两个同频率正弦量的相位之差，即初相之差。例如，下面两个正弦交流电压信号：$u_1=U_{m1}\sin(\omega_1 t+\varphi_1)$，$u_2=U_{m2}\sin(\omega_2 t+\varphi_2)$，相位差为 $\varphi=(\omega_1 t+\varphi_1)-(\omega_2 t+\varphi_2)$，由此可见，如果这两个正弦交流电压的频率不同，$\omega_1\neq\omega_2$，则它们的相位差始终是时间 t 的函数，无法比较。当 $\omega_1=\omega_2$ 时，相位差为 $\varphi=(\omega_1 t+\varphi_1)-(\omega_2 t+\varphi_2)=\varphi_1-\varphi_2$，即初相位之差。下面讨论以下几种相位差的情况：

（1）超前：$\varphi=(\varphi_1-\varphi_2)>0$，即 $\varphi_1>\varphi_2$，称 u_1 超前 u_2 角 φ，如图 3-6(a) 所示。

（2）滞后：$\varphi=(\varphi_1-\varphi_2)<0$，即$\varphi_1<\varphi_2$，称 u_1 滞后 u_2 角φ，如图 3-6(b) 所示。

（3）同相：$\varphi=2n\pi$（$n=0, 1, 2, \cdots$），称 u_1 和 u_2 同相，如图 3-6(c) 所示。

（4）反相：$\varphi=n\pi$（n 为奇数），称 u_1 和 u_2 反相，如图 3-6(d) 所示。

（5）正交：$\varphi=\frac{n\pi}{2}$（n 为奇数），称 u_1 和 u_2 正交，如图 3-6(e) 所示。

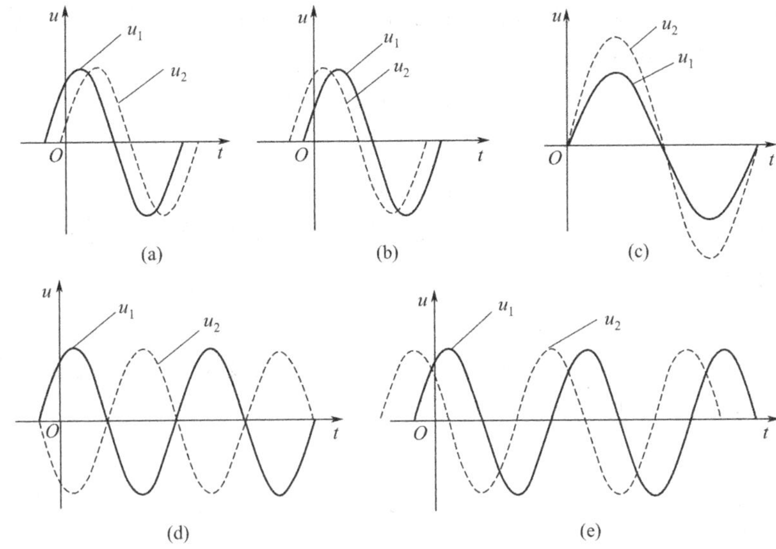

图 3-6　正弦交流电信号的相位差

结论：两个同频率正弦量的计时起点变化时，其各自的初相位跟着变化，但相位差不变。同频正弦量的相位差不同，它们之间的相位关系就不同，所以相位差是表示同频正弦量相位关系的一个物理量。

应当注意，相位的超前和滞后是相对的。电压超前电流，也可说成电流滞后电压。其次，与初相一样，相位差取值范围也是$\varphi\leqslant\pm\pi$ 或$\varphi\leqslant\pm180°$。若超出此范围，要将相位差角换算成小于 π 或 $180°$的角度。

【例 3-2】 已知正弦电压 $u=311\sin\left(314t-\frac{\pi}{6}\right)$ V，试求：

（1）最大值 U_m 和有效值 U。

（2）角频率 ω、频率 f 和周期 T。

（3）初相φ。

解：（1）最大值 $U_m=311$V，有效值 $U=\frac{U_m}{\sqrt{2}}=\frac{311}{\sqrt{2}}=220$（V）

（2）角频率 $\omega=314$rad/s，频率 $f=\frac{\omega}{2\pi}=\frac{314}{2\pi}=50$（Hz），周期 $T=\frac{1}{f}=\frac{1}{50}=0.02$（s）

（3）初相$\varphi=-\frac{\pi}{6}$

3.2　正弦交流电的表示法

本节主要介绍正弦交流电的表示法。

解析表示法：用三角函数式表示正弦交流电随时间变化的方法叫做解析法。

波形表示法：根据解析式的计算数据，在平面直角坐标系中作出波形的方法叫做波形法

相量表示法：所谓旋转相量法，就是用一个在直角坐标系中绕原点沿逆时针方向不断旋转的相量来表示正弦交流电的方法。

3.2.1 解析表示法

用三角函数式表示正弦交流电随时间变化的方法叫做解析法。根据前面所学，正弦交流电动势、电压和电流的解析式为

$$e=E_m\sin(\omega t+\varphi_e)$$

$$u=U_m\sin(\omega t+\varphi_u)$$

$$i=I_m\sin(\omega t+\varphi_i)$$

一般来说，ωt 和初相角φ的单位均为弧度。有时为了方便，初相角的单位也可以用度。

3.2.2 波形表示法

根据解析式的计算数据，在平面直角坐标系中作出波形的方法叫做波形法，如图 3-7(b) 所示。图中，纵坐标表示交流电的瞬时值，横坐标表示电角度 ωt 或时间 t。我们把这种曲线叫做正弦交流电的曲线图或波形图。

3.2.3 相量表示法

为了形象地表示正弦交流电，使正弦交流电的计算更加简便，常采用旋转相量法。

3.2.3.1 旋转相量法

在描绘正弦曲线时，数学上常用这样的方法［如图 3-7(a) 所示］：取一段长度等于正弦函数最大值的线段作为半径，令其绕坐标原点逆时针旋转，它在各个不同角度时的纵轴投影即为各对应角的正弦函数，由此描绘出正弦函数的曲线。同样，对于一个正弦电流，也可以用这样的方法来表示。所谓旋转相量法，就是用一个在直角坐标系中绕原点沿逆时针方向不断旋转的相量来表示正弦交流电的方法。

3.2.3.2 最大值相量

(1) 旋转相量的长度代表正弦交流电的最大值。最大值相量任意瞬间在纵轴上的投影，就是该瞬间正弦交流电的瞬时值。最大值相量常用 $\dot{U}_m$、$\dot{I}_m$ 和 $\dot{E}_m$ 来表示。

(2) 旋转相量沿逆时针方向旋转的角速度等于正弦交流电的角频率。

(3) 旋转相量起始时与 x 轴正方向的夹角代表正弦交流电的初相角。若旋转相量起始时与 x 轴的正方向同向，则正弦交流电的初相为零。

在图 3-7(a) 中，若旋转相量的长度为 E_m，逆时针方向旋转的角速度为 ω，起始时与横轴正方向的夹角为φ，则 t 时刻旋转相量在纵坐标上的投影为 $y=e=E_m\sin(\omega t+\varphi)$，即正弦交

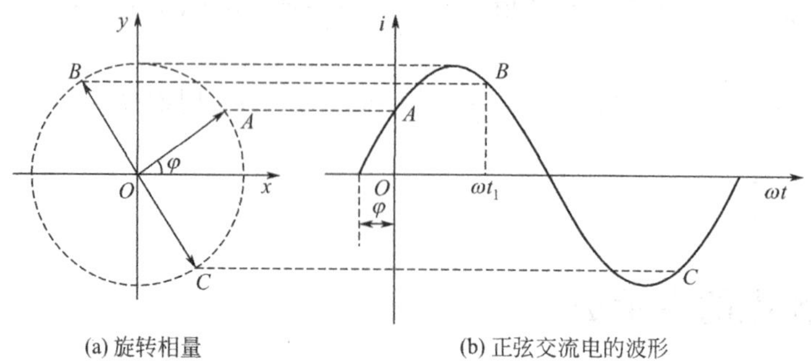

(a) 旋转相量 (b) 正弦交流电的波形

图 3-7 正弦交流电相量图表示法

流电在 t 时刻的瞬时值。由于旋转相量在坐标系中的位置与时间有关，在图 3-7(a) 中，相量的起始位置用实线表示，经过时间 t 后，它转到虚线位置。所以，旋转相量是时间 t 的函数，通常把它称为时间相量。

虽然正弦交流电本身不是相量，但它是时间的函数；又因为旋转相量的三个特征（长度、转速、与横坐标的夹角）分别表示正弦交流电的三要素（最大值、角频率、初相角），所以可以借助旋转相量，按一定的法则来表示正弦交流电。使用旋转相量法后，可运用平行四边形法则进行正弦交流电的加减运算，而且表示更直观。

用旋转相量法计算正弦量，必须注意以下几点。

(1) 旋转相量法只适用于同频率正弦交流电的加减。

(2) 合成正弦量的瞬时值就等于各正弦量瞬时值的代数和；合成正弦量的最大值应等于各正弦量最大值的相量和，而不等于各正弦量最大值的代数和。因为最大值往往不是在同一时刻出现的。

(3) 旋转相量法中的各旋转相量都是以相同的角速度沿逆时针旋转。在旋转过程中，各相量间的夹角保持不变，只需画出起始时各相量的位置，就可以进行计算。

3.2.3.3　有效值相量

在实际中，交流电各量的表示一般常用有效值，因此采用有效值相量图来计算同频率正弦量的加减。有效值相量图简称相量图，它具有以下几个特点。

(1) 相量的长度表示正弦交流电的有效值。

(2) 相量与水平方向的夹角仍表示正弦交流电的初相角，沿逆时针转动的角度为正，反之为负。

(3) 若仅仅为了表示几个正弦交流电的相位关系，既可以选横轴的正方向为参考方向，也可任意选一个相量作为参考相量，并取消直角坐标轴。

(4) 有效值相量用 $\dot{U}$、$\dot{I}$ 和 $\dot{E}$ 来表示。

根据有效值相量图，利用平行四边形法则，求得合成相量的大小和初相位后，不难列出对应的正弦交流电的瞬时值表达式，也不难作出波形图。

值得注意的是，有效值相量在纵轴上的投影并不等于正弦交流电的瞬时值。这一点与最大值相量图是不一样的。

3.3　单相正弦交流电路

本节主要介绍单一参数电路、RLC 电路和谐振。

RLC 串联电路包含电阻、电感和电容 3 个不同的元件，能体现交流电路的一般特点，所以对多参数电路的讨论重点放在 RLC 串联电路上。

若调节电路中的 L、C 或改变电源的频率，使电路中的电压和电流达到同相位，电路中将产生谐振现象。处于谐振状态的电路称为谐振电路。

交流电源有单相和三相之分。单相电源只有一个交变电动势，而三相电源有三个交变电动势。将负载（用电器）接到单相电源上就组成了单相交流电路，简称单相电路。

在交流电路中，有电阻、电感、电容三种元件。但实际元件所包含的成分往往不是单一的，如一个线圈既含有电感，也含有电阻；一个电容器既含有电容，又含有电阻等。因此，首先从理想的单一参数元件，即纯电阻、纯电感、纯电容电路入手，掌握它们的规律，当遇到实际存在多种成分的元件时，建立相应的电路模型来进一步分析。

3.3.1 单一参数电路

3.3.1.1 纯电阻电路

只考虑电阻作用的理想元件称为电阻元件。典型的电阻元件是电阻器，常见的还有汽车照明信号灯使用的白炽灯、汽车点烟器、汽车除霜装置等。由这些电阻元件作为负载的电路称为纯电阻电路。归纳起来，纯电阻电路在电压—电流关系及功率两方面有三个特点：

（1）电压 u 和电流 i 的有效值（最大值和瞬时值）满足欧姆定律，即

$$I=\frac{U_{\mathrm{R}}}{R}$$

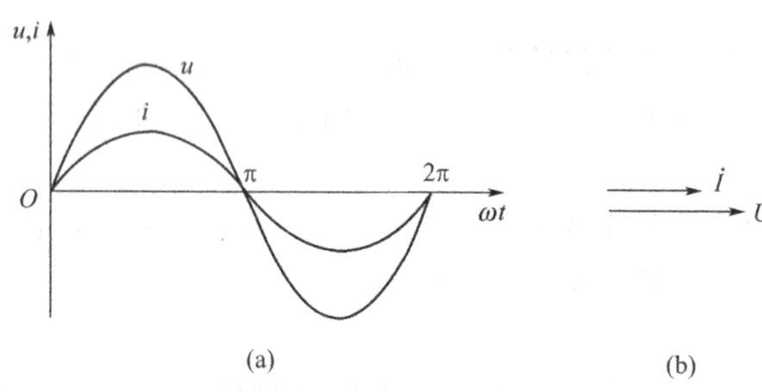

图 3-8 电阻元件的波形图和相量图

（2）电压 u 和电流 i 同相位。图 3-8 是反映相位关系的波形图和相量图。

（3）电阻消耗的有功功率为

$$P=U_{\mathrm{R}}I=I^2R=\frac{U_{\mathrm{R}}^2}{R}$$

有功功率的标准单位是 W（瓦）。若 W 太小，可用 kW（千瓦）作为单位。

在纯电阻电路中，电压与电流同频率、同相位，电压与电流的瞬时值、最大值、有效值都遵循欧姆定律。在纯电阻电路中，电阻是吸收功率的元件，它把电能转换成其他有用的能量消耗掉，所以电阻又称为耗能元件。交流电路中的平均功率又称为有功功率。

3.3.1.2 纯电感电路

对于在生产和生活中所接触到的将电能转换成动能的设备，如搅拌机、粉碎机、电风扇和洗衣机以及改变电压大小的变压器等，在其交流电路中起主要作用的是电感元件（暂时忽略导线电阻）。

电感元件是指只考虑电感作用的理想元件，其典型代表是忽略了导线电阻的电感线圈。这种电感线圈常称为纯电感线圈。由纯电感线圈作为负载的电路称为纯电感电路。与纯电阻电路相同，纯电感电路在电压—电流关系及功率两方面也有三个特点：

（1）电压 u 和电流 i 的有效值（最大值）满足欧姆定律，即

$$I=\frac{U_{\mathrm{L}}}{X_{\mathrm{L}}}$$

式中，$X_{\mathrm{L}}=\omega L=2\pi fL$ 称为电感的电抗，简称感抗，单位是 Ω（欧）。当 U_{L} 一定时，X_{L} 越大，I 越小，因此感抗 X_{L} 反映了电感对交流电阻碍作用的大小。

在电感 L 一定时，感抗 X_{L} 与频率 f 成正比。对交流电来讲，f 越高，X_{L} 越大，所以高频交流电不容易通过电感元件。对直流电而言，$f=0$，$X_{\mathrm{L}}=0$，故电感元件相当于短路元件。这就是为什么直流电路不讨论电感电路的原因。可见，电感元件在电路中具有“通直阻交”的作用。这在电子技术中应用较多，如高频扼流圈、低通滤波器都是根据这种作用来工作的。

（2）电压 u 超前电流 i 90°。图 3-9 是反映相位关系的波形图和相量图。

（3）纯电感元件在交流电路中不消耗功率，有功功率 $P=0$，无功功率（单位是乏 var）为

$$Q_{\mathrm{L}}=U_{\mathrm{L}}I=I^2X_{\mathrm{L}}=\frac{U_{\mathrm{L}}^2}{X_{\mathrm{L}}}$$

在供电系统中，只要接有电感负载，就要出现电能与磁场能的相互转换，能量在电源与负载之间往返传输。必须指出，“无功”的含义是“交换”而不是“消耗”，它是相对于“有功”

而言的，决不能理解为“无用”。事实上，无功功率在生产实践中占有很重要的地位。具有电感性质的变压器、电动机等设备都是靠电磁转换工作的。

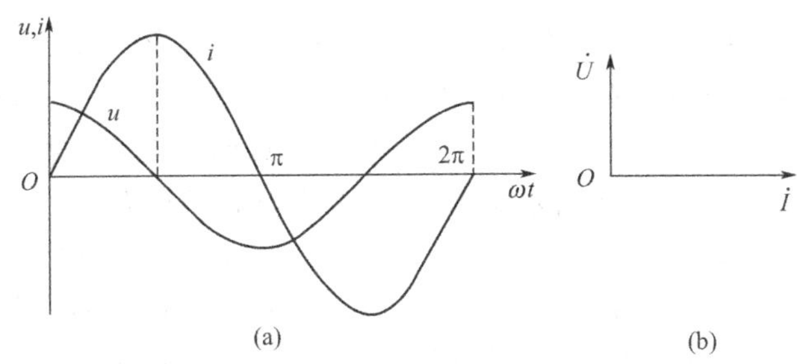

图 3-9　电感元件的波形图和相量图

3.3.1.3　纯电容电路

电容元件是指电容器，由其作为负载的电路称为纯电容电路。与前两种电路相同，纯电容电路在电压—电流关系及功率两方面也有三个特点：

（1）电压 u 和电流 i 的有效值（最大值）满足欧姆定律，即

$$I=\frac{U_C}{X_C}$$

式中，$X_C=\frac{1}{\omega C}=\frac{1}{2\pi fC}$，称为电容的电抗，简称容抗，单位是 Ω（欧）。当 U_C 一定时，X_C 越大，I 越小，因此 X_C 反映了电容对交流电的阻碍作用大小。

与电感不同，当电容 C 一定时，容抗 X_C 与电流的频率 f 成反比。对交流电而言，f 越高，X_C 越小，电流越容易通过；在直流电中，因 $f=0$，$X_C\rightarrow\infty$，因此直流电流无法通过电容器。所以，电容器有“隔直通交”的作用。这在电子技术中使用较广，晶体管放大电路的隔直电容及高通滤波器都是利用这种原理工作的。

（2）电压 u 滞后电流 i 90°。图 3-10 是反映相位关系的波形图和相量图。

（3）有功功率 $P=0$，无功功率 $Q_C=U_CI=I^2X_C=\frac{U_C^2}{X_C}$，单位是乏（var）。

$P=0$，表明电容不消耗电能。但无功功率表明，它与交流电源之间存在能量交换，因此电容称为储能元件。

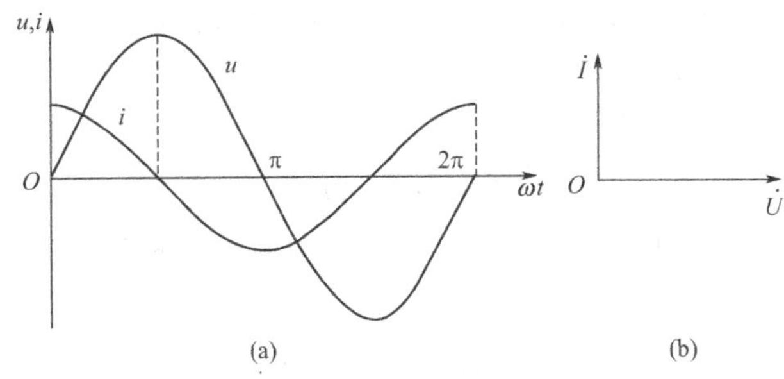

图 3-10　电容元件的波形图和相量图

3.3.2　RLC 串联电路

单一参数电路是交流电路的特例，一般的交流电路都是由电阻、电感和电容三种理想元件的不同组合构成的。例如，日光灯、交流继电器、交流单相变压器和交流单相电动机的电路可

等效为电阻与电感的串联电路，简称 RL 串联电路。又如，上述感性负载与电容器并联组成的电路也可等效为电阻与电感串联，再与电容并联的电路，简称 RL 串联再与 C 并联的电路。所以，研究多参数电路更具实际意义。

在多参数电路中，RLC 串联电路包含电阻、电感和电容 3 个不同元件，能体现交流电路的一般特点，所以对多参数电路的讨论重点放在 RLC 串联电路上。与单一参数电路相同，RLC 串联电路也是研究电路在电压—电流关系及功率计算两方面的特点。

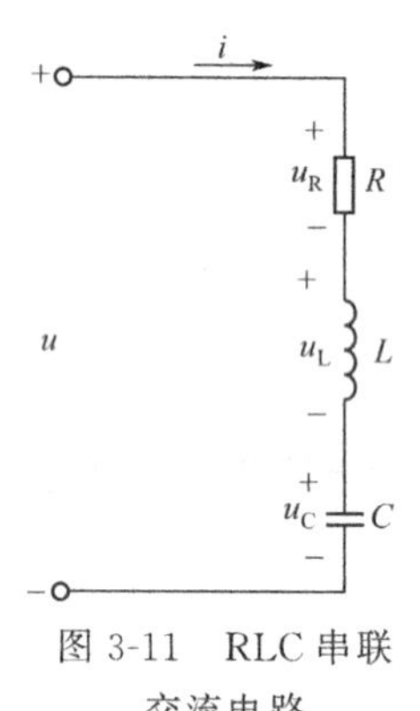

图 3-11 RLC 串联交流电路

图 3-11 所示是 RLC 串联电路，图中各物理量方向均为参考方向。u 是总电压，由电源提供，也称电源电压；电流 i 由总电压产生，故其方向与电压 u 一致；电流 i 流过各元件，形成电压 u_R、u_L、u_C，故令各元件电压的方向与电流一致。这种方向关系称为关联参考方向。在此方向下，经过理论分析，得到三个结论：

（1）总电压 u 和电流 i 的有效值（最大值）满足欧姆定律，即

$$I=\frac{U}{|Z|}$$

式中，

$$|Z|=\sqrt{R^2+X^2}=\sqrt{R^2+(X_L-X_C)^2}$$

称为阻抗，单位也是 Ω（欧），也具有对电流起阻碍作用的性质。

（2）电压 u 与电流 i 的相位关系根据相位差公式确定，即

$$\varphi=\arctan\frac{X_L-X_C}{R}$$

① $\varphi>0$，总电压 u 超前电流 i 一个 φ 角，电路是感性的，称为感性电路。

② $\varphi<0$，总电压 u 滞后电流 i 一个 φ 角，电路是容性的，称为容性电路。

③ $\varphi=0$，总电压 u 与电流 i 同相，此时电路是电阻性的，称为阻性电路。

（3）电路存在有功功率 P、无功功率 Q 和视在功率 S，即

$$P=U_RI=UI\cos\varphi$$

$$Q=(U_L-U_C)I=UI\sin\varphi$$

$$S=UI$$

式中，U_R、U_L、U_C 分别为电阻、电感、电容的电压有效值。如电压取“V”、“电流”取 A 作为单位，则有功功率 P、无功功率 Q 和视在功率 S 的单位分别为 W（瓦）、var（乏）和 V·A（伏安）。若上述单位较小，也可换算为 kW（千瓦）、kvar（千乏）和 kV·A（千伏安），这些大单位都是小单位的 1000 倍。

上述三个功率之间存在一定关系，即

$$S=\sqrt{P^2+Q^2}$$

显然，它们可以用一个直角三角形表示，称该三角形为功率三角形。

另外，由阻抗

$$|Z|=\sqrt{R^2+(X_L-X_C)^2}$$

可知，$|Z|$、R、(X_L-X_C) 三者之间的关系也可用直角三角形表示，叫做阻抗三角形。功率三角形和阻抗三角形是相似的，把它们同时在图 3-12 中表示出来。引出这两个三角形的目的，主要是为了帮助读者分析与记忆。

RLC 串联电路是一种含有三个参数的串联电路。在实际应用中，会遇到两个参数的串联电路，如电阻和电感的串联电路，以及电阻和电容的串联电路，这些电路同样可用 RLC 串联

电路的特点进行分析。所以说，RLC 串联电路能够体现串联电路的一般特点，这是我们研究它的根本原因。

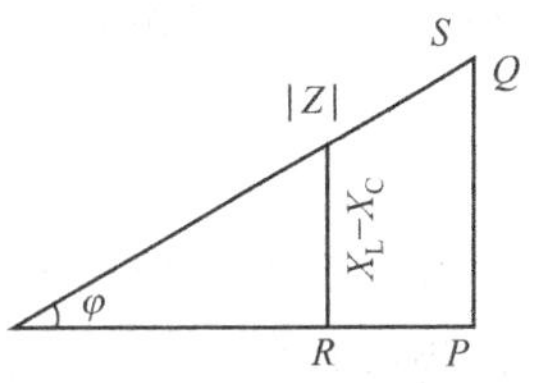

图 3-12　功率、阻抗三角形

3.3.3　谐振

在具有电感和电容的电路中，电路中的电压和电流的相位一般是不同的。若调节电路中的 L、C 或改变电源的频率，使电路中的电压和电流达到同相位，电路中就产生了谐振现象。处于谐振状态的电路称为谐振电路。谐振电路是一种广泛应用的电路形式，我们最熟悉的收音机、电视机等，它们的调台过程都要使用谐振电路，使得接收机的频率谐振在广播电台的发射频率上，才能良好地收听到广播节目。

3.3.3.1　谐振频率

在 RLC 串联电路中，当 $X_L=X_C$ 时，电流与电压同相位，电路处于谐振状态，所以谐振的条件是 $X_L=X_C$，即电路的感抗等于容抗。

由谐振条件 $\omega L=\dfrac{1}{\omega C}$，即 $2\pi fL=\dfrac{1}{2\pi fC}$，得到谐振频率为

$$f_0=\frac{1}{2\pi\sqrt{LC}}$$

式中，f_0 为谐振频率，Hz；L 为线圈的电感值，H；C 为电容器的电容值，F。

谐振频率 f_0 仅由电路参数 L 和 C 决定，与电路的电阻 R 的大小无关，它反映的是电路本身的固有性质。因此，f_0 也称为电路的固有频率。在收音机当中，通常是改变电路的电容值 C，来使电路谐振在广播电台的发射频率上，以便良好收听广播节目。

【例 3-3】 某收音机的输入调谐电路中，$L=260\mu H$。如要收听频率为 828kHz 的北京广播电台新闻广播，电容应调整为多大？

解： 将电路的固有频率调整为 828kHz，才能使电路在此频率上谐振。

因为
$$f_0=\frac{1}{2\pi\sqrt{LC}}=828\ (\text{kHz})$$

所以

$$C=\frac{1}{(2\pi f_0)^2L}=\frac{1}{(2\times3.14\times828000)^2\times0.00026}$$
$$=1.42\times10^{-10}=142\ (\text{F})$$

3.3.3.2　谐振的特点

（1）总阻抗最小。串联谐振时，$X_L=X_C$，电路的总阻抗 $Z=R$ 最小，电路呈现纯电阻的特性。

（2）总电流最大。根据欧姆定律 $I_0=\dfrac{U}{Z}=\dfrac{U}{R}$，总阻抗最小时，必然使总电流最大。此时，电流与电压是同相位的。

（3）电阻两端电压等于总电压，电感和电容两端电压等于电源电压的 Q 倍。

$$U_R=RI_0=R\,\frac{U}{R}=U$$

$$U_L=X_LI_0=\frac{\omega_0L}{R}U=QU$$

$$U_C=X_LI_0=\frac{1}{\omega_0CR}U=QU$$

Q 称为串联谐振的品质因数，有

$$Q=\frac{\omega_0 L}{R}=\frac{1}{\omega_0 CR}$$

式中，Q 为品质因数；ω_0 为谐振角频率，rad/s；R 为电阻值，Ω；L 为线圈的电感值，H；C 为电容器的电容值，F。

品质因数是谐振电路的特性，反映电路的性能，其大小由电路的 R、L、C 决定，与电源无关。

一般串联谐振电路的电阻 R 很小，因此 Q 值很大，为几十到几百。串联谐振时，电感和电容两端的电压可以比电源电压高很多倍。在通信应用中，经常要接收遥远地方传来的微弱信号，利用串联谐振技术，可以获得相当大的信号放大效果。

【例 3-4】 在下列电路中，在电源相同，而且 $R=X_L=X_C$ 的情况下，哪个图中的灯泡最亮？哪个图中的灯泡最暗？为什么？

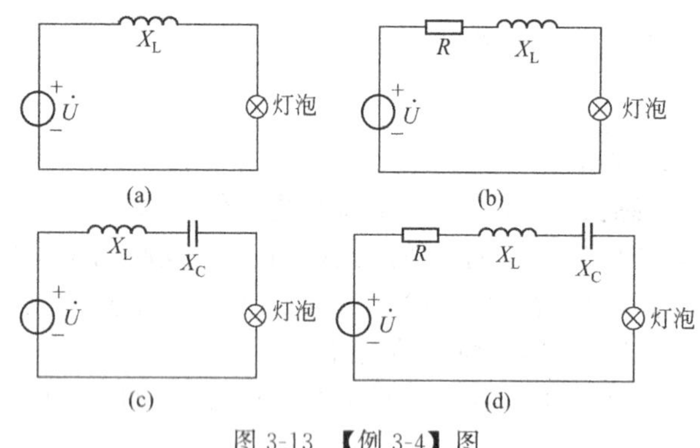

图 3-13 【例 3-4】图

解： 灯泡的亮度取决于灯泡两端的电压，电压越大，灯泡越亮。串联电路按照阻抗的比例分配电压，那么此题的关键在于确定各图中除灯泡以外的阻抗大小。

(a) $Z=X_L=R$

(b) $Z=\sqrt{R^2+X_L^2}=\sqrt{2}R$

(c) $Z=\sqrt{(X_L-X_C)^2}=0$

(d) $Z=\sqrt{R^2+(X_L-X_C)^2}=R$

根据上述分析得出结论，图 3-13(c) 中，除了灯泡以外的阻抗为零，电源电压全部加在灯泡上，所以图 3-13(c) 中的灯泡最亮；图 3-13(b) 中，除了灯泡以外的阻抗最大，灯泡两端的电压最低，所以图 3-13(b) 中的灯泡最暗。

3.4 三相交流电路

本节主要介绍三相交流电的产生、三相绕组的连接，以及三相负载的连接。

所谓三相制，就是由三个彼此独立而又具有特殊关系的电动势组成的供电系统。

三相交流发电机在向外供电时，三相绕组的连接方式分为星形连接和三角形连接两种。

负载就是用电器。接在三相电源上的用电器，统称为三相负载。

三相交流电也称动力电。目前的发电及供电系统都是采用三相交流电。在日常生活中使用的交流电源只是三相交流电中的一相。工厂生产所用的三相电动机是三相制供电。所谓三相制，就是由三个彼此独立而又具有特殊关系的电动势组成的供电系统。

虽然三相交流电在汽车上的应用并不多，但是在汽车检测维修企业中使用很普遍，如企业使用的动力电一般是三相的，大型的维修检测设备及汽保设备的动力驱动多数是由三相交流电动机驱动的。因此，作为汽车相关专业的人员，必须对三相电路有基本的认识。

三相交流供电系统在发电、输电和用电方面有以下优点。

(1) 输出功率相同时，三相交流发电机、变压器、电动机都比单相设备体积小，性能好。

(2) 在输出功率、电压、输电距离、线路损耗都相同的条件下，采用三相制比采用单相节省金属材料，节约线路建设投资。

3.4.1　三相交流电的产生

三相交流电是由三相交流发电机产生的。图 3-14 所示是三相交流发电机的原理结构图。发电机定子中嵌入三个完全相同，但空间位置相隔 120°的绕组，每个绕组称为一相，合称三相绕组。三相绕组的始端分别用 U_1、V_1、W_1 表示，末端分别用 U_2、V_2、W_2 表示。发电机转子是磁极，用来产生磁场。选择合适的极面形状和励磁绕组的布置情况，可使定子和转子之间的磁感应强度按正弦规律分布。当转子以匀角速度 ω 逆时针方向旋转时，三相绕组中产生频率相同，幅值相等，相位互差 120°的交变电动势。如果规定三相交流电动势的正方向从绕组的末端指向始端，则三相交变电动势的瞬时值表达式为

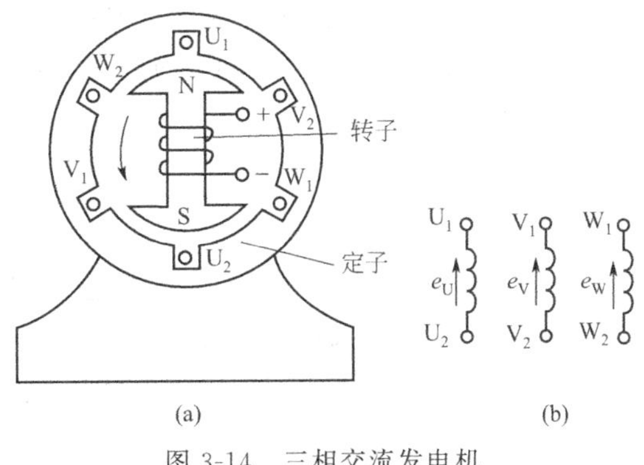

图 3-14　三相交流发电机

$$e_U = E_m \sin\omega t$$
$$e_V = E_m \sin(\omega t - 120°)$$
$$e_W = E_m \sin(\omega t + 120°)$$

根据上式画出三相感应电动势的波形图和矢量图，如图 3-15 所示。三相电动势到达最大值的次序叫相序。在图 3-15 中，三相电动势的相序是 U→V→W，称为顺序；若相序为 U→W→V，称为逆序。在实际中，通常用黄、绿、红三种颜色区分 U、V、W 三相。

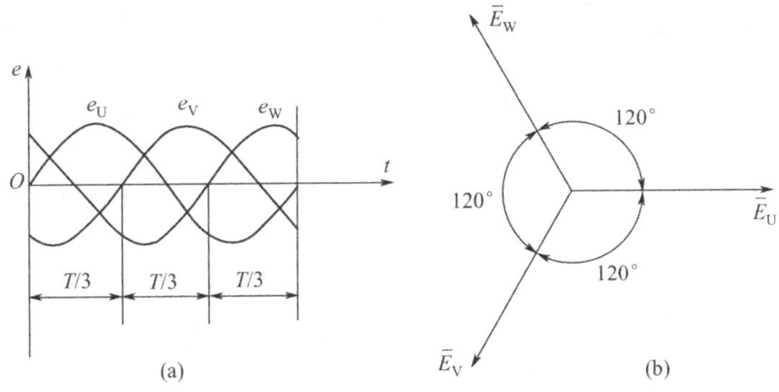

图 3-15　三相交流电的波形图和矢量图

3.4.2　三相绕组的连接

三相交流发电机在向外供电时，三相绕组的连接方式分为星形连接和三角形连接两种。

3.4.2.1　三相绕组的星形连接

将发电机三相绕组的末端 U_2、V_2、W_2 接在一起，成为一个公共点，这一点叫做中性点或零点，用 N 表示。从电源中性点 N 引出的输电线叫中性线，简称中线或零线，也叫地线。从三个始端 U_1、V_1、W_1 分别引出三根接负载的导线，称为相线或端线，也叫火线。三相绕组的这种连接方式叫做发电机三相绕组的星形（或 Y 形）连接，如图 3-16 所示。

星形连接的三相交流发电机在输电时，有中线的叫三相四线制，没有中线的叫三相三线制。一般情况下，三相负载不对称时采用三相四线制，对称负载采用三相三线制。三相四线制与三相三线制的不同点是可输出两种电压：线电压和相电压。相线与中线间的电压称为相电压，分别用 U_U、U_V、U_W 表示，它们的有效值相等，用 U_P 表示，其正方向从始端指向末端。两根相线之间的电压称为线电压，分别用 U_{UV}、U_{VW}、U_{WU} 表示，线电压有效值也相等，用

U_L 表示，参考方向规定由下标首字母指向末字母，如 U_{UV} 的参考方向是由 U 相指向 V 相。日常生活用电 220V 就是相电压，而工业动力用电（如三相异步电动机）都是 380V 的线电压。

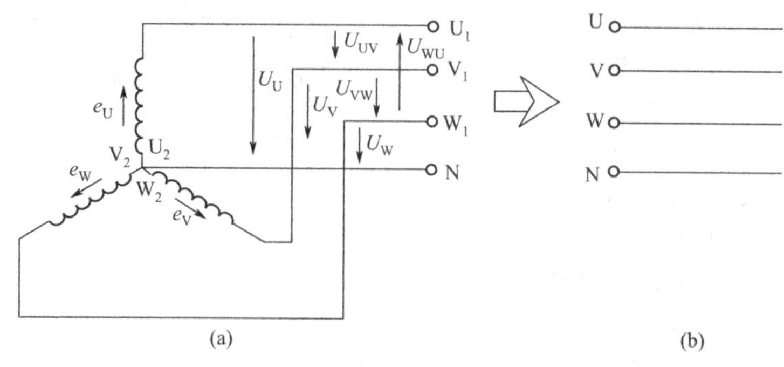

图 3-16　三相四线制

可以用矢量图来讨论这两种电压间的关系。如图 3-17 所示，三相绕组在星形连接时，线电压也是对称的，在数值上等于相电压的$\sqrt{3}$倍，即

$$U_{YL}=\sqrt{3}U_{YP}$$

其相位比它所对应的相电压超前 30°。

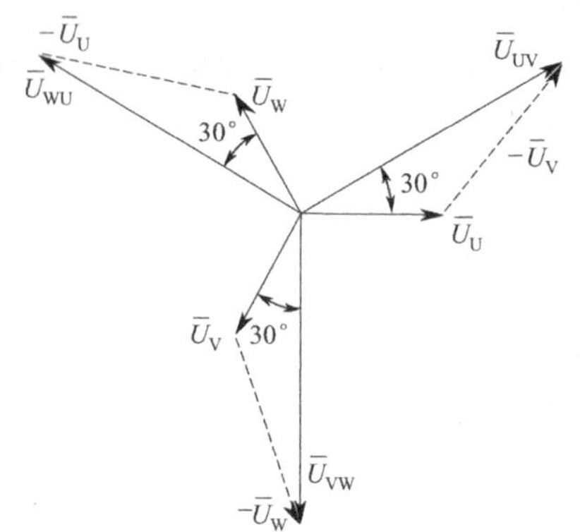

图 3-17　线电压与相电压的关系

汽车用交流发电机大多采用 Y 形连接，如图 3-18 所示。

3.4.2.2　三相绕组的三角形连接

将三相发电机每相绕组的末端和相邻绕组的始端依次连接起来，构成一个三角形闭合回路，再从三个连接点分别引出三根导线向外输电的连接方式，称为三相绕组的三角形（△）接法，如图 3-19 所示。显然，采用三相绕组的三角形连接，只能以三相三线制向外供电，并且其线电压等于相电压，即

$$U_{\Delta L}=U_{\Delta P}$$

三相电源绕组做△连接时容易产生环流，因而实际中较少采用。

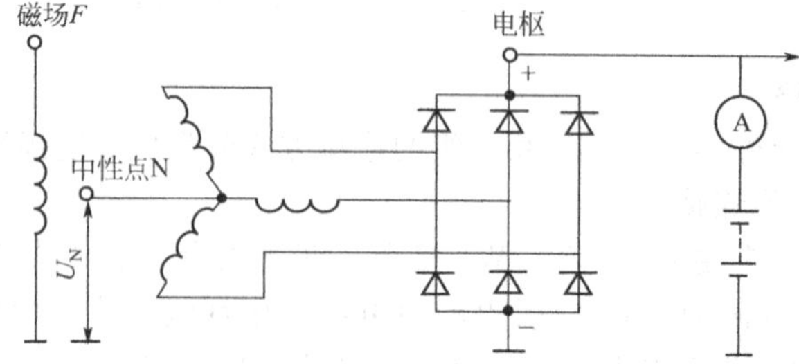

图 3-18　Y 形连接的汽车交流发电机

3.4.3　三相负载的连接

负载就是用电器。接在三相电源上的用电器统称为三相负载。三相负载分为两类：一类是专用的三相负载，如三相交流电动机；另一类是三组单相负载组成的三相负载，如照明用的白炽灯、电烙铁等负载。在前一种负载中，每相负载的阻抗均相等，性质也相同，同为电感性，

称为三相对称负载；而后一种负载，虽然每相负载同为电阻性，但它们的阻抗一般不相等，是三相不对称负载。三相负载在电路中有星形连接和三角形连接两种方式，不同的方式下特点不同。

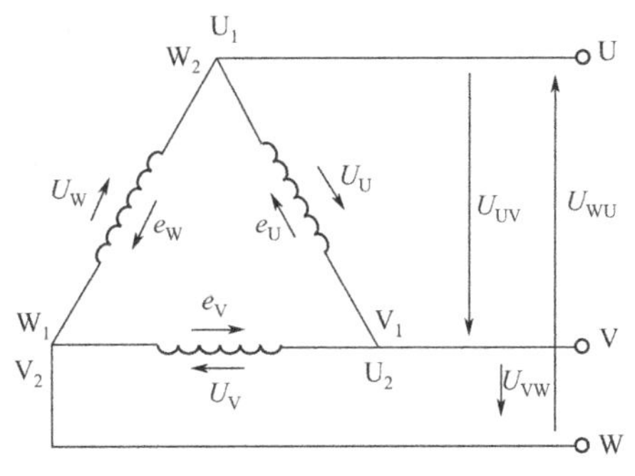

图 3-19　电源绕组的三角形连接

3.4.3.1　三相负载的星形（Y）连接

如图 3-20 所示，把三相负载分别接在三相电源的相线和中性线之间，称为三相负载的星形（Y）连接，其中 N′称为负载的中性点。三个端点 A、B、C 和 N 点分别与三相电源的相线 U、V、W 和中线 N 连接，这种连接方式称为负载星形连接的三相四线制。

显而易见，在不考虑输电线路压降时，一相负载的电压（相电压）等于电源相电压。任意两相负载端点间的电压（线电压）就是电源线电压。通过每相负载的电流（相电流）也就是该相电源绕组中的电流（线电流），即

$$U_{YL}=\sqrt{3}U_{YP}$$
$$I_{YL}=I_{YP}$$

三相负载分对称与不对称两类，分述如下：

（1）当三相负载对称时，由于各相电压是对称的，所以通过三相负载的电流也对称（即大小相等，相位差互为 120°）。理论证明，中线内的电流为零，所以可以把中线省掉，星形连接的三相四线制成为三相三线制（如图 3-21 所示）。省去中线以后，三个相电流借助于各相线及每相负载互成回路。此时，各相负载承受的电压同三相四线制一样，为电源的相电压值。

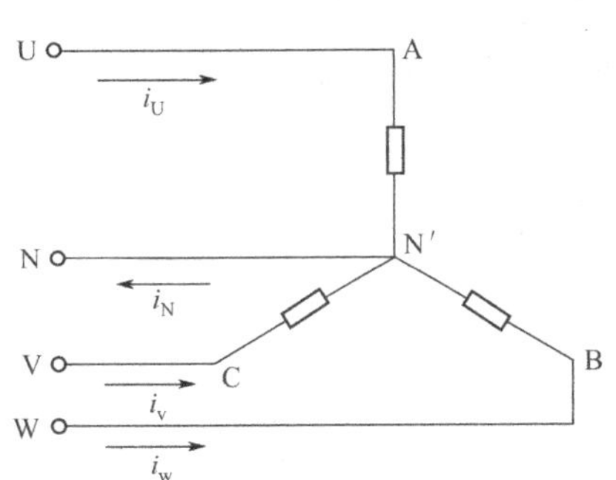

图 3-20　三相负载的星形连接

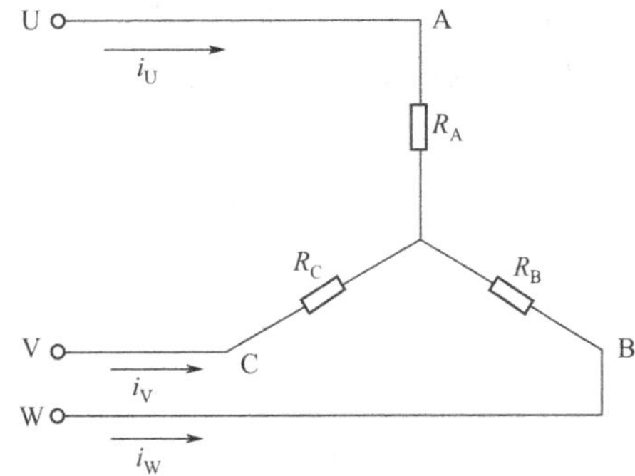

图 3-21　星形连接的三相三线制电路

（2）当三相负载不对称时，通过各相负载的电流不再对称。这时，中线电流不为零，因此绝对不能将其除去。如果除去中线（或某种原因断开），负载中点电位不再与电源中点电位相同，使各相负载实际承受的电压不再相等，造成不同相负载分别运行于过电压或欠电压的状态，严重时使过电压相负载烧毁，欠电压相负载无法工作。因此，在不对称三相负载的星形连接中，中线对于电路的安全运行是非常重要的。为了防止不正常现象及事故发生，在三相四线制中，规定中线不准安装熔断器和开关。在有些场合，中线还采用钢心导线来加强机构强度，以免断开。为了减少中线电流，在设计安装照明电路时，尽量把电灯均匀地分布在各相电路中。

负载 Y 形连接时具有以下特点：①各相负载承受的电压为对应的电源相电压；②线电流等于负载的相电流。

图 3-22 所示是线电压为 380V 的三相四线制电路，负载如何连接，应视负载额定电压而定。从总的线路来说，它们应当尽可能均匀地分配在各相之中，使供电电网平衡。

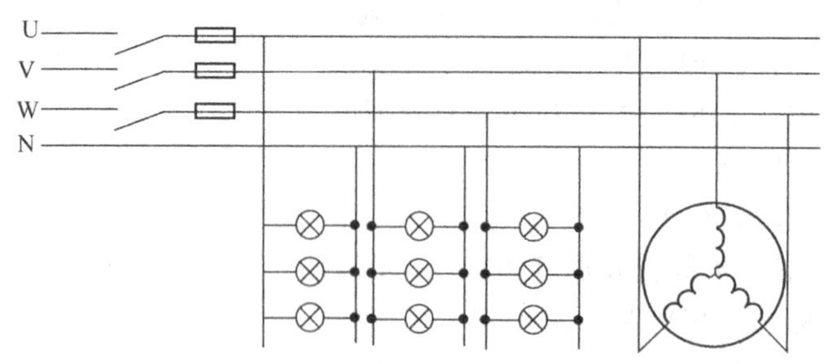

图 3-22 负载星形连接的示意图

3.4.3.2 三相负载的三角形（△）连接

如图 3-23 所示，把三相对称负载依次首尾连接后，将三个接点分别接在三相电源相线上的连接方式称为三相负载的三角形（△）连接。三相不对称负载不能使用三角形连接方式。

由图 3-23 和图 3-24 可见，三相对称负载三角形连接时，加在各相负载上的电压等于电源线电压，各相负载中电流的大小相等，互差 120°电角度。由于每相电源线中的电流（线电流）由两相负载电流合成，所以线电流等于每相负载电流（相电流）的$\sqrt{3}$倍，并在相位上滞后于相应的相电流 30°，即

$$U_{\triangle L}=U_{\triangle P}$$

$$I_{\triangle L}=\sqrt{3}I_{\triangle P}$$

总之，三相负载究竟应采用星形连接还是三角形连接，必须根据每相负载的额定电压与电源线电压的关系而定。当每相负载的额定电压为电源线电压的 $1/\sqrt{3}$ 时，三相负载应做星形连接。当各相负载的额定电压等于电源线电压时，三相负载必须做三角形连接。之所以如此，是为了使每相负载承受的电压正好等于其额定电压，从而保证每相负载都能正常工作。

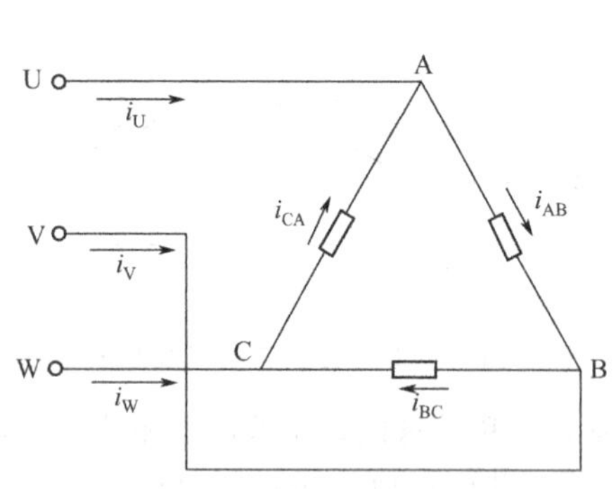

图 3-23 负载的三角形连接

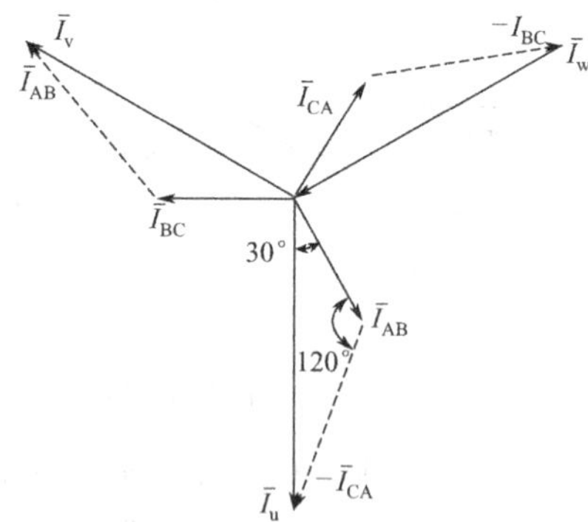

图 3-24 对称负载三角形连接时的电流矢量图

思考与练习

一、选择题

1. 正弦交流电的有效值等于其最大值的（　　）倍。

A. $1/\sqrt{2}$　　B. 1/2　　C. $1/\sqrt{3}$　　D. 1/3

2. 用万用表测量正弦交流信号，所得数值是该正弦量的（　　）。

A. 最大值　　B. 有效值　　C. 峰-峰值　　D. 平均值

3. 在三相绕组星形连接电路中，线电压的相位比它对应的相电压超前（　　）。

A. 15°　　B. 30°　　C. 40°　　D. 60°

4. 在纯电感交流电路中，电感线圈（　　）。

A. 消耗能量　　B. 不消耗能量　　C. 储存能量　　D. 释放能量

5. 在 RLC 串联电路中，电路的性质取决于（　　）。

A. 电路外加电压的大小　　B. 电路的连接形式

C. 电路各元件参数和电源频率　　D. 电路的功率因数

6. 在 RLC 串联电路中，$U_R=30V$，$U_L=80V$，$U_C=40V$，则 U 为（　　）。

A. 10V　　B. 50V　　C. 90V　　D. 150V

7. 在线电压为 380V 的三相电源上，采用星形连接，接上电阻为 10Ω 的对称负载，则线电流等于（　　）。

A. 38A　　B. 22A　　C. 24A　　D. 30A

8. 有一幢居民楼，一楼与三楼用户的灯很暗，而二楼用户的灯特亮，是因为（　　）。

A. 各用户所用灯泡数量不相等　　B. 中线断开

C. 其中有一位用户的灯坏了　　D. 电源电压不稳

9. 有三个 220V/100W 的灯泡，分别将其接成星形与三角形，连接在线电压为 380V 的电源上，则三个灯泡（　　）。

A. 接成三角形时会烧坏　　B. 三个灯泡一样亮

C. 接成星形时灯泡较暗　　D. 其中一个很亮，两个会很暗

10. 有三个灯泡接在交流电源有效值为 220V、频率为 50Hz 的电路中，三个灯泡一样亮。当将交流电源的频率调到 100Hz 时，下列说法正确的是（　　）。

A. 三个灯泡一样亮　　B. 三个灯泡会损坏

C. 三个灯泡会变暗　　D. 不能确定

二、判断题

（　　）1. 电感电容元件在交流电路中，其有效值、最大值、瞬时值均符合欧姆定律。

（　　）2. 只有同频率的正弦量，才能用相量加减。

（　　）3. 三相负载电路星形连接时，若线电流为 10A，则相电流为 10A。

（　　）4. 三相负载电路三角形连接时，每相电压均为 220V。

（　　）5. 一般电气设备的额定电压，电工仪表测量的电压、电流均是指交流电的有效值。

（　　）6. 在同一电源电压作用下，三相负载做星形或三角形连接时，总功率相等。

（　　）7. 当三相负载越接近对称时，中线电流越小。

（　　）8. 当负载星形连接时，必然有中线。

三、计算题

1. 已知正弦电流表达式 $i=\sin(1000t+30°)$(A)，试求它的三要素。

2. 已知交流电压 $U=311\sin(314t+\pi/2)$(V)，试求其最大值、有效值、频率、角频率、周期、初相位，以及 $t=0.01$s 时的相位角。

3. 1.5A 的交流电通过感抗 $X_L=25\Omega$ 的线圈。问线圈上的电压降为多少伏？

4. 对于汽车用三相交流发电机，在某一转速时，相电压是 8V。如果定子三相绕组为星形连接，它的线电压是多少？

5. 将 3 根额定电压为 220V 的电热丝接到三相线电压为 380V 的电源上，应采用何种接法？如果这 3 根电热丝的额定电压为 380V，又该采用何种接法？

第4章　电动机与发电机

【教学提示】

<table>
<tr><td rowspan="4">教</td><td>知识重点</td><td>1. 直流电动机
2. 汽车三相交流发电机
3. 三相交流异步电动机
4. 步进电动机</td></tr>
<tr><td>知识难点</td><td>三相交流发电机,三相交流异步电动机,步进电动机</td></tr>
<tr><td>推荐教学方式</td><td>从任务入手,从实物出发,边讲边学</td></tr>
<tr><td>建议学时</td><td>10 学时</td></tr>
<tr><td rowspan="3">学</td><td>推荐学习方法</td><td>自己先预习,不懂的地方做出记录,查资料,听老师讲解;在老师指导下做认知实验,要在老师的指导下通电验证</td></tr>
<tr><td>需要掌握的知识</td><td>1. 直流电动机
2. 汽车三相交流发电机
3. 三相交流异步电动机
4. 步进电动机</td></tr>
<tr><td>需要掌握的技能</td><td>1. 直流电动机在汽车上的应用
2. 步进电动机的步进原理及检修</td></tr>
</table>

电机是实现机电能量转换或信号转换的电磁机械装置。

电机共同的特点是：根据电磁感应定律和电磁力定律进行能量转换。电机按功能分为电动机、发电机和控制电机。

现代汽车中，电机得到了广泛应用，除了发电机、启动机外，还有大量地分布在车上各个地方的直流电动机，如雨刮器、风窗玻璃洗涤器、电动汽油泵、自动天线、电动座椅、电动后视镜、电动车窗、电动车门、发动机散热器冷却风扇等部件的动力源都是直流电动机。

本章主要介绍电动机和发电机。

【学习目标】

① 掌握汽车用三相交流发电机的结构及励磁原理；

② 熟悉三相异步交流电动机的结构及工作原理；

③ 掌握步进电动机的步进原理及应用；

④ 了解伺服电动机的应用。

4.1　直流电动机

本节主要介绍直流电动机的结构、原理，直流电动机的类型与机械特性，以及永磁直流电动机在汽车上的应用。

直流电动机是把直流电能转换为机械能的一种旋转机械。直流电动机是基于载流导体与磁场之间的相互作用而制成的。电动机的磁极和电枢之间必须有相对运动。

直流电动机分为两类：一类永磁式，另一类是励磁式。汽车启动系中，直流电动机一般都采用励磁式产生主磁极。

永磁直流电动机在汽车上的典型应用有刮水电动机、鼓风电动机、电动车窗电动机、电动门锁电动机等。

4.1.1　直流电动机的结构

直流电动机主要由定子（固定部分）和电枢（旋转部分）两大部分组成。定子和转子之间的间隙称为空气隙。图 4-1 所示为直流电动机的结构图。下面介绍主要的部件。

直流电动机是基于载流导体与磁场之间的相互作用而制成的。电动机的磁极和电枢之间必须有相对运动。

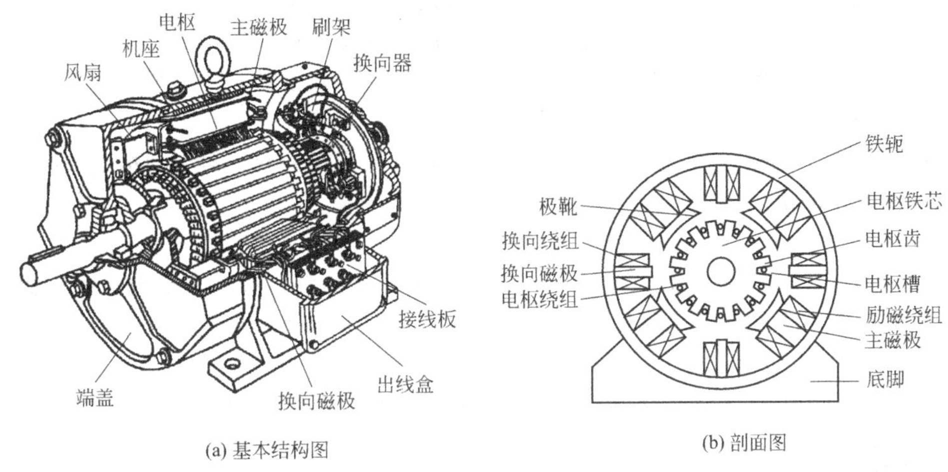

图 4-1　直流电动机的基本结构与剖面图

4.1.1.1　定子

定子的作用是产生磁场和作为电动机机械支承部件。它由主磁极、换向磁极、电刷装置、机座、端盖等组成。

1）主磁极

主磁极的作用是产生主磁场。主磁极的结构如图 4-2 所示。绝大多数直流电动机的主磁极不采用永久磁铁，而是由励磁绕组通以直流电流来建立磁场。主磁极装在机座的内壁，由主磁极铁芯和励磁绕组组成。主磁极铁芯包括极芯和极掌两部分。极芯上套有励磁绕组，各主磁极上的绕组一般都是串联的。极掌的作用是使空气隙中的磁感应强度分布最合适。改变励磁电流的方向，就可改变主磁极极性，也就改变了磁场方向。

固定螺钉　定子铁芯

极芯

励磁绕组

极掌

图 4-2　主磁极结构图

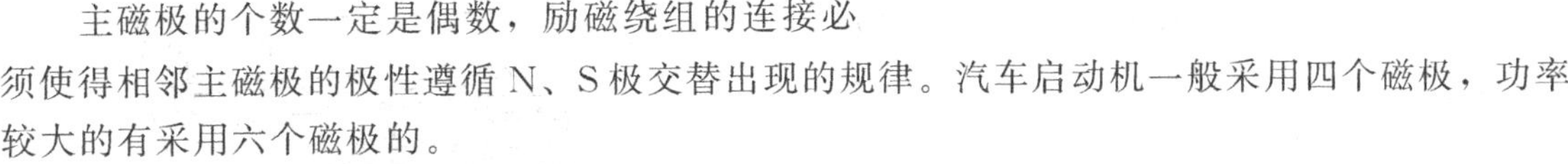

主磁极的个数一定是偶数，励磁绕组的连接必须使得相邻主磁极的极性遵循 N、S 极交替出现的规律。汽车启动机一般采用四个磁极，功率较大的有采用六个磁极的。

2）换向磁极

在两个相邻主磁极之间的中性面内有一个小磁极，这就是换向磁极。它的构造与主磁极相似，由换向极铁芯和套在铁芯上的换向极绕组构成，并用螺杆固定在机座上。换向磁极的励磁绕组与主磁极的励磁绕组串联。

主磁极中性面内的磁感应强度本应为零值，但是，由于电枢电流通过电枢绕组时产生的电枢磁场使主磁极中性面的磁感应强度不能为零值，使转到中性面内进行电流换向的绕组产生感应电动势，使得电刷与换向器之间产生较大的火花。

用换向磁极的附加磁场来抵消电枢磁场，使主磁极中性面内的磁感应强度接近于零，改善了电枢绕组的电流换向条件，减小了电刷与换向器之间的火花。

换向磁极的个数一般与主磁极的极数相等，在功率很小的直流电动机中，也有不装换向磁极的。

3）电刷装置

电刷装置把外电路的电动势、电流引入电枢绕组，或把电枢绕组中的电动势、电流引到外电路。电刷装置主要由用石墨制成导电块的电刷、压力弹簧和刷杆等组成。

固定在机座上（小容量电动机装在端盖上）不动的电刷，借助于压力弹簧的压力和旋转的换向器保持滑动接触，使电枢绕组与外电路接通。

电刷数一般等于主磁极数，各同极性的电刷经软线汇集在一起，再引到接线盒内的接线板上，作为电枢绕组的引出端。

4）机座

机座用铸钢或铸铁制成，用来固定主磁极、换向磁极和端盖等。它是电动机磁路的一部分。机座上的接线盒有励磁绕组和电枢绕组的接线端，用来对外接线。

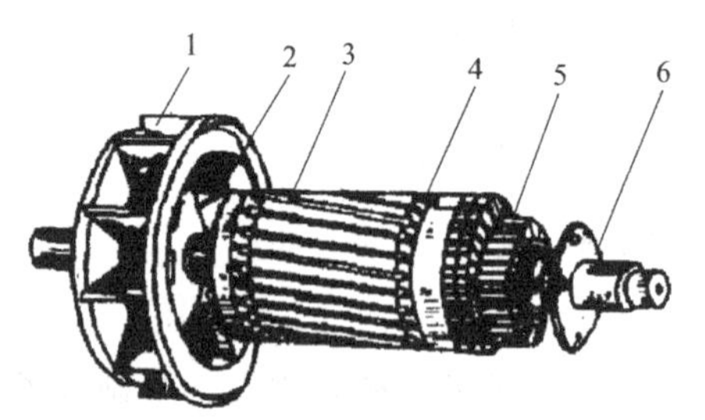

图 4-3 直流电动机的电枢

1—风扇；2—绕组；3—电枢铁芯；4—绑带；5—换向器；6—轴

5）端盖

端盖装在机座两端，通过端盖中的轴承支承转子，将定子、转子连为一体。端盖对电动机内部还起防护作用。

4.1.1.2 转子

直流电动机的转动部分称为转子，也称为电枢。它主要由电枢铁芯、换向器及电枢绕组等组成，如图 4-3 所示。

1）电枢铁芯

电枢铁芯由硅钢片冲制叠压而成，在外圆上有分布均匀的槽用来嵌放绕组。铁芯也作为电动机磁路的一部分。

2）换向器

换向器装在电枢转轴的一端，它是由许多互相绝缘的铜质换向片叠成的圆环。电枢绕组每个线圈的两端分别接到两个换向片上。在直流电动机中，换向器将电源的直流电转换为线圈中的交流电，以获得方向不变的电磁转矩。如图 4-4 所示，换向器由许多梯形铜片组成，片间用云母片绝缘，外表呈圆柱形。换向片和云母片组成的圆筒两端用 V 形云母套筒和 V 形金属压圈压紧，使其成为一个整体，并保证其绝缘性能，这样就构成了一个换向器。

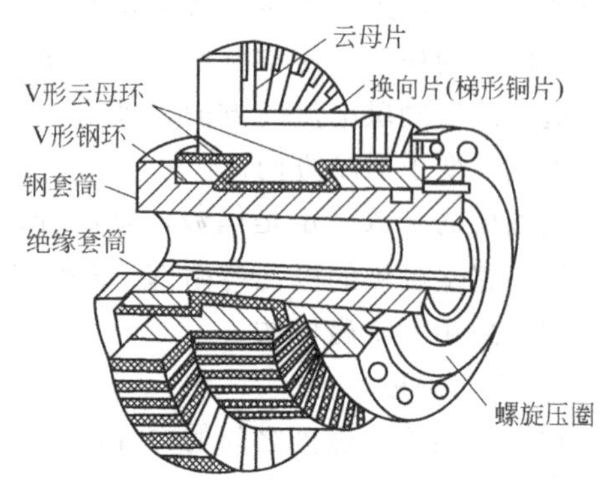

图 4-4 直流电动机的换向器

3）电枢绕组

电枢绕组是产生感应电动势或电磁转矩，实现能量转换的主要部件。它由许多绕组元件构成，按一定规则嵌放在铁芯槽内和换向片相连，使各组线圈的电动势相加。绕组端部用镀锌钢丝箍住，防止绕组因离心力而发生径向位移。

4.1.2 直流电动机的工作原理

4.1.2.1 转动原理

如图 4-5 所示，N 和 S 是直流电动机的一对固定的主磁极，电枢绕组只有一个线圈 $abcd$，其两端分别与两个换向片相连。电枢转动时，换向片随之一起旋转。静止的电刷装置 A、B 与换向片接触。

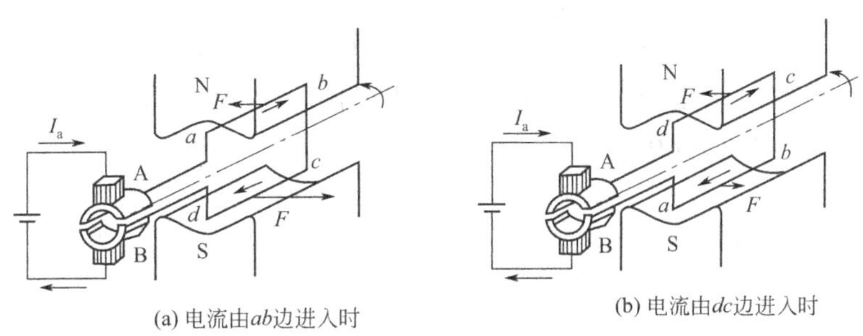

图 4-5　直流电动机工作原理图

当直流电压加在电刷装置两侧时，电流通入电枢线圈。若线圈在图 4-5(a) 所示位置，电枢电流 I_a 经电刷装置 A、换向片，在电枢绕组中沿着 $a\rightarrow b\rightarrow c\rightarrow d$ 的方向流动，再经换向片、电刷 B 流回。线圈 ab 边和 cd 边在磁场中受到电磁力的作用，受力方向由左手定则确定，可以确定，ab 边受力向左，cd 边受力向右。这一对电磁力形成的电磁转矩使电枢沿逆时针方向转动。当电枢自图 4-5(a) 所示的位置转过 90°时，线圈边不受电磁力的作用，转矩消失。由于机械惯性的作用，电枢仍能转过一个角度，这时线圈 ab 边处于 S 极上，cd 边在 N 极下，电枢电流 I_a 经电刷装置 A、换向片从线圈的 d 端流入，再经线圈的 a 端、换向片、电刷装置 B 流回。这时，两个线圈边受力的方向仍旧使电枢沿逆时针方向旋转，如图 4-5(b) 所示。

尽管电刷上外加的电源是直流的，但由于电刷和换向片的作用，在线圈中流过的电流是交流的，导致其产生的转矩的方向保持不变，使得电枢朝着一个方向一直旋转下去，通过转轴带动其他工作机械转动。

4.1.2.2 电磁转矩

直流电动机的电磁转矩是由电枢绕组通入直流电流后在磁场中受力而形成的。由电磁力定律可知，一根载流导线受磁场作用产生的平均电磁力为 $F=BIL$。对于给定的电动机，磁感应强度 B 与每极磁通 Φ 成正比，导体电流 I 与电枢电流 I_a 成正比，而导体在磁场中的有效长度 L 及转子半径等都是固定的，取决于电动机的结构。所以，电磁转矩 T 常表示为

$$T=C_T\Phi I_a$$

式中，C_T 为与电动机结构有关的常数，称为转矩常数，对于制造好的电动机而言，C_T 是个定值；Φ 为每极磁通；I_a 为电枢电流。

由上式可知，电动机电磁转矩 T 与每极磁通 Φ 和电枢电流 I_a 的乘积成正比。电磁转矩的方向由 Φ 与 I_a 的方向决定，只要改变其中一个量的方向，电磁转矩的方向随之改变，电动机的 Φ 转向也改变。

电动机运行时，由于本身机械摩擦等原因产生的阻转矩称为空载损耗转矩，用 T_0 表示。电动机带动的生产机械的负载转矩用 T_L 表示。因此，只有当电磁转矩 T 与空载损耗转矩 T_0 和负载转矩 T_L 相平衡时，电动机才能稳定运行，即

$$T=T_0+T_L$$

上式称为直流电动机的转矩平衡方程式。

4.1.2.3 电枢电动势和电流

当直流电动机转动时，电枢绕组切割磁力线，在绕组中产生感应电动势，其方向由右手定则确定。该电动势的方向与电枢电流的方向相反，因而称为反电动势，用 E_a 表示，其计算公式为

$$E_a = C_E \Phi n$$

式中，C_E 为与电动机结构有关的常数，称为电动势常数，对于制造好的电动机而言，C_E 是定值；Φ 为每极磁通；n 为电动机转速。

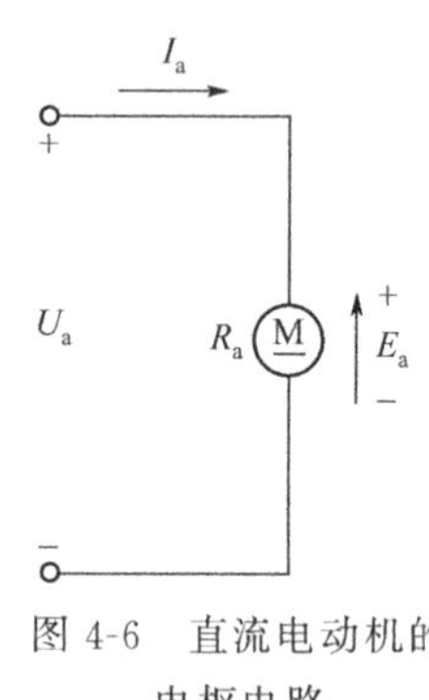

图 4-6 直流电动机的电枢电路

由此可见，直流电动机在转动时，反电动势 E_a 的大小与每极磁通 Φ 和电动机转速 n 的乘积成正比，它的方向与电枢电流相反，所以反电动势在电路中起限制电流的作用。

图 4-6 所示为直流电动机的电枢电路。由基尔霍夫定律可知，在电动机稳定运行时，基于电枢绕组的端电压 U_a 等于电枢绕组 R_a 的电压降 I_aR_a 和反电动势 E_a 之和，即

$$U_a = E_a + I_aR_a$$

可得

$$I_a = \frac{U_a - E_a}{R_a}$$

上式表明，电枢电流 I_a 的大小不仅与端电压 U_a 和电枢绕组 R_a 有关，还受到反电动势 E_a 的制约。当 U_a 和 R_a 一定时，I_a 仅取决于 E_a。

4.1.3 直流电动机的类型与机械特性

4.1.3.1 直流电动机的类型

直流电动机根据主磁场的不同分为两类，一类是永久磁体制成的主磁极，称为永磁式；另一类是在主磁极绕组通入直流电，通过电磁感应产生主磁极，称为励磁式。在汽车启动系中，直流电动机一般都采用励磁式产生主磁极。

直流电动机产生磁场的励磁绕组的接线方式称为励磁方式。直流电动机的性能与它的励磁方式有密切的关系，励磁方式不同，电动机的运行特性有很大差异。直流电动机按励磁方式的不同，分为以下几类。

1）他励直流电动机

他励直流电动机的励磁绕组与电枢绕组由不同的直流电源供电，两者不相连，如图 4-7 所示。

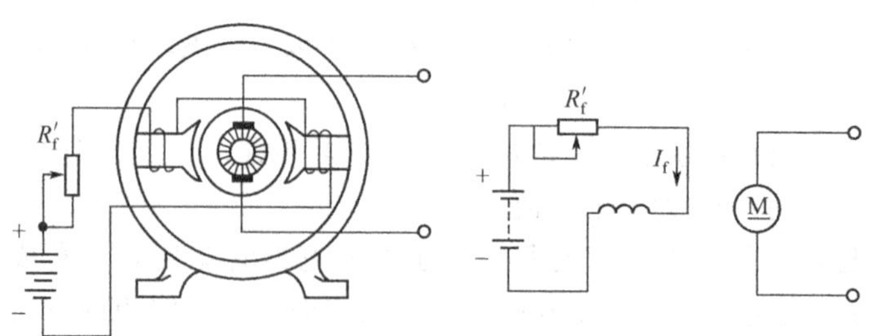

图 4-7 他励直流电动机

滑动触点电位 R'_f 用来调节励磁电流的大小，励磁电流 I_f 仅取决于他励电源的电动势和励磁电路的总电阻，不受电枢端电压的影响。

2）并励直流电动机

并励直流电动机的励磁绕组和电枢绕组相并联，如图 4-8 所示。

并励直流电动机的励磁电流 I_f 不仅与励磁回路的电阻有关，还受电枢端电压的影响。由于励磁绕组承受电枢两端的全部电压，其值较高，为了减小励磁绕组的铜损耗，励磁绕组必须具有较大的电阻，所以励磁绕组匝数较多，导线较细。

3）串励直流电动机

串励直流电动机的励磁绕组和电枢绕组相串联，如图 4-9 所示。由于通过励磁绕组的电流 I_f 就是电枢电流 I_a，为了减小励磁绕组的电压降和铜损耗，励磁绕组应具有较小的电阻，因此励磁绕组一般匝数较少，导线较粗。

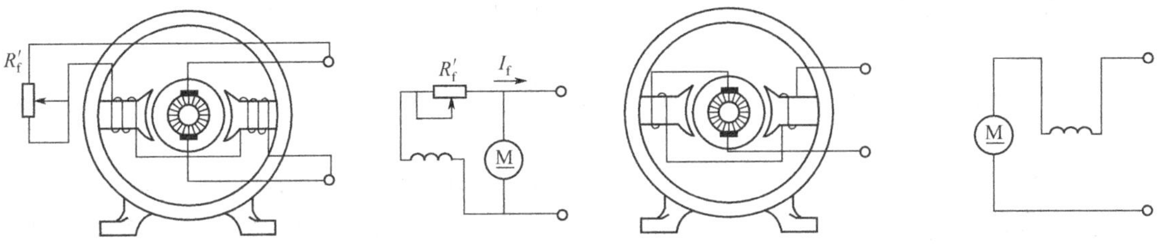

图 4-8　并励直流电动机　　图 4-9　串励直流电动机

4）复励直流电动机

复励直流电动机的励磁绕组分成两部分，一部分与电枢绕组并联，称为并励绕组；另一部分与电枢绕组串联，称为串励绕组，如图 4-10 所示。

当两部分励磁绕组产生的磁通方向相同时，称为积复励电动机；方向相反时，称为差复励电动机。

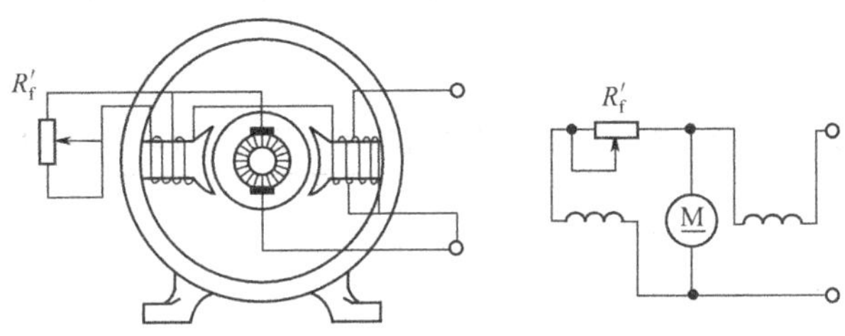

图 4-10　复励直流电动机

5）永磁式直流电动机

永磁式直流电动机的磁场是永久磁铁产生的。

对于不同励磁方式的直流电动机，机械特性差别很大，适用于不同的场合。汽车用启动电动机要求启动转矩大，因而多采用串励式直流电动机；部分轿车上目前采用永磁减速式启动机。在现代汽车上应用的电动机中，有较大数量采用的是永磁式直流电动机。

4.1.3.2　直流电动机的机械特性

直流电动机是将直流电能转换为机械能输出的一种旋转机械，因此需要掌握它的转速 n 与输出转矩 T 之间的关系。

当电源电压为额定值，励磁电路电阻为常数时，电动机的电磁转矩与转速之间的关系，称为直流电动机的机械特性。下面分析不同励磁方式直流电动机的机械特性。

（1）永磁式。由于磁通保持不变，当电枢电流增大时，电动机负载增加；当电磁转矩增大时，电动机转速没有明显下降。电动机的这种特性称为硬特性。

（2）他励式。由于流过电枢的电流不变，因此产生的磁通也保持不变，其机械特性与永磁式类似。

（3）串励式。当负载转矩增大时，流过电枢的电流增大，使磁极接近饱和，磁通增加较慢，转速随转矩的变化而急剧变化。电动机的这种特性称为软特性。

串励式电动机轻载时转速高，重载时转速低。

在启动机启动的瞬间，因发动机的阻力矩很大，启动机处于完全制动状态。此时，电枢转速为零，电枢电流达到最大值，转矩相应地达到最大值。转矩与电枢电流的平方成正比，所以制动电流产生的转矩很大，足以克服发动机的阻力矩，使发动机启动很容易。这就是汽车启动机采用串励式电动机的主要原因之一。

轻载或空载时的高转速，容易使串励式电动机发生“飞车”事故。所以，功率较大的串励式电动机不可在轻载或空载情况下使用。由于汽车启动机功率较小，不可在轻载或空载状态下长时间运行。

（4）并励式。当负载增加时，转矩随之增加，但由于电枢电阻较小，使得电动机转速下降不显著。

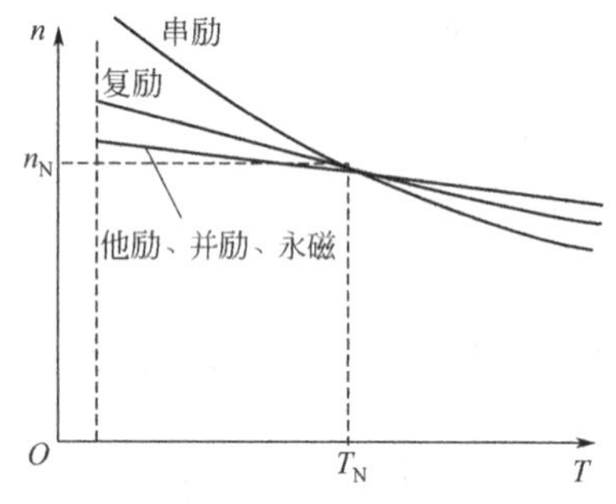

图 4-11 直流电动机的机械特性

（5）复励式。工作特性介于串励和并励之间。

由于一般情况下，并励式直流电动机的励磁绕组与电枢绕组并联在同一电源上，当外电压不变、励磁电阻不变时，每极磁通也基本不变，故永磁式、并励式、他励式直流电动机转速与转矩的关系基本相同，电动机转速随转矩的增加而近似按线性规律下降，但下降很慢，即特性较硬。

图 4-11 所示为不同励磁方式下直流电动机的机械特性。表 4-1 归纳了不同的励磁方式电动机的特性及其在汽车上的应用。

表 4-1 不同的励磁方式电动机的特性及其在汽车上的应用

类型	接线方式	特性	在汽车上的应用
永磁式	永久磁体	永磁式启动机结构简单、体积小、启动制动快、启动制动转矩大，适用于空间较小的汽车，但易失磁	小型电动机（刮水器电机、洗涤泵电机、电动车窗电机、鼓风机电机、电动调节后视镜电机）
他励式	励磁绕组独立	他励电动机在运行时若负载较小，会造成“飞车”事故	汽车上较少使用
并励式	励磁绕组与电枢绕组并联	不能产生高转矩，故不能作为启动机的电动机。输出转矩不随转速升高而下降	常用于减速型启动机（刮水器电机、电动车窗电机、电动座椅电动机）
串励式	励磁绕组与电枢绕组串联	启动转矩大，输出转矩随着电动机转速升高而下降。轻载时转速高，重载时转速低。短时间能输出最大功率。适用于负载转矩经常大幅变化的负载。不允许空载或轻载启动	应用于大多数直接驱动式启动机
复励式	励磁绕组的一部分与电枢绕组串联，一部分与电枢绕组并联	空载时与并励相似，加载后与串励相似。防止轻载时转速过高造成“飞车”。可以克服单独，并励式或单独串励式电动机的缺点	大功率启动机多采用复励式

4.1.4 直流电动机的启动、调速、反转和制动

4.1.4.1 启动

直流电动机从接通电源开始，转子由静止到稳定运行的过程称为启动。电动机在启动过程中，电枢电流 I_a、电磁转矩 T、转速 n 都随时间变化，是一个过渡过程。开始启动的一瞬间，转速等于零，这时的电枢电流称为启动电流，用 I_{st} 表示；对应的电磁转矩称为启动转矩，用

T_{st}表示。生产机械对直流电动机启动的基本要求是：启动转矩要足够，但不要过大，启动时间要短，启动电流要小，启动设备要简单、经济、可靠。

直流电动机如果把电枢直接接入直流电源启动，在启动开始瞬间，反电动势尚未建立，所以启动电流和启动转矩分别为

$$I_{st}=\frac{U-E}{R_a}=\frac{U}{R_a}$$

$$T_{st}=C_T\Phi I_{st}$$

在额定电压下启动，由于内阻 R_a 很小，故 I_{st} 非常大，一般可达额定电流的 10～20 倍，启动转矩也很大。这样大的启动电流在电刷与换向器接触处会产生强烈的火花，易导致换向器损坏。同时，过大的启动转矩将使电动机及其带动的机械遭受巨大的冲击，也会损坏传动机构和生产机械。因此，除容量很小的直流电动机外，必须设法减小启动电流。

由式 $I_{st}=\frac{U-E}{R_a}=\frac{U}{R_a}$ 可知，减小启动电流的方法有两种：降低电枢端电压；在电枢电路中串联启动电阻 R_{st}。

降低电枢电压启动，需要有一个可调压的直流电源专供电枢电路之用。随着转速升高，电源电压逐渐升高到额定值。这种方法只适用于他励电动机。

对于并励、串励和复励电动机，一般都采用在电枢电路内串联启动电阻的方法来启动。这时的启动电流为

$$I_{st}=\frac{U}{R_a+R_{st}}$$

启动开始瞬间，使启动电阻最大；随着电动机转速提高，逐渐将启动电阻减小，当 $R_{st}=0$ 时，启动过程结束。

4.1.4.2　调速

人为地使电动机在同样的负载下得到不同的转速，称为调速。

直流电动机和交流电动机相比较，虽有许多不足之处，但直流电动机在许多领域仍被广泛采用。一方面，是因为电子技术日益发展，能够经济而可靠地获得直流电能；更为重要的是因为它具有极其可贵的调速性能，可以在很大的范围内进行平滑而经济的调速。

由式 $E_a=C_E\Phi n$ 和 $U_a=E_a+I_aR_a$ 得转速公式为

$$n=\frac{U-I_aR_a}{C_E\Phi}$$

由上式可知，当负载不变时，改变电枢回路电阻 R_a、电枢端电压 U 及每极磁通 Φ，转速 n 均发生变化，因此电动机调速方法有三种。

1）电枢回路串联电阻调速

当负载一定时，在电枢回路串联电阻 R，能使电动机的转速下降。该调速方法使机械特性变软，并且增加了串联电阻 R 上的损耗，使电动机效率降低，所以调速范围较窄，一般最高转速与最低转速之比为 1.5∶1。这种方法多用于对调速性能要求不高的设备，如起重机、电车等。

2）改变电枢电压调速

对并励和串励电动机而言，改变电源电压不仅影响电枢电路，还影响励磁回路，使磁通发生变化。因此，改变电枢电压调速一般在他励电动机中采用，以保证在磁通恒定的情况下，达到改变电枢电压的目的。

改变电枢电压调速具有如下特点：

（1）电枢电压只能从额定值往下调，因此只能是降速调速。

（2）调速时，机械特性硬度不变，调速稳定性好，故调速范围宽，最高转速与最低转速之比可达 10∶1 以上。

（3）电能损耗小，效率高。

（4）需要专用的调压直流电源，初投资高。

改变电枢电压调速多用于调速性能要求较高的设备，如轧钢机、龙门刨床、造纸机等。

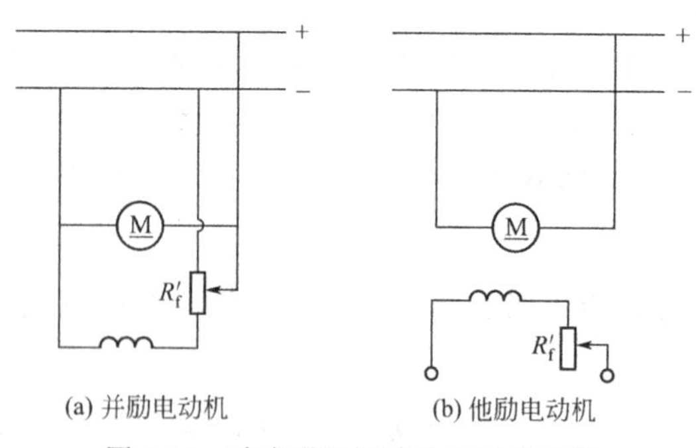

图 4-12 改变磁通调速的原理接线图

3）改变磁通调速

保持电源电压和负载转矩为定值，调节励磁回路的磁场电阻，通过励磁电流的变化来改变磁通。

如图 4-12 所示，当磁场电阻 R_f' 增大时，磁通 Φ 减小；当 R_f' 减小时，磁通 Φ 增加，电动机的转速下降，但由于电动机正常工作时，磁路已经接近饱和值，采用减小磁场电阻调速，会使磁通 Φ 趋于饱和，结果转速降低并不显著。因此，改变磁通 Φ 调速。只宜采用使磁通减少、转速提高的调速。

4.1.4.3 反转

电动机的转动方向由电磁转矩方向确定。由转矩公式 $T=C_T\Phi I_a$ 和左手定则可知，可以通过改变励磁电流方向或改变电枢电流方向来改变电动机的转动方向，即实现反转。改变电动机转向的方法有两种：保持电枢电压两端极性不变，把励磁绕组反接，使励磁电流方向改变；保持励磁绕组电流方向不变，把电枢绕组反接，使电枢电流方向改变。如果两个电流的方向同时改变，电动机的转动方向将不改变。

由于他励和并励直流电动机励磁绕组匝数较多，电感较大，励磁电流从正向额定值变到负向额定值的时间长，反向磁通的建立过程缓慢，而且在励磁绕组反接断开瞬间，绕组中将产生很大的自感电动势，可能造成绝缘击穿，所以他励和并励电动机通常采用改变电枢电流的方向使其反转。

4.1.4.4 直流电动机的制动

在工业生产过程中，经常需要采取一些措施使直流电动机尽快停转，或者从较高转速降到较低转速运转。这就是电动机的制动问题。

制动就是加一个与电动机转向相反的转矩。实现制动有两种方法：机械制动和电气制动。常见的直流电动机的电气制动类型有能耗制动、回馈制动和反接制动。

1）能耗制动

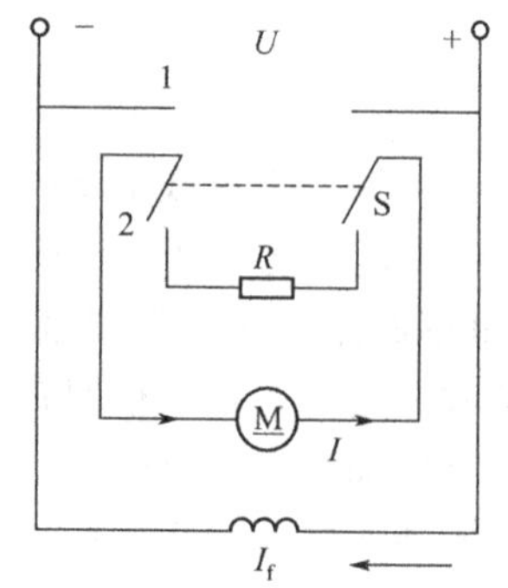

图 4-13 并励电动机的能耗制动电路图

图 4-13 所示为并励电动机的能耗制动电路图。将电动机的电枢绕组从电源上切除后，主磁极绕组仍接在电源上，主磁极磁通 Φ 不变，电动机依靠惯性继续转动。当开关 S 从 1 位接到 2 位时，脱离电源后的电枢绕组被接到制动电阻 R 上，此时电动机处于发电状态，将转子动能转化为电能消耗在制动电阻 R 上。此时，电枢电流与电动机状态时的电流方向相反，产生的电磁转矩是制动转矩，使电动机迅速停止转动。

能耗制动所需制动设备简单，成本低，制动平稳、可靠；但浪费能量，且制动时间长。对于要求准确停车的系统，采用能耗制动较为方便。

2）回馈制动

当电动汽车下坡或用电动机吊载的重物下降时，可能出现电动机的转速高于空载转速的情况。此时，电动机作为发电机运行，电动机将机械能转换成电能，反送回电网，并产生制动转矩来限制电动机的转速。

回馈制动能将产生的电能回馈到电网中，节能明显，但只能发生在转速大于理想空载转速的情况下，能降低转速，但不能制动到停止状态。

3）反接制动

反接制动是通过改变励磁电流的方向或改变电枢电流的方向，使电动机得到反向转矩，从而产生制动作用的制动方法。在电动机转速降低至零附近时，应断开电源，否则电动机将反转。

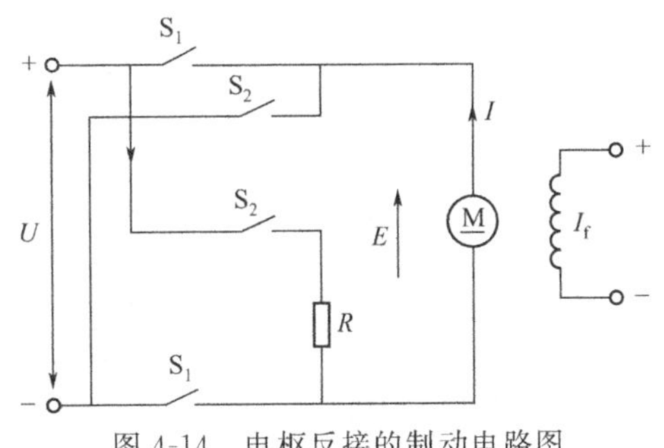

图 4-14　电枢反接的制动电路图

图 4-14 所示为他励直流电动机的电枢反接的制动电路。制动时，使 S_1 断开、S_2 闭合，电枢电源反接的同时串入一个制动电阻。这时，由于电压 U 反向，电流反向，产生的转矩 T 反向，进入制动状态。

反接制动所需设备简单，操作简单，制动迅速，但对电网冲击大，需从电网吸收大量电能，制动准确度难控制，适用于要求快速停车的拖动系统。对于要求快速并立即反转的系统，更为理想。

4.1.5　永磁直流电动机在汽车上的典型应用

直流电动机除了磁极和电枢的双绕组结构外，还有由永久磁铁构成磁极的永磁式直流电动机，简称永磁电动机。永磁电动机在汽车上应用比较广泛。

4.1.5.1　刮水电动机

刮水电动机是电动刮水器的动力装置，用于驱动刮水片来回摆动；以清除风窗玻璃上的雨水、积雪或灰尘。从结构上看，它是永磁式双速电动机，其定子磁极是永久磁铁；转动的电枢上用弹簧压着三个电刷，利用三个电刷改变正、负电刷之间串联的绕组线圈数，获得两种不同的转速。图 4-15 所示是三刷式电动机的示意图。

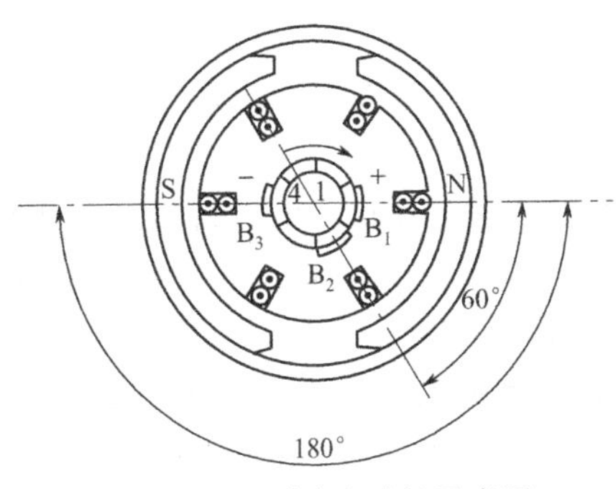

图 4-15　三刷式电动机示意图

N、S—磁铁的北极与南极；B_1、B_2、B_3—碳刷

碳刷 B_3 为高、低速公用，碳刷 B_1 用于低速，与碳刷 B_1 位置相差 60°处有一个用于高速的碳刷 B_2。电枢绕组采用对称叠绕式。

三刷电动机是利用三个电刷来改变正、负电刷之间串联的线圈数实现变速的。即在电动机外加电压 U 不变的情况下，改变电动机产生的反电动势的大小，达到变化电动机转速的目的。其原理是：直流电动机工作时，在电枢内同时产生反电动势 e，其方向与电枢电流的方向相反，要使电枢旋转，U 必须大于 e（即 $U>e$）。当电枢转速 n 上升时，反电动势相应地上升，只有当外加电压 U 几乎等于反电动势 e（忽略电枢绕组的内部电压降）时，电机的转速才趋于稳定。

三刷电动机旋转时，电枢绕组产生的反电动势方向如图 4-16 所示。图上所标的“+”、

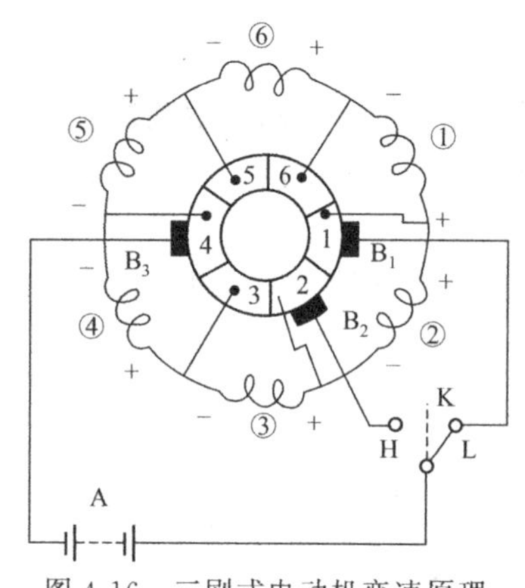

图 4-16　三刷式电动机变速原理
1～6—换向片编号；①～⑥—线圈组编号；K—开关；H—高速挡；L—低速挡；A—蓄电池

“—”代表该线圈产生的反电动势 e 的方向。当开关 K 拨向 L 时，电源电压 U 加在 B_1 和 B_3 之间。在炭刷 B_1 和 B_3 之间有两条并联支路，一条支路由线圈①、⑥、⑤串联，另一条支路由线圈②、③、④串联。这两路线圈产生的全部反电动势与电源电压平衡后，电动机便稳定旋转，此时转速较低。当开关 K 拨向 H 时，电源电压加在电刷 B_2 和 B_3 之间，由图可见，电枢绕组的一条支路由 4 个线圈②、①、⑥、⑤串联，另一条支路由 2 个线圈③、④串联。从各线圈产生的反电动势方向上可看出，线圈②与线圈①、⑥、⑤的反电动势方向相反，互相抵消后，每条支路均有 2 个线圈的反电动势与电源电压平衡，因而转速升高。可见，两个电刷间（能产生反电动势）的导体数减小，使电动机转速升高。因此，改变导入电流的电刷，就改变了电刷间有效导体的数目，达到电动机变速的目的。

4.1.5.2　鼓风电动机

鼓风电动机是汽车空调上专用的一种电动机，其作用是促进空调内、外气体交换，达到制冷、供暖、除霜和通风的目的。为了便于调节转速，它通常采用永磁式单速电动机，多数安装在暖风机总成内，与其安装在一起的还有调速电阻总成，如图 4-17 所示。鼓风电动机的控制开关安装在空调控制面板上，通过开关改变电动机所串联的电阻值，即可达到改变转速的目的，如图 4-18 所示。

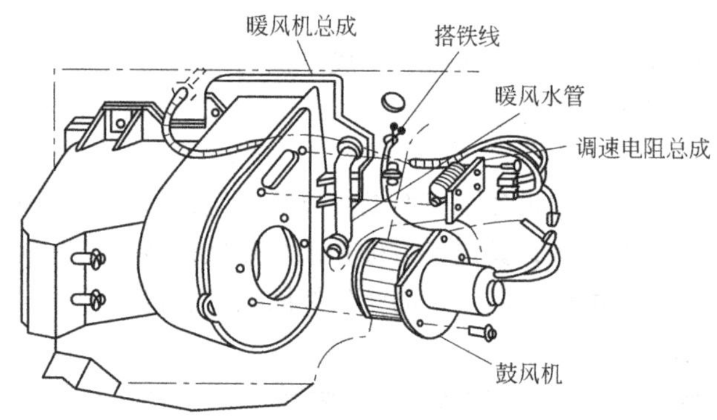

图 4-17　鼓风电动机的安装位置

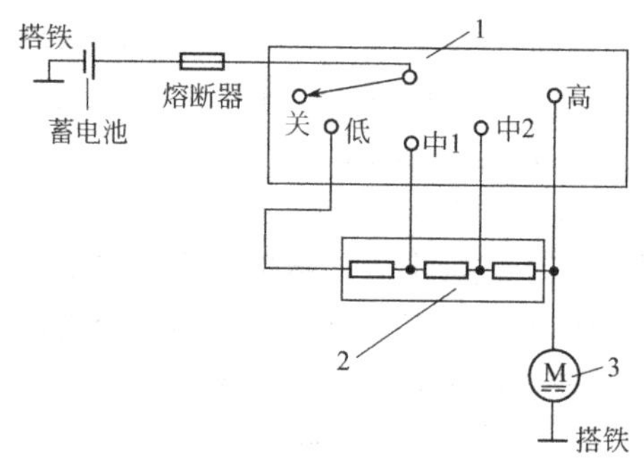

图 4-18　鼓风电动机的控制电路
1—鼓风机开关；2—调速电阻总成；3—鼓风电动机

由图 4-18 可知，当开关置于低速挡时，电流经三个电阻流入电动机，电动机得到的工作电压最低。由于电动机是单速电动机，工作电压越低，转速越低。因此，电动机以低速运转。开关置于中速 1 挡时，电流经两个电阻流入电动机，电动机得到的电压升高，以中低速运转。开关置于中速 2 挡时，电流经一个电阻流入电动机，电动机得到的电压进一步升高，它以中高速的转速运转。当开关置于高速挡时，蓄电池电压全部加在电动机上，因为电压最高，所以电动机以高速运转。

可见，通过开关改变电动机所串联的电阻值，即可达到改变转速的目的。

4.1.5.3　电动车窗电动机

现代的轿车基本上都采用电动车窗。电动车窗的电动机一般采用能双向转动永磁电动机，通过控制电流的方向，使其正、反向转动，达到升、降车窗玻璃的功能。下面以图 4-19 为例说明其工作原理。

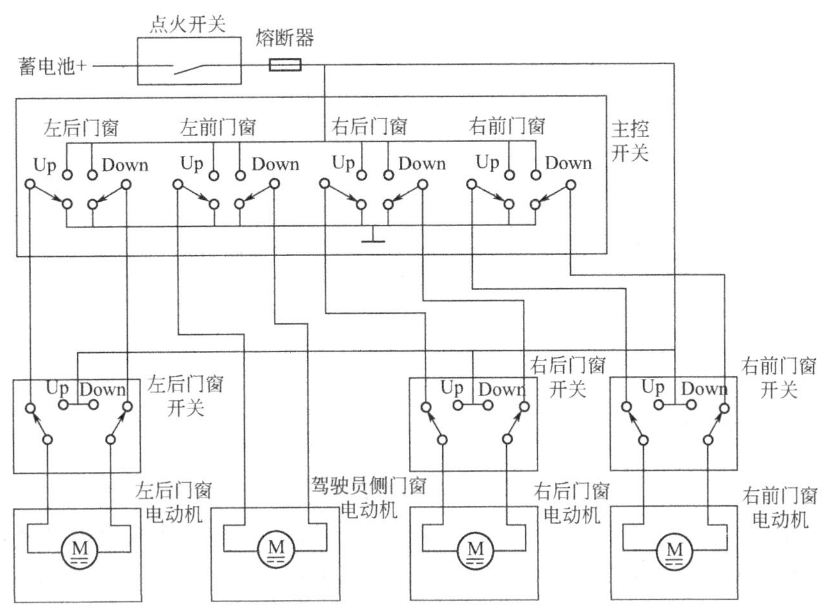

图 4-19　福特公司电动门窗控制电路

图 4-19 所示为美国福特公司使用的电动门窗控制电路，它由主控开关、分控开关和永磁电动机几个主要部分组成。为操作方便，主控开关安装在仪表板或司机侧车门扶手上，由驾驶员操作；分控开关安装在除司机侧车门以外的其他车门扶手上，由驾驶员以外的其他人操作。控制开关的这种操作方式称为集中和分散方式，简称集散方式，广泛应用于现代轿车中。

左后门窗的控制原理为：点火开关接通后，当主控开关中的左后门窗开关拨到 Up 时，电流方向为蓄电池正极→点火开关→电路熔断器→主控开关中左后门窗 Up 触点→左后门窗分控开关 Up 触点→电动机→左后门窗分控开关 Down 触点→主控开关中左后门窗 Down 触点→搭铁。电动机旋转，带动左后门窗玻璃上升。

在点火开关接通时，当主控开关中的左后门窗开关拨到 Down 时，电流方向为蓄电池正极→点火开关→电路熔断器→主控开关中左后门窗 Down 触点→左后门窗分控开关 Down 触点→电动机→左后门窗分控开关 Up 触点→主控开关中左后门窗 Up 触点→搭铁。因电流反向，电动机反向旋转，带动左后门窗玻璃下降。可见，通过开关控制电动机的电流方向，使其正、反向转动，实现升、降玻璃的功能。与此类似，双向永磁电动机也被利用到电动后视镜、电动座椅、电动天窗等系统的控制电路中，在开关控制下，带动部件实现两个方向的运动。

4.1.5.4　电动门锁电动机

电动门锁是一个电气系统，具有锁门和开门功能。当钥匙开关转到锁止位置时，所有车门同时锁住；当钥匙开关转到开锁位置时，所有车门同时打开。因为一把钥匙可以控制全车的车门，因此也称为中央控制门锁系统。电动门锁系统的电动机一般采用双向永磁电动机。下面以桑塔纳轿车为例，说明其工作过程。

桑塔纳 2000 型轿车采用的电动门锁装置为集中控制形式。一个集中控制的门锁开关（左前门上的门锁提钮）由驾驶员控制，驾驶员通过按下或提起左前门上的门锁提钮，或者操纵该车门上的门锁钥匙，对 4 个车门门锁集中控制，把所有的车门锁住或打开；乘客只能操作单独的门锁开关（右前、右后和左后车门上的门锁提钮），开启或锁闭这 3 个车门的门锁。控制电路如图 4-20 所示，V_{30}、V_{31}、V_{32}分别是右前、左后、右后门锁电动机，J_{59}是包含集控开关的集中控制继电器。集中控制过程如下所述。

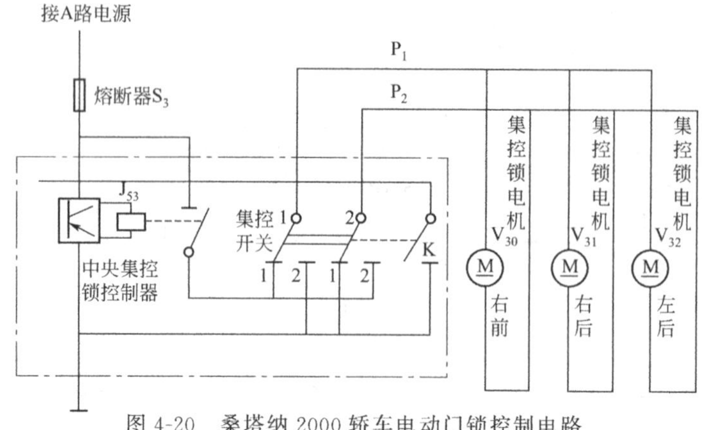

图 4-20 桑塔纳 2000 轿车电动门锁控制电路

(1) 门锁锁定过程：压下左前门门锁提钮，使集控开关第 2 位接通过程中，集控开关的附带触点 K 被短暂闭合。因而，集控继电器 J_{53} 的触点闭合，接通门锁电动机电路，电机反转，带动各门锁闭锁。电路为：A 路电源→熔断器 S_2→J_{53} 的闭合触点→集控开关第 2 掷第 2 位→P_2→电机 V_{30}、V_{31}、V_{32}→P1→集控开关第 1 掷第 2 位→搭铁→电源负极。此时，集控继电器 J_{53} 控制其触点闭合后断开，切断 A 路电源与电机的通路，电机停转，使门锁保持锁定状态。

(2) 门锁开启过程：将左前门门锁提钮提起，使集控开关第 2 位触点断开，第 1 位触点闭合。在提钮被提起的过程中，触点 K 又被短暂闭合，使集控继电器 J_{53} 的触点再次闭合。电路为：A 路电源→熔断器 S_2→J_{53} 的闭合触点→集控开关第 1 掷第 1 位→P_1→电机 V_{30}、V_{31}、V_{32}→P_2→集控开关第 2 掷第 1 位→搭铁→电源负极。加在电机上的电源极性改变，电机 V_{30}、V_{31}、V_{32} 正转，带动门锁开启。集控继电器 J_{53} 控制其触点闭合 1～2s 后断开，切断 A 路电源与电机的通路，电机停转，使门锁保持锁定状态。

4.2 汽车用三相同步交流发电机

本节主要介绍汽车用三相同步交流发电机的结构、发电原理、整流及励磁。

汽车发电机是一个三相交流发电机，由定子和转子两部分组成。转子在发动机带动下转动，并产生旋转磁场；定子三相绕组切割磁力线而产生三相交流电。三相交流电经整流后变为直流电，供给汽车电器使用。

4.2.1 三相同步交流发电机的结构

交流发电机是汽车的主要电源，其功用是当发动机在怠速转速以上时，向启动机以外的用电设备供电，同时向蓄电池充电。按总体结构不同，交流发电机分为普通式和整体式两种。普通式是指交流发电机和整流器集成在一起组成的发电机；整体式交流发电机是由交流发电机、整流器和电压调节器集成在一起组成的发电机。下面以普通式交流发电机为例进行讨论。

交流发电机基本结构由定子、转子、整流器和端盖四部分组成。整体式交流发电机在基本结构的基础上增加了集成电路电压调节器。整体式交流发电机零部件组成如图 4-21 所示。

三相同步交流发电机产生三相交流电。它主要由转子、定子、前后端盖、风扇及皮带轮等组成。

4.2.1.1 转子

交流发电机的转子是电机的磁场部分，它主要由两块爪极、磁场绕组和滑环等组成。两块爪极（各具有六个鸟嘴形磁极）压装在转子轴上。在两块爪极的空腔内装有磁轭，其上绕有磁场绕组（又称转子线圈），如图 4-22 所示。磁场绕组的两条引出线分别焊在与轴绝缘的两个滑环上，滑环与装在后端盖上的两个电刷相接触。当两个电刷与直流电源相接时，磁场绕组中便有磁场电流通过，产生轴向磁通，使得一块爪极被磁化为 N 极，另一块爪极为 S 极，形成六对相互交错的磁极，如图 4-23 所示。

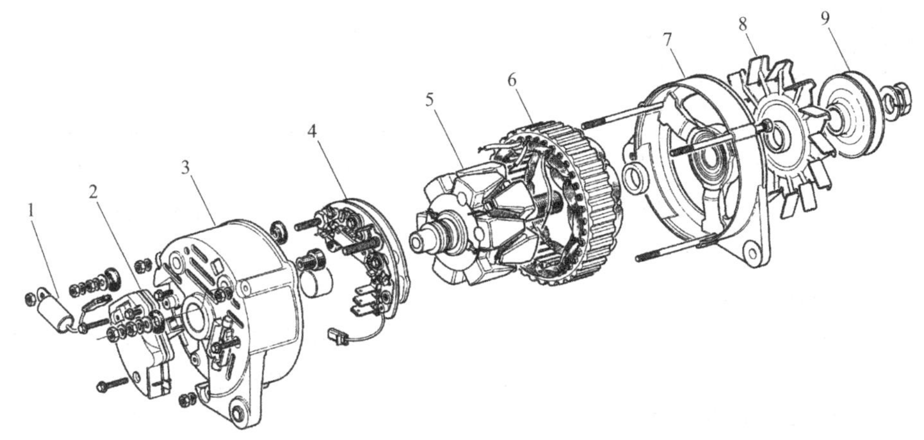

图 4-21 整体式交流发电机零部件组成

1—抗干扰电容器；2—集成电路调节器与电刷组件总成；3—电刷端盖；4—整流器总成；5—转子总成；6—定子总成；7—驱动端盖；8—风扇；9—驱动带轮

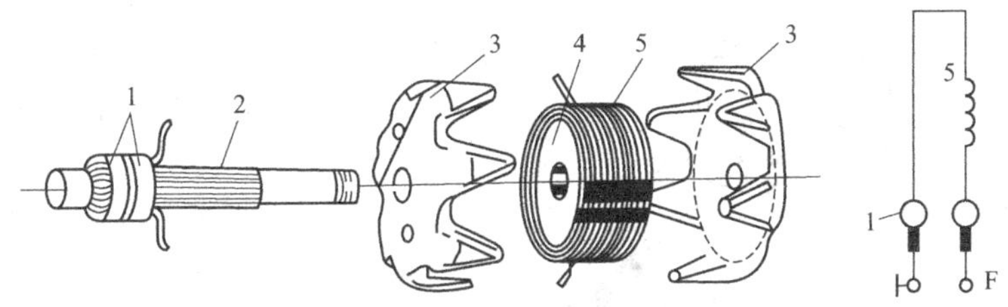

图 4-22 交流发电机转子

1—滑环；2—转轴；3—爪极；4—磁轭；5—磁场绕组

4.2.1.2 定子

定子的功用是产生感应电动势。它由定子铁芯和三相定子绕组组成，如图 4-24 所示。定子铁芯一般由相互绝缘且内圆带槽的环状硅钢片叠成，三相定子绕组对称安放在定子铁芯槽内。

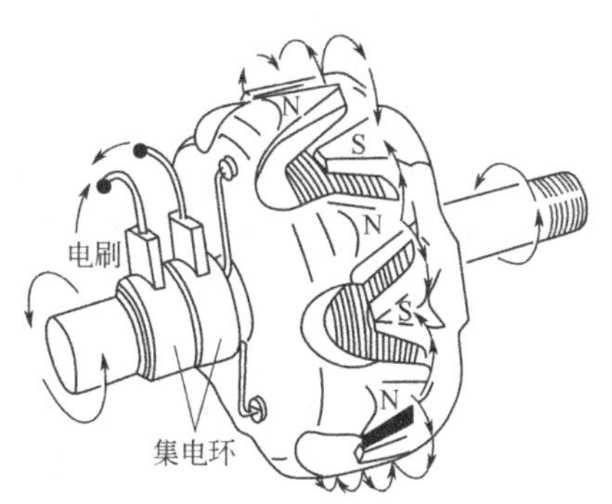

图 4-23 转子的磁场

为了保证三相定子绕组能够产生频率和幅值相同、相位相差 120°电角度的三相交流电，定子绕组线圈的绕制和在定子铁芯槽中的嵌入应符合一定规律。

三相绕组的连接方法有星形（简称 Y 形连接）和三角形（简称△形连接）两种，如图 4-25 所示。Y 形连接即将三相绕组的三个末端 x、y、z 连接在一起，将三相绕组的首端 A、B、C 作为交流发电机的交流输出端，如图 4-25(a) 所示。△形连接是将每相绕组的首端和另一相绕组的末端依次相连接，因而有三个接点。这三个接点即为交流发电机的交流输出端，如图 4-25(b) 所示。汽车用交流发电机大多采用 Y 形连接，只有少数大功率交流发电机采用△形连接。

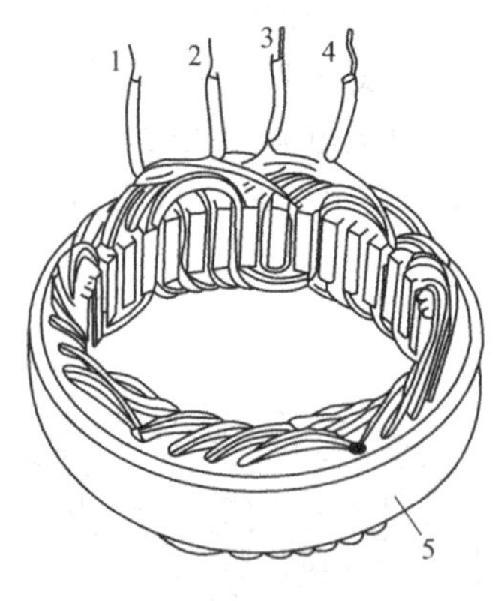

图 4-24　定子总成的结构

1～4—绕组引线；5—定子铁芯

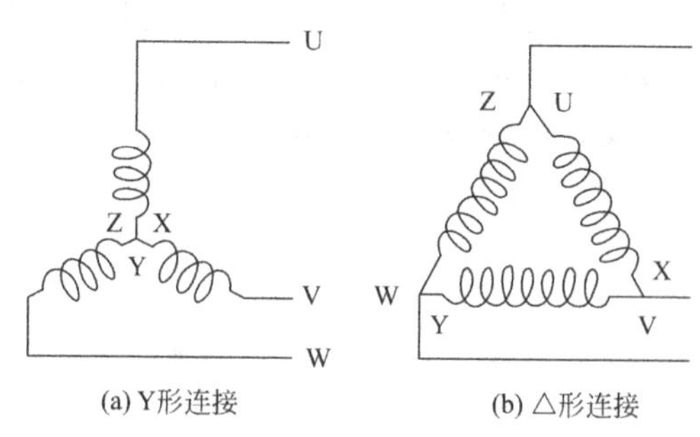

(a) Y形连接　　(b) △形连接

图 4-25　三相绕组的连接方法

4.2.1.3　端盖和电刷总成

端盖分前端盖（驱动端盖）和后端盖（整流端盖），其作用是支承转子，安装和封闭内部构件。前、后端盖均由铝合金压铸或用砂模铸造而成。这是因为铝合金为非导磁性材料，可减少漏磁，并具有轻便、散热性能良好的优点。为提高轴承孔的机械强度，增加其耐磨性，在发电机端盖的轴承座孔内镶有钢套。

电刷总成由两只电刷、电刷弹簧和电刷架组成。两只电刷装在电刷架的孔内，借电刷弹簧的压力与滑环保持接触，用于给发电机转子绕组提供磁场电流。

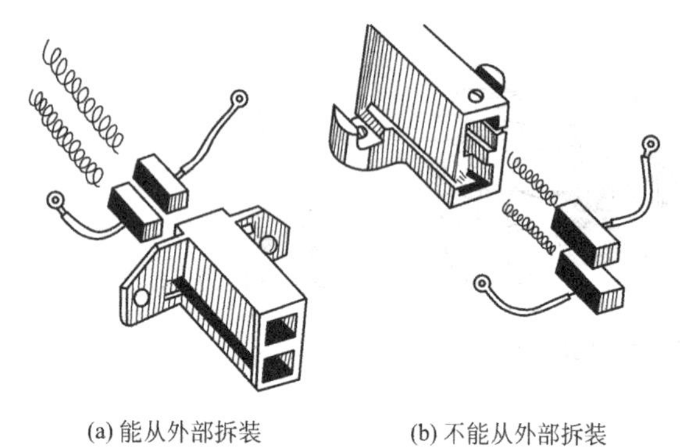

(a) 能从外部拆装　　(b) 不能从外部拆装

图 4-26　电刷架结构

电刷架由酚醛玻璃纤维塑料模压而成，或用玻璃纤维增强尼龙制成，安装在发电机的后端盖上。电刷架有两种结构，一种是电刷架，可直接从发电机的外部拆装［如图 4-26(a) 所示］，拆装、维修方便；另一种则不能直接从发电机外部拆装［如图 4-26(b) 所示］，如需更换电刷，还需将发电机拆开。

交流发电机有内搭铁和外搭铁之分，如图 4-27 所示。磁场绕组的一端经滑环和电刷在发电机端盖上搭铁的发电机称为内搭铁型交流发电机，如图 4-27(a) 所示。东风 EQ1092 型载货汽车用交流发电机即为内搭铁型交流发电机。磁场绕组的两端均与端盖绝缘，其中一端经调节器后搭铁的发电机称为外搭铁型交流发电机，如图 4-27(b) 所示。桑塔纳、

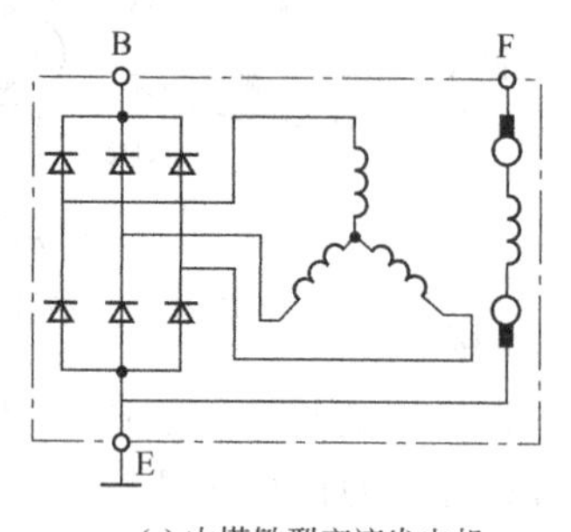

(a) 内搭铁型交流发电机

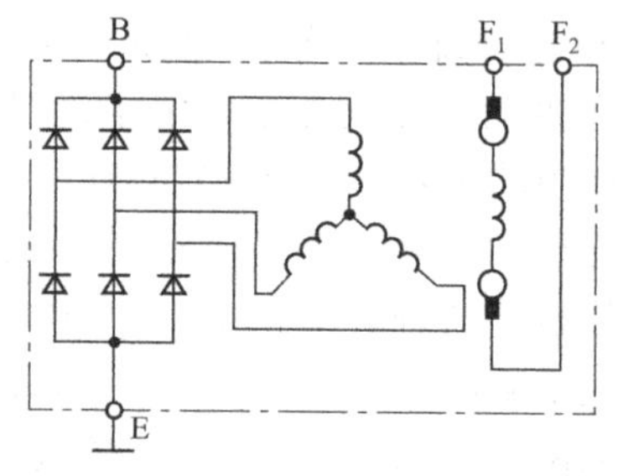

(b) 外搭铁型交流发电机

图 4-27　交流发电机的搭铁型式

捷达、红旗、奥迪、解放等大多数汽车采用外搭铁型交流发电机。因此，两只电刷接线柱均与发电机外壳绝缘，分别用“F＋（或 F_1）”和“F－（或 F_2）”表示（有的用“D_{F+}”、“D_{F-}”表示）。

交流发电机前端盖前装有驱动带轮。由发动机通过驱动带轮旋转，转子随驱动带轮一同转动。通风散热依靠风扇来完成。在前、后端盖上制有通风口，当风扇与驱动带轮一起转动时，空气便从进风口流入，经发电机内部，从出风口流出，将内部热量带出，达到散热的目的。散热风扇有 1～2 个，用铝合金板或钢板冲压或焊接而成，其安装形式如下：

对于只有一个风扇的发电机，风扇均装在前端盖与驱动带轮之间；对于有两个风扇的发电机，风扇的安装形式有两种情况。

（1）一个风扇安装在前端盖与驱动带轮之间，另一个风扇安装在后端盖与转子爪极之间，如北京切诺基（BJ2021 型）吉普车用交流发电机。

（2）在前、后端盖内的转子爪极两侧各安装一个风扇，如丰田和夏利轿车用交流发电机。

4.2.1.4　整流器

交流发电机整流器的作用是将发电机定子绕组产生的三相交流电变换为直流电。一般由六只硅整流二极管和安装二极管的散热板组成。

汽车交流发电机用硅整流二极管的内部结构和工作原理与一般工业用硅整流二极管基本相同，但其外形结构与一般二极管有所区别，如图 4-28 所示。

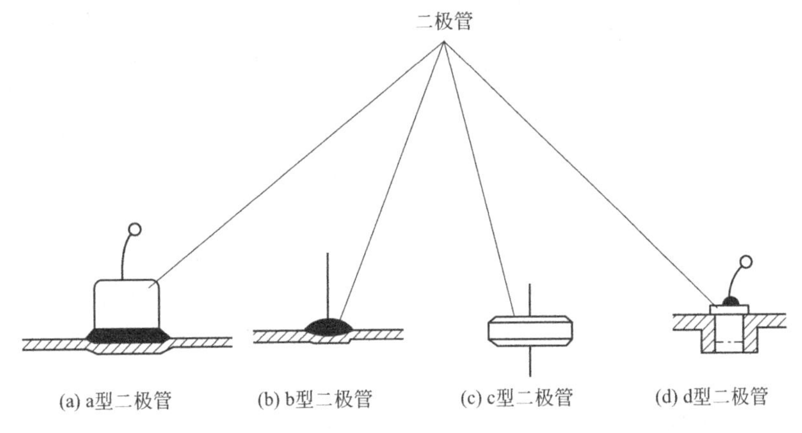

图 4-28　车用二极管的结构

图 4-28(a) 所示二极管（简称 a 型）是将二极管的外壳用焊锡焊到金属散热板上；图 4-28(b) 所示二极管（简称 b 型）是将二极管的整流结（即 PN 结）直接烧结在金属散热板上；图 4-28(c) 所示二极管（简称 c 型）是将二极管做成扁圆形，既可焊在金属散热板上，也可夹在两块金属板之间使用；图 4-28(d) 所示二极管（简称 d 型）是将二极管压装在金属散热板上的孔中使用。在这四种类型的二极管中，b、d 两种形式应用最广。

汽车交流发电机用整流二极管有正极管与负极管之分。一只普通交流发电机具有三只正极管和三只负极管。引出电极为二极管正极，外壳为二极管负极的称为正极管；引出电极为二极管负极，外壳为二极管正极的称为负极管。

安装整流二极管的铝质散热板称为整流板。交流发电机的整流器多数都有两块整流板。安装三只正极管的整流板称为正整流板；安装三只负极管的整流板称为负整流板，如图 4-29 所示。在正整流板上制有一个螺孔，称为“输出”端子安装孔；螺栓由此从后端盖引出，作为发电机的“输出”端子。该端子为发电机的正极，标记为“B”、“B＋”、“A”或“＋”。整流器总成的形状各异，有长方形、马蹄形、半圆形和圆形等。

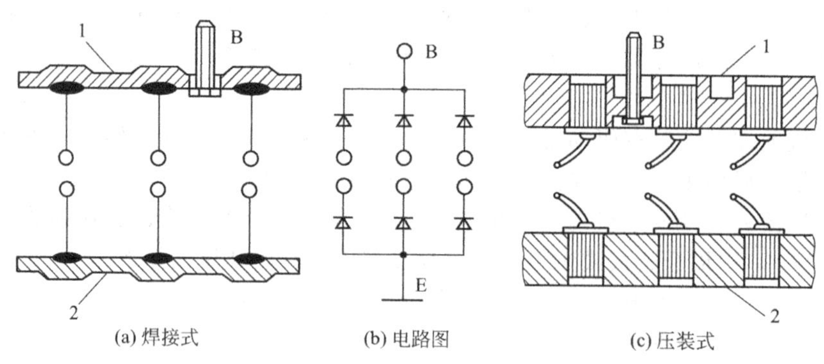

(a) 焊接式　(b) 电路图　(c) 压装式

图 4-29　二极管安装示意图

1—正整流板；2—负整流板

4.2.2　交流发电机的发电原理及整流过程

4.2.2.1　发电原理

直流发电机的工作原理是使线圈在磁场中转动，线圈的工作边不断切割磁力线而发电；反过来，如果磁场旋转，而将线圈固定在其周围，同样也能发电。交流发电机就是把通电线圈产生的磁场在发电机中旋转，使磁力线切割定子线圈，在线圈内产生交变电动势，利用的是电磁感应原理。图 4-30 所示是交流发电机的工作原理图。发电机的三相定子绕组按一定规律分布在发电机的定子槽中，彼此相差 120°电角度。

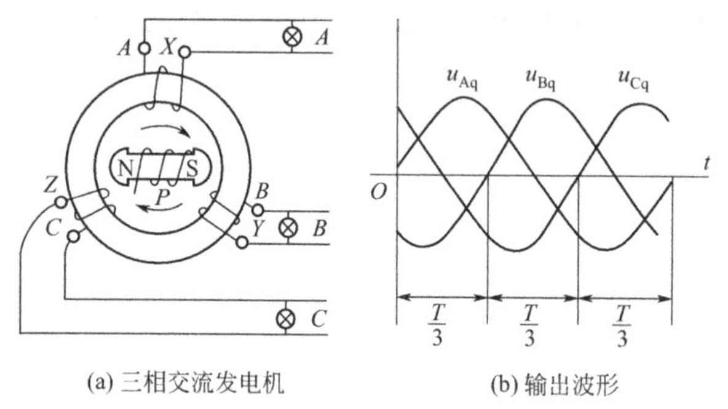

(a) 三相交流发电机　(b) 输出波形

图 4-30　三相交流发电机的工作原理

若转子不停地旋转，则感应电动势和负载中电流的方向和大小将随时间周期性变化，于是产生交变电动势和交变电流。由于磁感应强度的分布近似于正弦规律，使交流电也按正弦规律变化，这就是所谓的正弦交流电。它是一般交流电的正弦波形。

实际使用的是三相同步交流发电机，即转子的转速与旋转磁场的转速相同（同步转速）的三相交流发电机。

交流发电机的磁路如图 4-31 所示。转子爪极的磁力线由转子的 N 极出发，穿过转子与定子之间很小的气隙进入定子铁芯，最后经过空气隙回到相邻的 S 极，并通过磁轭构成磁回路。转子磁极呈鸟嘴形，使定子绕组感应的交流电动势近似于正弦曲线的波形。

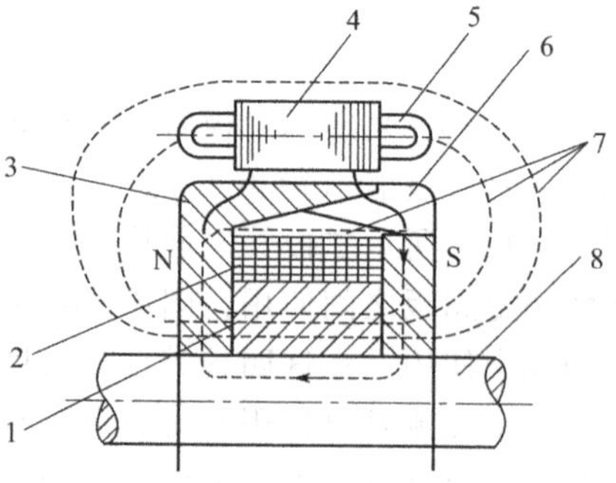

由导磁回路可见，在设计交流发电机时，必须保证转子相邻异性磁极间的气隙大于转子与定子间的气隙，使磁力线穿过定子铁芯，定子绕组才能切割磁力线而产生感应电动势。

图 4-31　交流发电机的磁路

1—磁轭；2—磁场绕组；3—爪极；4—定子铁芯；5—三相绕组；6—爪极；7—漏磁；8—轴

当转子旋转时，由于定子绕组与磁力线有相对的切割运动，所以在三相绕组中产生频率相同、幅值相等、相位互差 120°电角度的正弦电动势 e_A、e_B 和 e_C。其波形如图 4-30(b) 所示。三相绕组中，电动势的瞬时值方程式为

$$e_A = E_m \sin\omega t = \sqrt{2} E_\Phi \sin\omega t$$

$$e_B = E_m \sin(\omega t - 120°) = \sqrt{2} E_\Phi \sin(\omega t - 120°)$$

$$e_C = E_m \sin(\omega t + 120°) = \sqrt{2} E_\Phi \sin(\omega t + 120°)$$

式中，E_m 为每相电动势的最大值；E_Φ 为每相电动势的有效值；ω 为电角速度（$\omega = 2\pi f$）。

可知，交流发电机定子绕组内感应电动势的大小与每相绕组串联的匝数以及感应电动势的频率成正比。即定子绕组的匝数越多，转子转速越高，则绕组内的感应电动势越高。公式表示为

$$E_\Phi = Cn\Phi$$

根据电工学原理，交流发电机在采用 Y 形连接时［如图 4-32(a) 所示］，任意两个输出端的输出电压（称线电压 U_L）、输出电流（称为线电流 I_L）与每相绕组的相电压 U_Φ、相电流 I_Φ 的关系为

$$U_L = \sqrt{3} U_\Phi$$

式中，U_L 为定子绕组输出的线电压；U_Φ 为每相绕组的相电压。

$$I_L = I_\Phi$$

式中，I_L 为定子绕组输出的线电流；I_Φ 为每相绕组的相电流。

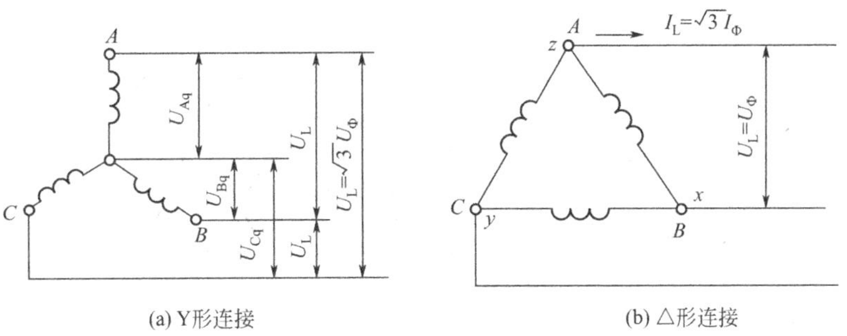

图 4-32　三相绕组不同接法时电压、电流关系

当交流发电机定子绕组采用△形连接时［如图 4-32(b) 所示］，

$$U_L = U_\Phi$$

$$I_L = \sqrt{3} I_\Phi$$

由此可见，在交流发电机相电压相同的情况下（相同转速时），Y 形连接比△形连接具有较高的输出电压；而当输出线电压相同时，△形连接输出电流较大。因此，采用 Y 形连接的交流发电机在发动机转速较低时（如怠速时）便可向蓄电池充电，而采用△形连接的交流发电机需较高的发动机转速才能向蓄电池充电（指与 Y 形连接有相同的传动比时）。所以，大多数车用交流发电机都采用 Y 形连接，只有在少数大功率交流发电机上才采用△形连接。

4.2.2.2　整流过程

定子绕组中感应出的交流电要靠硅二极管组成的整流器改变为直流电。可见，硅二极管是交流发电机的关键元件。

硅二极管具有单方向导电的特性。当二极管外加电压为正向电压时（即二极管的正极电位高于负极电位），管子呈低电阻，处于导通状态；当外加电压为反向电压时（即正极电位低于负极电位），管子呈高电阻，处于截止状态。利用硅二极管的这种单方向导电的特性，可组成各种形式的整流电路，把交流电变为直流电。

在交流发电机中，六只硅二极管组成了三相桥式全波整流电路，如图 4-33(a) 所示。

(1) 在三相桥式整流电路中，三个正极管子 VD_1、VD_3、VD_5 的负极连接在一起，正极分别接三相绕组的首端，在三相交流电正半周期内导通。在某一瞬间，正极电位最高的管子导通。

(2) 三个负极管子 VD_2、VD_4、VD_6 的正极连接在一起，负极分别接发电机三相绕组的首端。在某一瞬间，负极电位最低的管子导通。

(3) 同时导通的管子有两个，即正、负管子各一个。同时导通的管子总是将发电机的线电压加在负载 R 的两端。

根据上述原则，整流过程简述如下：

在 $t=0$ 时，$u_A=0$，u_B 为负值，u_C 为正值，二极管 VD_5、VD_4 在正向电压作用下导通。电流从 C 相出发，经 VD_5、负载、VD_4 回到 B 相构成回路。由于二极管内阻很小，所以此时 B、C 之间的线电压都加在负载上。

在 $t_1 \sim t_2$ 时间内，A 相电压最高，B 相电压最低，VD_1 和 VD_4 在正向电压作用下导通，A、B 之间的线电压加在负载上。

在 $t_2 \sim t_3$ 时间内，A 相电压仍最高，C 相电压变为最低，VD_1、VD_6 导通。A、C 之间的线电压加在负载上。

在 $t_3 \sim t_4$ 时间内，VD_3、VD_6 导通。

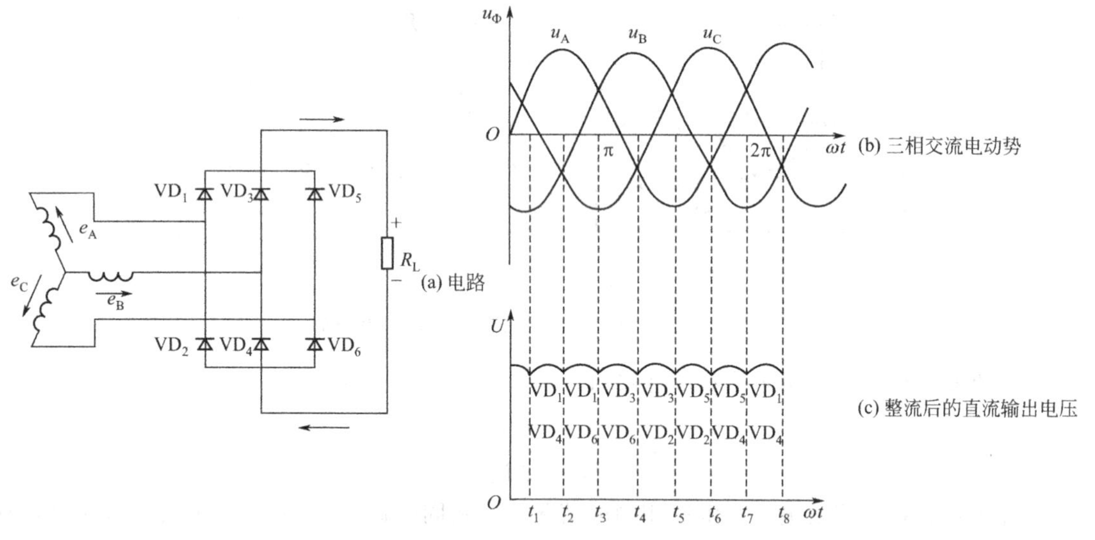

图 4-33 三相桥式整流电路中的电压、电流波形

依此下去，周而复始，在负载上得到一个比较平稳的直流脉动电压，一个周期内有六个纹波。其电压波形如图 4-33(c) 所示。

综上所述，得到以下结论。

① 三相桥式全波整流电路能将三相交流电变成较平稳的直流电，整流效率高，质量好。

② 整流后的直流电压是硅整流发电机的直流输出电压，数值为三相交流电线电压的 1.35 倍，即

$$U=1.35u_L=2.34u_\Phi$$

式中，u_L 为线电压的有效值；u_Φ 为相电压的有效值；$u_L=\sqrt{3}u_\Phi$。

③ 由于三相桥式整流电路中，在交流电的每一个周期内，每只二极管只有 1/3 时间导通，

所以每只二极管的平均电流 I_D 为负载电流 I 的 1/3，即

$$I_D=\frac{1}{3}I$$

④ 每只二极管承受的最高反向电压 U_{DRM} 为线电压 U_L 的最大值，即

$$U_{DRM}=\sqrt{2}U_L=\sqrt{2}\times\sqrt{3}U_\Phi=2.54U$$

⑤ 当交流发电机三相定子绕组采用 Y 形连接时，三相绕组三个末端的公共接点称为三相绕组的中性点（N）。中性点对发电机的搭铁端是有电压的，称为中性点电压。它是通过三个负极二极管整流（即三相半波整流）后得到的直流电压，故该点的平均电压等于交流发电机直流输出电压的一半，即

$$U_N=\frac{1}{2}U$$

式中，U_N 为中性点电压；U 为发电机直流输出电压。

因此，有些交流发电机用导线将中性点引出，如图 4-34 所示，在发电机上的接线柱标记为“N”。中性点电压通常用来控制各种用途的继电器，如磁场继电器、充电指示继电器、启动继电器等。

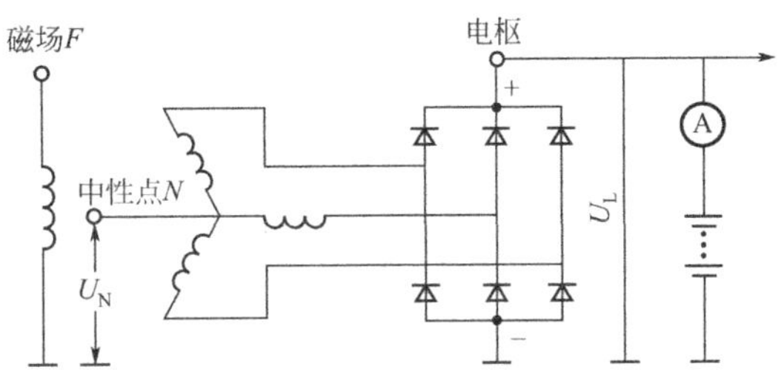

图 4-34　带中性点接线柱的交流发电机

从三相绕组的任意一端引出的引线均称为 P 点，分别称为 P_1、P_2、P_3。从中性点引出的一点也称为 P，其每一点的平均电压均等于交流发电机直流输出电压的一半，即 $U_P=\frac{1}{2}U$，因为它们都是通过三个负极二极管整流后得到的直流电压。有的发电机外接线柱的中性点标注为 P。

4.2.2.3　交流发电机的励磁

将电源引入到励磁绕组使之产生磁场，称为励磁。交流发电机的励磁方式有自励和他励两种。除了永磁式交流发电机不需要励磁以外，其他形式的交流发电机都需要励磁，因为它们的磁场都是电磁场，必须给励磁绕组通电才会有磁场产生。

（1）他励：在发动机启动期间，需要蓄电池供给发电机励磁绕组电流，产生磁场，使发电机发电。这种供给磁场电流的方式称为他励发电。

（2）自励：随着发电机转速提高，发电机的电动势逐渐升高并能对外输出。一般在发动机怠速时，发电机就能对外供电了。当发电机对外供电时，就可以把自身发的电供给励磁绕组产生磁场，使发电机发电。这种供给磁场电流的方式称为自励。

由于发动机转速低时，交流发电机不能自励发电，所以低速时采取他励发电；当发动机达到正常怠速转速时，发电机的输出电压一般高出蓄电池电压 1～2V，以便对蓄电池充电，此时由发电机自励发电。

4.3　三相异步交流电动机

本节主要介绍三相异步交流电动机的结构及原理。

三相异步电动机主要由（固定部分）和转子（旋转部分）组成。

本节还将介绍转子转动原理、旋转磁场的产生、旋转磁场的方向及旋转磁场的转速。

三相异步电动机旋转的必要条件是存在转差率，即转子转速恒小于旋转磁场转速。

4.3.1 三相交流异步电动机的结构

工业上常用到三相异步电动机。三相异步电动机具有结构简单、价格低廉、可靠性高、使用维护方便、可在恶劣环境下使用等优点。图 4-35 所示为三相笼型异步电动机的外形和内部结构图。

(a) 外形

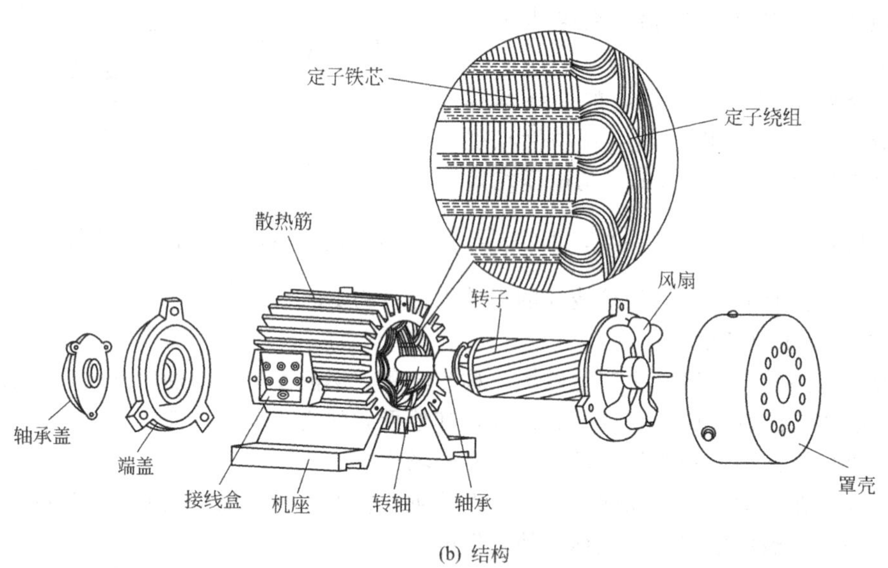

(b) 结构

图 4-35 三相笼型异步电动机的外形和结构

三相异步电动机主要由定子（固定部分）和转子（旋转部分）两个基本部分组成。定子和转子之间有 0.25～2mm 的气隙。

4.3.1.1 定子

三相异步电动机的定子部分包括机座、装在机座内的圆筒形定子铁芯及其中的三相定子绕组。

1）定子铁芯

交流电动机定子铁芯是电动机磁路的一部分，并用来安放定子绕组。为了减少定子铁芯中的损耗，铁芯一般用厚度为 0.35～0.5mm、表面有绝缘层的硅钢片冲片叠装而成；铁芯的内圆冲有均匀分布的槽，用于安放定子绕组，如图 4-36 所示。

2）定子绕组

定子绕组的作用是通入三相交流电，产生旋转磁场。

小型电动机定子绕组常用高强度漆包线绕成线圈后嵌入定子铁芯槽。三相定子绕组的 6 个出线端引到电动机机座的接线盒内，标有 U_1、V_1、W_1、U_2、V_2、W_2。其中，U_1、U_2 是第一相绕组的两端，V_1、V_2 是第二相绕组的两端，W_1、W_2 是第三相绕组的两端。如果 U_1、V_1、W_1 分别为三相绕组的始端（头），则 U_2、V_2、W_2 是相应的末端（尾）。三相绕组可以按照需要接成星形（Y）或三角形（△），具体连接方式如图 4-37 所示。

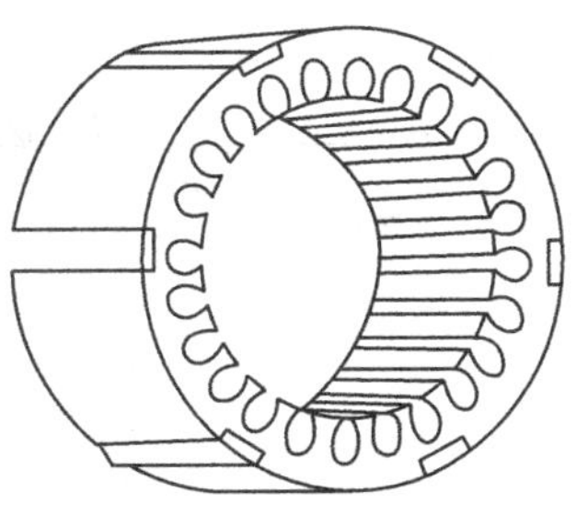

图 4-36　定子铁芯示意图

3）机座

机座的作用是固定定子铁芯，并通过两个端盖支撑转子，同时保护整个电动机的电磁部分，并散发电动机运行时产生的热量。

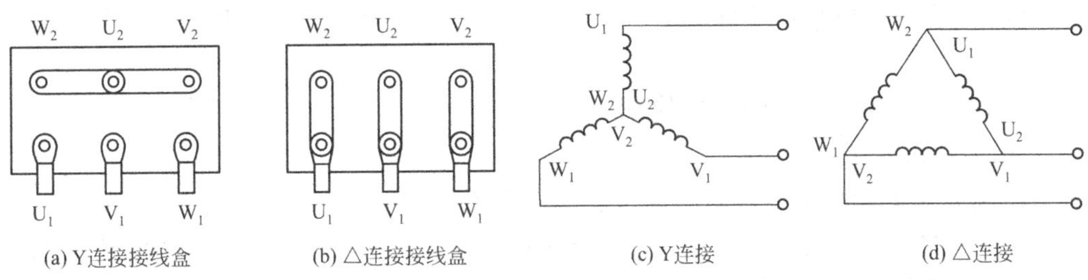

(a) Y连接接线盒　(b) △连接接线盒　(c) Y连接　(d) △连接

图 4-37　定子三相绕组的星形连接和三角形连接

4.3.1.2　转子

转子是电动机的旋转部分，由转子铁芯、转子绕组及转轴等组成。

1）转子铁芯

转子铁芯是圆柱状的，用 0.5mm 的硅钢片冲制叠压而成，表面冲有分布均匀的槽孔，用来放置转子绕组。

2）转子绕组

转子绕组的作用是：与定子相互切割磁场，产生感应电动势和电流，并在旋转磁场的作用下产生电磁力矩，使转子转动。

转子绕组根据构造的不同，分为笼型和绕线式两种。

(1) 笼型转子绕组。笼型转子绕组的铁芯是圆柱状的，在转子铁芯的槽内放置铜条，其两端用端环相接，呈鼠笼状，所以称为笼型转子绕组。也可以在转子铁芯的槽内浇铸铝液，铸成一个鼠笼，如图 4-38 所示。这样便可以用铝代替铜，既经济，又便于生产。

目前，中、小型笼型异步电动机几乎都采用铸铝转子。

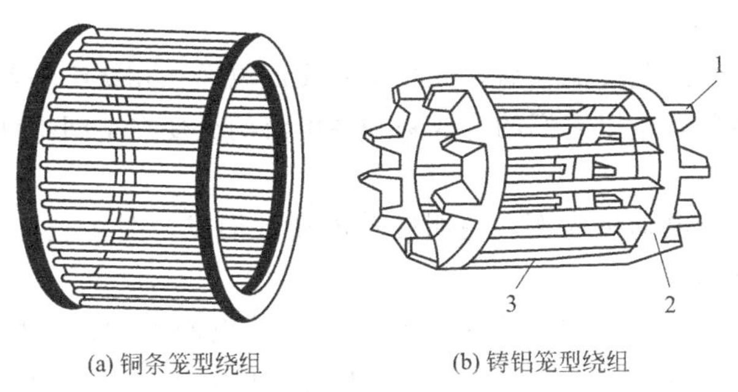

(a) 铜条笼型绕组　(b) 铸铝笼型绕组

图 4-38　笼型转子绕组结构示意图

1—扇叶；2—端环；3—铝条

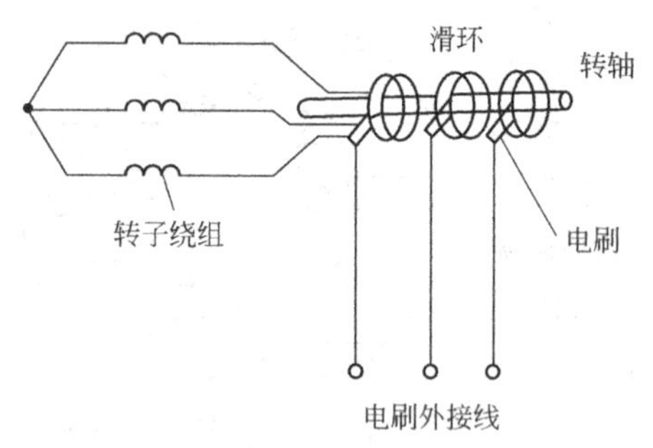

图 4-39　绕线式转子绕组的接线图

(2) 绕线式转子绕组。图 4-39 所示为绕线式转子绕组的接线图。绕线式转子绕组同定子绕组一样，也是三相的，连接成星形。每相绕组的始端连接在三个彼此绝缘的铜制滑环上，滑环固定在转轴上。环与转轴之间都是互相绝缘的。滑环压着碳质电刷，电刷上连接三根外接线。启动电阻和调速电阻借助于电刷与滑环和转子绕组相连接。

3) 转轴

转轴的作用是传递转矩及支撑转子。

4.3.1.3　气隙

定子、转子之间的间隙称为气隙。气隙很小，通常为 0.2～1mm。尽管气隙只是定子与转子之间的间隙，但它对电动机的性能影响很大。如果气隙不均匀，会造成电动机运转不平稳，运行性能变差。

4.3.2　三相交流异步电动机的工作原理

4.3.2.1　转子转动原理

图 4-40 所示是电动机转子转动原理示意图。当手摇磁极旋转时，转子跟着旋转。因为磁极旋转时，磁极与转子发生相对运动，转子导体切割磁力线，产生感应电动势和感应电流（其方向可用右手定则确定)。转子导体中的感应电流受到电磁力矩的作用（其方向可根据左手定则确定)，于是转子顺着磁铁的转向旋转。

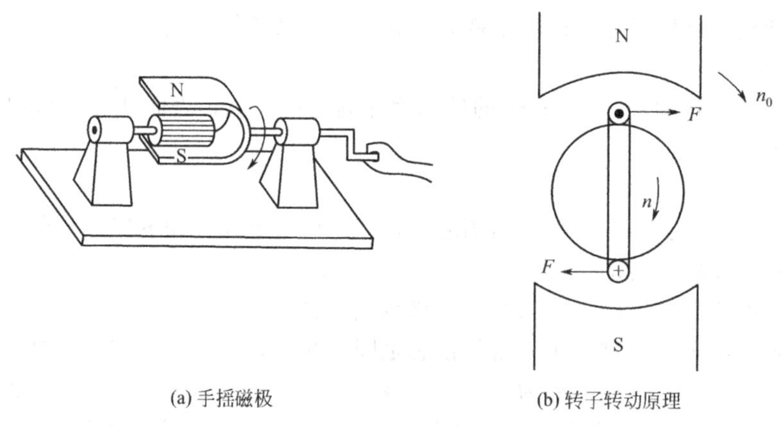

(a) 手摇磁极　(b) 转子转动原理

图 4-40　转子转动原理

4.3.2.2　旋转磁场的产生

当定子绕组接通三相正弦交流电后，三相正弦交流电在三相绕组中都产生磁场。由于三相定子绕组按一定规律嵌放，所以它们的合成磁场随电流的交变在空间不断旋转，因此称作旋转磁场。

下面以两极三相异步电动机为例，说明旋转磁场的形成。图 4-41(a) 所示是 Y 形连接的三相两极定子绕组排列图。

当三相绕组的首端 U_1、V_1、W_1 分别接到三相对称电源上时，三相绕组中便有三相对称电流通过。设三相电流的相序为 U-V-W，U 相的初相位为零，各相电流互差 120°的相位角，如图 4-41(b) 所示。

三相绕组通过三相正弦交流电时，各自产生按正弦规律变化的磁场。三个磁场在定子中形成合成磁场。下面讨论合成磁场的变化规律。在图 4-41(b) 中，分别取 $\omega t=0$，$\omega t=\pi/2$、π、$3\pi/2$、2π 等几个时刻，并规定：当电流为正时，电流从绕组的首端流进、末端流出；当电流为负时，电流从绕组的末端流进、首端流出。

(1) 当 $\omega t=0$ 时：i_u 为 0，i_V 为负值，i_W 为正值。此时，绕组 U_1-U_2 中无电流通过，不产生磁场；绕组 V_1-V_2 中的电流由 V_2 端流进，V_1 端流出；绕组 W_1-W_2 中的电流由 W_1 流进，W_2 端流出。运用安培右手螺旋定则可以确定，该瞬间的合成磁场为一对磁极，其方向是自上而下。

(2) 当 $\omega t=\pi/2$ 时：i_u 为正的最大值，i_V、i_W 均为负值。此时绕组 U_1-U_2 中的电流由 U_1 端流进，U_2 端流出；绕组 V_1-V_2 中的电流由 V_2 端流进，V_1 端流出；绕组 W_1-W_2 中的电流由 W_2 端流进，W_1 端流出。此时，电流产生的合成磁场已在空间按顺时针方向转过 90°，且极数不变。

(3) 当 $\omega t=\pi$ 时，用上述方法可推出：合成磁场的方向已从 $\omega t=0°$时的位置沿顺时针方向转过 180°；同理，当 $\omega t=3\pi/2$ 时，合成磁场转过 270°；当 $\omega t=2\pi$ 时，合成磁场转过 360°，即一周。以上各磁场的方向分别如图 4-41(c) 所示。

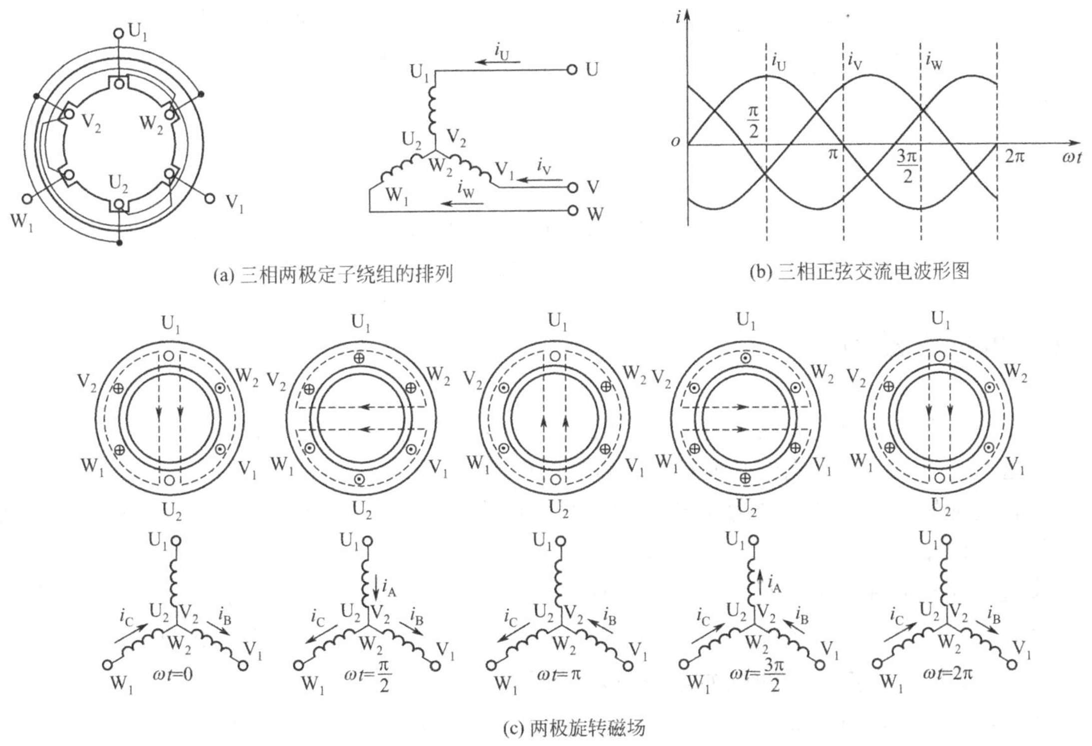

图 4-41　旋转磁场的形成

4.3.2.3　旋转磁场的方向

旋转磁场的方向决定电动机的转向，而旋转磁场的转向由三相交流电的相序确定。因此，只要对调任意二相绕组与电源的连接，就可改变合成磁场的转向，实现电动机反转。

4.3.2.4　旋转磁场的极数

旋转磁场的极数与三相绕组的排列有关。如果各绕组互差 120°电角度，则产生两极旋转磁场（$P=1$）。如果每相绕组有两个线圈串联，各相绕组互差 60°电角度，则产生四极旋转磁场（$P=2$）。因此，只要将三相绕组按一定规律排列，就可得到所需的磁极。旋转磁场的极数就是异步电动机的极数。

4.3.2.5 旋转磁场的转速

旋转磁场的转速由磁极数决定。当 $P=1$ 时，交流电每变化一周，磁场也旋转一周(360°)。设交流电的频率为 f，则旋转磁场的转速 $n_0=60f$。转速的单位为转/分（r/min)。当 $P=2$ 时，交流电交变一周，磁场在空间旋转 1/2 周（180°），即 $n_0=60f/2$。同理，当 $P=3$ 时，$n_0=60f/3$。由此可知

$$n_0=60f/P$$

式中，n_0 为旋转磁场的转速（r/min)；f 为三相交流电的频率（Hz)；P 为旋转磁场的磁极对数。

可见，旋转磁场的转速由电流的频率 f 和磁极的对数 P 决定。由于电动机的 f 和 P 是定值，所以磁场转速是个常数。

4.3.2.6 转差率

异步电动机转子与磁场的旋转方向相同。如果转子转速 n 等于旋转磁场的转速 n_0，转子与磁场间不存在相对运动，转子不会产生感应电流和电磁力矩，转子就不可能继续以 n 的转速旋转。所以，转子转速必须小于旋转磁场的转速。这就是异步电动机名称的由来。异步电动机转速和旋转磁场转速间的转速差与旋转磁场转速（同步转速）的比值，称为转差率。转差率 S 常用百分数表示，即

$$S=\frac{n_0-n}{n_0}\times 100\%$$

式中：S 为转差率（r/min)；n_0 为旋转磁场的转速（r/min)；n 为转子转速（r/min)。

一般情况下，异步电动机在额定工作状态下的转差率为 1.5%～5%。

4.4 步进电动机

本节主要介绍永磁转子式步进电动机的结构及步进原理，步进电机的应用。

步进电动机是一种利用电脉冲控制其转动的电动机。

步进电动机按运动方式分为旋转式和直线式两大类；按结构分为永磁转子式和永磁磁极式；按励磁的相数分为二相、三相、四相、五相等。

步进电动机的种类虽然很多，但工作原理大致相同，都是利用同性相斥、异性相吸的原理。下面以汽车上常用的永磁转子式步进电动机为例，简要介绍其结构和工作原理。

4.4.1 永磁转子式步进电动机的结构与步进原理

永磁转子式步进电机的转子是一个具有 N 极和 S 极的永久磁铁，定子有两相独立的绕组，如图 4-42(a) 所示。当从 B_1 到 B 向绕组输入一个电脉冲信号时，绕组产生一个磁场，在磁力同性相斥、异性相吸的原理作用下，使转子 S 极在右、N 极在左。

当从 B_1 到 B 输入的脉冲信号消失后，再从 A 到 A_1 向绕组输入另一个脉冲信号时，绕组产生一个磁场，N 极在上、S 极在下，如图 4-42(b) ①所示。在同性相斥、异性相吸原理作用下，转子沿逆时针方向转动 90°，如图 4-42(b) ②所示。

当从 A 到 A_1 输入的脉冲信号消失后，再从 B 到 B_1 向绕组输入另一个脉冲信号时，绕组产生磁场，N 极在左、S 极在右，如图 4-42(b) ②所示。在同性相斥、异性相吸原理作用下，转子沿逆时针方向转动 90°，如图 4-42(b) ③所示。

当从 B 到 B_1 输入的脉冲信号消失后，再从 A_1 到 A 向绕组输入另一个脉冲信号时，绕组

产生磁场，N 极在下、S 极在上，如图 4-42(b) ③所示。在同性相斥、异性相吸原理作用下，转子沿逆时针方向转动 90°，如图 4-42(b) ④所示。

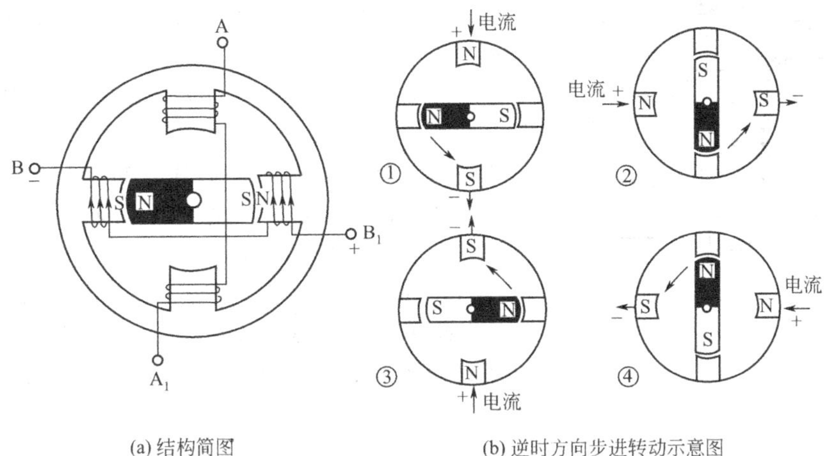

图 4-42　永磁转子式步进电机基本结构与步进原理

如果依次按 B_1-B、A-A_1、B-B_1、A_1-A 的顺序向绕组输入 4 个脉冲信号，如图 4-43(a) 所示，电机就会沿逆时针方向转动一圈，如图 4-42(b) 所示。同理，如果依次按 B_1-B、A_1-A、B-B_1、A-A_1 的顺序向绕组输入 4 个脉冲信号，如图 4-43(b) 所示，电机就会沿顺时针方向转动一圈。

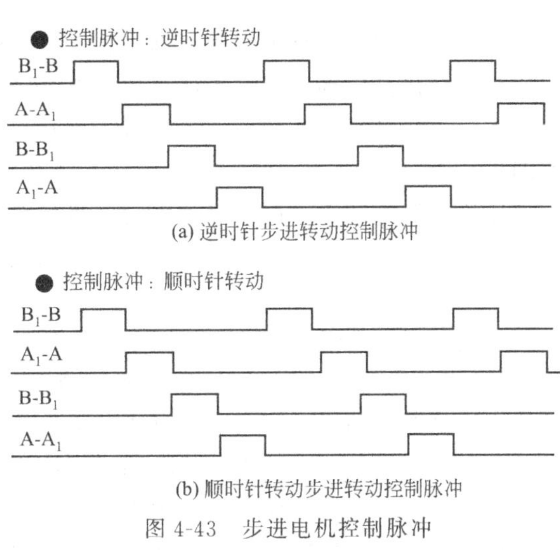

图 4-43　步进电机控制脉冲

每输入一个脉冲信号，使电机转动的角度称为步进电机的步进角。步进电机定子爪极越多，步进角越小，转角的控制精度越高，所需定子绕组的数量和控制脉冲的组数越多。步进电机的转速取决于控制脉冲的频率，频率越高，转速越快。常用步进电机的步进角有 30°、15°、11.25°、7.5°、3.75°、2.5°、1.8°等。

除了步进角之外，步进电动机的转速与控制脉冲有关。转速与控制脉冲的频率成正比，频率越高，转速越快。

上面只是定性分析，如果需要定量分析，应使用计算公式。步进角 θ_b 的计算公式为

$$\theta_b = \frac{360°}{mp}$$

转速 n 的计算公式为

$$n = \frac{60 f \theta_b}{360°} = \frac{60 f}{mp}$$

式中，f 为电脉冲的频率；m 为步进电动机的拍数。定子绕组每变化一次通电方式，称为一拍；在一个通电循环中，通电方式变化 m 次，称为 m 拍。p 为转子极对数。

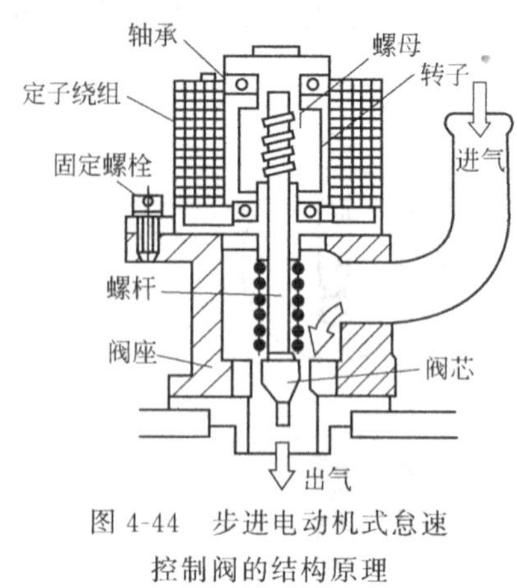

图 4-44　步进电动机式怠速控制阀的结构原理

4.4.2　永磁转子式步进电动机的应用

永磁转子式步进电动机在汽车上常用于控制空气阀的开度，即开启程度。其控制原理以步进电动机式怠速控制阀为例来说明。

图 4-44 所示是步进电动机式怠速控制阀的结构原理图。控制阀由步进电动机和空气阀组成。其中，空气阀包括螺母、螺杆、阀芯和阀座。螺母与转子制成一体，它与螺杆配合，可将转子的旋转运动转变为螺杆的直线运动。螺杆的一端制有螺纹，另一端固定有阀芯。

当步进电动机的转子转动时，螺母将带动螺杆直线移动。转子转动一圈，螺杆移动一个螺距。因为阀芯与螺杆固定连接，所以螺杆将带动阀芯开大或关小阀门开度。

4.5　伺服电动机

本节主要介绍传统直流伺服电动机，无刷直流电动机。

伺服电动机是一种利用电压信号控制其转动的电动机。电动机的转速和转向受电压信号的控制。当电压信号的大小和极性改变时，电动机的转速和转向随之改变，所以又称为电压控制型电动机。

相比于一般电动机，伺服电动机具有可控性好，运行平稳，反应敏捷、快速等优点，在自动控制系统中获得了广泛使用。在汽车上，伺服电动机常用于发动机的节气门开度控制、自动离合器的离合控制等。

伺服电动机可控性好，是指伺服电动机的转速和转向完全由输入电压的大小、极性决定。伺服电动机运行平稳，是指在较宽的速度范围内，转速随转矩均匀变化。伺服电动机反应敏捷、快速，是指电动机在接到输入电压时能快速启动，失去电压时能迅速停止，不会有自转现象。输入电压为零时，电动机继续转动的现象称为自转。

伺服电动机按电源的性质，分为直流和交流两种。直流伺服电动机在汽车上经常使用，因此本节重点讨论直流伺服电动机的结构和工作原理。

4.5.1　传统直流伺服电动机

传统直流伺服电动机的结构、工作原理与一般直流电动机基本相同。从结构上看，也包括静止的磁极、转动的电枢和换向器三大部分。从工作原理上看，也是通过电枢电流与磁场相互作用产生电磁转矩，进而驱动电动机旋转。但是直流伺服电动机毕竟是一种特殊电机，在结构、工作原理上有自身的特点。在结构上，相比一般直流电动机，直流伺服电动机的体积较小，为了减少转动惯量，电枢做得细长一些。在工作原理上，直流伺服电动机采用电枢控制方式，即把控制电压加在电枢绕组上，而励磁电压保持恒定。当控制电压升高时，电动机的转速随之升高；反之，降低控制电压，电动机的转速随之降低。若控制电压为 0，电动机停转。这是因为传统的直流伺服电动机只有他励式和永磁式两种。永磁式电动机的磁场由永磁体产生，无法人为调整；而他励式电动机的磁场由励磁电流产生，虽然可以调节，但是在这种方式下，电动机励磁和电枢绕组同时通电运行，损耗较大。此外，励磁绕组电感大，电动机的转速和转向响应励磁电压的变化较慢，因此磁场控制方式很少使用。可见，采用电枢控制方式是由电动机的结构特点和性能要求决定的。

传统直流伺服电动机都带有换向器，换向时产生的火花会引起电磁干扰，而且换向器的制造工艺复杂，电刷与换向片要定期清理和维护，影响了电动机的可靠性。近年来，随着电子技术和传感技术的发展，出现了用电子开关和位置传感器取代换向器的新型无刷直流电动机。

4.5.2　无刷直流电动机

无刷直流电动机的结构原理图如图 4-45 所示，它由电动机本体、位置传感器和电子开关三部分组成。电动机的定子绕组有三相：U_1U_2、V_1V_2、W_1W_2，分别放置在三个定子上，转子是具有一对磁极的永磁体。三相绕组的首端 U_1、V_1、W_1 相连并接电源的正极，末端 U_2、V_2、W_2 分别接三个开关 a、b、c。三个开关的另一端相连并接电源负极。开关的状态受位置传感器 F 的控制，位置传感器 F 与转子同轴旋转。

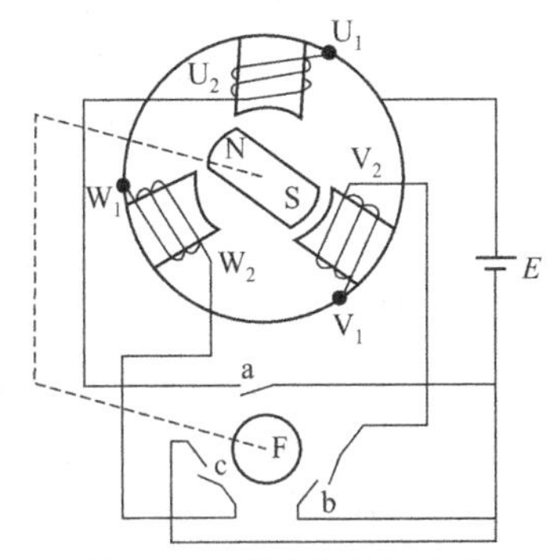

图 4-45　无刷直流电动机结构原理图

当转子处于图 4-45 中所示位置时，假定开关 a 闭合，U 相绕组由首端通入的电流在定子上产生一个 N 极磁场，它吸引转子，使转子 S 极与 U_2 对齐，转子逆时针旋转 120°角。位置传感器 F 检测到转子的位置变化后，断开 a 开关，同时将 c 开关闭合，W 相的电流在定子上仍产生 N 极磁场，使转子再转过 120°角。可见，在位置传感器的控制下，三相绕组轮流通电而在定子上产生一个旋转磁场，驱动转子旋转。

电动机的逆时针旋转假定为反转，则顺时针旋转称为正转。由反转变换为正转，只要改变电源的极性即可。由图 4-45 可知，当电源反接时，三相绕组的电流反向，旋转磁场也反向，在其作用下，电动机由反向切换到正向转动。因为反转方便且快速，所以伺服电动机常用于汽车自动离合器的控制。当电源电压为某一极性时，使电动机反转，并驱动离合器分离；当极性相反时，电动机正转，使离合器接合。

另外，无刷电动机因为没有换向器和电刷，转速较快，达 7200r/min 以上，所以特别适合用作高速电动机；而且它不需要维护，可靠性高，具有广阔的应用前景。

思考与练习

一、选择题

1. 复励直流电动机具有（　　）的机械特性。

A. 硬　　B. 软　　C. 软硬适当　　D. 软硬可调

2. 直流电动机启动电流很大的原因是（　　）。

A. 电枢内阻很小　　B. 启动时反电动势为零　　C. 励磁磁场很大

3. 改变并励电动机的转向，一般是改变（　　）。

A. 电枢绕组电流方向　　B. 励磁绕组电流方向　　C. 电源电压极性

4. 直流电动机的换向磁极的作用是（　　）。

A. 减小电枢换向火花　　B. 减小电枢电流

C. 改变主磁极极性　　D. 改变电动机转向

5. 他励电动机适用于（　　）调速。

A. 调磁　　B. 调阻　　C. 调压　　D. 其他

6. 三相异步电动机旋转磁场的旋转方向由三相电源的（　　）决定。

A. 相序　　B. 相位　　C. 频率　　D. 幅值

7. 在三相异步电动机定子绕组中形成的磁场为（　　）。

A. 旋转磁场　　B. 恒定磁场　　C. 脉动磁场　　D. 合成磁场为零

二、判断题

（　　）1. 直流电动机可通过降低电源电压的大小来降低其转速。

（　　）2. 直流电动机是车用启动机的核心。

（　　）3. 降低并励电动机的启动电流可通过降低电源电压实现。

（　　）4. 直流电动机不允许直接启动。

（　　）5. 并励电动机在运行时允许断开励磁绕组电路。

（　　）6. 旋转磁场是异步电动机工作的基础。

（　　）7. 三相异步电动机运行的必要条件是转子转速等于同步转速。

三、简答题

1. 简述直流电动机的结构和工作原理。

2. 说明直流电动机不同励磁方式的特点及应用。

3. 串励式直流电动机有哪些特点？为什么汽车启动机要用串励式直流电动机？

4. 以普通汽车交流发电机为例，说明其组成及各部分的作用。

5. 简述三相异步电动机的转动原理。

6. 为什么取名叫步进电动机？步进角是如何定义的？其大小取决于哪些因素？步进电动机的转速与哪些因素有关？如何改变其转向？

第 5 章　电工测量及安全用电

【教学提示】

教	知识重点	1. 指针式万用表的使用 2. 数字式万用表的使用 3. 触电保护措施
	知识难点	指针式万用表的使用，数字式万用表的使用
	推荐教学方式	从任务入手，从实际测量出发，边讲边学
	建议学时	4 学时
学	推荐学习方法	自己先预习，不懂的地方做出记录，查资料，听老师讲解；在老师指导下做认知实验，要在老师的指导下通电验证
	需要掌握的知识	1. 指针式万用表的使用 2. 数字式万用表的使用 3. 触电保护措施
	需要掌握的技能	1. 正确使用指针式万用表测量各类参数 2. 正确使用数字式万用表测量各类参数

万用表是万用电表的简称，是一种最常用的电工测量仪表，它功能齐全，能测量电流、电压、电阻等多种电量和电参数，并且量程多、使用简单、携带方便，因此在汽车电器及电控系统的故障诊断、维修和调试中得到了广泛使用。

【学习目标】

① 掌握用指针式万用表测量各类电参数的方法；

② 熟悉用数字式万用表测量各类电参数的方法；

③ 掌握触电形式和触电保护措施。

5.1　万用表的使用

本节主要介绍指针式万用表的用法，数字式万用表的用法和汽车专用万用表的用法。

通常万用表可用来测量直流电压、直流电流、交流电压和电阻。有的万用表还可用来测量交流电流、电感、电容、音频电压、三极管放大倍数等参数，故称为万用表。它由表头、测量线路和量程开关三大部分组成。在电工测量中，按工作原理的不同，万用表分为指针式和数字式两种。

5.1.1　指针式万用表

指针式万用表又称模拟式万用表，它通过指针的偏转来指示被测量的大小。在电工测量中常用的指针式万用表有 MF 系列、500、108 等多种型号，它们的使用方法大同小异，只要学会一种，触类旁通，其他型号的也会使用了。下面以 MF47 型万用表为例，说明指针式万用表的使用方法。

5.1.1.1　面板介绍

图 5-1 所示是 MF47 型万用表的面板功能分布图。面板上布置有刻度盘、功能选择开关、插孔以及调零旋钮等。

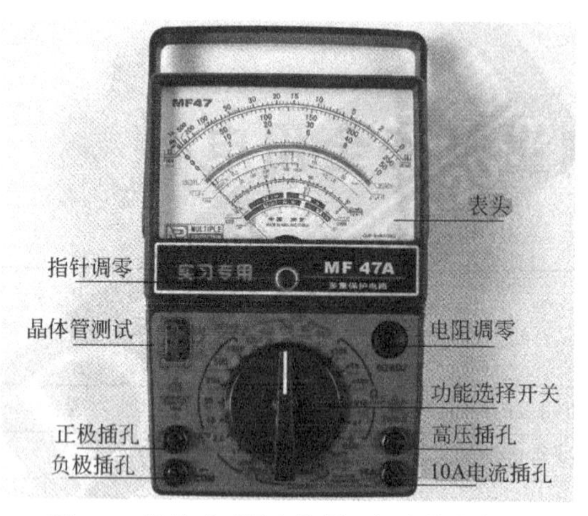

图 5-1 指针式万用表控制面板功能分布图

(1) 刻度盘（表头）。如图 5-2 所示，表头是模拟万用表的主要部件，其作用是指示被测量的数值，通常采用高灵敏度的微安表（满量程电流值为 10～100μA）作为万用表的表头。表头的灵敏度决定了万用表的灵敏度。

刻度盘是读取测量值的地方，由多条刻度线组成。右侧标有“Ω”符号的第一条刻度线是直流电阻刻度线，用于读取电阻值；左端标“V”、右端标“mA”的第二条刻度线为交、直流电压和直流电流刻度线，用于读取交、直流电压和直流电流值；右侧标有“h_{FE}”字样的第三条刻度线为晶体管电流放大系数刻度线，用于读取晶体管电流放大系数；左侧标有“C（μF）”字样的第四条刻度线、右侧标有“L（H）”的第五条刻度线分别是电容和电感刻度线，用于读取电容值和电感值。第六条“－dB”、“＋dB”刻度线是音频电平的刻度线。

(2) 功能选择开关：用于选取挡位和量程。如图 5-3 所示，MF47 型万用表共有“mA”、“$\underline{V}$”、“$\underset{\sim}{V}$”、“Ω”、“ADJ”“h_{FE}”六个挡位，每个挡位又有多个量程。如“mA”挡就有 0.5mA、5mA、50mA、500mA 四个量程。每一挡设置多个量程的目的在于可以根据被测量和参数的大小，选择合适的量程，以减小读数误差，并保证万用表的安全。

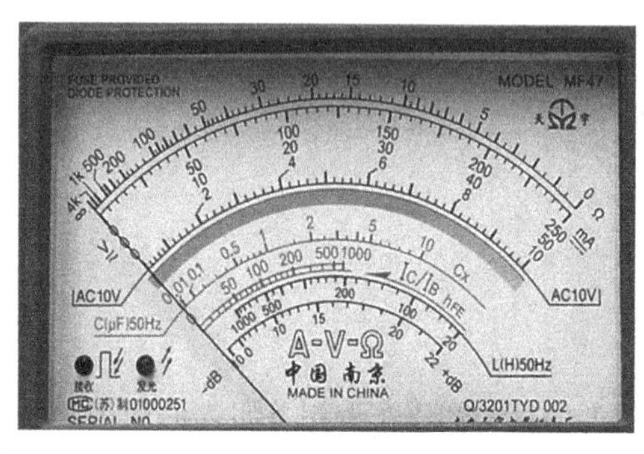

图 5-2 MF47 万用表表头

图 5-3 MF47 功能选择开关

(3) 输入插孔有四个，用于插入表笔。表笔有红表笔、黑表笔两支。一般情况下，红表笔插入“＋”插孔，黑表笔插入公共端“COM”插孔。当测量高电压（大于 1000V）时，黑表笔不动，红表笔移至“2500V”插孔；当测量大电流（大于 500mA）时，黑表笔不动，红表笔移至“10A”插孔。

(4) 调零旋钮。如图 5-1 所示，万用表有机械调零旋钮和欧姆调零旋钮。机械调零旋钮用于校正指针与机械零点的偏差，机械零点在刻度盘左侧的“0”刻度处。在测量之前，观察指针是否在机械零点，如不在机械零点，需要用工具转动机械调零旋钮，使指针返回零点。欧姆调零旋钮用于电阻的测量，每次测电阻之前，估计电阻值的大小，并把转换开关变换到某一量程，然后将红、黑表笔短接并观察指针是否在“Ω”刻度尺的“0”刻度处（第一条刻度线最右端）。若不在，要用手转动旋钮，使指针指向“0”刻度，避免产生测量误差。

MF47 型指针式万用表的主要技术规格如表 5-1 所示。

表5-1　MF47型指针式万用表技术规格

测量种类	测量范围	精度等级
直流电流	0～0.5mA～5mA～50mA～500mA	2.5%
直流电压	0～1V～2.5V～10V～50V～250V～500V～1000V	(0～1000V)2.5% 2500V5%
交流电压	0～10V～50V～250V～500V～1000V～2500V	5%
电阻	×1Ω×10Ω×100Ω×1kΩ×10kΩ	—
晶体管直流放大倍数	0～600	—
电感	2～1000H	—
电容	0～0.03～0.1～0.3μF	—
音频电平	−10dB～+22dB～+36dB～+50dB	—

5.1.1.2　使用方法

1）测量直流电流

① MF47型万用表的直流电流挡有0.5mA、5mA、50mA、500mA四个量程。测电流之前，首先将红表笔插入“+”极孔，黑表笔插入“COM”孔，然后根据被测电流的大小，将转换开关拨到某一量程上。

② 测量时，将万用表串入电路，使电流从“+”孔流入，从“COM”孔流出。当指针偏转停止后，按第二条刻度线读数。被测电流的读数方法有直读法和比例读数法两种。

直读法是指根据指针静止位置确定被测电流值的方法，适用于开关选择的量程等于刻度线刻度值的情况。例如，开关拨到“50”量程，而第二条刻度线选择“50”刻度类型，则指针的读数就是被测电流值。

比例读数法是指将指针静止状态下的读数乘或除一个比例系数，得到被测电流值的方法，适用于开关所选量程不等于刻度线所选刻度的情况。例如，开关拨到“0.05”量程，而第二条刻度线的刻度值仍选“50”，0.05为50的千分之一，因此将指针的读数除以1000，就得到被测电流值。又如，开关拨到“500”量程，而第二条刻度线选“250”刻度类型，500比250大2倍，因此将指针的读数乘以2，就是被测电流值。

当被测电流超过500mA、小于10A时，测量直流电流用10A量程，此时转换开关拨到“500mA”挡，红表笔插入“10A”插孔进行测量，按面板上第二条刻度线读数。读数时，选“10A”刻度值，用直接读数的方法确定被测电流值。

注意：测量电路中的电流时，一定要注意被测电路与表串联，绝对不能并联。

2）测量直流电压

① MF47型万用表的直流电压挡有0.25V、1V、2.5V、10V、50V、250V、500V、1000V八个量程。测量之前，红表笔插入“+”孔，黑表笔插入“COM”孔，然后根据被测电压大小，将转换开关拨到电压挡适当量程上。如果被测电压值未知，开关应拨到最大量程。

② 测量时，两支表笔接在被测电路的两端，使万用表与被测电路并联；同时，红表笔接在被测电路的高电位端，黑表笔接低电位端。被测直流电压的读数仍使用第二条刻度线，可按直读法或比例读数法读数。

测量电压时，万用表的内阻越高，从被测电路取用的电流越小，被测电路受到的影响越小。通常用万用表的灵敏度来表示这一特征。

③ 在汽车电路系统中，整个汽车车身，包括发动机、变速器等金属部件作为一个整体，是汽车上的零电位点。当进行各个检测端子的电压测量时，万用表的黑表笔一定要搭接在汽车

的车身金属部位（零电位点），红表笔接被测点。这是与其他系统的检测不同的，应注意。

3）测量交流电压

交流电压的测量方法与直流电压基本相同，但有以下几点区别。

① 测量电压前，转换开关应拨到交流电压挡。

② 测量时不必考虑被测电压的极性。

③ 测量交流电压时，刻度线的刻度代表正弦电压有效值，不代表瞬时值或最大值。

4）测量电阻

① 测量电阻之前，首先把红表笔插入“＋”孔，黑表笔插入“COM”孔，然后把选择开关拨到“Ω”挡某一适当量程上，并短接两支表笔，观察指针是否在“0Ω”处。若不在，转动欧姆调零旋钮，校正指针。每变换一次量程，都必须重新调零。

② 测量电阻时，两支表笔接电阻两端，按第一条刻度线读数。把指针静止时的读数乘以所选量程的倍数，即为被测电阻值。例如，电阻量程选“×100Ω”挡，当指针的读数为“20”时，被测电阻的数值为20×100Ω＝2000Ω。

测量电阻时，如果被测电阻连接在电路中，应先将电源除去后再进行测量，否则不但测量无效，还会损坏表头。如果被测电阻在电路中有并联支路，则其测量结果是被测电阻与并联支路电阻并联后的等效电阻，而不是被测电阻的阻值，应把被测电阻的一端与电路断开后再测量。此外，测量高电阻（＞10kΩ）时，应注意不要用双手同时接触表笔的带电部分，以免形成人体的并联电路。

③ 用万用表欧姆挡测量小功率晶体管的参数时，要注意一般不能用R×1或R×10k挡。因为R×1挡综合内阻很小，测量时电流较大；而R×10k挡的表内电源电压较高。在这两种情况下都有可能损坏晶体管。另外要注意，万用表的红表笔是与表内电池的负极相连接的，黑表笔是与表内电池的正极相连接的。

为了提高测量电阻的准确度，应尽量使用刻度线的中间段（满刻度的20%～80%范围）读数，为此要选择合适的量程。此外，万用表的“＋”孔内接电池的负极，而“－”孔内接电池的正极，因此测量电阻时，电流从“－”孔流出，经被测电阻后回到“＋”孔。这一点在测量二极管、晶体管时应引起注意。

注意：电阻测量完毕之后，应将转换开关拨到交流电压的最大量程，以免下次使用时误用挡位而损坏仪表，也能避免转换开关在电阻挡时，两支表笔不慎短接而消耗电能。

5）其他电量的测量

① 晶体管电流放大系数的测量。将万用表转换开关拨向“h_{FE}”挡，按晶体管的不同型号及引脚，分别插入晶体管的插座，便可在万用表的第三条刻度线上直接读出电流放大系数。但由于万用表电压、电流较低，只能测量小功率晶体管的电流放大系数。

② 电容、电感元件参数的测量。万用表转换开关拨向“10V”交流电压挡，将被测元件一端与红表笔连接，另一端与外接的10V交流电源一端相接，交流电源另一端与万用表的黑表笔连接。然后，在万用表第四条、第五条刻度线上读出对应的参数。在第四条刻度线上直接读出电容器的电容量，在第五条刻度线上直接读出电感器的电感量。所不同的是，测量电容量时的频率为150Hz，测量电感量的频率为50Hz。

5.1.1.3 使用指针式万用表的注意事项

在测量不同的对象时，除了将开关指示箭头对准要测量的挡位外，还要特别注意以下几点。

① 在使用万用表之前，应先检查指针是否在零位。如果不在零位，应调整表面上的机械零位调整旋钮（用“一”字旋具调整）。

② 在使用前要选好量程，拨准转换开关的位置。每次测量时，一定要根据测量的类别（直流、交流、电压、电流、电阻），将转换开关拨至正确位置，要养成习惯，不能拿起表笔不看测量类别和转换开关位置就盲目地去测试。

③ 测量电压或电流时，如被测的数量事先无法预估，应选用最大量程挡试测；如发现指针偏转太小，逐步转换到适当量程进行实测。

④ 测量电阻时，先将转换开关拨到电阻（Ω）挡位，把两支表笔短接在一起，看指针是否指在“0Ω”。如不指在“0Ω”，再旋转“Ω”挡的调零旋钮，使指针指向零欧姆。所选挡位应使指针指向刻度盘的右侧，这样读数误差小一些。在电阻挡，表内电池电压极性与表面上的“＋”、“－”表笔插孔极性相反。

⑤ 测量直流电压、电流时，要注意表笔红色为“＋”，黑色为“－”。一方面，要严格按红、黑表笔插入表孔的“＋”、“－”；另一方面，接入被测电路的“＋”、“－”要正确。如果一时不清楚，可以试测，办法是选用大的量程，将两支表笔快速接在被测电路上，快接快离。如发现指针顺转，说明接对了；反之，将两支表笔极性调换。测量直流电流时注意，电流一定要从电流表的红表笔流入，黑表笔流出。有时线路的接线极性并不一定符合红“＋”、黑“－”的接线。

⑥ 尽量训练单手操作、测量，另一只手不要触摸被测物。

⑦ 不要带电转动转换开关。

⑧ 测量读数时，要看准所选量程的标度线，特别是测量 10V 以下小量程电压挡时。读数时要细心。

⑨ 每次测量完毕，应将转换开关拨到交流电压最大量程位置，避免将转换开关拨到电流或电阻挡，以防下次测电压时忘记转动转换开关而将表烧坏。

⑩ 万用表长期搁置不用时，应将电池取出，防止电池腐蚀。

5.1.2　数字式万用表

5.1.2.1　数字万用表的结构及功能

数字式万用表与指针式相比，读数直观、方便，通过液晶显示器可直接读出被测量的数值，而且具有测量精度高、测量范围宽、输入阻抗大、全功能过载保护电路等优点，因此其使用越来越普及，成为常用的测量仪表。

数字万用表是在直流数字电压表的基础上扩展而成的，主要由模拟量/数字量（A/D）转换器、计数器、译码显示器和控制器等组成。在此基础上，利用交流-直流（AC-DC）转换器、电流-电压转换器、电阻-电压转换器，把被测电量转换成直流电压信号，构成一块数字万用表。DT930G 数字万用表控制面板功能分布如图 5-4 所示。面板上装有液晶显示屏、电源开关、转换开关、输入插孔、电容插孔、晶体管插孔和数据保持键等操作装置。

1）电源开关和显示屏

① 数字式万用表设有电源开关，控制万用表的电源状态，有“ON”和“OFF”两种状态。使用时，将开关置于“ON”状态，接通电源；使用完毕，置“OFF”状态，关闭电源。

② 接通电源后，显示屏应有数字显示。如果没有，或有数字显示同时显示“+ -”符号，说明表内电池电压不足，应更换。测量时，对四位半数字表，显示屏最大显示值为 19999 或－19999；对三位半数字表，最大显示值为 1999 或－1999。当被测量超过最大显示值时，显示屏显示数字“1”，表示过量程或溢出，此时应换用更高量程进行测量。过量程符号“1”还会出现在其他场合，如测量电阻时，若表笔开路，显示屏也会显示“1”；又比如，测二极管反向状态时也会显示过量程符号，表示反向电阻很高。因此，测量时应注意区分，不能混淆。有时显

示值中带负号“−”，表示表笔的极性与被测点的极性相反。有时显示值中带有小数点，读数时必须注意。另外，读数时，要等到显示值稳定后才能读取。如果显示值一直不能稳定，就读取平均值或者最大值。

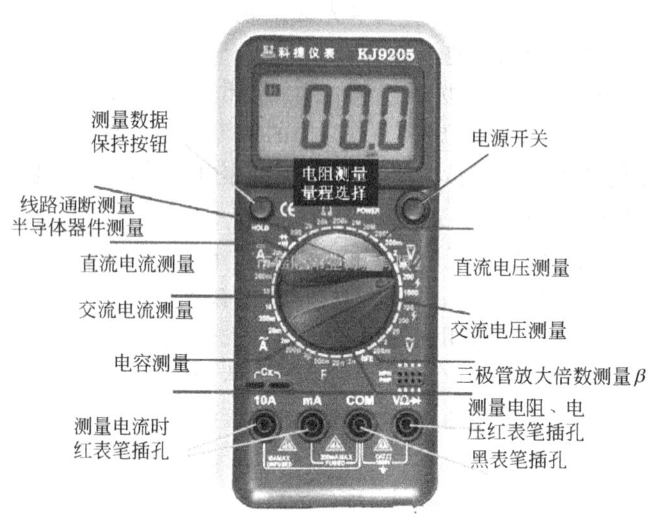

图 5-4 数字万用表控制面板功能分布图

2）转换开关

与指针式万用表一样，使用时首先要选择挡位和量程。测量之前，将转换开关拨到合适的挡位和量程。因数字表有测量保护装置，因此测量时可转动开关转换量程。

3）插孔

① 数字表在面板的最下方布置了四个输入插孔。其中，“COM”是公共插孔，作为各种测量的公共端使用；“V/Ω”孔用于电压和电阻测量；“A”和“20A”分别用于小于 2A 和小于 20A 电流的测量。测量时，“COM”孔插入黑表笔，其他孔插入红表笔，不能用错。

② 为了测量电容量，面板上设置了“CX”插孔。测量电容时，将电容器插入电容插孔。由于仪表本身已对电容挡设置了保护，故在测试过程中不用考虑电容极性。但在测量大电容时，稳定读数需要一定时间。

③ 为了测出 β 值，面板上设有“NPN”和“PNP”插孔。测量时，将转换开关转到“h_{FE}”挡，将晶体管三个电极分别插入对应的 E、B、C 插孔中，显示屏的读数即为 β 值。这个 β 是近似值，不是精确值，故该值在判断晶体管性能时只起参考作用。

4）数据保持“HOLD”键

在测量过程中，若看不清屏幕，无法读数，可以锁定显示。这时，只要按数据保持“HOLD”键就可以了。

5.1.2.2 数字万用表的使用

1）测量直流电压（DCV）和交流电压（ACV）

将电源开关置于“ON”位置，根据需要，若测量直流电压，将量程开关拨至 DCV（直流电压）范围内的合适量程；若测量交流电压，将量程开关拨至 ACV（交流电压）合适量程，红表笔插入“V/Ω”孔，黑表笔插入“COM”孔，并将测试笔连接到测试电源或负载，读数即显示测量值。若被测电压超过所选挡位量程，显示器显示过量程“1”，此时应改为高一挡量程，直至显示正常的数值。在测量直流电压时，数字万用表能自动显示极性。在测量仪器仪表的交流电压时，应当用黑表笔去接触被测电压的低电位端（如信号发生器的公共端或机壳），消除仪表对地分布电容的影响，减小测量误差。

2）测量直流电流（DCA）和交流电流（ACA）

将量程开关拨至DCA（直流电流）或ACA（交流电流）范围内的合适量程，红表笔插入“mA”孔（≤200mA时）或“10A”孔（>200mA时），黑表笔插入“COM”孔，并通过表笔将万用表串联在被测电路中。在测量直流电流时，数字万用表能自动显示极性。

3）测量电阻

将量程开关拨至Ω（欧姆）范围内的合适量程，红表笔插入“V/Ω”孔，黑表笔插入“COM”孔。如果被测电阻超出所选择量程的最大值，万用表将显示过量程“1”，这时应选择更高的量程。对于大于1MΩ的电阻，要几秒钟后读数才能稳定，这是正常的。当检查电路中的电阻时，应先切断被测线路的电源，并将所有电容放电。

4）测量二极管

将量程开关拨至“→⊢”挡，将黑表笔插入“COM”孔，红表笔插入“V/Ω”孔（注意，红表笔极性为正）。测量时，万用表将显示二极管的正向压降。通常，好的硅二极管正向压降显示值为0.4～0.7V，好的锗二极管正向压降为0.15～0.30V。若被测二极管是坏的，将显示“000”（短路）或“1”（开路）。进行反向检查时，如果被测二极管是好的，将显示过量程“1”；若损坏，显示“000”或其他值。

数字万用表电阻挡提供的测试电流很小。因此，对于二极管、三极管等非线性元件，通常不测正向电阻，而测正向压降。一般锗管的正向压降为0.15～0.3V，硅管为0.4～0.7V。

另外，该量程还可以利用蜂鸣器做连续检查。如果所测电路的电阻在30Ω以下，表内的蜂鸣器有声响，表示电路导通。应该注意的是，在汽车电器及电子控制系统中测量同一导线两端间的通断时，不建议使用此挡位，因为只要是30Ω以下的电阻，蜂鸣器便会鸣响，使人误认为导线导通良好。汽车电子控制系统中一般要求导线的电阻小于0.5～1.5Ω。为避免出现这样的情况，测量同一导线间的通断时，一般使用万用表的200Ω挡，测量时能够直接显示所测导线的电阻值。

5）测量三极管放大倍数h_{FE}

将量程开关拨至“h_{FE}”挡，根据被测三极管的类型，将其插入NPN型或PNP型对应的插口，显示器将显示h_{FE}的近似值。应该注意的是，使用h_{FE}插口测量晶体三极管时，由于测试电压较低，向被测管提供的基极电流很小，集电极电流也很小，使被测管在低电压、小电流状态下工作，测出的h_{FE}仅供参考。

5.1.2.3　数字万用表使用注意事项

① 如果预先无法估计被测电压或电流大小，应先拨至最高量程挡测量一次，再视情况逐渐把量程减小到合适位置。测量完毕，应将量程开关拨到最高电压挡，并关闭电源。

② 测量电压时，应将数字万用表与被测电路并联。数字万用表具有自动转换功能，测量直流电压不必考虑正、负极性。但是，如果误用交流电压挡去测量直流电压，或误用直流电压挡去测量交流电压，将显示“000”，或在低位上出现跳数。测试表笔插孔旁边的⚠符号，表示输入电压或电流不应超过指示值，这是为了保护内部线路免受损伤。

③ 严禁在测高电压（220V以上）或大电流（0.5A以上）时拨动量程开关，防止产生电弧，烧毁开关触点。

④ 数字万用表本身具有自动调零功能，使用时不需手工调零。

5.1.3　汽车专用万用表

汽车万用表也是一种数字多用仪表，其外形和工作原理与数字式万用表相似，只是增加了几个汽车专用功能。在发动机电控系统故障的检测与诊断中，除经常需要检测电压、电阻和电流等参数外，还需要检测转速、闭合角、频宽比（占空比）、频率、压力、时间、电容、电感、温度、半导体元件等。这些参数对于发动机电控系统的故障检测与诊断具有重要意义。但是这些参数用一般的数字式万用表无法检测，需用专用仪表，即汽车万用表。

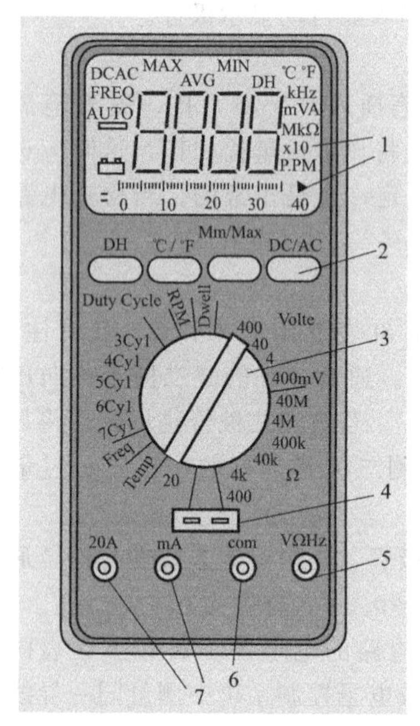

图 5-5 汽车专用数字式万用表

1—4 位数字及模拟量（棒型图）显示器；2—功能按钮；3—测试项目（功能）选择开关；4—测量温度插座；5—测量电压、电阻、频率、闭合角、频宽比（占空比）及转速公用插座；6—公共接地插座；7—测量电流插座

5.1.3.1 汽车万用表的基本结构

如图 5-5 所示，汽车万用表主要由数字及模拟量显示屏、功能按钮、测试项目选择开关、温度测量座、公用座（用于测量电压、电阻、频率、闭合角、频宽比和转速等）、搭铁座、电流测量座等构成。另外，为了实现某些功能，例如测量温度、转速等，汽车万用表还配有一些配套件，如热电偶适配器、热电偶探头、电感式拾取器，以及 AC/DC 感应式电流夹钳（5～2000A 等）。

5.1.3.2 汽车万用表使用方法

① 信号频率测试。测试项目选择开关置于“频率（Freq）”挡，黑线（自汽车万用表搭铁座孔引出）搭铁，红线（自汽车万用表公用座孔引出）接被测信号线，显示屏即显示被测频率。

② 温度检测。测试项目选择开关置于“温度（Temp）”挡，按下功能按钮（℃/℉），将黑线搭铁，探针线插头端插入汽车万用表温度测量座孔，探针端接触被测物体，显示屏即显示被测温度。

③ 点火线圈一次侧电路闭合角检测。测试项目选择开关置于“闭合角（Dwell）”挡，黑线搭铁，红线接点火线圈负接线柱，发动机运转，显示屏即显示点火线圈一次侧电路闭合角。

④ 频宽比测量。测试项目选择开关置于“频宽比（Duty Cycle）”挡，红线接电路信号，黑线搭铁，发动机运转，显示屏即显示脉冲信号的频宽比。

⑤ 转速测量。测试项目选择开关置于“转速（RPM）”挡，转速测量专用插头插入搭铁座孔与公用座孔，感应式转速传感器（汽车万用表附件）夹在某一缸高压点火线上。在发动机工作时，显示屏即显示发动机转速。

⑥ 启动机启动电流测量。测试项目选择开关置于“400mV”挡（1mV 相当于 1A 的电流，即用测量电流传感器电压的方法来测量启动机启动电流），把霍尔式电流传感夹夹到蓄电池电源线上，其引线插头插入电流测量座孔。按下“最小/最大”功能按钮，然后拆下点火高压线，用启动机转动曲轴 2～3s，显示屏即显示启动电流。

⑦ 氧传感器测试。拆下氧传感器线束连接器，将测试项目选择开关置于“4V”挡，按下“DC”功能按钮，使显示屏显示“DC”；再按下“最小/最大”功能按钮，将黑线搭铁，红线与氧传感器相连；然后，以快怠速（2000r/min）运转发动机，使氧传感器工作温度达 360℃以上。此时，如可燃混合气浓，氧传感器输出电压约为 0.8V；如可燃混合气稀，氧传感器输出电压为 0.1～0.2V。当氧传感器工作温度低于 360℃时（发动机处于开环工作状态），氧传感器无电压输出。

⑧ 喷油器喷油脉冲宽度测量。测试项目选择开关置于“频宽比”挡，测出喷油器工作脉

冲频率的频宽比后，把测试项目选择开关置于“频率（Freq）”挡，测出喷油器工作脉冲频率（Hz），然后按下式计算喷油器喷油脉冲宽度：

$$S_p = \frac{\eta}{f_p}$$

式中，S_p 表示喷油脉冲宽度（s）；η 表示频宽比（%）；f_p 表示喷油频率（Hz）。

5.1.3.3 汽车万用表检查电控系统的注意事项

① 除在测试过程中特殊指明者外，不能用指针式万用表测试 ECU 和传感器，应使用高阻抗数字式万用表。万用表内阻应不低于 10MΩ。

② 首先检查熔丝、易熔线和接线端子的状况。在排除这些地方的故障后，用万用表进行检查。

③ 在测量电压时，点火开关应接通（ON），蓄电池电压应不低于 11V。

④ 测量电阻时，要在垂直和水平方向轻轻摇动导线，以提高准确性。

⑤ 检查线路断路故障时，应先脱开 ECU 和相应传感器的连接器，然后测量连接器相应端子间的电阻，以确定是否有断路或接触不良故障。

⑥ 检查线路搭铁短路故障时，应拆开线路两端的连接器，然后测量连接器被测端子与车身（搭铁）之间的电阻值。电阻值大于 1MΩ，为无故障。

⑦ 在拆卸发动机电子控制系统线路之前，应首先切断电源，即将点火开关断开（OFF），拆下蓄电池极柱上的接线。

⑧ 在测量电阻或电压时，一般要将连接器拆开，将连接器分成两部分，其中一部分称为某传感器（或执行部件）连接器；另一部分称为某传感器（或执行部件）导线束连接器。例如，拆下喷油器上的连接器后，其中一部分称为喷油器连接器，另一部分称为喷油器导线束连接器。在测量时，应弄清楚是哪一部分连接器。

⑨ 所有传感器、继电器等装置都是和 ECU 连接的，ECU 又通过导线和执行部件连接，所以在检查故障时，可以在 ECU 连接器的相应端子上进行测试。

⑩ 测量电子控制器各个端子的电阻时，不要直接用普通万用表的电阻挡测量，尤其注意不要将较高电压引入电子控制器内部，以免损坏电子控制器内部的元件。

5.2 安全用电

本节主要介绍电流对人体的作用，触电形式和触电保护措施，安全用电常识，触电的急救方法。

电能与其他形式的能源相比，具有便于输送、使用和控制等优点，成为当今社会应用最广泛的动力源。但是，电能在造福人类的同时存在着致祸的危险。由“电”造成的人员伤亡和设备损坏事故屡有发生。统计资料表明，电气事故多数是由于电气设备绝缘损坏以及用电人员思想麻痹和缺乏安全用电知识造成的。因此，要确保用电安全，合理、有效地使用电力资源，必须让一切用电人员在思想上高度重视，并掌握安全用电的知识和技能。因此，要了解安全用电的常识、触电的方式及急救方法，正确使用各种电气设备。

5.2.1 电流对人体的作用

5.2.1.1 电流对人体的伤害

触电是指由于人体与带电体意外接触，而使人体承受过高的电压，以致引起死亡或局部受伤的现象。从本质上看，触电是指电流对人体的伤害。按人体受伤害的程度不同，触电分为电伤和电击两种。

1）电伤

电伤是在电流热效应、化学效应、机械效应以及电流本身作用下造成的人体外伤。常见的有灼伤、烙伤和皮肤金属化等现象。

灼伤由电流的热效应引起，主要是指电弧灼伤，造成皮肤红肿、烧焦或皮下组织损伤；烙伤亦是由电流的热效应引起的，是指皮肤被电器发热部分烫伤，或由于人体与带电体紧密接触而留下肿块、硬块，使皮肤变色等；皮肤金属化是指由电流的热效应和化学效应导致熔化的金属微粒渗入皮肤表层，使受伤部位皮肤带金属颜色且留下硬块。

2）电击

电击是指人体内部器官受伤害，是由通过人体的电流引起的。人体常因电击而死亡。实践证明，电击伤人的程度，由通过人体的电流强度、电流频率和通过人体的途径、作用于人体的电压、持续的时间长短及触电者本人的健康状况来决定。

人体通过工频电流 1mA 时就会使人有麻木的感觉，10mA 为摆脱电流；当人体通过 50mA 的工频电流，经过一定时间，就可使人致命。电流通过心脏危险性最大，通电时间越长，触电的伤害程度越严重。

据有关资料表明，工频电流 10mA 以上，直流在 50mA 以上的电流通过人体时，触电者已不能摆脱电源脱险，有生命危险。在小于上述电流的情况下，触电者能自己摆脱带电体，但时间过长同样有生命危险。

5.2.1.2 安全电流及有关因素

实践证明，频率为 30～1000Hz 的电流最危险；对于 1000Hz 以上的电流，随着频率升高，危险性将减小。常见的工频电流 50～60Hz 的危险性最大。

通过人体的电流虽小，但时间过长也有危险，其危害程度取决于通过人体的电流大小与通电时间的乘积。通常情况下，通过人体的电流大小与通电时间的乘积在 30mA·s 以下时，人不致触电；若超过 30mA·s，有触电危险。

5.2.1.3 安全电压和人体电阻

人体最小电阻一般为 800～1000Ω，皮肤干燥时可达几万欧姆；有汗或皮肤破损时，电阻迅速减小。根据触电危险电流和人体电阻，可计算出安全电压为 40V。一般情况下，对地电压低于 40V 为安全电压。但电气设备环境越潮湿，安全电压越低。

我国安全电压等级标准分为 42V、36V、6V，供不同条件下的电气设备选用。一般 36V 以下电压不会造成人员伤亡，故称 36V 为安全电压。通常机床上的照明用电为 36V，船舶、坦克、汽车电源用 24V 或 12V。

5.2.2 触电形式

人体触电形式分为单相触电、两相触电和因电气设备外壳漏电而触电等。

5.2.2.1 单相触电

单相触电分为三相四线制（中性点接地）单相触电和三相四线制（中性点不接地）单相触电。

中性点接地的三相四线制单相触电如图 5-6(a) 所示。人体的一个部位接触一根火线，另一部位接触大地。这样，人体、大地、中线、一相电源绕组形成回路，人体承受相电压，构成三相四线制单相触电。

中性点不接地的三相电源单相触电如图 5-6(b) 所示。由于输电线路与大地均属导体，二者间存在电容。当人体某部位接触火线时，人体、大地、导体对地电容构成环路，引起触电事故。对于这种触电方式，环路电流与对地电容大小有关。导线越长，对地电容越大，对人体的危害越大。

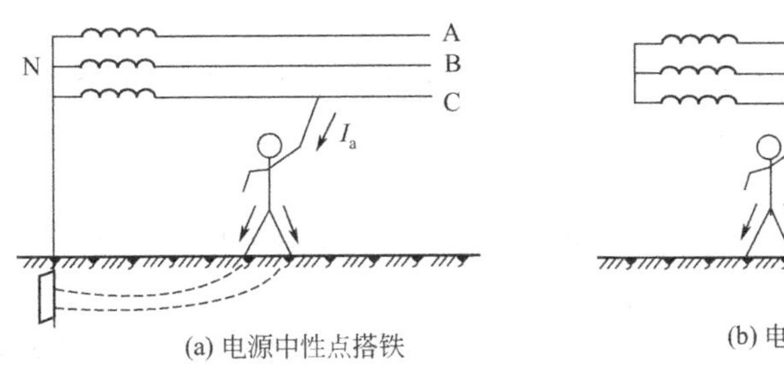

图 5-6　单相触电的示意图

5.2.2.2　两相触电

如图 5-7 所示，当人的双手或人体的某两个部位接触三相电中的两根火线时，人体承受线电压，环路电阻为人体电阻和接触电阻之和，将有一个较大电流通过人体。这种触电方式是最危险的。

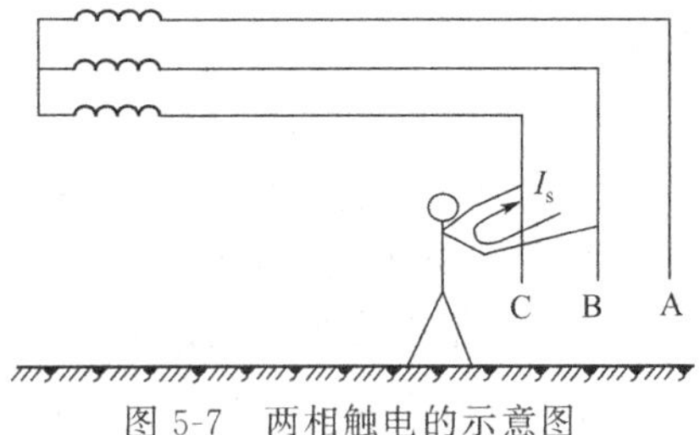

图 5-7　两相触电的示意图

5.2.2.3　因电气设备外壳漏电而触电

电气设备的外壳本来是不带电的，由于绝缘壳损坏等原因会使其带电，人体触及这些设备时，会发生触电事故。这种形式的触电事故相当于单相触电，大多数触电事故属于这一种。图 5-8 所示为因电气设备外壳漏电而触电的示意图。

为了防止因电气设备外壳漏电而触电的事故发生，对电气设备常采用保护搭铁和保护接零的保护装置。

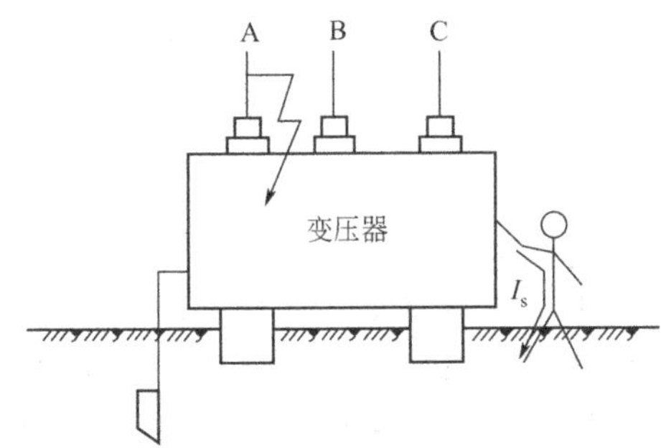

图 5-8　因电气设备外壳漏电而触电的示意图

5.2.3　触电保护措施

5.2.3.1　保护接地

1）工作接地

通常为了用电安全，电力系统均将中性点接大地，称之为工作接地。接地电阻一般规定小于 4Ω，如图 5-9 所示。

2）保护接地

在无工作接地的系统中，可将电气设备的金属外壳、框架等用接地装置与大地可靠地连接。如图 5-10 所示。设备某相绕组与机壳相碰，致使机壳带电；当人体与机壳相接触时，因接地电阻很小，远小于人体电阻，电流绝大部分通过接地线入地，从而保护了人身安全。

3）重复接地

当电源变压器离用户较远时，为防止中线断线或线路电阻过大，应在用户附近将中线再接地，如图 5-11 所示。

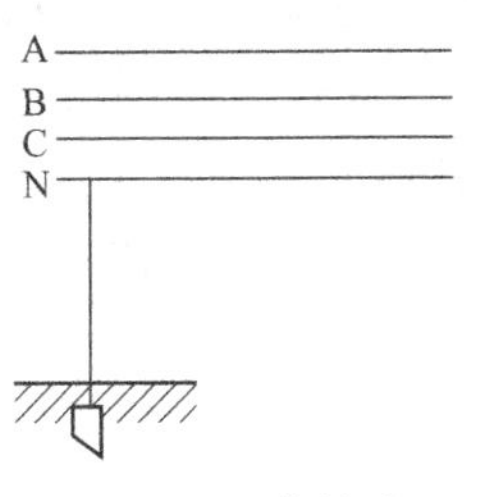

图 5-9　工作接地

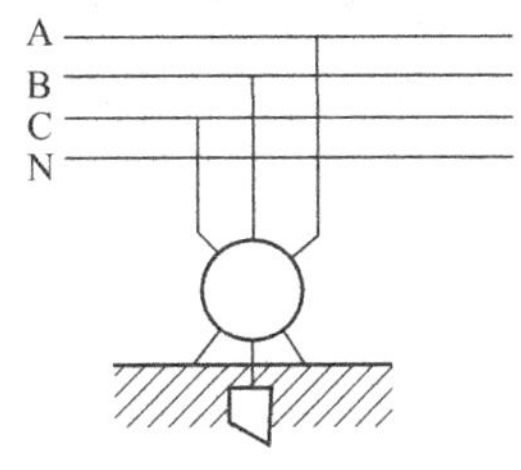

图 5-10　保护接地

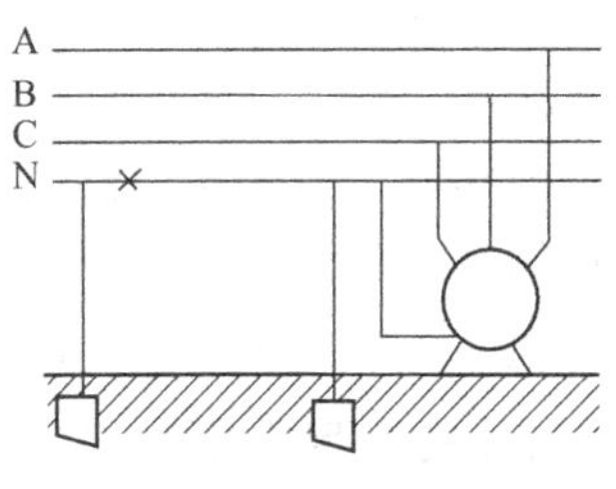

图 5-11　重复接地

5.2.3.2 保护接零

在有工作接地的系统中，应将电气设备的金属外壳或框架接零线，如图 5-12 所示。当设备的某相绕组与机壳相碰短路时，因有接零保护，使该相电源短接，电流很大，很快将该相熔丝烧断而断电。

必须强调指出，对于中点接地的三相四线系统，电气设备宜采取保护接零。

在采用保护接地和保护接零时，必须注意以下几点：

① 不允许在同一电源上把一部分用电设备采用接零保护，另一部分采用接地保护。因为当机壳接地的设备发生碰壳而开关没断开或保护熔丝未动作时，零线与大地间会出现电压（其大小等于接地短路电流乘以中点的接地电阻），将使其他接零的设备外壳对地都有较高的电压，造成触电危险。

② 采用保护接零时，接零的导线必须连接牢固，以防脱线。在零线上不允许安装熔断器和开关。为使火线碰壳时保护电器可靠地动作，要求接零的导线阻抗不能太大。因此，接地装置的安装要严格按照有关规定。安装完毕后，必须严格检测接地电阻值是否合乎要求。

③ 配电箱进线处零线接大地，配电箱出线引出火线（L），工作零线（N）和保护零线（也称地线）用“⏚”表示。插座和插头的正确接法如图 5-13 所示。

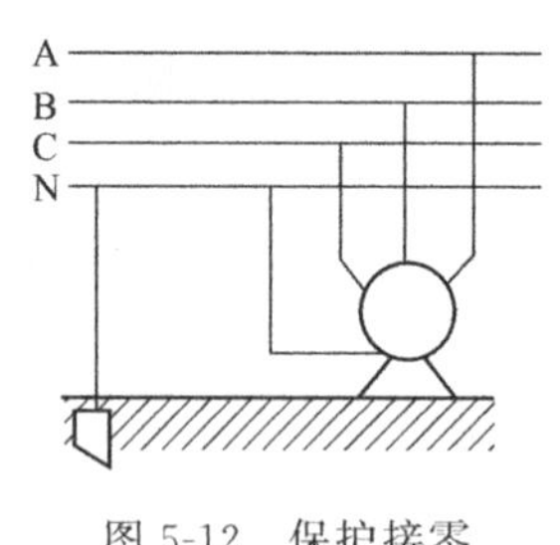

图 5-12 保护接零

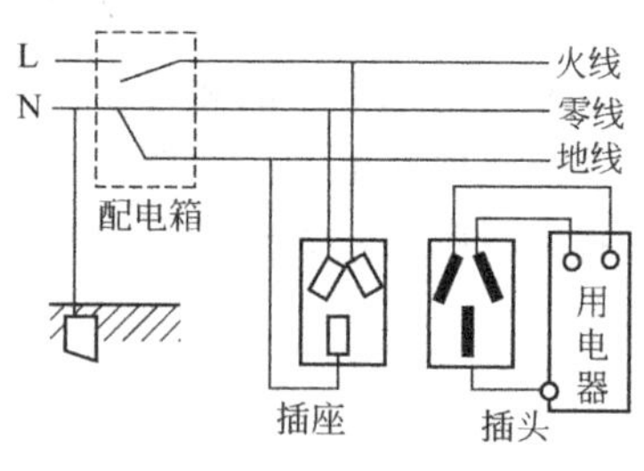

图 5-13 三线插座

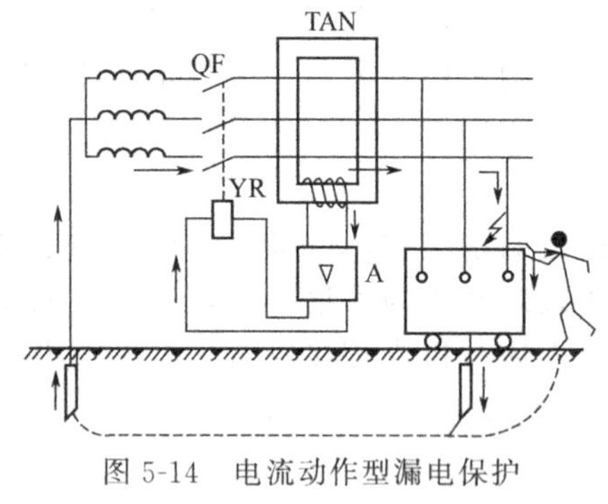

图 5-14 电流动作型漏电保护开关工作原理图

TAN—零序互感器；A—放大器；QF—主回路断路器（内含脱扣器 YR）

5.2.3.3 漏电保护开关

普通民用住宅的配电箱大多数采用熔断器作为保护装置。随着家用电器日益增多，这类保护装置已不能满足安全用电的要求。当设备因绝缘不良引起漏电时，由于泄漏电流很小，不能使传统的保护装置（熔断器、自动空气开关等）动作，可能发生触电事故。漏电保护开关就是针对这种情况发展起来的新型漏电保护装置。

漏电保护开关在检测与判断出漏电时，能自动切断故障电路。如图 5-14 所示为目前通用的电流动作型漏电保护开关的工作原理图。当设备正常运行时，主电路电流的相量和为零，零序互感器 TAN 的铁芯无磁通，其二次侧无电压输出；当设备发生漏电或单相接地故障时，由于主电路电流的相量和不再为零，零序互感器的铁芯有零序磁通，其二次侧有电压输出，经放大器 A 判断、放大后，输入脱扣器 YR，令断路器 QF 动作，从而切除故障电路，避免人员发生触电事故。

5.2.4 安全用电常识

① 严格按操作规程作业。在任何情况下，都不得用手来鉴别导体是否带电。

② 电器的熔丝禁用钢丝代替，禁止用一般胶布或药用胶布代替电工胶布。

③ 常用电器的开关应接在火线上。这样，开关断电后，电器不会有电压。

④ 更换熔丝时，应先切断电源，不得带电操作。

⑤ 拆开断裂的暴露在外部的带电接头，必须及时用绝缘物包好并悬挂到人身不会碰到的高处，以防有人触及。

⑥ 工厂车间内的照明灯具应按规定使用（有的只允许使用36V）；在特别潮湿的场所，只允许使用12V以下的照明灯。

⑦ 当遇到有人触电时，应迅速切断电源，或尽快用干燥的绝缘物（如棍棒等）打断电线或拨开触电者，切勿直接用手去拉触电者。当触电者脱离电源后，再根据具体情况救治。

⑧ 当发生电气火灾时，首先应切断电源，然后灭火。在切断电源前，严禁用水或一般酸性泡沫灭火器来灭火，只能用二氧化碳、二氟一氯、一溴甲烷（即1211）、二氟二溴式干粉灭火器。在灭火器材不足的情况下，可借助细砂子、细土灭火。

5.2.5　触电急救

当发生触电事故时，迅速、准确地进行现场抢救是使触电者起死回生的关键。人触电以后会出现神经麻痹、呼吸中断、心脏停跳等症状，外表上呈现昏迷的状态。使触电人迅速脱离电源，是救治触电人的第一步，然后依据触电人具体情况，采取相应的急救措施。

1）尽快脱离电源

遇到有人触电时，可采用拉闸断电，或者用绝缘材料将电源切断或打断电线等方法。救护者一定要做好自身防护，在切除电源前不得与触电人裸露接触。另外，在触电人脱离电源的同时，要防止触电人出现摔伤等二次事故。

2）现场急救

当触电人脱离电源后，应视触电人身体状况，确定护理和抢救方法，即对症救护。

(1) 触电人神志清醒，但有些心慌、四肢发麻、全身无力；或触电人一度昏迷，但已清醒过来，应使触电人安静休息，不要走动，严密观察，必要时送医院诊治。

(2) 触电人已失去知觉，但心脏仍在跳动，还有呼吸，应使触电人在空气清新的地方舒适、安静地平躺，保持呼吸通畅，并迅速请医生现场诊治。

(3) 如果触电人失去知觉，呼吸停止，但心脏仍在跳动，应立即进行人工呼吸，并及时请医生到现场。

(4) 触电人呼吸和心脏跳动完全停止，应立即进行人工呼吸和心胸外挤压急救，并迅速请医生到现场。

人工呼吸和胸外挤压法应该就地开始，在送往医院的途中也应继续。人工呼吸和心胸挤压的操作方法包括俯卧压背法、仰卧牵臂法、口对口人工吹气法和胸外心脏挤压法。

3）触电急救方法

下面介绍简单易行、效果较好的“口对口吹气法”和“胸外挤压心脏法”两种方法。

(1) 口对口吹气法

① 迅速解开触电人衣扣，松开紧身的内衣、裤带，使触电人的胸部和腹部自由扩张。将触电人仰卧，颈部伸直。如果舌头后缩，要将其拉直，使呼吸道畅通。当触电人牙关紧闭，可用小木棒从嘴角伸入牙缝慢慢撬开，将触电人头部后仰，舌根就不会阻塞气流，如图5-15(a)所示。

② 救护人在触电人头部的旁边，一只手握紧触电人的头部，另一只手扶起触电人的下颌，使嘴张开，如图5-15(b)所示。

③ 救护人做深吸气后，口对口吹气，同时观察触电人胸部的膨胀情况，以胸部略有起伏为宜。起伏过大，表示吹气太多，易把肺泡吹破；若不见起伏，表示吹气不足。所以吹气要适度，如图 5-15(c) 所示。

④ 当吹气完毕准备换气时，口要立即分开，并放开捏紧的鼻孔，让触电人自动向外呼气，如图 5-15(d) 所示。

按以上吹气方法反复操作，大约每 5s 吹一次，吹气约 2s，呼气约 3s。

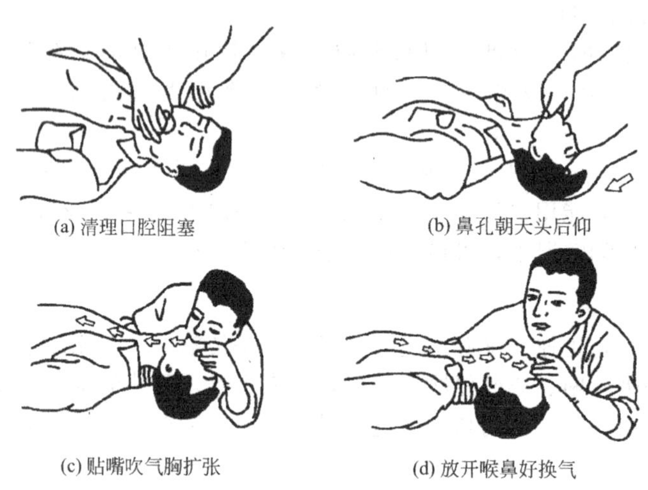

(a) 清理口腔阻塞　(b) 鼻孔朝天头后仰

(c) 贴嘴吹气胸扩张　(d) 放开喉鼻好换气

图 5-15　口对口人工呼吸法

(2) 胸外心脏挤压法

① 将触电人仰卧，同样要保持呼吸道畅通，背部着地处应平整、稳固。

② 选好正确的压触部位（心脏的位置约在胸骨下半段和脊椎骨之间），如图 5-16(a) 所示。救护人在触电人一边，两手交叉相叠，把下面那只手的掌根放在触电人的胸骨上（注意：不能压胸骨下端的尖角骨）。

③ 开始挤压时，救护人的肘关节要伸直，用力要适当，要略带冲击性地挤压，挤压深度为 3～5cm，如图 5-16(b) 所示。

④ 一次冲压后，掌根应迅速放松，但不要离开胸部，使触电人胸骨复位，如图 5-19(c) 所示。

挤压次数：成年人约 60 次/min，儿童 90～100 次/min。挤压过程中，应随时注意触电人脉搏是否跳动。

触电人心脏停止跳动时，现场若仅一个人抢救，应交替运用上述两种方法，即每吹气 1～2 次，挤压 10～15 次，循环往复。当触电人面色好转，嘴唇逐渐红润，瞳孔明显缩小，心跳、呼吸微起时，表明已将触电人从死亡的边缘拉回。

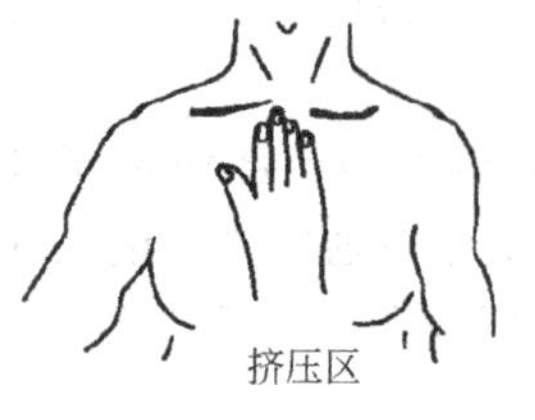

(a) 中指对凹膛当胸一手掌

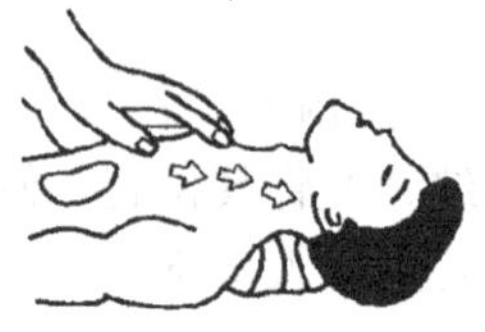

(b) 向下挤压3～5cm

(c) 突然松手复位

图 5-16　胸外挤压法

5.2.6　电气防雷、防火和防爆

5.2.6.1　电气防雷

1）雷电的主要危害

雷电是一种大气中带有大量电荷的雷云放电现象，对电气设备和建筑物有很大的危害。

（1）电磁效应的危害：雷电的高电压、大电流将毁坏电气设备的绝缘，造成大面积、长时间停电，引起火灾和爆炸，造成人身触电伤亡事故。

（2）热效应的危害：雷电流通过导体，在极短的时间内将产生巨大的热量，将烧熔导体，使线路断开，或引起火灾、爆炸。

2）雷电的防护

由于雷电具有极大的破坏力，因此国家的重要设施，如电力系统（如控制室、机房、变配电站、高压线路等）、使用和存储危险品的建筑物（如燃料库、火药库等）、重要建筑物（如机场、车站、古建筑等）等，都必须采取防护措施。

防护雷电的主要措施有：安装避雷针、避雷线、避雷网、避雷带。这些装置由接闪器、引下线和搭铁装置组成。接闪器承受直接雷击，巨大的雷电流通过阻值很小的引下线和搭铁装置导入大地，使被保护设施免受雷击。

5.2.6.2　电气防火和防爆

当电气设备发生事故时，很容易引起火灾，甚至爆炸，因此要积极预防。引起电气设备火灾或爆炸的原因主要有：

（1）电网中的火灾大都是由短路引起的。短路时，导线中的电流剧增，产生的大量热量引起燃烧，甚至熔化金属导线。短路一般发生在绝缘层损坏的地方。

（2）线路或电气设备长期过负荷运行。电流长期超过允许电流，可能使线路上的导线绝缘层燃烧，还可能使变压器及油断路器的油温过高，在电火花或电弧作用下燃烧并爆炸。

（3）导线接头处接触电阻过大，电路中的开关及触点接触不良，电气设备连续运行或过载时，该处过热，容易引起燃烧。

（4）周围空间有爆炸性混合物或气体时，直流电动机换向器上的火花或静电火花都有可能引起火灾和爆炸。

电气防火和防爆的措施主要有：

（1）根据使用场所合理选择电气设备的类型。对于容易引起火灾或爆炸的场所，使用和安装电气设备时，应选用防爆型、密封型等合适的类型。

（2）电力网合理布线，采用规定的导线、规定的布线方法等，严格遵守规定，杜绝事故隐患。

（3）采用正确措施实行短路保护、过流保护等。

（4）监视电气设备运行情况，防止过负荷运行。

（5）严格遵守安全操作规程和有关规定。

万一发生电气火灾，首先要切断电源，然后灭火，并及时报警。

5.2.7　静电的防护

5.2.7.1　静电感应

将一段导体放在另一段带电导体的电场中，自由电荷将做瞬间的定向移动，立即达到平衡，导体两端各带等量异性电荷，这种现象称为静电感应。

静电是普遍存在的物理现象，其产生的原因有：两个物体之间互相摩擦可产生静电；处在电场内的金属物体会感应静电；施加过电压的绝缘体会残留静电。

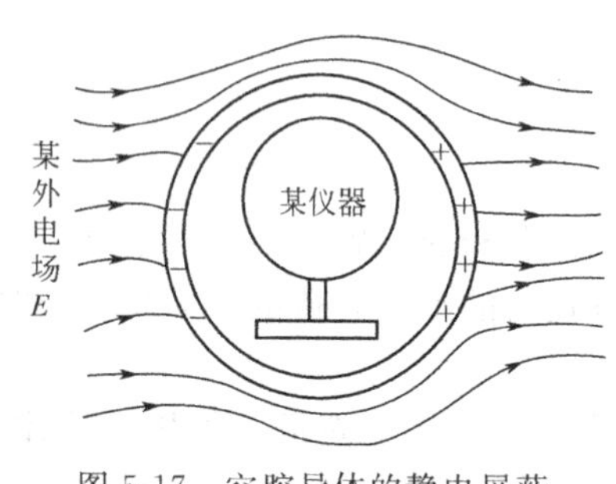

图 5-17 空腔导体的静电屏蔽

5.2.7.2 **静电屏蔽**

金属导体和金属网能够把外界的电场遮挡住，使其内部不受外界电场的影响。这种现象称为静电屏蔽，如图 5-17 所示。

应用静电屏蔽可以保护仪器、设备免受外电场影响。如某些精密仪器为了免受外电场的干扰，而将其置于金属罩内；某些电子设备、通信电缆电源部分采用屏蔽线；在超高压作业时，利用均压服等，都是静电屏蔽的具体应用。在目前的中高级轿车上，对于某些汽车电子控制系统的传感器，在其与车载电脑间采用屏蔽线来防护外部干扰。

思考与练习

一、填空题

1. 指针式万用表上的直流电压用__________表示，交流电流用__________表示。

2. 用交流电压挡测量直流电压时，表指针读数__________；用直流电压挡测量交流电压时，表指针读数__________。

3. 指针式万用表测量直流电压时，将红表笔插入“2500V”专用插孔，指针读数在“2.5V”刻度线上为 1.25V，实际电压应为__________V。

4. 测量直流电压时，红表笔应接被测电路的__________，黑表笔接被测电路的__________。

5. 电阻挡调零时，应先__________，然后__________。

6. 如果不知道被测参数的大概数值，应将量程放在__________位置，然后__________，直到合适为止。

7. 测量电压时，应将万用表__________在电路两端；测量电流时，应将电流表__________在电路中。

8. 测量发动机转速时，应将汽车专用万用表的功能选择开关转向__________挡，转速测量专用插头插入____座孔与____座孔，感应式转速传感器（汽车万用表附件）夹在__________上。在发动机工作时，显示屏即显示______。

9. 测量喷油脉宽时，应该先测出________，再测出__________，然后按公式__________计算，得出喷油脉宽。

二、简答题

1. 电流表和电压表有何区别？在电路中如何连接？使用时应注意什么？

2. 常见鸟类落在裸露的高压线上，为什么不会产生触电后果？人体接触 380V/220V 系统中的单根导线是否会造成触电事故？

第 6 章　半导体器件及应用

【教学提示】

教	知识重点	1. 二极管 2. 汽车上常用的二极管 3. 晶体管 4. 晶闸管
	知识难点	二极管，晶体管，晶闸管
	推荐教学方式	从任务入手，从实物出发，边讲边学
	建议学时	8 学时
学	推荐学习方法	自己先预习，不懂的地方做出记录，查资料，听老师讲解；在老师指导下做认知实验，要在老师的指导下通电验证
	需要掌握的知识	1. 二极管 2. 汽车上常用的二极管 3. 晶体管 4. 半导体的开关特性 5. 晶闸管
	需要掌握的技能	1. 二极管的测试 2. 晶体管的管型和引脚的判别

1948 年第一个半导体器件问世，自此半导体技术飞速发展，在工业、农业、科技等领域获得广泛应用。其中，半导体二极管、稳压管、晶体管、晶闸管都是常用的半导体器件，了解它们的结构、原理、特性及参数是学习电子技术和分析电子电路必不可少的基础，也是学好应用电路必备的条件，能为以后汽车专业课的学习打下坚实的基础。

【学习目标】

① 掌握二极管的简单测试方法；

② 熟悉汽车上所用的一些光电器件；

③ 掌握晶体管的电流分配及放大作用；

④ 掌握晶体管的管型和引脚判别方法；

⑤ 掌握半导体管的开关特性。

6.1　半导体基础知识

本节主要介绍本征半导体，杂质半导体，PN 结及其单向导电性。

导电性介于导体和绝缘体之间的物质称为半导体。半导体材料有三个特点：热敏性、光敏性和掺杂性。

本征半导体就是完全纯净的具有晶体结构（即原子排列按一定规律排得非常整齐）的半导体。杂质半导体就是在本征半导体中掺入微量的有用杂质后形成的半导体，分为 P 型和 N 型两大类。

6.1.1　半导体及其特性

对于自然界中的物质，按照其导电能力，分为导体、绝缘体和半导体三类。导电性介于导体和绝缘体之间的物质称为半导体，如硅（Si）、锗（Ge）、硒（Se）、砷化镓以及大多数金属氧化物和硫化物等。

半导体的最大特点是其导电能力受温度、光照、掺杂等影响很大。一般说来，半导体材料有三个特点：

(1) 热敏性。大部分半导体的导电能力随温度升高而增强。有些半导体对温度的反应特别灵敏，通常采用这种半导体做成热敏元件。

(2) 光敏性。半导体的导电能力随光照强度的变化而变化。有些半导体在光照强度变化时，变化很大。例如硫化镉薄膜，当无光照时，它的电阻达到几十兆欧，是绝缘体；受到光照时，电阻只有几十千欧。利用半导体的这种特性，可以做成各种光敏元件。

(3) 掺杂性。如果在纯净的半导体中掺入微量的其他元素（通常称作掺杂），半导体的导电能力会随着掺杂浓度的变化而发生显著变化。例如，在纯硅中掺入1%的磷以后，其电阻率ρ从$2.14\times10^5\Omega\cdot cm$变化到$0.2\Omega\cdot cm$。不同用途的基本半导体器件，如二极管、晶体三极管、场效应管等就是利用半导体的这个特性制成的。

6.1.2 本征半导体

本征半导体就是完全纯净的具有晶体结构（即原子排列按一定规律排得非常整齐）的半导体。图6-1(a)、(b) 所示分别是典型的半导体材料硅和锗原子结构示意图，它们最外层都有四个电子，称为价电子，因此都是四价元素。价电子直接影响半导体的导电性能，因此常常把完整的原子结构用简化图形表示，如图6-1(c) 所示。

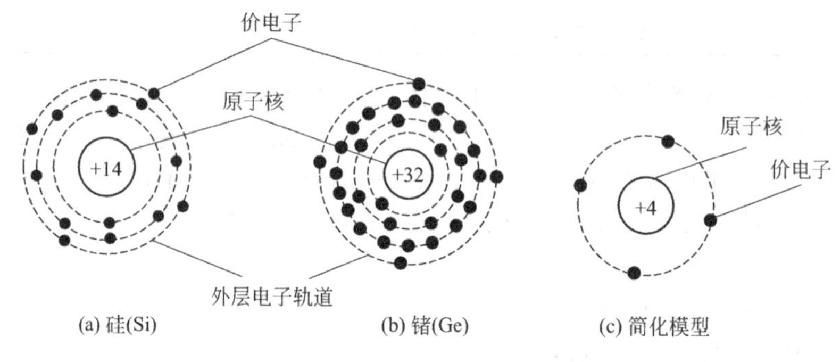

图6-1 硅和锗的原子结构

在硅和锗的晶体中，原子按一定的规律整齐地排列，每一个原子都与相邻的四个原子结合，并且距离相等，如图6-2所示。由于距离很近，最外层的价电子不仅受自身原子核的束缚，而且受相邻原子核的吸引，成为共价电子。两个相邻原子共有一对价电子的现象称为共价键结构。在硅和锗的晶体中，每个原子和相邻的四个原子就是靠共价键紧密而牢固地结合在一起。因此，半导体晶体的结构就是共价键结构。共价键结构是半导体晶体在结构上的本质特征，因此又称为本征半导体。

具有共价键结构的本征半导体有下述特点。

① 本征半导体的共价键对价电子的束缚力较强，不像自由电子那样活泼，所以本征半导体的导电性能不如导体。

② 共价键中的少量价电子在温度升高或光照的激励下，获得足够的动能，将挣脱共价键的束缚成为自由电子，如图6-3所示。自由电子带负电荷，在外电场的作用下，逆着电场方向定向运动，形成电子电流。所以，自由电子是本征半导体的载流子之一。

③ 价电子在成为自由电子后，在其原来的位置留下一个空位，称为空穴。空穴具有吸引电子的作用，因此被认为带有正电荷。在外电场的作用下，相邻原子的价电子很容易挣脱共价

键的束缚来填补空穴，从而在相邻原子的共价键中产生一个新空穴。该空穴也可以由相邻原子的价电子填补，从而在相邻原子中又产生一个空穴。如此继续下去，在半导体中就产生了空穴运动。因空穴运动能形成空穴电流，所以，空穴是本征半导体的载流子之二。

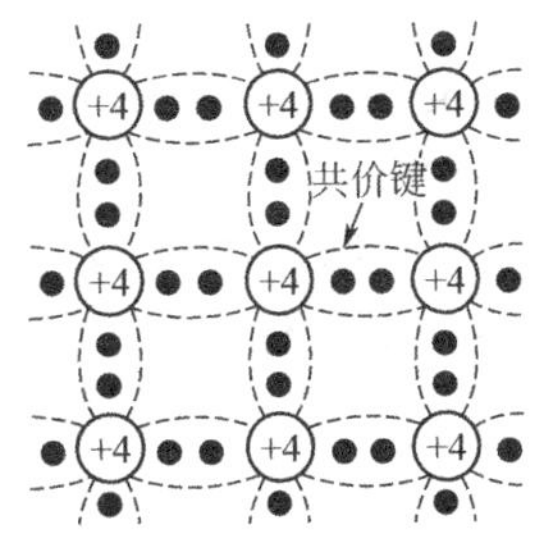

图 6-2　硅和锗晶体的共价键结构

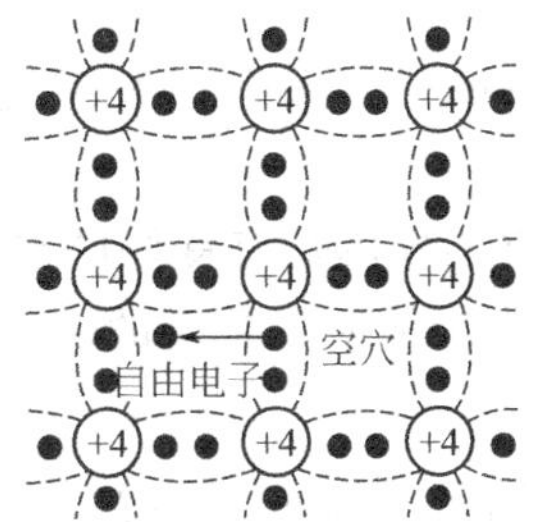

图 6-3　热激发产生自由电子和空穴

本征半导体中有两种载流子（自由电子和空穴）同时参与导电，这是本征半导体区别于金属导体的一个重要特性。但是在常温下，本征半导体中的载流子很少，导电能力很弱。如果在其中掺入微量的有用杂质，将使掺杂后的半导体的导电性能大大增强。

6.1.3　杂质半导体

杂质半导体就是在本征半导体中掺入微量的有用杂质后形成的半导体。因掺入杂质的性质不同，杂质半导体分为 P 型和 N 型两大类。

6.1.3.1　P 型半导体

P 型半导体是在硅（或锗）晶体中掺入微量的三价元素硼 B（或铝 Al、镓 Ga、铟 In）形成的半导体。在这种半导体中，晶体的某些硅原子将被硼原子取代。因为硼原子只有三个价电子，它与周围的四个硅原子组成共价键时，因缺少一个价电子而产生一个空穴。该空穴很容易被附近共价键的价电子填补。这时，硼原子成为负离子，原来价电子处形成一个空穴，如图 6-4(a) 所示。注入三价元素越多，空穴越多。

可见，掺入三价元素后，空穴数量大大增加，远远超过由于热激发而产生的自由电子数。所以，在 P 型半导体中，空穴为多数载流子，简称多子；自由电子为少数载流子，简称少子。这类半导体主要靠空穴导电，称为空穴型半导体或 P 型半导体。

6.1.3.2　N 型半导体

N 型半导体是在硅（或锗）晶体中掺入微量的五价元素磷 P（或砷 As、锑 Sb）形成的半导体。在这种半导体中，晶体的某些硅原子将被磷原子取代。因为磷原子有五个价电子，其中四个与周围的硅原子组成共价键，多余的一个电子不受共价键束缚，只受自身原子核吸引，由于束缚力比较微弱，在常温下即可成为自由电子，如图 6-4(b) 所示。磷原子失去多余的价电子后，并不产生空穴，而是成为正离子。注入五价元素越多，自由电子数量越大。

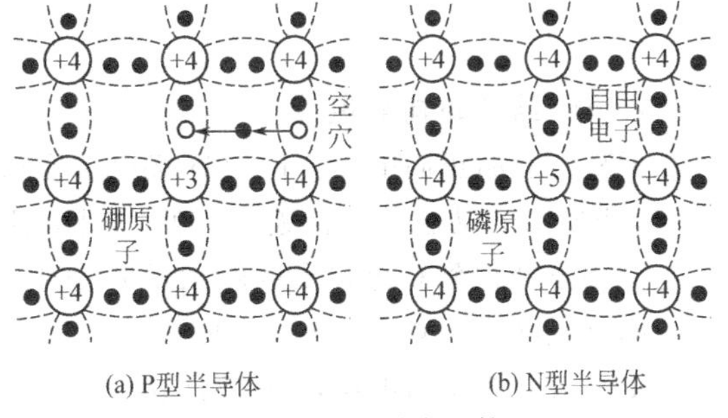

(a) P型半导体　(b) N型半导体

图 6-4　杂质半导体

可见，掺入五价元素后，增加了大量额外的自由电子，使得自由电子数大大超过硅晶体本身由于热激发而产生的空穴数。所以，自由电子为多数载流子，简称多子；空穴为少数载流子，简称少子。这种杂质半导体称为电子型半导体，即 N 型半导体。

综上所述，无论是P型还是N型半导体，其中多数载流子都是掺入杂质造成的，尽管杂质含量微乎其微，却能使其导电性能大大改善；它们的少数载流子都是由于热激发产生的。虽然少子浓度很低，但对温度非常敏感，其浓度随温度的升高而增大，因此温度是影响半导体性能的一个重要因素。

值得注意的是，无论是N型还是P型半导体，虽然它们都有一种载流子占多数，但由于掺入的杂质也是原子，而原子均为中性，因此整体上仍然呈电中性。

由于杂质半导体具有良好的导电性，在实际中常用来生成PN结。PN结具有单一型（P型或N型）半导体所不具备的新特性，利用此特性制造出了各种半导体器件，推动了电子技术的发展。

6.1.4 PN结及其单向导电性

6.1.4.1 PN结的形成

当P型半导体和N型半导体通过一定的工艺结合在一起时，在交接面必然发生由于载流子浓度不均匀而引起的电子和空穴的扩散运动，即P区的空穴向N区扩散，N区的电子向P区扩散，如图6-5所示。扩散的结果，在交接面附近的P区留下一些带负电的杂质离子（用㊀表示），在N区留下一些带正电的杂质离子（用⊕表示），因此在交接面形成了一个空间电荷区，也就是PN结。该空间电荷区在交接面形成一个内电场，其电场方向恰好与多数载流子的扩散方向相反，它一方面阻碍多数载流子的扩散，另一方面促进少数载流子的漂移（载流子从浓度低的区域向浓度高的区域的运动），即P区的电子向N区漂移，N区的空穴向P区漂移。

扩散运动和漂移运动是相互联系，又相互矛盾的。在一定的温度条件下，两种运动达到动态平衡，空间电荷区的宽度基本稳定下来，此时，PN结处于相对稳定的状态。

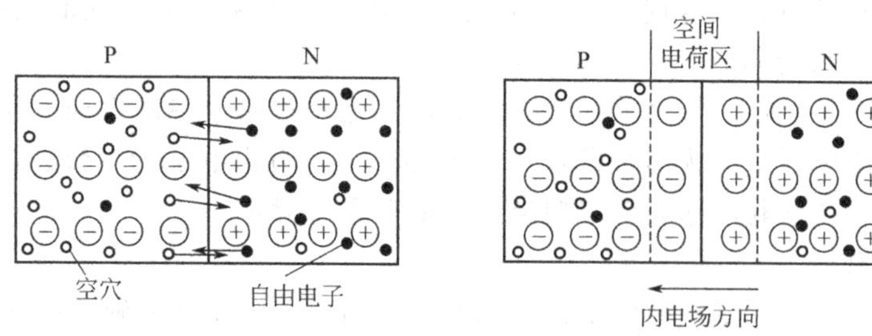

图6-5 PN结的形成

6.1.4.2 PN结的单向导电性

在PN结上加正向电压，即P区接电源正极，N区接电源负极。此时，由于外电场与内电场反向，PN结的动态平衡被破坏，使空间电荷区的宽度变窄，多数载流子的扩散运动增强，并从电源中不断得到补充，形成较大的扩散电流——正向电流。此时，PN结处于低阻状态，称为正向导通状态，如图6-6(a) 所示。

在PN结上加反向电压，即N区接电源正极，P区接电源负极。此时，由于外电场与内电场同向，PN结的动态平衡也被破坏，使空间电荷区的宽度变宽，多数载流子的扩散运动无法进行，而少数载流子的漂移运动得以加强，形成较小的漂移电流——反向电流。此时，PN结处于高阻状态，称为反向截止状态，如图6-6(b) 所示。

由此可见，PN结具有正向导通、反向截止的单向导电性。应注意，加在PN结两端的正向电压必须大于内电场的电压，才能使PN结导通；否则，PN结不导通。

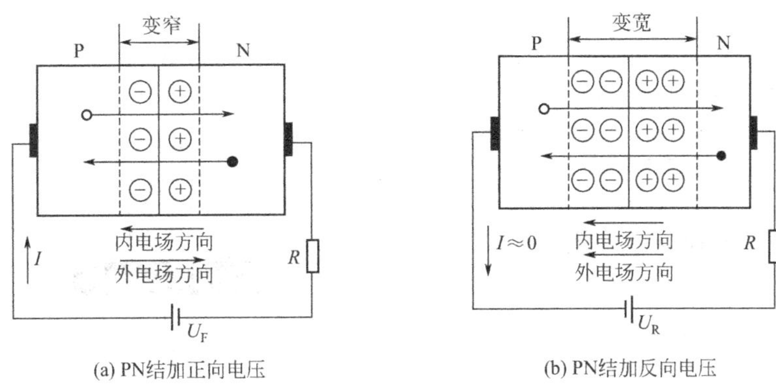

图 6-6　PN 结的单向导电性

6.2　二极管

本节主要介绍二极管的结构及分类，伏安特性，二极管的简单测试。

二极管又称半导体二极管（简称二极管），它由一个 PN 结加上接触电极、引出线和管壳构成。二极管具有单向导电性。

二极管的伏安特性是指加在二极管两端的电压 U 与流过二极管的电流 I 之间的关系。

二极管的参数是反映二极管电性能的质量指标，是正确选择和使用二极管的依据。

6.2.1　二极管的结构及分类

二极管又称半导体二极管（简称二极管），它由一个 PN 结加上接触电极、引出线和管壳构成。P 区引出线叫做正极，N 区引出线叫做负极，如图 6-7(a) 所示。

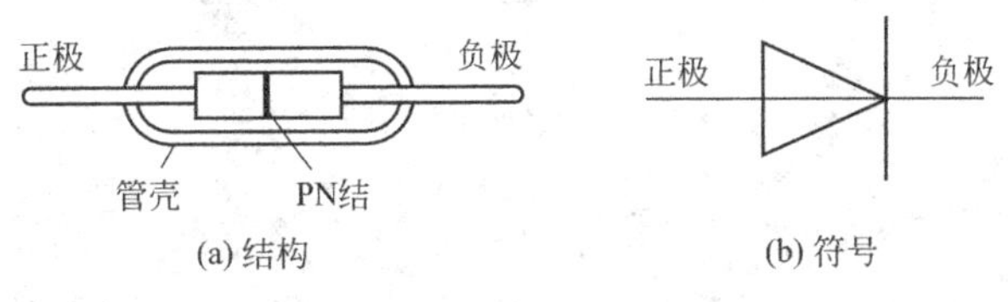

图 6-7　二极管的结构与符号

二极管的符号如图 6-7(b) 所示，它表示二极管具有单向导电性，箭头表示正向电流的方向。

根据内部结构的不同，二极管分为点接触型、面接触型和平面型，如图 6-8 所示。

点接触型二极管的 PN 结接触面积小，通过的电流小，结电容小，适用于高频检波、脉冲电路以及小电流整流电路。

面接触型二极管的结面积大，容许通过的电流较大，结电容大，适合作为低频大电流整流元件。

平面型结构采用光刻工艺制成。这种二极管结面积较大时，可以通过较大电流，适用于大功率整流；结面积较小时，电流小，结电容也小，适用于数字电路中作为开关管。

常见二极管的外形如图 6-9 所示。

根据所用半导体材料不同，二极管分为锗管和硅管两类。

依据用途不同，二极管分为普通二极管、整流二极管、开关二极管和稳压二极管等。

按国家标准 GB 249-74 的规定，国产二极管的型号由五个部分组成，如表 6-1 所示。

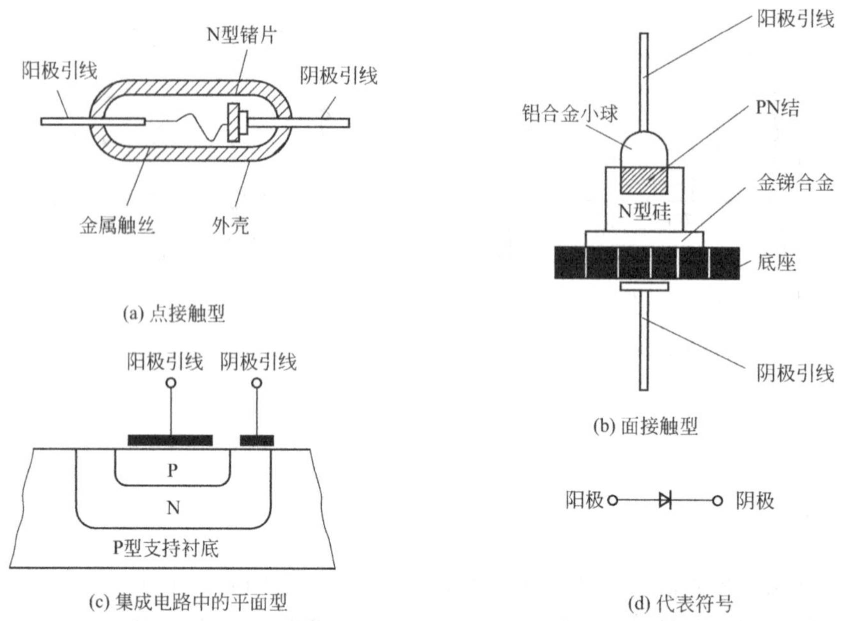

图 6-8 晶体管二极管的结构及符号

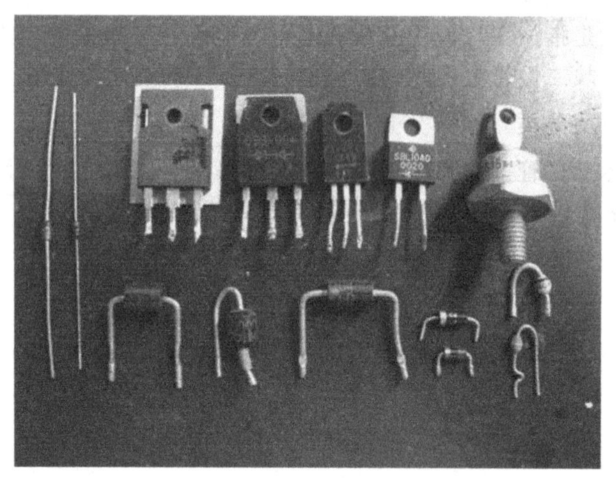

图 6-9 常见二极管的外形

表 6-1 国产二极管型号

第一部分(数字)	第二部分(拼音)	第三部分(拼音)	第四部分(数字)	第五部分(拼音)
电极数目	材料与极性	二极管类型	二极管的序号	规格号
2—二极管	A—N锗材料 B—P锗材料 C—N硅材料 D—P硅材料 E—化合物材料	P—普通管 W—稳压管 Z—整流管 L—整流堆 K—开关管 F—发光管 U—光电管	表示某些性能与参数上的差别	表示同型号中的挡别

6.2.2 二极管的伏安特性

二极管的伏安特性是指加在二极管两端的电压 U 与流过二极管的电流 I 之间的关系。通常用曲线形象地表示这种关系，所以叫做伏安特性曲线。图 6-10 所示为二极管的伏安特性曲线。

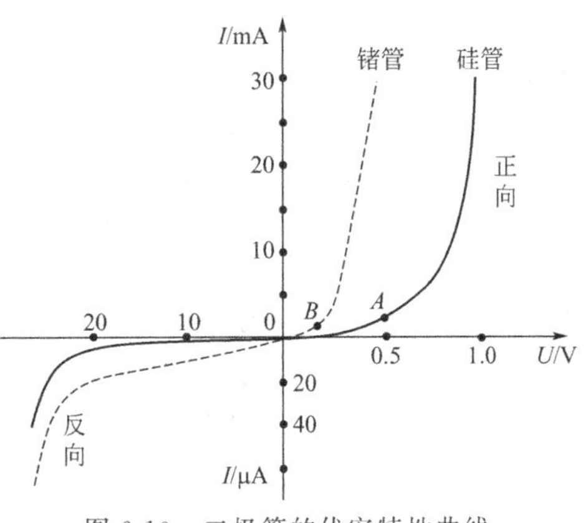

图 6-10　二极管的伏安特性曲线

6.2.2.1　**正向特性**

二极管两端不加电压时，其电流为 0，故特性曲线从坐标原点开始。当外加正向电压时，二极管内有正向电流通过。当正向电压较小时，外电场不足以削弱内电场，多数载流子的扩散运动受到较大阻碍。此时，二极管的正向电流很小，称为死区，即图 6-10 中的 *OA* 段（硅管的死区电压约为 0.5V，锗管的死区电压约为 0.2V）。正向电压值超过死区电压值后，内电场被大大削弱，随电压 U 的增加，正向电流很快增大，二极管正向电阻变小（二极管电阻是非线性电阻，其值随外电压 U 的改变而改变）。硅管的正向导通电压为 0.7V 左右，锗管为 0.3V 左右。

6.2.2.2　**反向特性**

当外加反向电压时，反向电流极小，可以认为二极管是不导通的。反向电流越小，说明二极管的反向电阻越大，反向截止性能越好。一般硅管的反向电流要比锗管小很多（通常硅管为几微安到几十微安，锗管可达几百微安）。当反向电压增加到一定数值时，反向电流突然剧增，这种现象称为反向击穿。这时所加的反向电压称为反向击穿电压。二极管一旦被反向击穿，就失去了单向导电性。二极管正常工作时，是不允许出现这种情况的。

6.2.3　二极管的主要参数

二极管的参数是反映二极管电性能的质量指标，是正确选择和使用二极管的依据。二极管的主要参数如下。

（1）最大整流电流 I_{FM}。它是指二极管长时间使用时，允许通过的最大正向平均电流。使用时，工作电流要小于这个电流，否则电流过大，有可能使二极管烧坏。

（2）最高反向工作电压 U_{RM}。它是指允许加在二极管两端的最高反向电压。最高反向工作电压一般为击穿电压的一半或三分之二。

（3）最大反向电流 I_{RM}。它是指二极管加最高反向工作电压时的反向电流值。反向电流值越小，管子的单向导电性能越好。其值随着温度的上升而显著增加，因此温度会影响二极管的性能。

（4）最高工作频率 f_M。它是指保证二极管具有单向导电作用的最高工作频率。当工作频率过高时，二极管的单向导电性能变差，甚至失去单向导电性。点接触型锗管的最高工作频率可达几百兆赫，面接触型硅整流管的最高工作频率只有 3000Hz。

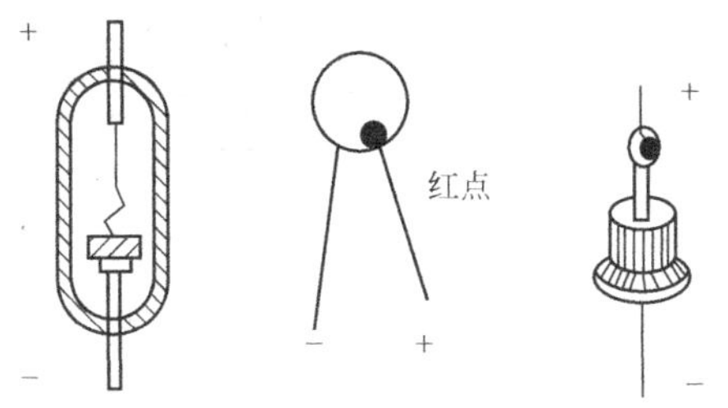

(a) 有透明外壳　(b) 有色点标志　(c) 有符号标志

图 6-11　二极管极性的外观识别

6.2.4　二极管的简单测试

6.2.4.1　**外观上识别二极管的极性**

对于二极管的极性，如果其封装完好，可以从外观上识别，如图 6-11 所示。有一种透明外壳的二极管，有晶体片的一端为负极，另一端为正极，如图 6-11(a) 所示；有的二极管上有色点标志，有红点的一端引线为正极，另一端为负极，如图 6-11(b) 所示；还有一种二极管上画有符号标志，即有三角形一端的引线为正极，另一端为负极，如图 6-11(c) 所示。

6.2.4.2 用指针式万用表判别二极管的极性及性能

二极管的极性及性能通常根据二极管外壳上的标记符号来辨别。如标记不清或者没有标记，可根据二极管的单向导电性，即正向电阻小、反向电阻大的特点，用万用表来判断极性和性能。测试小功率二极管时，应选 R×100 或 R×1k 挡。因为 R×1 和 R×10 挡内电阻小，流过管子的电流大，正向电流过大，容易烧坏管子；而 R×10k 挡内部电压高（一般为 12V 或 15V)，二极管易发生因反向电压过高被击穿。

注意：在指针式万用表电阻挡，黑表笔为表内电池的正极，红表笔为表内电池的负极，与插孔所标极性相反。用数字式万用表的二极管挡，红表笔为表内电池的正极，黑表笔为表内电池的负极，与插孔所标极性相同。两种不同类型万用表的内部结构如图 6-12 所示。

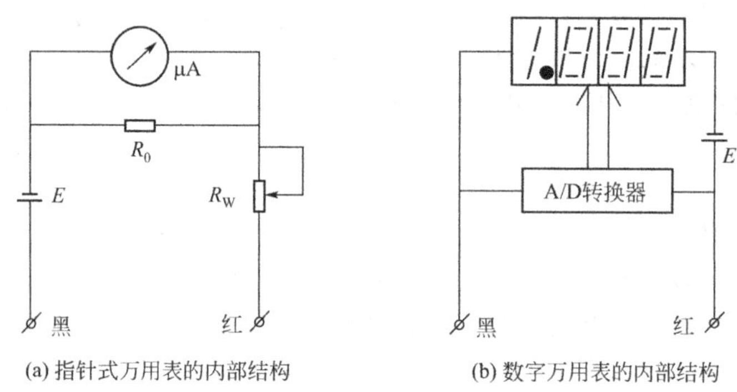

图 6-12 万用表结构图

测试方法：将万用表的转换开关拨到 R×100 或 R×1k 挡，然后用两支表笔分别正向、反向测量其电阻值，一次测量结果为几百欧到几千欧（正向电阻)；调换表笔后，测量结果为几百千欧（反向电阻)。如测量出几百欧到几千欧小电阻值，与黑表笔相连的一端为正极，与红表笔相连的一端为负极；反之，如测量出几百千欧大阻值，则与红表笔相连的一端为正极，与黑表笔相连的一端为负极，如图 6-13 所示。若测量的正向电阻和反向电阻均很小（等于零)，表明二极管短路；若测量的正向电阻和反向电阻均为∞，表明二极管断路。

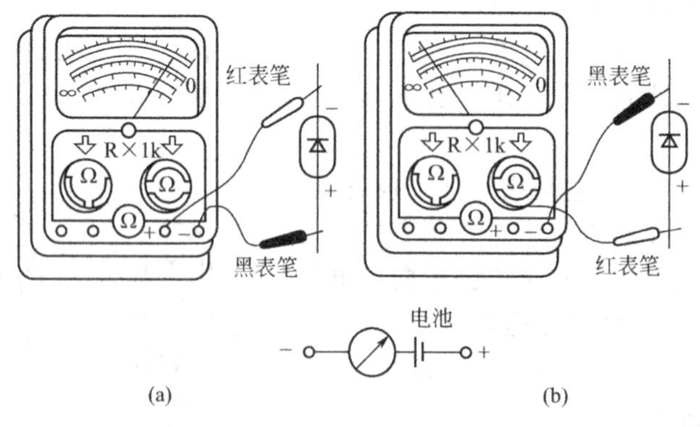

图 6-13 二极管的测量

6.2.4.3 用数字式万用表判别二极管的极性及性能

数字万用表两支表笔的极性在各挡与插孔所标的极性相同。如图 6-14 所示，当用数字式万用表测试二极管时（需置于标有二极管符号的挡位)，用红表笔接二极管的正极，黑表笔接二极管的负极。数字式万用表直接显示二极管的正向电压降。正常情况下，硅二极管的正向电压降为 0.5～0.7V，锗二极管的正向电压降为 0.2～0.3V。反接时，应显示溢出符号“1.”或“.0L”（不同型号的万用表，显示有差别）。测量时，若正、反向均显示“0”，表明二极管已经击穿短路；如果正、反向皆显示“1.”或“.0L”，表明二极管内部断路。

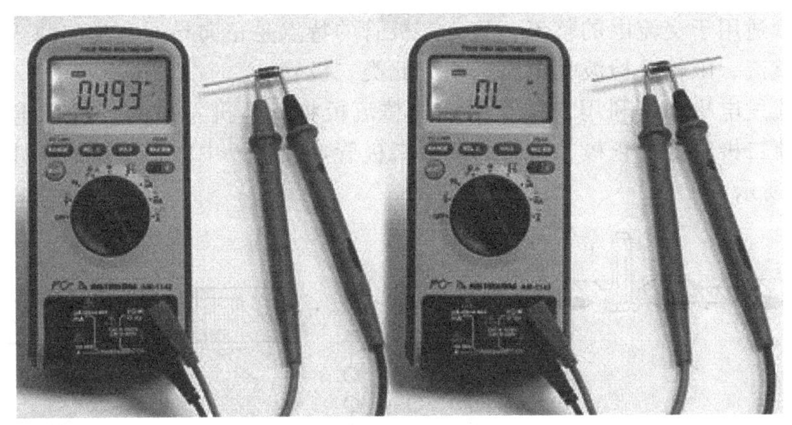

图 6-14　数字式万用表判别二极管的极性及性能

6.3　汽车上的常用二极管

本节主要介绍汽车上常用的整流二极管和稳压二极管。

整流二极管适用于交流电的整流。整流二极管的特点是正向导通，反向截止。在汽车电路中，二极管的整流、限幅及检波等电路都可以用到此类二极管。

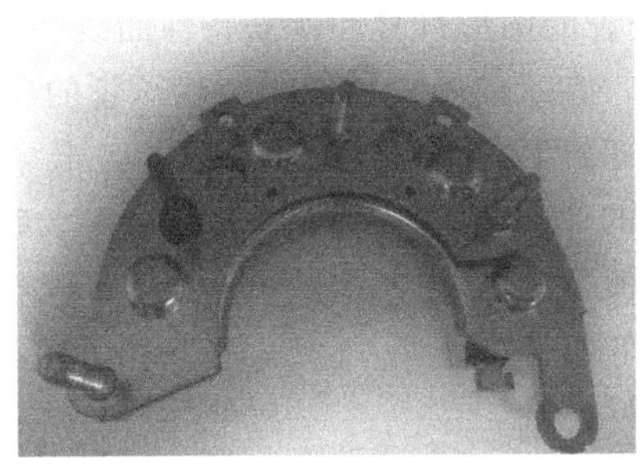

图 6-15　汽车上常用的整流二极管

硅稳压二极管是一种用特殊工艺制造的面接触型二极管。它工作在反向击穿状态，而且在反向击穿电压消失后，仍能恢复单向导电性。

6.3.1 整流二极管

整流二极管适用于交流电的整流。整流二极管的特点是正向导通，反向截止。在汽车电路中，二极管的整流、限幅及检波等电路都用到此类二极管。

在汽车交流发电机中，利用二极管组成的整流板将发电机发出的三相交流电整流为直流电。汽车的整流二极管分为正极二极管和负极二极管，二者以中间引出极的极性来区分，如图6-15和图6-16所示。

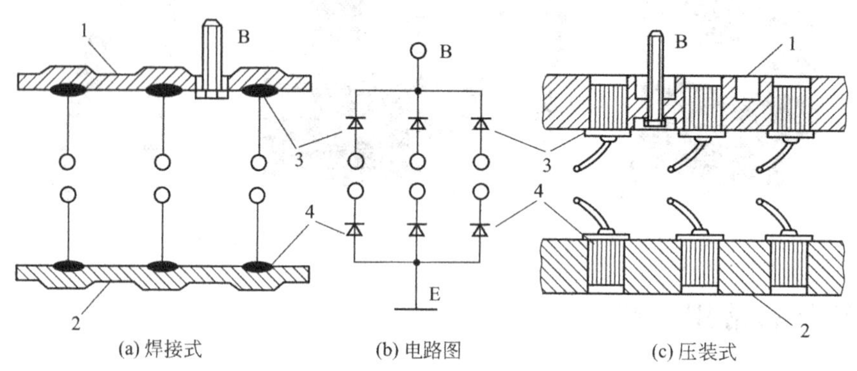

图 6-16 二极管安装示意图

1—正整流板；2—负整流板；3—正极管；4—负极管

1）正极二极管

正极二极管的引出极为正极，外壳为负极，在管壳底上一般标有红色标记。在负极搭铁的硅整流发电机中，三个正极二极管的外壳压装在散热板的三个座孔内，共同组成发电机的正极，由一个与发电机后端盖绝缘的整流板固定螺栓通至机壳外，作为发电机的火线接线柱（电枢接线柱）。

2）负极二极管

负极二极管的引出极为负极，外壳为正极，在管壳底上一般标有黑色标记。三个负极二极管的外壳压装在后端盖的三个孔内，和发电机外壳一起成为发电机的负极。

6.3.2 稳压二极管

6.3.2.1 稳压二极管的特性

硅稳压二极管（如图6-17所示）是一种用特殊工艺制造的面接触型二极管。它和普通二极管的不同之处是它工作在反向击穿状态，而且在反向击穿电压消失后，仍能恢复单向导电性。图6-18所示是硅稳压二极管的图形符号和伏安特性曲线。

由伏安特性曲线可以看出，在反向电压较低时，稳压管的反向电流和普通二极管一样，几乎为零。当反向电压达到或略超过U_A时，硅稳压二极管被击穿，反向电流开始迅速增加。在伏安特性曲线的AB段，电流的变化范围较大（从几毫安增大到几十毫安），而稳压管两端的电压变化很小。利用其反向电流变化很大，而反向击穿电压基本不变的特性，可以达到稳压的目的。AB段就是稳压管的工作区域。

6.3.2.2 稳压二极管的主要参数

1）稳定电压U_V

U_V指稳压管在正常工作情况下的电压，即对应反向击穿区AB段V点的电压。对于每个稳压管，只有一个稳定电压值 U_V。由于同一型号稳压管的参数差别较大，在手册中只能给出某一型号管子的稳压范围，选用时，必须测试才知道其准确的稳压值。如 2CW18 型稳压管的稳压值是 10～12V，也就是说，如果把一个 2CW18 用在电路中，它可能稳压在 10V；换另一个 2CW18，可能稳压在 12V。

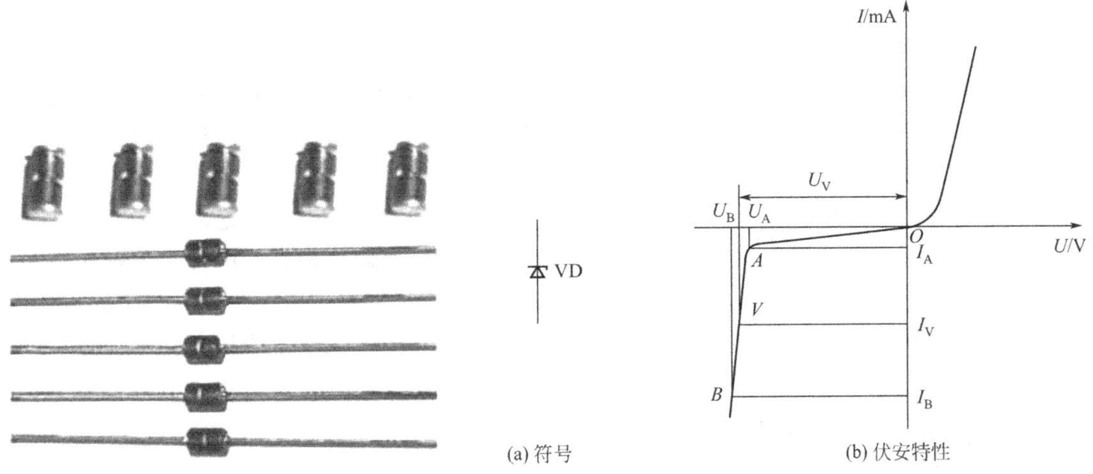

图 6-17　常用硅稳压二极管的外形　　图 6-18　硅稳压管的符号和伏安特性

2）稳定电流 I_V

I_V 是指稳压管在正常工作情况下的电流，在特性曲线上就是对应于 V 点的电流，其范围在 I_A 与 I_B 之间。

3）最大稳定电流 I_M

I_M 指稳压管的最大允许工作电流，即特性曲线中的 I_B。如超过此电流，稳压管将因过热而损坏。

4）动态电阻 r_V

r_V 是衡量稳压管稳压性能的参数，它等于稳压管两端电压的变化量和对应的电流变化量之比，即

$$r_V = \Delta u_V / \Delta I_V$$

动态电阻越小，硅稳压管的反向击穿特性曲线越陡，稳压性能越好。

6.3.2.3　硅稳压二极管稳压电路

由硅稳压管组成的稳压电路如图 6-19 所示。稳压电路由限流电阻 R 和硅稳压管 VD 组成。因电路中硅稳压管与负载 R_L 并联，所以又称为并联型稳压电路。

并联型硅稳压管稳压电路的稳压原理如下所述。

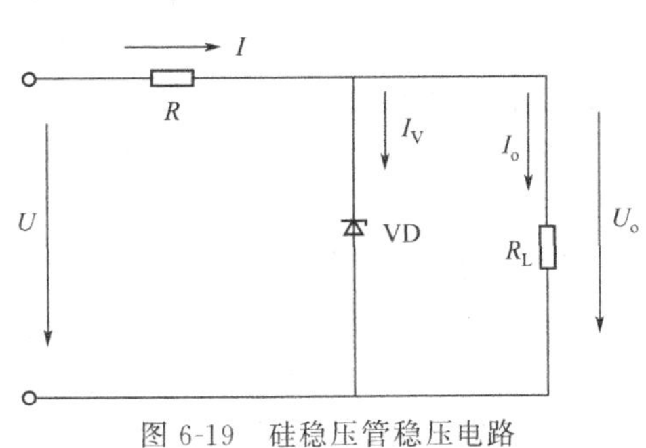

图 6-19　硅稳压管稳压电路

1）负载不变，电网电压变化

当交流电网电压波动使整流电路的输出电压 U_2 升高时，硅稳压管 VD 两端电压将升高。由特性曲线可知，当稳压管工作在反向击穿区时，稳压管两端的反向电压有微量增加，流过硅稳压管的电流 I_V 增加很多。I_V 的增加使流过限流电阻 R 上的总电流 I 随之增加，这样，在 R 上产生的电压降 U_R 增加，基本上抵消了输入电压 U_2 的增加，从而保持输出电压 U_o 稳定。

如果电源电压降低，其工作过程相反，U_o 仍能保持稳定。

2）电网电压不变，负载电阻变化

负载电阻 R_L 增大而使负载电流减小时，由于负载电阻 R 上的电压降减小，必然引起输出电压 U_o 增加。但输出电压稍有增加，就会引起稳压管电流 I_V 增大，使流过 R 的总电流 I 基本不变，从而保持输出电压 U_o 稳定。

如果负载电阻 R_L 减小，其工作过程相反，U_o 仍能保持稳定。

硅稳压管稳压电路的优点是结构简单，成本较低，在负载电流变化较小时可以达到很高的稳定度。但因受硅稳压管参数的限制，输出电流不能很大，输出电压也不能任意调节，它仅适用于负载电流较小的电路。

稳压管在电路中的接法是：稳压管的正极接低电位，负极接高电位。稳压管在正常工作时必须串联一个电阻，该电阻提供了稳压管的稳定工作电流。其阻值根据稳压管的参数有一个取值范围。

利用稳压管稳压，一般应用在低电压、小电流的场合，对于一些需要高电压或大电流的场合，稳压效果更好的器件为三端稳压器。

6.4 光电器件

本节主要介绍发光二极管、光敏（电）二极管、光敏三极管、光耦合器等光电器件。

发光二极管（LED）是由半导体砷、磷、镓及其化合物制成的一种电子器件。反向截止时，不发光；正向导通时，能发出红、绿、黄、橙等单色光，光的颜色取决于所用半导体材料。

光敏（电）二极管是一种能够实现光电转换的二极管，利用半导体的光敏特性制造而成。光敏三极管俗称光电三极管，它具有光敏二极管的光电特性。

光敏三极管俗称光电三极管，它具有光敏二极管的光电特性。当光敏三极管工作时，先将光信号变为电信号，然后对电流进行放大。

光耦合器是一种把发光管与光敏管封装在一起的光电器件。它用输入的电信号驱动发光二极管，使之发出一定波长的光，照射光敏二极管或光敏三极管而产生光电流，转换成电信号后送给负载，完成电—光—电的转换，起到输入、输出隔离的作用。

6.4.1 发光二极管（LED）

发光二极管（LED，Light-Emitting Diode）是由半导体砷、磷、镓及其化合物制成的一种电子器件。反向截止时，不发光；正向导通时，能发出红、绿、黄、橙等单色光，光的颜色取决于所用半导体材料。在工作时，只需加 1.5～3V 正向电压和几毫安电流就能正常发光。它具有体积小、反应快、光度强、寿命长等特点，广泛用于各种电子电路、家电、仪表等设备，以及用作电源指示或电平指示。发光二极管（LED）是包含 PN 结的主动显示元件，箭头指向外，表示向外发光，如图 6-20 所示，其实质是由 P 型半导体和 N 型半导体组成的一个 PN 结。

发光二极管的工作原理简述如下：

PN 结的 N 侧和 P 侧的电荷载流子分别为电子和空穴。如果加一个正向偏压，复合区中的空穴穿过 PN 结进入 N 型区，复合区中的电子越过 PN 结进入 P 型区，在 PN 结的附近，多余的载流子发生复合，在复合过程中发光。

不同的半导体材料发出的光的颜色是不一样的。使用砷化镓，复合区发出的光是红色的；使用磷化镓，发出绿色的光。

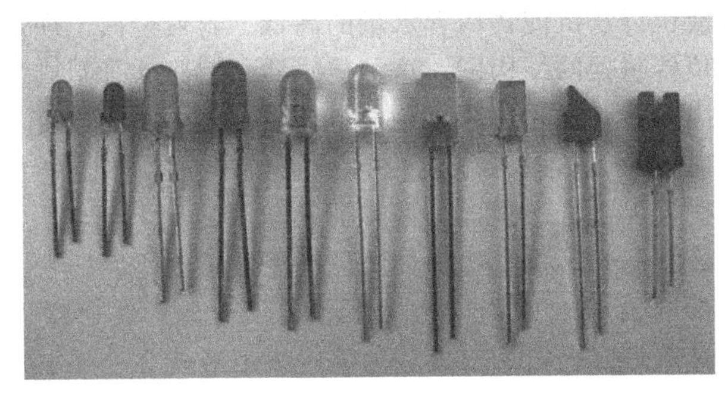

(a) 外形

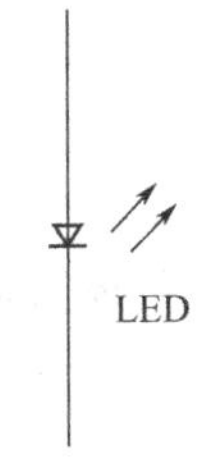

(b) 符号

图 6-20 发光二极管外形及符号

发光二极管是一种固体发光器件，它的体积小，亮度高，工作电压低，频率响应快，使用寿命可超过 5 万小时，能在 1/12ms 的极短时间内导通；既可用环氧树脂将单个 PN 结封装成半导体发光二极管，也可将多个 PN 结按段式或点阵式封装成半导体数码管或点阵式显示器，但由于它的发光亮度低，白天在阳光直射下看不清楚，难以实现大型显示。

发光二极管在使用时，必须正向偏置，还应串接限流电阻，不能超过极限工作电流。当施加反向电压时，二极管截止，不再发光。在使用时，发光二极管工作温度一般为 20～75℃，不可安装在发热元件附近。按发光类型不同，分为可见光发光二极管、红外线发光二极管和激光发光二极管。

① 可见光发光二极管可用于数字、字符显示器件，或电子仪器、仪表指示器等。这类二极管具有亮度强、清晰度高、电压低（1.5～3V）、反应快、体积小、寿命长等特点。在汽车上用 LED 作为指示灯、报警灯、组合仪表显示、故障代码显示等。

② 红外线发光二极管可用于光电耦合器、红外线遥控装置等。

③ 激光发光二极管可用于小功率光电设备中，如计算机上的光盘驱动器、激光打印机中的打印头等。

在汽车电路中，发光二极管主要用在仪表板上作为指示信号灯或报警信号灯。例如，液体液面过低，制动蹄片过薄，制动灯、尾灯、前照灯等灯泡烧坏，相应的发光二极管就会被接通发光，发出报警指示。在某些高级轿车仪表盘上装有利用发光二极管显示转向盘转角、前轮转角、车门的开闭状态等的转向盘转角监控仪。

如图 6-21 所示为舌簧管开关式液位传感器，其功能为检测制动液液位、发动机机油液

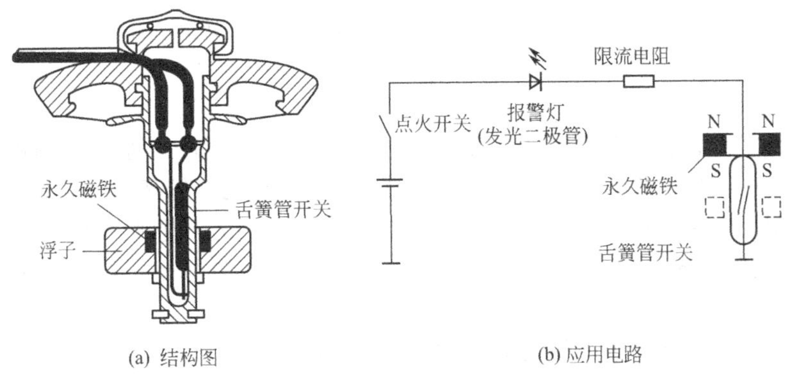

(a) 结构图 (b) 应用电路

图 6-21 舌簧管开关式液位传感器

位、洗涤液液位、散热器冷却液液位以及沉淀物内含水量的高低。若液位低于规定值，将发出报警信号。图 6-21(a) 所示为液位传感器的结构图，这种传感器由树脂软管制成的轴和沿轴上下移动的环状浮子组成。在软轴内装有易磁化的强磁性材料制成的触点（舌簧管），浮子内嵌有永久磁铁。当液位低于规定值时，舌簧管与浮子的位置关系如图 6-21(b) 中无阴影区域的浮子位置所示。此时，永久磁铁接近舌簧管，使磁力线从舌簧管中通过，舌簧管的触点闭合，报警二极管电路被接通，报警二极管发光，提示驾驶员液位已经低于规定值。当液位达到规定值时，浮子上升到规定位置，如图 6-21(b) 中阴影区域所示，没有磁力线通过舌簧管，在舌簧管本身的弹力作用下，舌簧管触点打开，报警二极管熄灭，表示液位合乎要求。

6.4.2 光敏（电）二极管

光敏（电）二极管是一种能够实现光电转换的二极管，利用半导体的光敏特性制造而成。图 6-22 所示为常用光敏二极管。它的结构与普通二极管基本相同，只是在它的 PN 结处，通过管壳顶部的一个透明玻璃窗口，PN 结可直接接受外部的光照，如图 6-23 所示。在电路中，给光电二极管加反向偏置电压。无光照射时，因 PN 结反偏，电流很小；当有光照射时，产生“光电流”，其大小与光照强度成正比。因此，这种器件的 PN 结在反偏状态下工作，反向电流随光照强度的增加而上升，其反向耐压值一般为 10～15V。光电二极管的符号如图 6-24 所示。

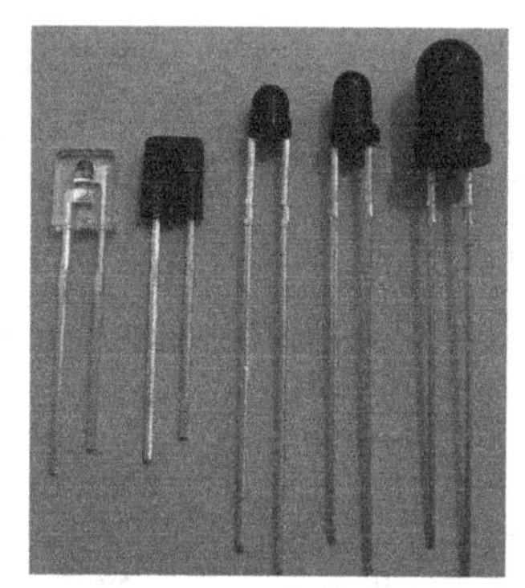

图 6-22　常用光敏二极管

光电二极管是光电子系统中用于光电转换的电子器件。在信号传输和存储等环节中，越来越多地应用光信号。采用光电子系统的突出优点是抗干扰能力较强、传送信息量大、传输损耗小且工作可靠。光敏二极管在汽车上作为传感器的光信号检测器件得到了广泛应用。

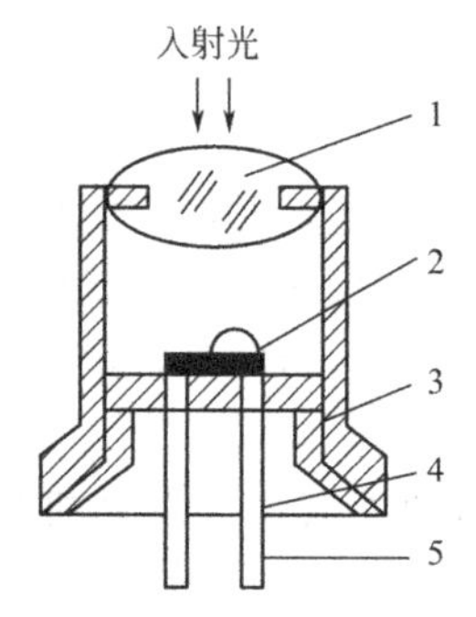

图 6-23　光敏（电）二极管的结构

1—玻璃透镜；2—管芯；3—管壳；4—陶瓷管座；5—引线

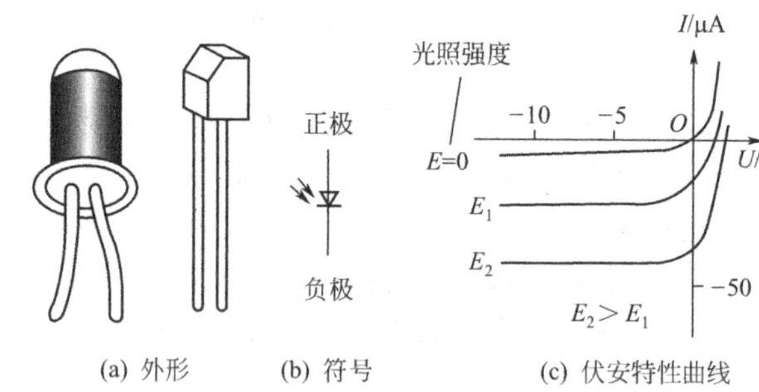

图 6-24　光敏（电）二极管

光敏（电）二极管有一个受到光照就发射电子的光敏阴极和一个收集发射电子的阳极。当光敏阴极受到光或其他电磁辐射的照射时，发射出的电子被电位较高的阳极收集形成电流。电流的大小，在阳极电压保持不变的情况下，随光的强弱而变化。这种二极管的特性类似 NTC（负温度系数）电阻，光线越强，PN 结间的电阻越小，二极管集电极电流越大，即表现为从截止向导通转化。

光敏（电）二极管能用于光的测量，是一种可将光信号转换为电信号的常用器件。当制成大面积光敏二极管时，可作为一种能源，称为光电池。

利用光电二极管制成光电传感器，可以把非电信号转变为电信号，以便控制其他电子器件。图 6-25 所示是汽车自动空调系统中使用的日照强度传感器的结构和等效电路图。该传感器由壳体、滤光器与内部的光敏二极管（如图 6-26 所示）组成。其作用是通过光敏二极管检测日光照射量的变化，并把这种变化转换成电流值输出。车内空调计算机对这种变化进行检测，并根据电流的变化控制执行机构调节排风口的风量和温度，达到调节车内温度的目的。

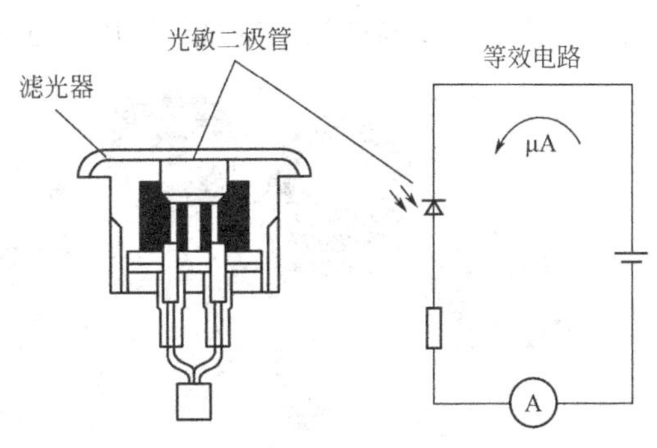

图 6-25　日照强度传感器的结构和等效电路

图 6-27 所示是汽车光电式点火信号发生器原理示意图，它主要由发光二极管、光敏二极管和遮光转子组成。发光二极管通入电流后产生光源，光敏二极管受光后产生电压，遮光转子有与气缸数相对应的缺口，光源照射到光敏二极管的光线受转动的遮光转子控制。

当遮光转子随分电器轴转动时，遮光转子缺口周期性地通过光线，使光敏二极管周期性受光，光敏二极管便产生了与曲轴位置相对应的电压脉冲，即点火触发信号。

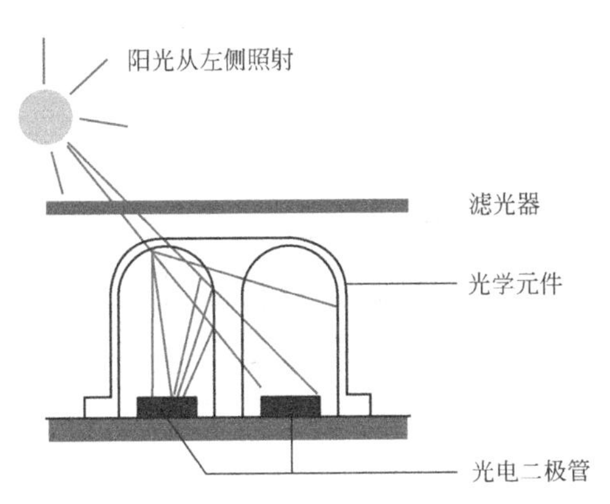

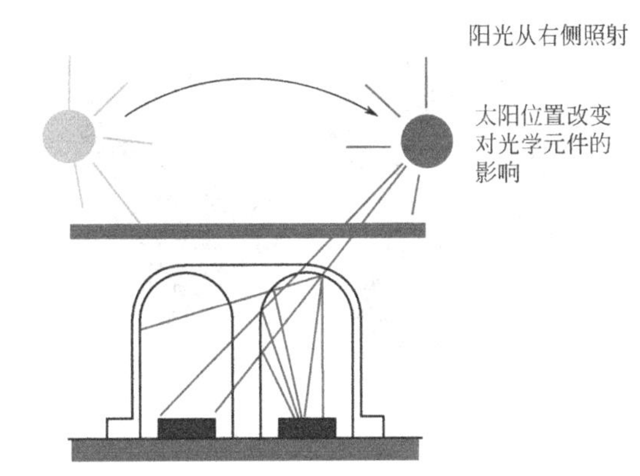

图 6-26　日照强度传感器的控制机理

6.4.3　光敏三极管

光敏三极管（如图 6-28 所示）俗称光电三极管，它具有光敏二极管的光电特性。当光敏三极管工作时，先将光信号变为电信号，然后对电流放大。所以，光敏三极管受光照射产生的光电流可达相应光敏二极管的（$1+\beta$）倍，故不能在强光下直接照射，以免损坏。光敏三极管的原理图和符号如图 6-29 所示。

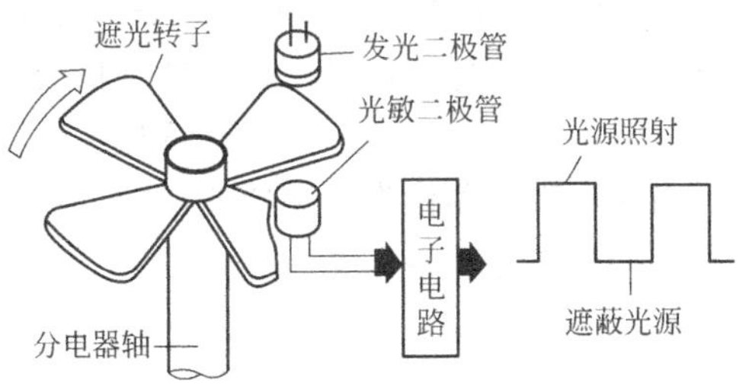

图 6-27　光电式点火信号发生器原理示意图

光电三极管与光电二极管的差别在于它正向接在电路中，即其发射极 E 接在光电二极管 N 极接点处，其集电极 C 接在光电二极管 P 极接点处，且光电三极管的光电流比光电二极管的大。因而，在同一光电路中应用光电三极管时，工作电流应适当调整。光电三极管常用于光电耦合器中。

光电二极管和光电三极管在汽车上应用于点火系统、微机控制系统的传感器、发动机转速传感器以及光信号检测和光信号转换电路中。在要求响应快，对温度敏感小的场合选用光电二极管；要求灵敏度高的光控电路应选用光电三极管。

图 6-28 常见光敏三极管

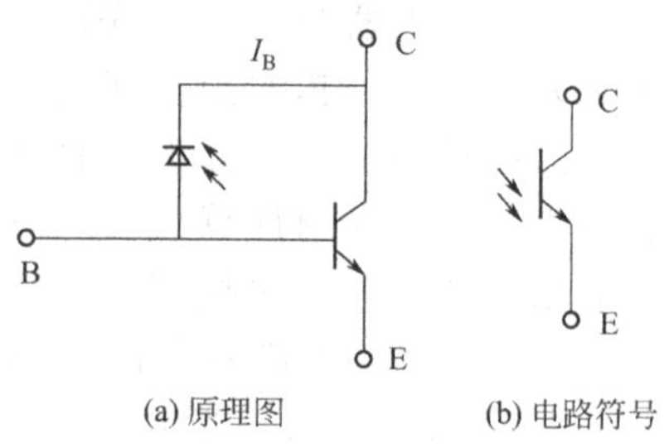

(a) 原理图 (b) 电路符号

图 6-29 光敏三极管

6.4.4 光耦合器

光耦合器（如图 6-30 所示）是一种把发光管与光敏管封装在一起的光电器件。它用输入的电信号驱动发光二极管，使之发出一定波长的光，照射光敏二极管或光敏三极管而产生光电流，转换成电信号，然后送给负载，完成电—光—电转换，起到输入、输出隔离的作用。图 6-31 所示是由发光二极管和光敏三极管组成的光电耦合器。

图 6-30 常见光耦合器

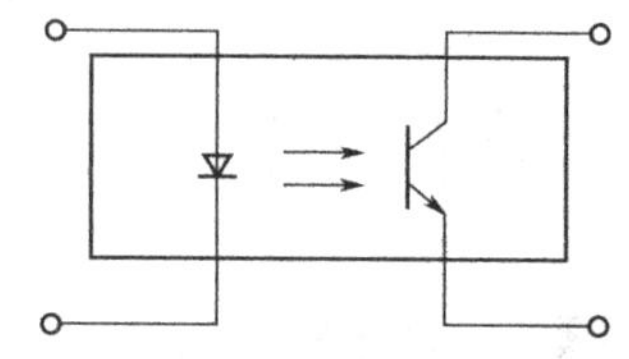

图 6-31 光电耦合器

由于光耦合器以光为媒介传输电信号，使输出电路与输入电路在电气上隔离；其信号具有良好的隔离性与抗干扰性；输入端与输出端之间耐压可达几百伏至几千伏，绝缘电阻高达 10^{11} Ω。它主要用于要求电气隔离而需信号单向传输的场合。例如，它在长线传输信息中作为终端隔离元件，可以提高信噪比；在计算机数字通信及实时控制中作为信号隔离的接口器件，可以隔离电路中的干扰信号，增加计算机工作的可靠性。

当光电耦合器作为传感器使用时，称为光传感器，如图 6-32 所示。它可以检测物体的有无和遮挡次数等信号。

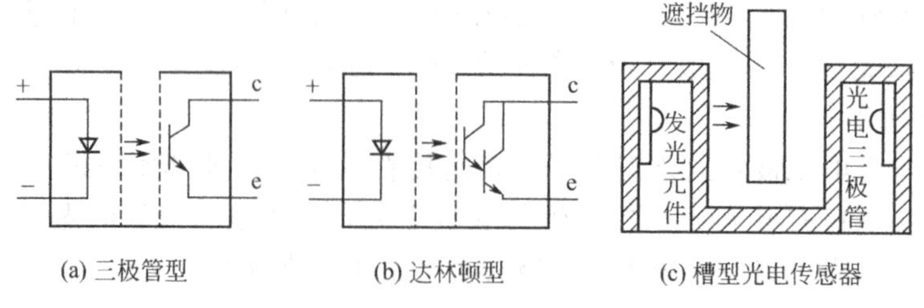

(a) 三极管型 (b) 达林顿型 (c) 槽型光电传感器

图 6-32 光传感器

在汽车上，光电式传感器被应用到许多场合，主要有曲轴位置检测、车高位置检测、转向角度检测、车速传感器等，都是利用在光传感器的中间设置遮挡物，利用遮挡物是否挡住光线来判断遮挡物的位置（遮挡物均和被检测的对象连接在一起），传递位置信号或转过的遮挡物的个数信号。

对于发光二极管，在用万用表检测时，正、反电阻差值很小，不易区分，可以用图 6-33 所示的方法，自制两根测试线及接线夹，一根串一个电阻，连接到发光二极管上，再与电源连接，直接检测发光二极管是否发光即可。

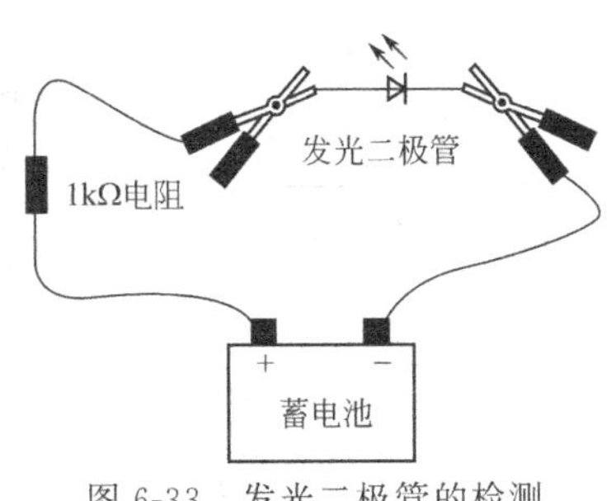

图 6-33 发光二极管的检测

对于稳压管和光电二极管的检测，一般是在具体电路中测量电压或电流变化，以检测管子是否良好。

6.5 三极管

本节介绍晶体三极管结构类型，特性曲线，晶体管的管型和引脚的判别。

通过一定的制作工艺，使三层半导体形成两个 PN 结，自三层半导体各引出一个电极，然后用管壳封装，就构成了组成各种电子电路的核心半导体器件——三极管。三个电极分别称为发射极 e、基极 b、集电极 c。电极对应的每层半导体分别称为发射区、基区、集电区。发射区与基区交界处的 PN 结称为发射结，集电区与基区交界处的 PN 结称为集电结。晶体三极管三个区的特点是：发射区掺杂浓度大；基区很薄；集电区体积大、掺杂少。

6.5.1 三极管的结构与类型

6.5.1.1 三极管的结构

通过一定的制作工艺，使三层半导体形成两个 PN 结，自三层半导体各引出一个电极，然后用管壳封装，就构成了组成各种电子电路的核心半导体器件——三极管。常见贴片三极管如图 6-34 所示。三个电极分别称为发射极 e、基极 b、集电极 c。电极对应的每层半导体分别称为发射区、基区、集电区。发射区与基区交界处的 PN 结称为发射结，集电区与基区交界处的 PN 结称为集电结。

图 6-34 常见贴片三极管

晶体三极管三个区的特点是：发射区掺杂浓度大；基区很薄；集电区体积大、掺杂少。因此，决不能把发射极和集电极颠倒使用，也不能用两个二极管串并联来代替三极管。三极管的内部结构、符号和外形如图 6-35 所示，符号中的箭头表示发射结加正向电压时的内部电流方向。

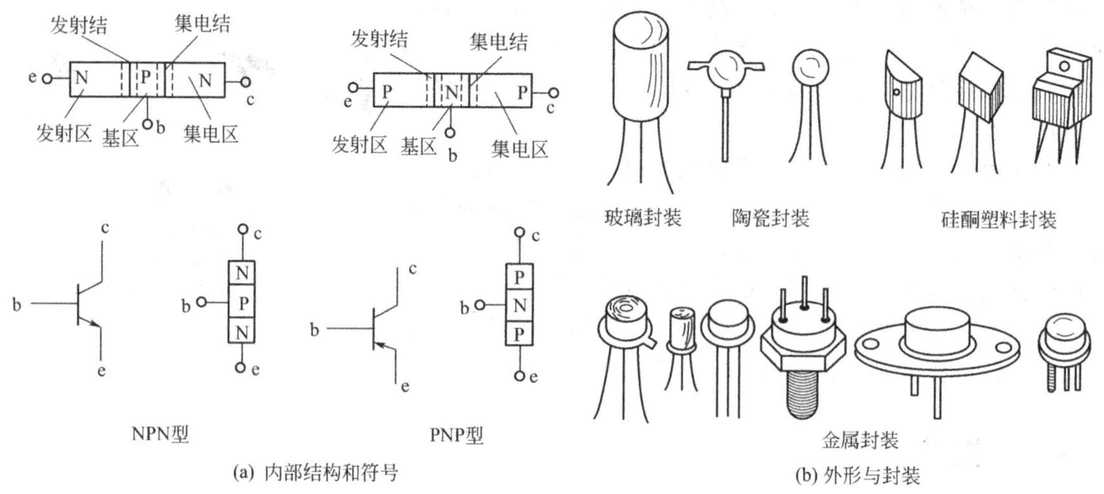

(a) 内部结构和符号 (b) 外形与封装

图 6-35 三极管的内部结构、符号及外形

6.5.1.2 三极管的类型

三极管根据结构的不同，分为 NPN 和 PNP 两种。如图 6-36 所示，NPN 三极管由两块 N 型材料和一块 P 型材料组成。PNP 型三极管由两块 P 型材料和一块 N 型材料组成。符号中的箭头表示发射结加正向电压时的内部电流方向。

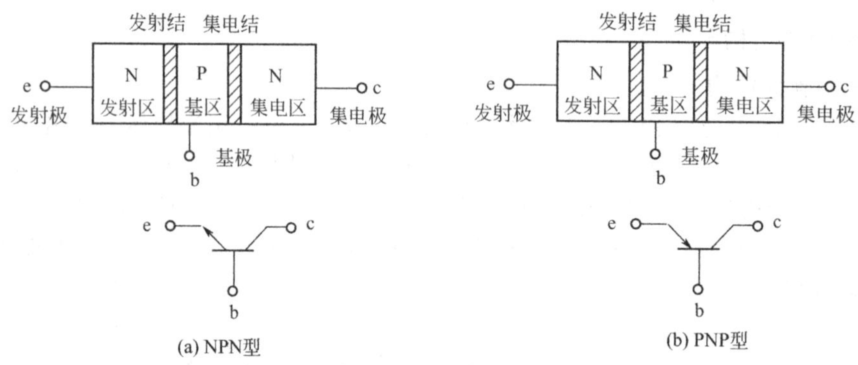

(a) NPN型 (b) PNP型

图 6-36 三极管的类型及符号

三极管除了按照结构分类外，还可按制造材料的不同分为硅管与锗管（两种管子的特性大致相同，硅管受温度影响较小，工作稳定）；按照功率的大小，分为小功率管、中功率管和大功率管；按照工作频率的高低，分为高频管和低频管；按照用途的不同，分为放大管和开关管。

6.5.2 三极管的电流分配和放大作用

6.5.2.1 三极管的工作电压

欲使三极管起放大作用，除了其本身结构外，还需要一个外部条件，即必须在发射结加正向电压，在集电结加反向电压，如图 6-37 所示。一般加在发射极与基极之间的偏置电压，硅管约为 0.7V，锗管约为 0.3V，加在集电极与发射极之间的电压一般为几伏至几十伏。

6.5.2.2 三极管的电流分配

三极管各电极加了合适的外加电压后，管子内部电流的情况通过图 6-38 所示的实验电路来讨论。

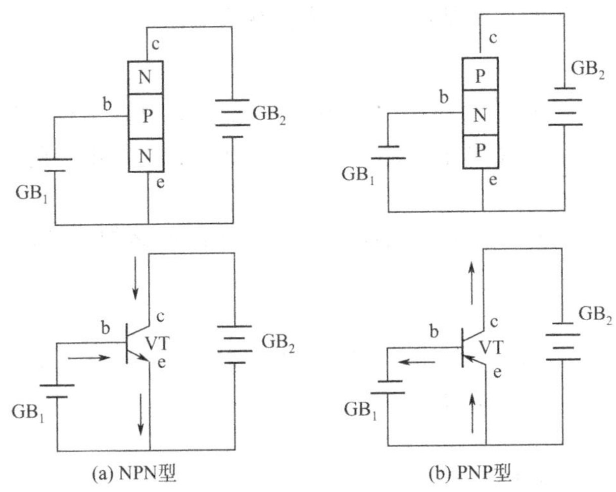

(a) NPN型　(b) PNP型

图 6-37　三极管的接法

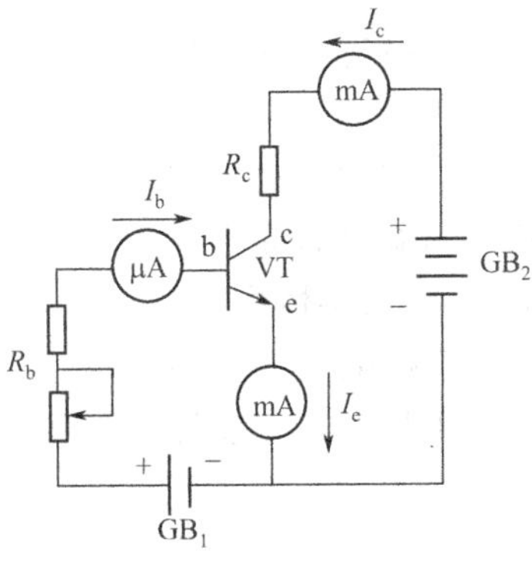

图 6-38　三极管电流放大实验电路

电路中串接的三个电流表分别用来测量发射极电流 I_e、基极电流 I_b 和集电极电流 I_c。调节 R_b，可使 I_b 发生变化。当 I_b 变化时，I_c 和 I_e 随之变化。每调节一次 I_b，得到一组相应的 I_c 和 I_e。通过实验得出三极管的电流分配关系是：发射极电流等于集电极电流和基极电流之和，即

$$I_e = I_b + I_c$$

由于 $I_b \ll I_c$，可忽略，即

$$I_c \approx I_e$$

当 $I_b = 0$（基极开路）时，集电极仍有微小的电流 I_c（称为穿透电流，用 I_{ceo} 表示）。它不受基极电流的控制，与管子的质量和温度有关。

6.5.2.3　三极管的放大特性

通过上述实验还发现：当基极电流 I_b 有很小的变化 ΔI_b 时，会引起集电极电流 I_c 的很大变化 ΔI_c。三极管的这种以“小变化的基极电流 I_b 控制大变化的集电极电流 I_c”的性能，称为三极管的电流放大特性。三极管电流放大的实质是“以小带大，以小控大”，并非真正放大。

6.5.2.4　三极管的基本连接方式

放大器应有四个端子，分别接通输入信号和输出信号。由于三极管只有三个电极，所以将三极管用作放大器时，必须有一个电极作为输入和输出信号的公共端。根据选择公共端的不同，晶体三极管有三种接法，如图 6-39 所示。

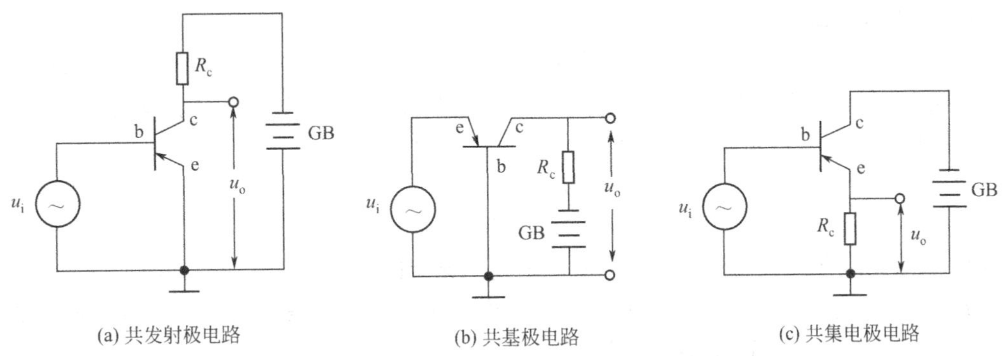

(a) 共发射极电路　(b) 共基极电路　(c) 共集电极电路

图 6-39　三极管的三种连接方式

注意：公共端是指交流信号的公共端，分析时，要把电源和电容器视为短路。

6.5.3 三极管的特性曲线

用来描述三极管各电极电流与电压之间关系的曲线称为三极管的特性曲线，又称为伏安特性曲线。三极管的特性曲线实际上是三极管内部特性的外部表现，是分析和设计电子电路的重要依据之一。

下面以 NPN 三极管为例，分析三极管共射极（发射极是输入回路和输出回路的公共端）电路输入和输出的特性曲线。

6.5.3.1 输入特性曲线

产生基极电流 I_B 的回路称为三极管的输入电路，如图 6-40(a) 中虚线所示的回路。输入电路的电压与电流关系曲线称为三极管的输入特性，函数表达式为

$$I_B=f(U_{BE})$$
$$U_{CE}=\text{常数}$$

在基极电路中串联电流表，测量基极电流 I_B；在基极、发射极间并联电压表，测量基极、发射极间电压 U_{BE}。保持 U_{CE}不变，改变基极电阻 R_b（即改变基极电流 I_B），测得与之对应的 U_{BE}的值，它们可以在输入特性曲线上确定一个点。获得一系列这样的点，绘成曲线，即得到输入特性曲线，如图 6-40(b) 所示。

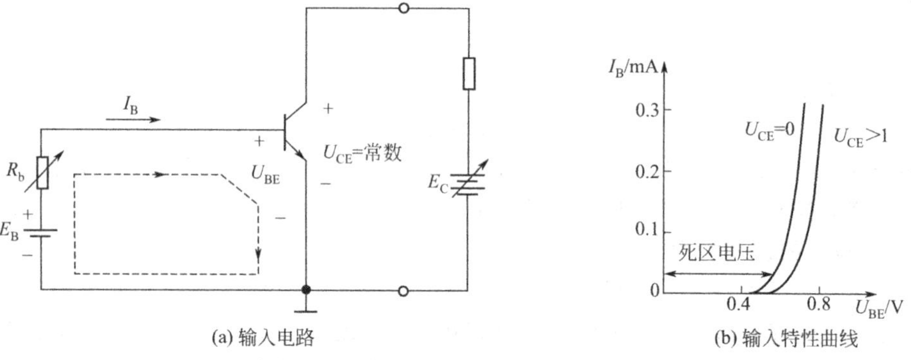

(a) 输入电路　(b) 输入特性曲线

图 6-40 三极管的输入电路与输入特性曲线

三极管输入特性曲线与二极管伏安特性曲线一样，也有死区电压（硅管约为 0.5V，锗管约为 0.2V)，只有 U_{BE}大于死区电压时，三极管才会出现 I_B。当硅管的 U_{BE}接近 0.7V，锗管接近 0.3V 时，电压稍有增高，电流就会增大很多。为避免 U_{BE}过大导致 I_B 剧增而损坏三极管，常在输入回路串接限流电阻 R_b。

6.5.3.2 输出特性曲线

产生集电极电流 I_c 的电路称为三极管的输出电路，如图 6-41(a) 中虚线所示的回路。当三极管基极电流 I_B 为常数时，输出电路中的集电极电流 I_C 同集电极与发射极之间的电压 U_{CE} 的关系曲线称为三极管的输出特性曲线，函数表达式为

$$I_C=f(U_{CE})$$
$$I_B=\text{常数}$$

调整 R_b 的值，使 I_B 保持某一确定的值不变。此时改变 E_C 的值，可以获得一系列与 U_{CE} 对应的 I_C 的值。它们可以确定一系列点，将其绘成线，即得一条输出特性曲线。再调节 R_b，重复上述过程，获得由一系列曲线构成的曲线族，如图 6-41(b) 所示。

三极管输出特性曲线的起始部分很陡，超过某一数值后变得平坦。由三极管的输出特性曲

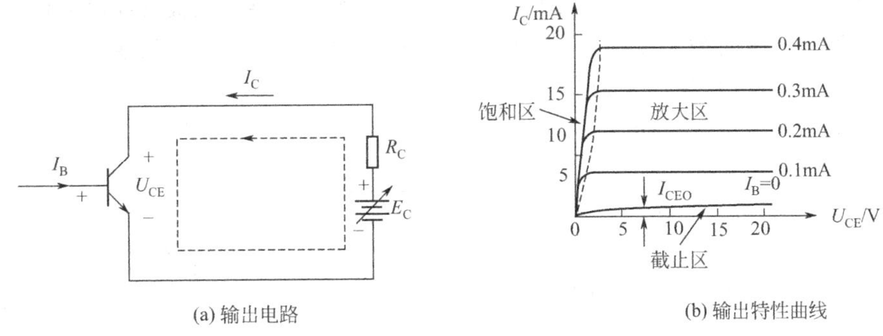

(a) 输出电路　　(b) 输出特性曲线

图 6-41　三极管的输出电路与输出特性曲线

线族可见，三极管有三个不同的工作区，即放大区、截止区和饱和区，也就是说，三极管具有放大、截止和饱和三种不同的工作状态。下面分别介绍。

1）放大区

在输出特性曲线上，特性曲线比较平坦的区域称为放大区。放大区是 $I_B=0$ 的那条曲线以上与 I_C 曲线拐点连接线右侧的区域。三极管工作在放大区的条件是：发射结为正向偏置。三极管工作在放大区的条件是：发射结为正向偏置，集电结为反向偏置。对于 NPN 型三极管而言，硅管 $U_{BE}>0.6V$，锗管 $U_{BE}>0.2V$，且 $U_{CE}>1V$ 时，三极管工作于放大区。

在放大区内，基极电流 I_B 一定时，集电极电流 I_C 基本上不随 U_{CE} 变化；并且，I_C 的变化只受基极电流的控制，I_B 的微小变化将引起 I_C 较大的变化。

2）截止区

$I_B=0$ 曲线与横轴之间的区域称为截止区。三极管工作在截止状态的条件是：发射结与集电结均为反向偏置。该区的主要特点是：$I_B=0$ 时，$I_C=I_{CEO}$（I_{CEO} 称为穿透电流）。对 NPN 型硅管而言，当 $U_{BE}=0$ 时，即已开始截止，但是为了截止可靠，常使 $U_{BE}<0$。处在截止状态的三极管 c、e 极间呈现高阻状态。若 I_{CEO} 忽略不计，三极管如同工作在断开状态，三极管 c、e 极间近似地等效为断开的开关，如图 6-42 所示，其集电极电流几乎为 0，没有放大作用。

3）饱和区

三极管 I_C 曲线上近似于直线上升的部分与纵轴之间的区域称为饱和区。三极管工作在饱和区的条件是：发射结和集电结都为正向偏置。该区的主要特点是：I_C 不随 I_B 的增大而增大。饱和时，集电极和发射极之间的电压称为饱和压降 U_{CES}，其值很小，一般硅管约为 0.3V，锗管约为 0.1V。若 $U_{CE}<U_{BE}$，则三极管处于饱和状态。三极管饱和时，U_{CE} 很小，但电流很大，呈低阻状态，三极管如同工作在短路状态。忽略 U_{CES}，饱和的三极管 c、e 极间近似地等效为闭合的开关，如图 6-43 所示。

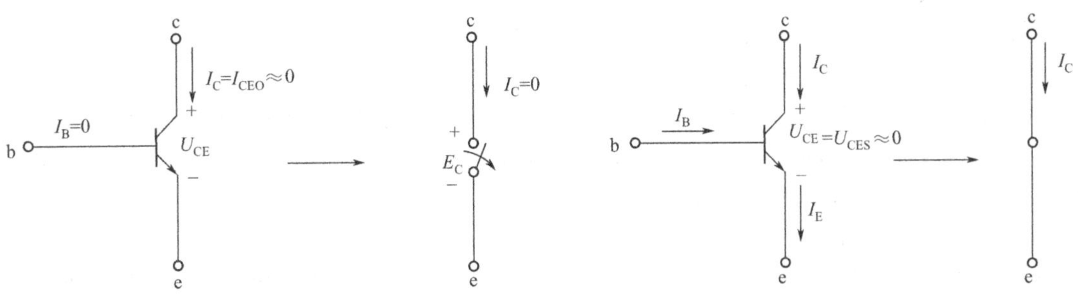

图 6-42　截止状态的三极管等效为断开的开关　　图 6-43　饱和状态的三极管等效为闭合的开关

综上所述，三极管不仅具有放大作用，还具有开关作用。要使三极管起放大作用，必须使其工作在放大区；三极管截止相当于开关断开，三极管饱和相当于开关接通。

4）三极管电子开关作用的实例

三极管组成的开关电路如图 6-44 所示，其控制信号一般为正脉冲波。

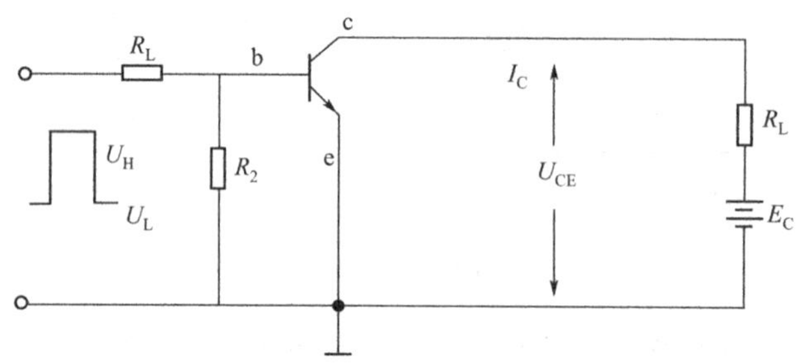

图 6-44　三极管开关电路的组成

当脉冲出现时，输入端处于高电平 U_H，使基极有很大的注入电流。它引起很大的集电极电流，电源电压 E_C 大部分降在负载电阻 R_L 上，三极管集电极和发射极间的电压降 U_{CE} 变得很小。此时，三极管的集电极和发射极之间如同接通了的开关，此状态称为导通或开态。反之，当输入端控制电压处于低电平 U_L 时，基极没有电流注入，集电极电流很小，此时负载电阻 R_L 上的电压降很小，电源电压几乎全部降在三极管上，集电极和发射极之间如同断开了的开关。此状态称为截止。

6.5.4　三极管的主要参数

三极管的参数是判断管子质量的标准，又是正确、安全使用的依据。由于制造工艺的离散性，对于同一型号的管子，参数也会有差异，这一点在使用时要特别注意。

1）电流放大系数 β

三极管工作时，集电极电流 I_c 与基极电流 I_b 的比值称为电流放大系数，即

$$\beta=\frac{I_c}{I_b}$$

电流放大系数有直流放大系数和交流放大系数之分，由于二者很接近，常用一个系数来表示。选用三极管时，β 要适当。β 越大，三极管工作的稳定性越差。

2）穿透电流 I_{ceo}

当三极管基极开路，集电结反偏，发射结正偏时，集电极与发射极之间的反向电流称为穿透电流，用 I_{ceo} 表示。I_{ceo} 的大小一般与管子的质量和温度有关。

$$I_{ceo}=(1+\beta)I_{cbo}$$

3）集电极反向电流 I_{cbo}

发射极开路时，集电结的反向电流 I_{cbo} 越小越好。

4）集电极最大允许电流 I_{cm}

当集电极电流 I_c 超过一定值时，三极管的参数开始发生变化，特别是电流放大系数 β 将下降。β 值下降到正常值的 2/3 时的集电极电流称为集电极最大允许电流 I_{cm}。三极管工作中要求 $I_c<I_{cm}$，否则，管子的 β 值会显著下降，影响放大质量。

5）集电极最大允许耗散功率 P_{cm}

当集电极电流流过集电结时，集电结温度升高，引起三极管参数变化。当三极管受热而引起的参数变化不超过允许值时，集电极消耗的最大功率称为集电极最大允许耗散功率 P_{cm}。显然，

$$P_{cm}=U_{ce}I_c$$

6）反向击穿电压

加在三极管上的反向电压可能导致 PN 结出现很大的反向电流而使 PN 结击穿。导致 PN 结击穿的最低反向电压称为反向击穿电压。反向击穿电压主要有以下几种：

（1）发射极开路时，集电极与基极之间的反向击穿电压 U_{Rcbo}。

（2）集电极开路时，发射极与基极之间的反向击穿电压 U_{Rebo}。

（3）基极开路时，集电极与发射极之间的反向击穿电压 U_{Rceo}。

6.5.5　三极管的管型和管脚的判别

在实际工作中，经常遇到判别晶体管的管型、管脚问题，主要有目测和万用表检测两种判定方法，优先采用目测法。在目测不能做出准确判断时，再用万用表进行检测。

6.5.5.1　目测法

1）管型的判别

一般情况下，管型是 NPN 还是 PNP，可从管壳上标注的型号来判别。依照国家标准的规定，晶体管型号的第二位字母表示器件的材料和极性。其中，A、C 表示 PNP 管；B、D 表示 NPN 管。例如：3AX、3CG、3AD、3CA 等表示 PNP 型晶体管；3BX、3DG、3DD、3DA 等表示 NPN 型晶体管。

其他各位字符的意义是：晶体管型号中的第一位数字 3，表示三极管（晶体管）；第三位字母表示晶体管的类别，如 X、G 分别表示低频和高频小功率管，D、A 分别表示低频和高频大功率管；第四位数字表示序列号，如 3DG6 中的 6 就是序号。更详细的内容请参考晶体管手册。

此外，对于国际流行的 9011～9018 系列晶体管，除 9012 和 9015 为 PNP 管外，其余均为 NPN 管。

2）管脚的判别

常用的小功率晶体管有金属圆壳封装和塑料封装（半圆柱型）等，管脚排列如图 6-45(a) 所示。大功率晶体管的外形有金属壳封装（扁柱型），管脚排列如图 6-45(b) 所示，以及塑料封装（扁平、管脚直列）等形式。

对于小功率管，图 6-45(a) 中列出了管脚排列方式，为便于记忆，总结如下。

（1）金属圆壳封装：管脚向上，它们组成半圆位于上部，按顺时针方向依次为 EBC。

（2）塑料半圆柱封装：头在上，平面向自己，左起 EBC。

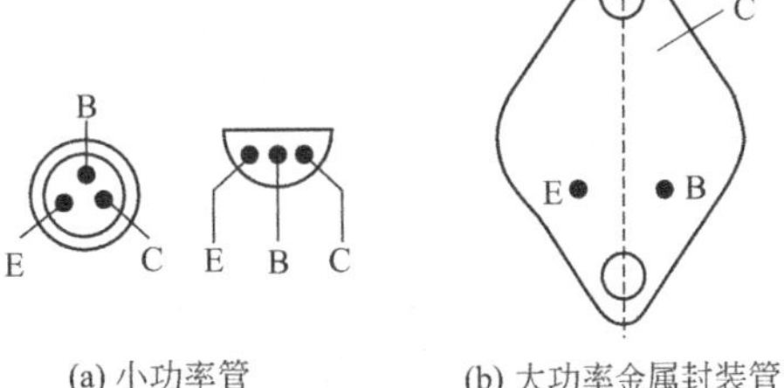

图 6-45　常用晶体管的封装形式和管脚判别

对于大功率管，金属壳扁柱型封装按照图 6-45(b) 所示的管脚排列方式判别即可；塑料扁平封装、管脚直列型没有统一形式，要用万用表检测判别。

6.5.5.2　用万用表电阻挡判别

晶体三极管的放大能力和管脚识别可用一般的指针万用表来判断。判断时，应使用指针万用表 R×100 或 R×1k 挡，防止表内电源的高电压和大电流损坏晶体管。

1）基极和类型的判别

因为晶体三极管由两个 PN 结组成，所以根据 PN 结正向电阻小、反向电阻大的特点，用指针万用表的欧姆挡来判断。

判别时，先任意假设一个极为基极，用指针万用表的黑表笔与假设的基极相接，红表笔分别与其余两个电极相接，如图 6-46(a) 所示。若测得电阻都很小（或很大），将红、黑表笔对调测量。若对调后测得电阻都很大（或很小），说明假设基极是对的。当黑表笔接基极时，测得电阻都很小，说明是 NPN 型管；反之，为 PNP 型管。

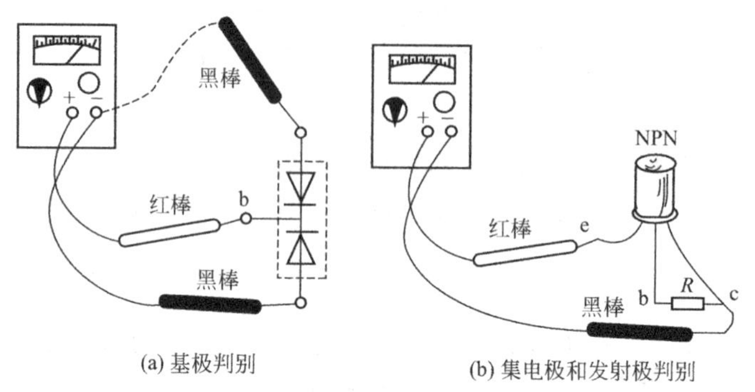

图 6-46　三极管的简易判别

如果测量时两个电阻一大一小，则判别是错的，应换一个管脚再测，直到符合上述情况为止。

2）集电极和发射极的判别

三极管的基极确定后，再判别集电极和发射极。对于 NPN 型管，可以将指针万用表的红、黑表笔分别接基极以外的两个管脚，并在基极与黑表笔之间接一只 100kΩ 的电阻，如图 6-46(b) 所示。如果此时指针万用表的电阻值较小，对调红、黑表笔后电阻值较大，那么测得电阻值小时黑表笔接的管脚是集电极 c，红棒接的就是发射极 e。

对于 PNP 型管，电阻值小时，红表笔接的管脚是集电极 c，黑表笔接的管脚是发射极 e。

3）好或坏的判别

根据 PN 结的单向导电特性，可以用万用表判别三极管的好或坏，具体方法是：分别测量 b-e、b-c 间 PN 结的正、反向电阻。如果测得的正、反向电阻相差很大，说明管子基本是好的；如果测得的正、反向电阻都很大，说明管子内部断路；如果测得的正、反向电阻相差很小或为零，说明管子极间短路或击穿。

4）放大倍数 β 的估计

对于 NPN 型三极管，按图 6-46(b) 所示，分别测量电阻（100kΩ）与基极连接和不连接时 c-e 间的电阻值。若两次的读数差别大，说明 β 值高；若相同或相差很小，说明 β 值为零或很小。

对于 PNP 型三极管，应将电阻放在发射极 e 和基极 b 之间，黑表笔接 e，红表笔接 c，判别原则相同。

6.5.6 功率三极管

通常把最大集电极电流 $I_{CM}>1A$，或最大集电极耗散功率 $P_{CM}>1W$ 的晶体管称为大功率晶体管。其特点是工作电流大，功率大。

6.5.6.1 大功率三极管

大功率三极管分为金属壳封装和塑料封装两种。在汽车电子控制单元中应用较多的是塑料封装的产品，因用途及要求不同而具有多种封装形式，如图 6-47 所示。

在汽车电子控制系统中，在一些需要提供大的驱动电流、散热较高的场合，金属壳封装的

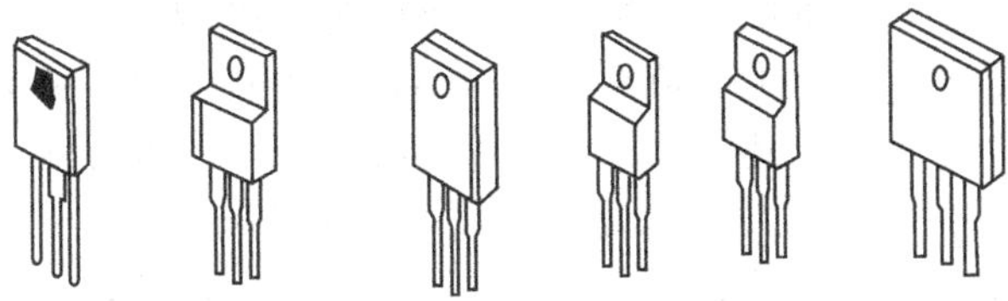

图 6-47 常见大功率三极管外形

功率管用得较多，如电子点火放大器、空调鼓风机驱动器等。对于金属壳封装的管子，通常金属外壳即为集电极 C；而对于塑料封装的管子，其集电极通常与自带的散热片相通。因大功率三极管工作在大电流状态下，使用时应按要求加适当的散热片。

6.5.6.2 达林顿三极管

为了提高大功率三极管的电流放大系数，将两只或多只三极管的集电极连接在一起，将第一只三极管的发射极直接接到第二只三极管的基极，依次级连复合而成，引出 E、B、C 三个电极。这种三极管称为达林顿管（复合三极管）。图 6-48 所示是由两只 PNP 型三极管构成的达林顿管基本电路。达林顿管总的电流放大系数约为各管电流放大系数的乘积。所以，达林顿管的电流放大系数很高。

达林顿管在汽车电子电路中应用很多。如 JFT106 型电子调节器、汽车前照灯延时控制电路、音响报警装置和电子点火（解放 CA1092 型汽车用 6TS2107 型点火电子组件）中的三极管即为达林顿晶体管。从单纯的电子点火到现在的发动机集中控制，达林顿管都有应用。

改进型达林顿管增加了保护功能，这类管子在 C—E 极之间反向并联一只过压保护二极管 VD（亦称续流二极管）。当负载（例如继电器线圈）突然断电时，可将反向电动势泄放掉，防止内部晶体管被击穿。此外，VT_1、VT_2 管的发射结上分别并入电阻 R_1、R_2。VD、R_1 和 R_2 全部集成于单片达林顿管中，如图 6-49 所示。

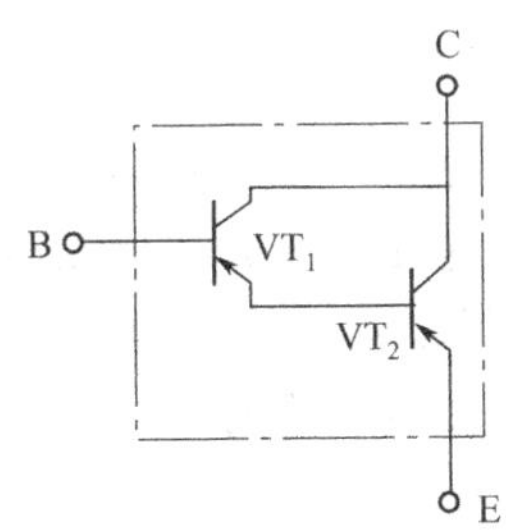

图 6-48 达林顿管内部电路

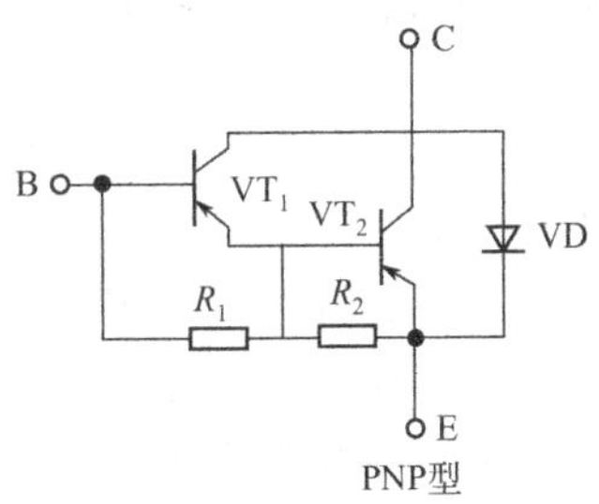

图 6-49 达林顿管的改进型电路

6.5.6.3 用万用表检测达林顿管

1）普通型达林顿管的检测方法

因为达林顿管的 E—B 电极之间包含多个发射结，应选择万用表 R×10k 挡进行检测，原因是该挡可提供较高的测试电压。检测内容包括识别电极，区分 NPN 型还是 PNP 型，以及检查放大能力。

下面以美国 Motorola 公司生产的 MPSA6266 型达林顿管为例来说明其检测方法。它属于中功率、低噪声硅达林顿管，采用塑料封装形式，外形如图 6-50 所示。主要参数为：$h_{FE}=5000\sim200000$，$P_{CM}=600mW$，噪声系数 $N_F<2dB$。

为叙述方便，将 3 只管脚编上序号①、②、③（如图 6-50 所示）。选择 500 型万用表 R×10k 挡。首先确定基极及管子类型。红表笔接任一管脚（假定接的是基极 B），黑表笔分别搭在其余两个管脚上。若两次测的阻值都很小时（约为 1kΩ 以下），则该管为 PNP 型；反之，

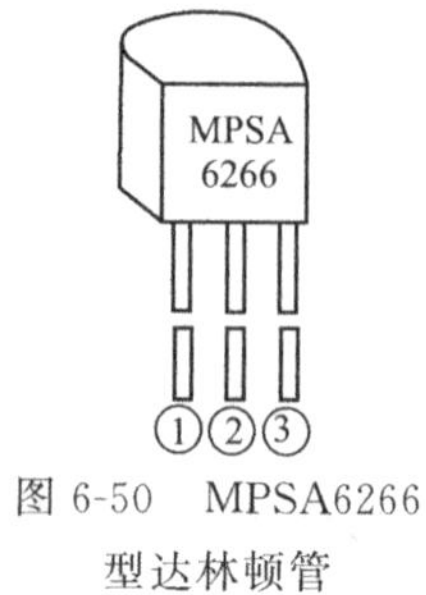

图 6-50 MPSA6266 型达林顿管

若两次测的阻值都很大，则该管为 NPN 型；与红表笔接触的为基极 B。若两次所测的阻值是一大一小，说明假定的基极不对。只要轮流假定基极，重复上述测量方法，即可找到符合上述结果的基极和管型。

假如已判定②为基极，并且被测管属于 PNP 型。进一步识别 E、C 电极，同时检查管子的放大能力。首先将黑表笔接①，红表笔接③，并用两手分别捏住①、③两脚，电阻值约为 450kΩ；可以观察到表针向右侧大幅度偏转，指针指在 35kΩ 附近。然后交换两支表笔的位置，发现表针不动。由此判定：①为发射极，③为集电极，并且此管的放大能力较大。

2）改进型达林顿管的检测方法

检测改进型大功率达林顿管的方法与检测普通达林顿管基本相同。但由于大功率达林顿管内部设置了保护二极管 VD、电阻 R_1 和 R_2 等保护和泄放漏电流元件，所以在检测时应将这些元件对测量数据的影响加以区分，以免造成误判断。具体可按下述几个步骤操作：

① 用万用表 R×10k 挡测量 B、C 之间 PN 结的电阻值，正、反向电阻值应有较大差异。应明显测出具有单向导电性能。

② 由于大功率达林顿管 B—E 极之间有两个 PN 结，并且接有电阻 R_1 和 R_2，用万用表电阻挡正向测量时，测到的电阻值是 B—E 极正向电阻与 R_1、R_2 电阻值并联的结果；反向测量时，发射结截止，测出的是（R_1+R_2）电阻之和，大约几百欧，且电阻值固定，不随电阻挡位的变换而改变。但需要注意的是，有些大功率达林顿管在 R_1、R_2 上还并联有二极管，此时测得的电阻值不是（R_1+R_2）之和，而是（R_1+R_2）与两只二极管正向电阻之和的并联电阻值。

6.6 晶体管的开关特性

本节主要介绍二极管和三极管的开关特性，限幅器和钳位器，以及反相器。

二极管在正向电压作用下导通，在反向电压作用下截止，这相当于开关的闭合和断开。可见，二极管具有开关特性。利用二极管的开关特性可以构成限幅器和钳位器。三极管具有饱和、放大、截止三种工作状态。当三极管在饱和和截止状态下交替工作时，三极管只具有开关作用。利用三极管的开关特性，可构成反相器。

6.6.1 二极管的开关特性

二极管在正向电压作用下导通，在反向电压作用下截止，这相当于开关的闭合和断开。可见，二极管具有开关特性。

尽管二极管具有开关特性，但它并不是理想的开关。理想开关要求在闭合时，电阻为零，开关两端的电压降也为零；开关在断开时，电阻为无穷大，开关两端的电压等于电源电压。而二极管在正向导通时，有正向电压降存在（硅管约为 0.7V，锗管约为 0.3V）；且二极管在反向截止时，反向电阻虽然很大，但并不是无穷大，仍能通过一个很小的反向饱和电流。所以，二极管开关只能近似于理想开关。但较之机械开关，二极管开关具有动作时间短、使用频率高、无触点等优点。因此，在数字电路中，经常将二极管用作开关器件。

6.6.2 限幅器和钳位器

利用二极管的开关特性可以构成限幅器和钳位器。限幅器也称削波器，用来削去部分输出波形，以限制输出波形的幅度。钳位器是将输出波形的顶部或底部钳制在规定的电平上，而原来的波形基本不变。

6.6.2.1　限幅器

图 6-51(a) 所示为串联下限幅器电路。设二极管为理想开关，输入信号为双向尖脉冲，波形如图 6-51(b) 所示。

当正向尖脉冲到来时，二极管正向导通（相当于开关闭合），在电阻 R 上输出正向尖脉冲。当负向脉冲到来时，二极管反向截止（相关于开关断开），输出电压 $u_o=0$。可见，通过二极管的开关作用，删除了负向脉冲，使输出波形只有正向尖脉冲，达到限幅的作用。

图 6-52(a) 所示为并联下限幅器电路。设二极管为理想开关，输入信号为双向尖脉冲，波形如图 6-52(b) 所示。

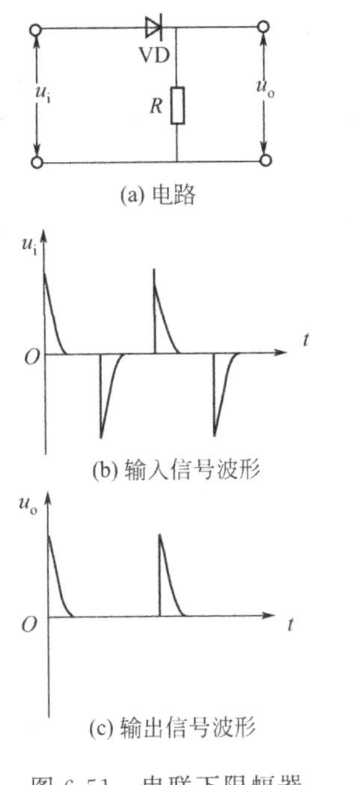

图 6-51　串联下限幅器

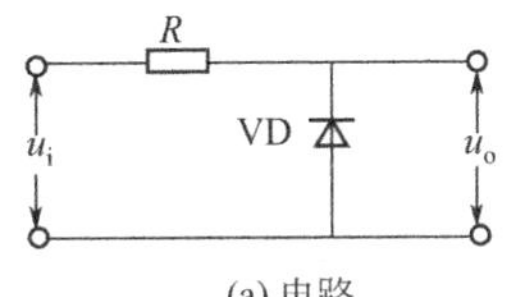

(a) 电路

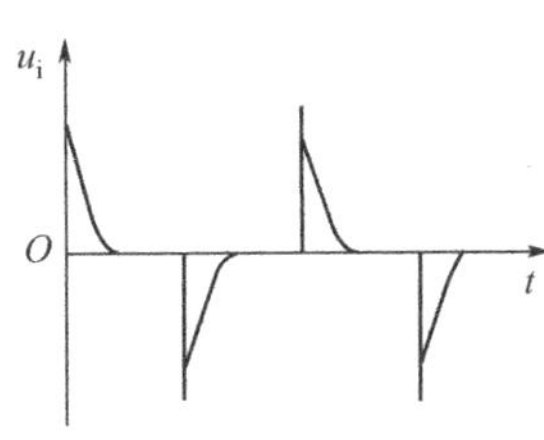

(b) 输入信号波形

(c) 输出信号波形

图 6-52　并联下限幅器

当正向尖脉冲到来时，二极管截止，输出电压 u_o 等于输入电压 u_i。当负向脉冲到来时，二极管导通，输出电压 $u_o=0$，负向脉冲被删除，起到限幅作用。

6.6.2.2　钳位器

最简单的钳位电路如图 6-53(a) 所示，输入信号为矩形脉冲，如图 6-53(b) 所示。

电路中各元件的参数应满足以下要求：电阻 $R \gg r_d$（二极管正向电阻）；$R \ll r_o$（二极管的反向电阻）；$r_d \cdot C \ll t_w/3$；$R \cdot C \gg t_g$。

在输入信号 u_i 的第一个正向脉冲期间，u_i 通过二极管正向电阻给电容 C 充电。当 $t=0$ 时，由于电容器两端的电压不能突变，所以输出电压 u_i 全部加在电阻的两端，即输出电压 $u_o=u_i$。当 $t>0$ 时，随 C 电压上升，电阻上的电压下降，输出电压 u_o 下降。

当 $t=t_1$ 时，u_i 下降到零，输入端相当于短路。此时，电容器电压 $u_c=u_i$ 反向加在二极管上，二极管截止，输出信号电压 $u_o=-u_c$。当 $t>t_1$ 时，电容器通过电阻放电。由于放电时间常数 $R \cdot C \gg t_g$，所以放电很慢，电容器电压下降很少，因此输出信号电压 u_o 略有上升。

当第二个正向脉冲在 t_2 到来时，输入信号电压 u_i 的绝对值略大于脉冲到来之前输出信号电压的绝对值，所以 $t=t_2$ 时，输入信号电压略大于零。当 $t>t_2$ 时，二极管导通，电容器又被充电，其电压很快恢复到 u_i 值，输出信号电压 u_o 下降到零。

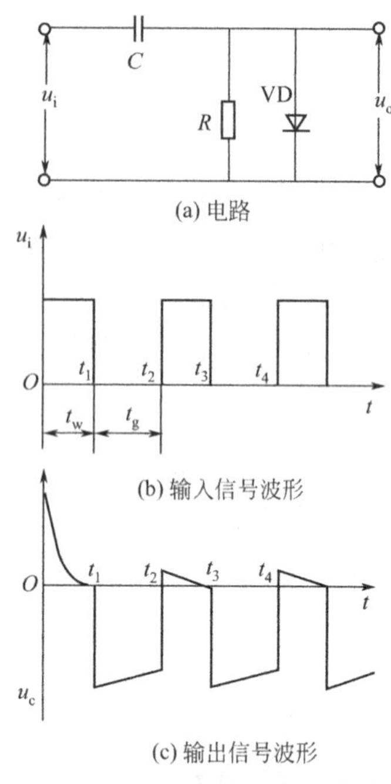

图 6-53 钳位器电路及波形

当 $t=t_3$ 时，输出信号电压又变成 u_c。如此不断反复，输出信号电压顶部被钳位在零电平上。

本电路开始工作时，有一个正向尖脉冲，这对长时间的电路来说影响不大，可忽略。如果将图 6-53(a) 中的二极管反接，可构成钳位电平为零的底部钳位器。

6.6.3 三极管的开关特性

三极管具有饱和、放大、截止三种工作状态。当三极管在饱和和截止状态下交替工作时，三极管只具有开关作用。

6.6.3.1 截止状态

三极管的截止状态是指基极加 0V 输入电压时的工作状态。当发射极电压 $U_{be}<0.5V$ 时，I_b 和 I_c 都近似为零，三极管处于截止状态，相当于开关断开，如图 6-54 所示。

6.6.3.2 饱和状态

当三极管的发射结和集电结均处于正向偏置时，三极管处于饱和状态。三极管饱和后，再增大 I_b，集电极电流 I_c 也不再增大。这相当于开关闭合，如图 6-55 所示。

基极电流 I_b 越大，三极管的饱和程度越深，抗干扰能力就越强。

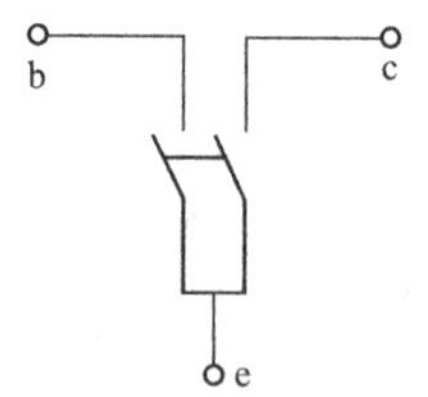

图 6-54 三极管截止（开关断开）

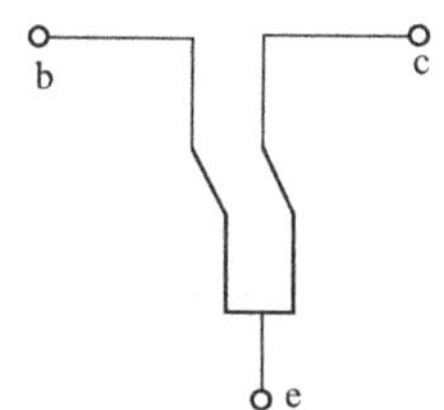

图 6-55 三极管饱和（开关闭合）

6.6.3.3 三极管的开关特性

如果有目的地控制三极管各电极上的电位，使三极管在截止和饱和状态下交替工作，三极管就成为一个无触点开关。应当注意的是，三极管不是理想的开关，从截止到饱和，从饱和到截止，均需要时间来完成，但时间很短，一般为几纳秒到几十纳秒。这在一般脉冲电路中可忽略，但在高速脉冲电路中要考虑。另外，三极管饱和时，发射结正向电压一般约为 0.7V（硅管）和 0.3V（锗管）；集电极与发射极之间的电压降约为 0.3V（硅管）和 0.1V（锗管）。

6.6.4 反相器

利用三极管的开关特性，可构成反相器，其电路如图 6-56 所示。反向器是一种最基本、最重要的脉冲电路，它是组成各种复杂脉冲电路的基本单元之一，也是数字电路中的“非门”。

当三极管基极输入信号为低电平时，由于负电源 $-U_{bb}$ 的作用，使 $U_{be}<0$，三极管发射结处于反向偏置，此时三极管截止，$I_e=0$，$u_o=u_{cc}$，即输出高电平。

当三极管基极输入信号为高电平时，如果管子的参数 β 和 R_c 值选择适当，三极管饱和。饱和时，管压降很小，可忽略，则有 $u_o\approx0$，即输出低电平。

从输入输出波形可以看出，输出波形与输入波形相位相反，所以称为反相器。由于输出的脉冲幅度比输入大得多，所以也称之为脉冲放大器。

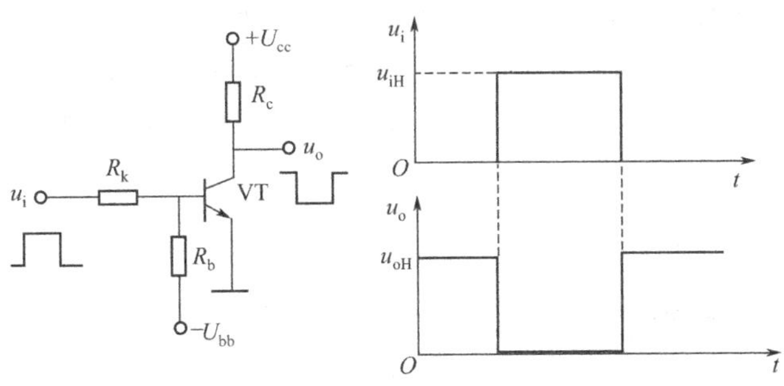

图 6-56　反向器电路及波形

6.7　晶闸管

本节主要介绍晶闸管结构、原理及主要参数。

晶闸管原称可控硅，是硅晶体闸流的简称，英文缩写为 SCR。它是近 40 年来发展起来的一种较理想的大功率电能变换与控制的理想器件。自晶闸管问世以来，弱电对强电的控制快速发展，在工业生产领域的各个方面应用广泛，如可控整流、逆变、变频、交流调压等，目前应用最多的是可控硅整流。

晶闸管有三个极，即阳极 A、阴极 K 和控制极（门极）G。晶闸管有 $P_1N_1P_2N_2$ 四层半导体，形成 $J_1J_2J_3$ 三个 PN 结，可看成是由一个 PNP 型三极管和一个 NPN 型三极管构成的复合管。

6.7.1　晶闸管的结构

晶闸管种类很多，有普通型、双向型、可关断型等。这里主要介绍应用最广泛的普通型晶闸管。目前，大功率晶闸管的外形结构有螺栓式和平板式，如图 6-57 所示。晶闸管有三个极，即阳极 A、阴极 K 和控制极（门极）G。螺栓式晶闸管有螺栓的一端是阳极。使用时，用它固定在散热器上，安装、更换管子方便，但仅靠阳极散热器效果差；另一端有两根引线，其中较粗的是阴极，较细的是控制极。平板式晶闸管中间金属环的引出线是控制极，离控制极较远的面是阳极，近的端面是阴极。使用时，晶闸管夹在两个散热器中间，散热效果好。

(a) 螺栓式　　(b) 平板式

图 6-57　晶闸管的外形图

从内部结构看，晶闸管有 $P_1N_1P_2N_2$ 四层半导体，形成 $J_1J_2J_3$ 三个 PN 结，可看成是由一个 PNP 型三极管和一个 NPN 型三极管构成的复合管，如图 6-58 所示。从 P_1 引出的是阳极 A，从 N_2 引出的是阴极 K，从 P_2 引出的是控制极 G（也称为门极），晶闸管的符号如图 6-58（c）所示。加在晶闸管阳极与阴极之间的电压称为阳极电压，加在晶闸管门极与阴极之间称为门极电压。

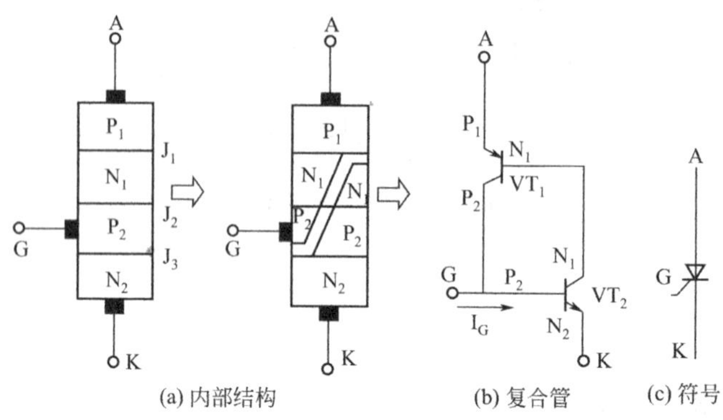

图 6-58 晶闸管的内部结构及符号

6.7.2 晶闸管的工作原理

晶闸管可看作是一个受控制的二极管，从其符号可以看出，晶闸管也具有单向导电性。晶闸管工作时，其阳极和阴极分别与电源和负载连接，组成晶闸管的主电路；晶闸管的门极和阴极与控制晶闸管的装置连接，组成晶闸管控制电路。当控制极（门极）加一个足够大的控制电压时，晶闸管在这个控制电压作用下，会像二极管一样导通，即使控制电压取消，也不会改变其正向导通的工作状态。为便于理解，下面用实验来说明普通晶闸管的工作原理。

如图 6-59(a) 所示，将晶闸管的阳极接电源 E_a 的负极，阴极接电源 E_a 的正极，并在回路中串联小灯泡 HL（此回路称为主电路），然后控制极（门极）接电源 E_g 的正极，阴极接 E_g 的负极，并通过开关 S 控制（此回路称为控制电路或触发电路）。这时不管开关 S 是否闭合，灯泡 HL 始终不亮。这说明当晶闸管阳极与阴极间加反向电压时，不管控制极有无正向触发电压，晶闸管均不导通，处于反向阻断状态。

如图 6-59(b) 所示，将 E_a 的极性调换，即在晶闸管的阳极与阴极间加正向电压。若 S 断开，HL 不亮，说明晶闸管不导通，处于正向阻断状态。

如图 6-59(c) 所示，将开关 S 闭合，即在晶闸管阳极与阴极间加正向电压的同时，给控制极与阴极间加上正向触发电压，HL 亮，说明晶闸管被触发导通。

如图 6-59(d) 所示，在晶闸管导通后，将开关 S 打开，HL 仍然发光，说明晶闸管仍然导通，控制极失去作用。

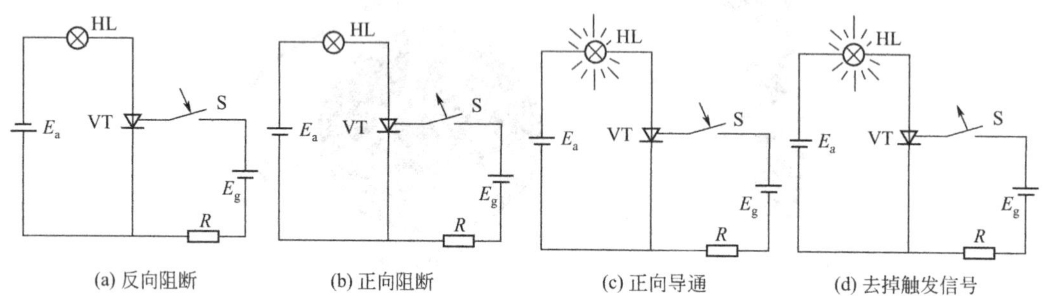

图 6-59 晶闸管工作特性测试电路

由以上分析，得出晶闸管的工作性能如下所述。

（1）导通条件。在晶闸管的阳极与阴极间加正向电压，同时在控制极与阴极间加正向电压，晶闸管就能导通。两者缺一不可。

（2）关断条件。晶闸管导通后，控制极失去控制作用，即使去掉控制极电压，晶闸管仍然导通。若要使晶闸管关断，只有在阳极与阴极间加反向电压，或去掉正向电压，使流过晶闸管的阳极主电流小于某一数值，才能关断。

（3）晶闸管导通后，控制极失去控制作用。因此，控制极只需要一个触发脉冲就可触发晶闸管导通。

（4）晶闸管具有单向导电性，且导通时刻是可以通过控制极控制的。所以，晶闸管可以用来构成可控整流电路。

（5）晶闸管还可以用作无触点功率静态开关，取代继电器、接触器构成控制电路。

6.7.3　晶闸管的主要参数

要正确使用晶闸管，不仅要了解晶闸管的特性，还要理解其主要参数的含义。

（1）额定电压 U_{Tn}。为防止晶闸管因承受正向电压过大而引起误导通，或因承受反向电压过大被反向击穿而规定的允许加在晶闸管阳极与阴极间的最大电压，称为晶闸管的额定电压。因晶闸管承受过电压的能力差，所以在选择晶闸管时，额定电压应取元件在电路中可能承受的最大电压瞬时值的 2～3 倍。

（2）额定电流（通态平均电流）$U_{T(AV)}$。在规定的标准散热条件和室温（≤40℃）下，晶闸管的阳极与阴极间允许通过的工频正弦半波电流的平均值，称为晶闸管的额定电流。由于晶闸管过流能力差，选用晶闸管时，额定电流至少应大于正常工作电流的 1.5～2 倍。

（3）通态平均电压（管压降）$U_{T(AV)}$。当元件流过正弦半波的额定电流平均值时，元件阳极与阴极之间电压降的平均值称为管压降。一般为 0.4～1.2V，可忽略不计。

（4）控制极触发电压 U_G 和触发电流 I_G，即在晶闸管阳极与阴极之间加 6V 的正向直流电压，使晶闸管由阻断变为导通所需要的最小控制极电压和电流。在实际使用时，应稍大于这一数值，以保证可靠触发。

（5）维持电流 I_H。在室温下，控制极开路时，维持晶闸管继续导通所必需的最小电流称为维持电流。当正向电流小于 I_H 值时，晶闸管自行关断。I_H 值一般为几十至一百多毫安。

6.7.4　晶闸管的简单测试

依据 PN 结的单向导电性，用万用表欧姆挡测试晶闸管三个电极之间的阻值，可初步判断管子是否完好。如用万用表 R×1k 挡测量阳极 A 和阴极 K 之间的正、反向电阻都很大，在几百千欧以上，且正、反向电阻差值很小；且用 R×10 或 R×100 挡测量的控制极 G 和阴极 K 之间的阻值，其正向电阻小于或接近于反向电阻，这样的晶闸管是好的。如果阳极与阴极或阳极与控制极间有短路，阴极与控制极间为短路或断路，表明晶闸管已损坏。

思考与练习

一、选择题

1. 在本征半导体中掺入微量五价元素形成的杂质半导体，其多数载流子是（　　）。

A. 空穴　　B. 自由电子　　C. 正离子　　D. 负离子

2. PN 结加正向电压时，其正向电流是（　　）。

A. 多数载流子扩散而成　　B. 少数载流子扩散而成

C. 多数载流子漂移而成　　　　　　　　D. 少数载流子漂移而成

3. 在本征半导体中掺入微量三价元素形成的杂质半导体，其多数载流子是（　　）。

A. 正离子　　　　B. 负离子　　　　C. 自由电子　　　　D. 空穴

4. 晶闸管导通后，控制极加适当大小的反向电压，其结果是（　　）。

A. 晶闸管关断　　　　　　　　　　B. 晶闸管的状态不可确定

C. 晶闸管状态不变　　　　　　　　D. 晶闸管有可能被击穿

二、判断题

（　　）1. P 型半导体带正电。

（　　）2. 不管是 N 型半导体还是 P 型半导体，虽然它们都有一种载流子占多数，但是整个晶体是不带电的。

（　　）3. 本征半导体中的自由电子和空穴总是成对出现、成对消失的。

（　　）4. 晶闸管导通之后，控制极就失去了控制作用。

三、简答题

1. N 型半导体中的自由电子多于空穴，而 P 型半导体中的空穴多于自由电子，是否是 N 型半导体带负电而 P 型半导体带正电？

2. 当 PN 结正偏或反偏时，为什么正向电流比反向电流大？当环境温度升高时，反向电流会增加吗？

3. 如何用指针式万用表判断二极管的正负极与二极管的好坏？

4. 发光二极管的发光条件是什么？在日常生活中以及汽车上都用在什么地方，各举一例说明。

5. 光敏二极管的正常工作条件是什么？反向耐压值一般是多少？举一例说明它在汽车上的应用。

6. 晶体管放大的外部条件是什么？此条件是否同时适用于 NPN 管和 PNP 管？

7. 如何用指针式万用表判断三极管的基极、集电极和发射极？

8. 简述晶闸管的结构及性能。

第 7 章　汽车常用电子电路

【教学提示】

教	知识重点	1. 整流电路 2. 滤波电路 3. 稳压电路 4. 基本放大电路
	知识难点	滤波电路，稳压电路，基本放大电路
	推荐教学方式	从任务入手，从实物出发，边讲边学
	建议学时	10 学时
学	推荐学习方法	自己先预习，不懂的地方做出记录，查资料，听老师讲解；在老师指导下做认知实验，要在老师的指导下通电验证
	需要掌握的知识	1. 整流电路 2. 滤波电路 3. 稳压电路 4. 基本放大电路
	需要掌握的技能	1. 整流电路在汽车上的应用 2. 正确分析各类基本放大电路

许多电子设备都需要用直流电源供电。获得直流电源的方法较多，如干电池、蓄电池、直流发电机等。但比较经济实用的办法是，通过整流、稳压电路把交流电源变换成直流电源。常用的直流稳压电源一般由电源变压器、整流电路、滤波电路和稳压电路组成，如图 7-1 所示。

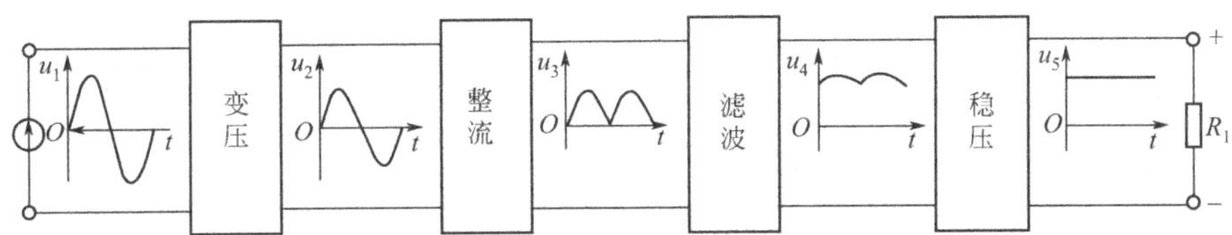

图 7-1　直流稳压电源的结构示意图

电源变压器也称整流变压器，它的作用是把 220V 电网电压变换成所需要的交流电压。整流电路的作用是将交流电压变换成单向脉动的直流电压。滤波电路的作用是将脉动电压中的脉动成分滤掉，使输出电压成为比较平滑的直流电压。稳压电路的作用是使输出的直流电压保持恒定。

【学习目标】

① 了解汽车常用电子电路的结构；

② 熟悉汽车常用电子电路的工作特性；

③ 掌握汽车常用电子电路的基本原理。

7.1　整流电路

本节主要介绍单相半波整流电路和单相桥式全波整流电路。整流电路的作用是将交流电压变换成单向脉动的直流电压。

7.1.1 单相半波整流电路

7.1.1.1 电路的组成及整流原理

半波整流是指交流输入电压信号只有在正半周期或负半周期时才有输出，即输出波形只是输入波形的一半。

图 7-2 所示为单相半波整流电路原理图。图中，T 为电源变压器，它把交流电压 u_1 变为适当数值的交流电压 u_2；VD 为整流二极管；R_L 为直流负载。

设变压器二次电压的有效值为 u_2，其波形图如图 7-3(a) 所示。

当 u_2 处于正半周时，电路图 7-2 中 a 端为正，b 端为负，二极管 VD 在正向电压作用下而导通，电流的通路是 a→VD→R_L→b→a。如略去二极管的正向电压降，加在负载 R_L 上的电压就等于变压器二次电压 u_2。

当 u_2 为负半周时，电路中 a 端为负，b 端为正，二极管 VD 在反向电压作用下截止，整个电路无电流通过，R_L 上自然也没有电流，其两端电压为零，二次电压全部加在二极管 VD 上，如图 7-3(d) 所示。

由此可见，尽管变压器 T 中的二次电压 u_2 是交变的，但由于二极管的单向导电作用，流过负载电阻 R_L 的电流和加在 R_L 两端的电压都是单一方向，如图 7-3(b)、(c) 所示。这种电路只在电源电压 u_2 的半个周期中才有电流通过，故称为半波整流电路。

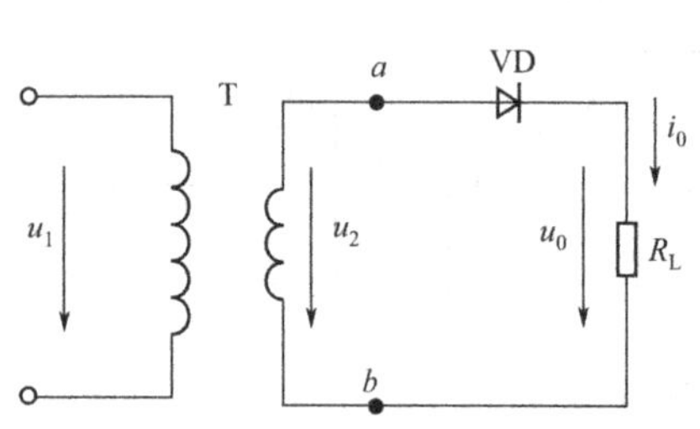

图 7-2 单相半波整流电路

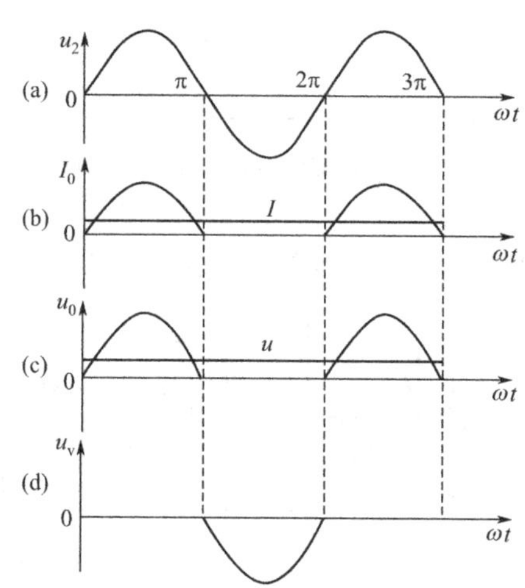

图 7-3 单相半波整流电路波形图

7.1.1.2 负载上的直流电压 u_0 和电流 I_0

经整流，负载电压在一个周期内的平均值叫做负载的直流电压，用 u_0 表示。理论证明可得：

$$u_0=0.45u_2$$

流过负载 R_L 的直流电流为

$$I_0=\frac{u_0}{R_L}=0.45\frac{u_2}{R_L}$$

7.1.1.3 整流二极管的选择

由于二极管与负载 R_L 是串联的，所以流过二极管电流的平均值为

$$I_V=I_0=0.45\frac{u_2}{R_L}$$

二极管在反向截止时，所承受的反向电压为变压器二次电压 u_2。因此，u_2 的最大值就是

二极管截止时承受的最高反向电压，即

$$u_{vm}=\sqrt{2}u_2$$

为了保证二极管能安全、可靠地工作，所选二极管的最大整流电流和最高反向工作电压应分别大于计算出的 I_V 和 u_{vm}，并留有余量。

半波整流电路的优点是结构简单，使用的元件少。但是也存在明显的缺点：只利用了电源的半个周期，所以电源的利用率较低，而且输出电压脉动较大。故半波整流只用在对脉动要求不高，输出电流较小（几十毫安以下）的直流设备。

7.1.2　单相桥式整流电路

7.1.2.1　电路与工作原理

图 7-4 所示是单相桥式整流电路原理图，因电路中四只整流二极管接成电桥形式，所以称为桥式整流电路。

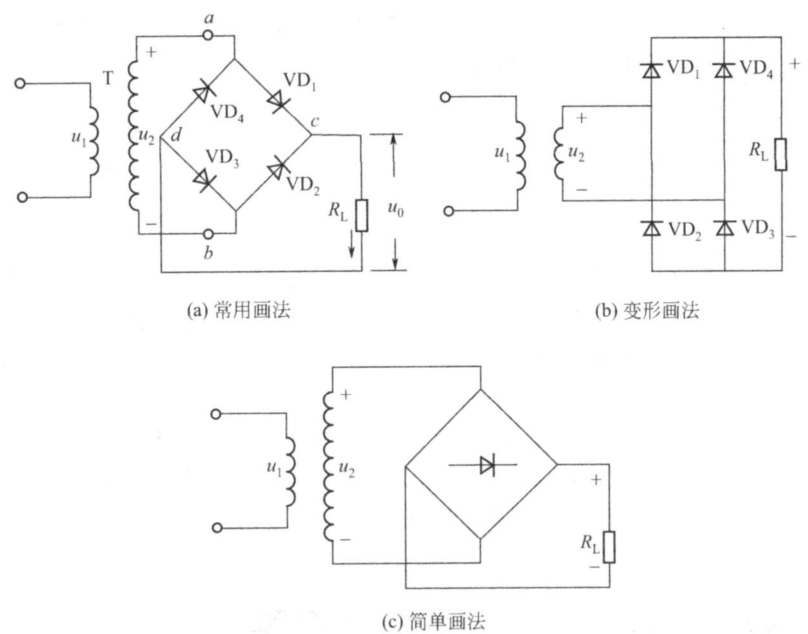

(a) 常用画法　(b) 变形画法

(c) 简单画法

图 7-4　单相桥式整流电路

设变压器二次电压 u_2 在正半周时，电路中 a 端为正，b 端为负，二极管 VD_1、VD_3 导通；VD_2、VD_4 因承受反向电压而截止。流经负载 R_L 的电流路径是 $a\rightarrow VD_1\rightarrow R_L\rightarrow VD_3\rightarrow b\rightarrow a$。于是在负载 R_L 上得到半波电压。

在电压 u_2 的负半周，电路中 a 端为负，b 端为正，二极管 VD_1、VD_3 截止；VD_2、VD_4 导通。流经负载 R_L 的电流路径是 $b\rightarrow VD_2\rightarrow R_L\rightarrow VD_4\rightarrow a\rightarrow b$。同样地，在负载 R_L 上得到与正半周时波形相同的半波电压。

由此可见，在交变电压 u_2 的整个周期内，四个二极管分为两组，轮流导通，使负载上均有电流通过。流过负载的电流是单一方向的全波脉动电流，因而负载电压也是单一方向的全波脉动电压，如图 7-5(b)、(c) 所示。

7.1.2.2　负载上的直流电压和电流

由于全波工作，桥式整流电路输出电压的平均值，即直流电压 u_0，是半波整流的 2 倍，即

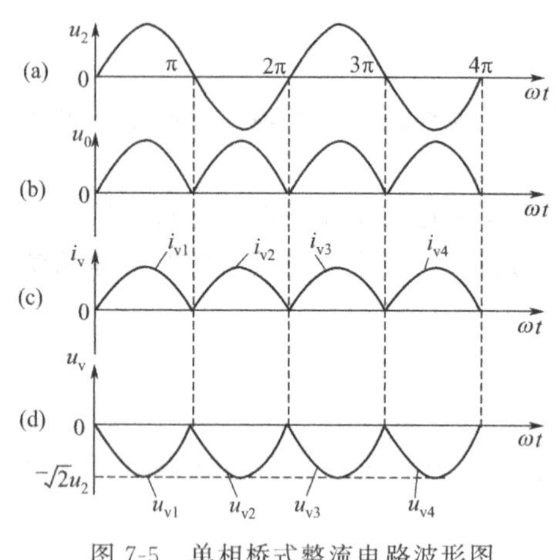

图 7-5 单相桥式整流电路波形图

$$u_0=0.9u_2$$

流过负载的直流电流为

$$I_0=\frac{u_0}{R_L}=0.9\frac{u_2}{R_L}$$

7.1.2.3 整流二极管的选择

由于每只二极管都只在交流电的半个周期内导通，所以流过每个二极管的电流等于负载电流的一半，即

$$i_V=0.5I_0=0.45\frac{u_2}{R_L}$$

由图 7-4 可以看出，无论是哪个半周，变压器二次电压 u_2 总是加到截止二极管的两端，如图 7-5(d) 所示。因此，每个二极管所承受的最大反向电压就是变压器二次电压的最大值，即

$$u_{vm}=\sqrt{2}u_2$$

桥式整流电路中二极管的选择原则是：最大整流电流 $i_{vm}>\frac{I_0}{2}$，最高反向工作电压 $u_{vm}>\sqrt{2}u_2$。

必须注意，桥式整流电路的四个二极管的正负极不能接反。交流电源和直流负载也不许接错，否则，可能发生电源短路，不仅烧坏整流管，甚至烧坏电源变压器。桥式整流电路的优点是电源利用率高，输出电压提高了一倍。流过每个管子的电流仅为输出电流的一半，有利于电路保护。

目前，已广泛使用将四个硅二极管封装成一个整体的硅桥式整流器，如图 7-6 所示。这种整流桥有四个接线端，两端接交流电源（标有“～”符号），两端接负载（标有“＋”、“－”端子）。“＋”、“－”标志表示整流输出直流电压的极性，根据需要可在手册中选用不同型号及规格的桥式整流器。

图 7-6 不同型号整流桥

7.2 滤波电路

本节主要介绍电容滤波电路、电感滤波电路及复式滤波电路。

整流电路把交流电转变为直流电，但整流后负载获得的直流电包含一定的交流分量，脉动较大，会影响对要求电流和电压都比较平稳的负载，如电子仪器、自动控制设备等正常运行。

为此，常在整流电路后加接滤波电路，把脉动直流电中的交流分量滤掉，使之成为平滑的直流电，如图 7-7 所示。

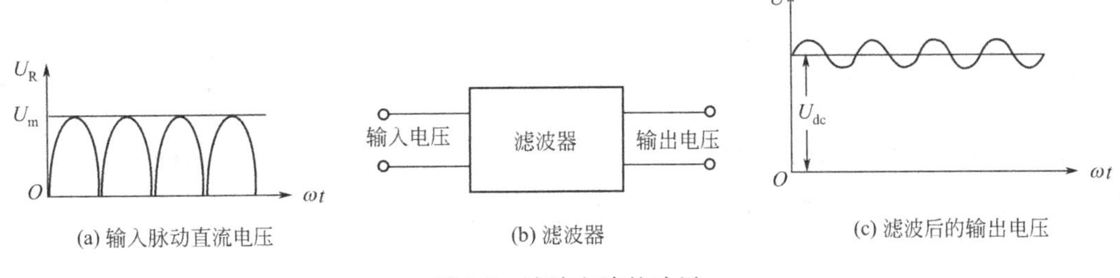

(a) 输入脉动直流电压　(b) 滤波器　(c) 滤波后的输出电压

图 7-7　滤波电路的功用

电容和电感是基本的滤波元件，主要利用电容器两端电压不能突变和流过电感器的电流不能突变的特点，将电容和负载电阻并联或将电感器与负载电阻串联，达到使输出波形平滑的目的。一般来说，全波整流能给滤波电路提供较佳的输入信号。因此，如果想在滤波电路输出时得到较佳的直流电压，宜采用全波整流。

7.2.1　电容滤波电路

7.2.1.1　电容滤波电路的组成

电容器是最简单的滤波器。在整流电路的输出端和负载之间并联一个电容器，便可实现滤除交流分量的目的。

由于电容器为储能元件，当与负载并联时，在二极管导通期间，电容器会同时充电并储存电荷；在二极管截止，或电压降低时，电容器便会向负载放电，使负载上电流流过的时间延长，减缓电压下降，从而减小了纹波对电路的影响，获得平稳的直流电压。

7.2.1.2　电容滤波电路的工作过程

图 7-8 所示是单相半波整流电容滤波电路，滤波电容器并联在负载的两端。其工作原理是：当变压器二次电压 u_2 在正半周并大于电容器端电压 u_C 时，二极管 VD 导通，此时电流分为两路：一路流经负载 R_L，另一路对电容器 C 充电。电容器端电压 u_C 随二次电压 u_2 而升高，当 u_2 达最大值时，u_C 也达最大值。当 u_2 变化到小于电容器端电压 u_C 时，二极管 VD 截止，已充电的电容器 C 对负载 R_L 放电，使负载 R_L 上的电压趋于平稳。经电容器滤波后的电压波形如图 7-9 所示。

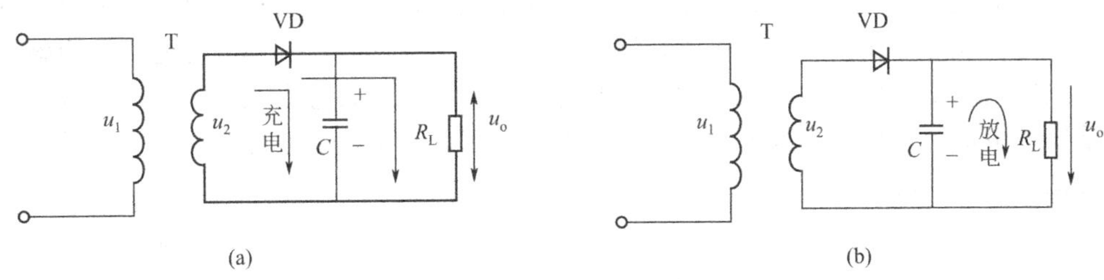

(a)　(b)

图 7-8　电容滤波电路

由波形图可见：没有电容器时，负载 R_L 上的电压是半波（图中虚线所示）；有了电容器以后，在原来没有电压的负半周内也有了电压。这个电压是靠电容器放电供给的。负载上的电压波形比没有电容器以前要平滑得多。

采用电容滤波的单相全波桥式整流电路的工作原理和半波电路一样，只是在一个周期内电容器充放电两次，放电时间缩短了，输出更加平稳。其电压波形如图 7-10 所示。

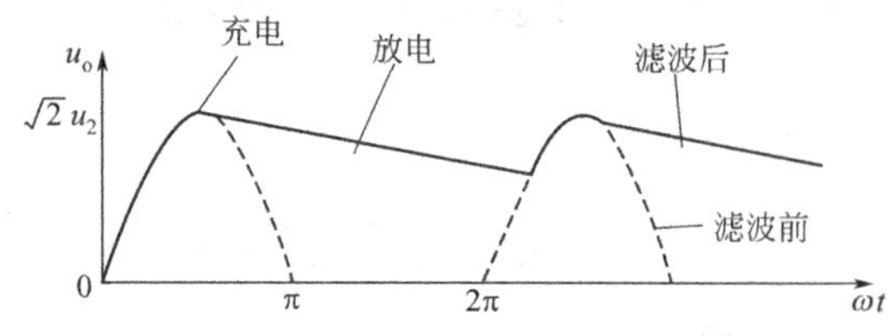

图 7-9 电容滤波电路的输出波形图

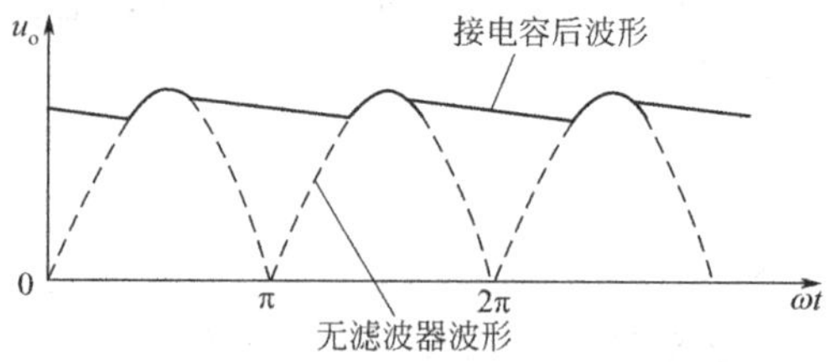

图 7-10 桥式整流电容滤波电路波形图

在电容滤波电路中，电容器使输出电压平均值增大。输出的直流电压为

$$u_o=(1\sim1.4)u_2$$

为了获得较好的滤波效果，电容器的容量要选得较大。电容量增大，电容器放电较慢，波形平稳，一般选用电解电容器作为滤波电容。使用电解电容器时要注意它的极性，不能接错，否则，电容器会被击穿。电容滤波适用于负载较小且基本不变的电路。

7.2.1.3 电容器输出电压的影响因素

对于同一频率的输入信号，影响电容器输出电压的因素有如下几项：

1）负载的电阻值

当负载电阻值较大时，流过的电流较小，电容放电时间较长，放电较慢，电压下降较小，使其平均输出电压较高，纹波也较小；反之，当负载电阻值较小时，电流较大，电容放电期间，放电较快，电压下降也较大，使输出电压平均值较低且纹波较大。因此，负载的电流越大，则输出电压越低，电压调整也越差。

2）滤波电容量

滤波电容器的电容量越大，其储存的电荷越多，因此，在向负载放电时，其放电时间较长，电压下降较小，使得输出的电压较大且纹波较小；反之，滤波电容量越小，则输出电压越低，且纹波较大。

3）整流的形式

在半波整流形式中，滤波电容的放电时间较长，使得输出的电压纹波较大，平均值较全波整流形式低，如图 7-9 和图 7-10 所示。

7.2.2 电感滤波电路

电感滤波电路是在整流电路的输出端与负载电阻之间串联一个电感线圈 L。图 7-11 所示是单相桥式整流电感滤波电路。其工作原理是：当整流后，输出脉动直流电的电流增大时，线圈中将产生与电流方向相反的自感电流，阻止电流的增大，同时将一部分电能转变为磁场能储存起来。当输出的电流减小时，线圈中产生与电流方向一致的自感电流，阻止电流减小，线圈将磁场能变成电能。这样，负载电流的脉动程度减小了，在负载 R_L 上获得一个较平稳的直流电压，如图 7-12 所示。

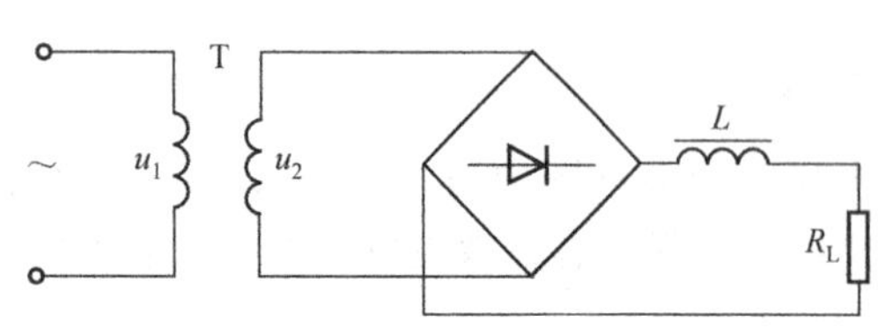

图 7-11 桥式整流电感滤波电路

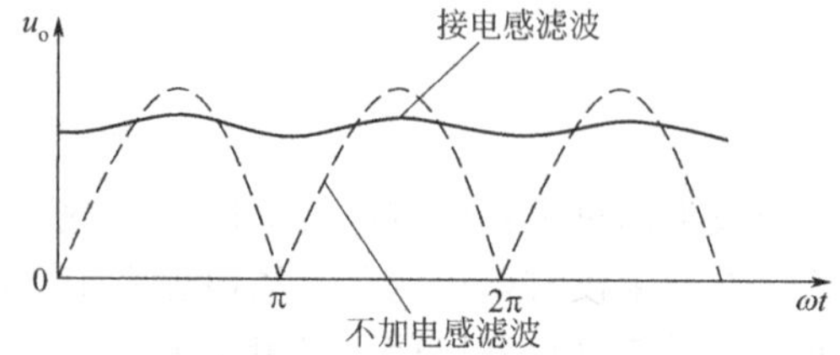

图 7-12 电感滤波输出波形

电感滤波适用于负载电流较大的电路。电感量越大，滤波效果越好。但电感量较大时，电

感元件的体积和重量都大，直流电阻也要增加，当电路突然断开时，会产生很高的自感电动势而损坏元件。

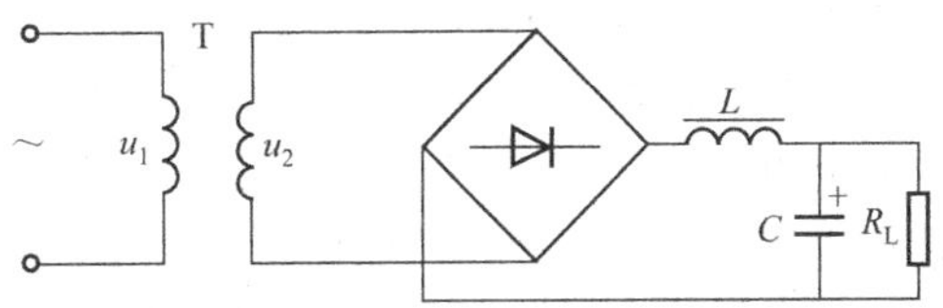

图 7-13　带有 LC 滤波器的单相桥式整流电路

7.2.3　复式滤波电路

复式滤波电路是由两种或两种以上滤波元件组成的滤波电路。图 7-13 所示是带有 LC 滤波器的单相桥式整流电路。在这种滤波电路中，整流后输出的脉动直流电经过线圈 L 和电容器 C 双重滤波，因而负载 R_L 上的直流电压更加平稳。

图 7-14 所示是带有 π 型滤波器的单相桥式整流电路，其滤波效果很好，适用于对波形要求更平滑的电路。

在输出电流较小的电路中，为了降低成本，缩小体积，减轻重量，常用适当的电阻 R 代替 L，构成如图 7-15 所示的由 R、C 组成的 π 型滤波电路。因电阻 R 上有电压降，所以应该选择 $R \ll R_L$，防止影响输出电压；R 的功率要足够，防止过热烧毁，电阻 R 的减小又会使滤波效果下降，应妥善解决这对矛盾。

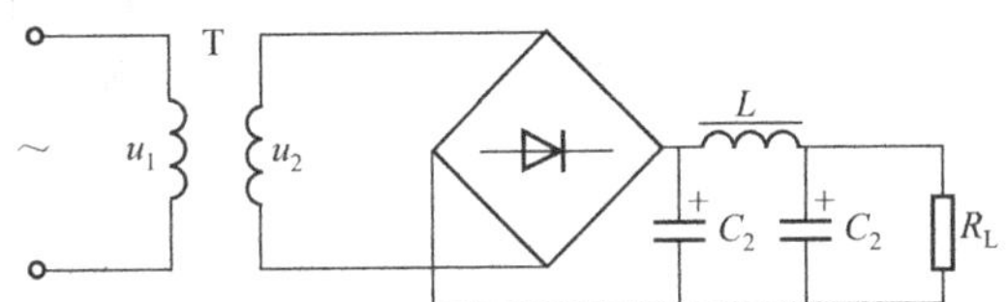

图 7-14　带有 π 型滤波器的单相桥式整流电路

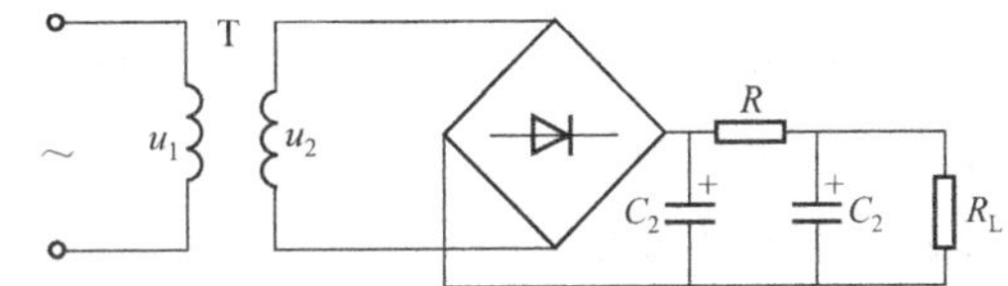

图 7-15　由 R、C 组成的 π 型滤波电路

7.3　稳压电路

本节主要介绍硅稳压管稳压电路、串联型稳压电路及集成稳压器。

经整流和滤波后的电压往往会随交流电源电压的波动和负载的变化而变化。电压的不稳定有时会产生测量和计算误差，引起控制装置工作不稳定，甚至根本无法正常工作。特别是精密电子测量仪器、自动控制、计算装置及晶闸管的触发电路等，都要求有很稳定的直流电源供电。因此，需要采用稳压电路。

7.3.1　硅稳压管稳压电路

图 7-16 所示是硅稳压管稳压电路。经过桥式整流和电容滤波得到的脉动直流电，再经过限流电阻和稳压管组成的稳压电路接到负载电阻 R_L 上，在负载电阻 R_L 上便得到一个比较稳定的电压。

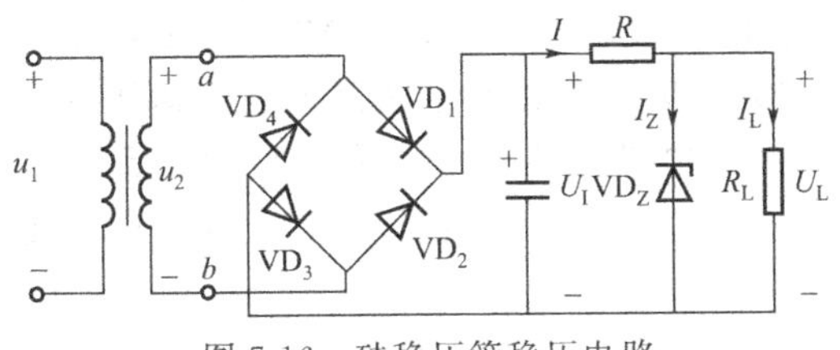

图 7-16　硅稳压管稳压电路

稳压原理如下所述。

(1) 输入电压 U_1 不变，当负载电阻 R_L 减小时，流过负载电阻的电流 I_L 将增大，限流电阻 R 上的电流 I 也将增大，则 R 两端电压 $U_R = IR$ 也增大，因输入电压 U_1 不变，所以输出电压 $U_L = U_1 - IR$ 减小；当加在稳压管两端的电压减小时，流过稳压管的电流明显减小，使限流电阻 R 上的电流 I 减小，则 R 两端电压 $U_R = IR$ 也减小，使得输出电压 $U_L = U_1 - IR$ 保持不变。其稳压过程表示如下：

$$R_L \downarrow \rightarrow I_L \uparrow \rightarrow IR \uparrow \rightarrow U_L \downarrow \rightarrow I_Z \downarrow \rightarrow I \downarrow \rightarrow IR \downarrow \rightarrow U_L \uparrow$$

当 R_L 增大时，上述调节过程正好相反，同样能保持负载电压 U_L 基本不变。

(2) 负载电阻 R_L 不变，当 U_1 升高时，U_L 也升高，必然引起流过稳压管电流 I_Z 显著增大，限流电阻 R 上的电流 I 也将增大，则 R 两端电压 $U_R=IR$ 也增大，抵消由 U_1 升高带来的输出电压 U_L 的增加，从而使负载电压近似保持不变。此稳压过程可表示为：

$$U_1\uparrow\rightarrow U_L\uparrow\rightarrow I_Z\uparrow\rightarrow I\uparrow\rightarrow U_R\uparrow\rightarrow U_L\downarrow$$

当 U_L 降低时，必然引起 I_Z 减小，进而引起 I 减少，使 U_L 上升。最终使输出电压 U_L 近似不变。

必须指出，不论输入电压 U_1 改变，还是负载电阻 R_L 改变，都要引起稳压管电流 I_L 的变化，再通过限流电阻 R 上的电压变化来维持输出电压 U_L 近似不变。因此，这种稳压电路的稳压过程不仅与稳压管有关，而且和限流电阻 R 的大小有关。

在选择稳压电路元件时，一般应注意以下三点：

① 稳压管的稳压值应该等于输出电压的值，即 $U_Z=U_L$；

② 稳压管的最大稳定电流应该等于最大输出电流的 2～3 倍；

③ 动态电阻尽可能小。

硅稳压管稳压电路结构简单，在负载电流变动较小时，稳压效果较好。但其输出电压只能等于稳压管的稳定电压，允许电流变化的幅度也受到稳压管稳定电流的限制。因此，这种电路只适用于功率较小和负载电流变化不大的场合。

7.3.2 串联型稳压电路

串联型稳压电路是一个反馈调节系统，由取样电路、基准电压电路、比较放大电路和调整电路四部分组成。图 7-17 所示是一个串联型稳压电路。

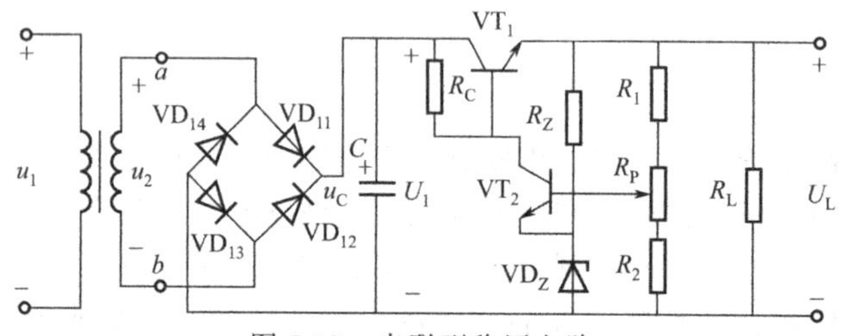

图 7-17 串联型稳压电路

在稳压电路的主回路中，调整管 VT_1 与负载电阻 R_L 串联，所以称之为串联型稳压电路。VT_2 是比较放大管，R_1、R_P 和 R_2 串联在输出端，构成取样电路。由限流电阻 R_Z 与稳压管 VD_Z 组成的稳压电路直接接在比较放大管 VT_2 的发射极上，它的稳压原理如下所述。

当输出电压 U_L 升高时，取样电压增大，VT_2 管的基极电位升高，但 VT_2 管发射极电位被稳压，所以 VT_2 的基极与发射极之间电压 U_{BE2} 增大，VT_2 管的导通程度增强，其基极电流 I_{BE2} 增大，使 VT_2 的集电极电流 I_{C2} 增大，则 VT_2 的集电极电位 U_{C2} 降低；而调整管 VT_1 因基极电位降低，使其导通程度下降，其基极电流 I_{BE1} 减小，VT_1 的集电极电流也减小，使得其集射电压增大，输出电压增大。

当输出电压降低时，调整过程正好相反。

在稳压电路的工作过程中，要求调整管始终处于放大状态。通过调整管的电流等于负载电流，因此必须选用适当的大功率管做调整管，并安装散热装置。为了防止短路或长期过载烧坏调整管，在直流稳压器中一般还设有短路保护和过载保护等环节。

7.3.3 集成稳压器

随着集成工艺的发展，稳压电路被制成了集成器件。它具有体积小、质量小、使用方便、运行可靠和价格低等优点，因而得到广泛应用。目前集成稳压电源的规格种类繁多，最简单的是三端集成稳压电路，它只有三个引线端：输入端（一般与整流滤波电路输出端相连）、输出端（与负载相连）和公共搭铁端。组成稳压电路的所有元件都集成在一块芯片上，使用、安装很方便。只要按需要选定型号，再配上适当的散热片，就可接成稳压电路。

集成稳压器有 W78×× （正电压输出）系列和 W79××（负电压输出）系列，其中 W78××00 系列可提供 1.5A 电流和输出为 5V、6V、9V、12V、15V、18V、24V 等各种档次的稳定电压。输出电压值由型号中的后两位数字表示。例如，W7805 表示输出电压＋5V，W7912 表示输出电压－12V。在保证充分散热的条件下，输出电流有 0.1A、0.5A 和 1.5A 三个档次。三端集成稳压器的外形及管脚排列如图 7-18 所示。其中，1 脚为公共端，2 脚是输出端，3 脚为输入端。基本使用电路如图 7-19 所示。基本电路中 C_1、C_2 的作用是防止自激振荡，减小高频噪声，改善负载的瞬态响应。注意，输入电压 U_i 一般应比输出电压端 U_o 高 3V 以上。

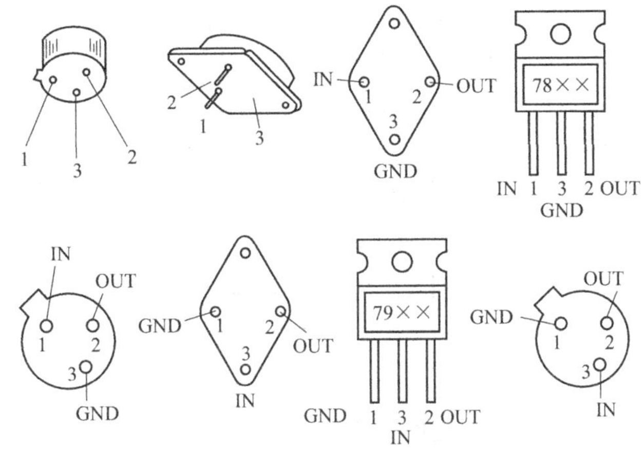

图 7-18　三端固定式集成稳压器外形及管脚排列

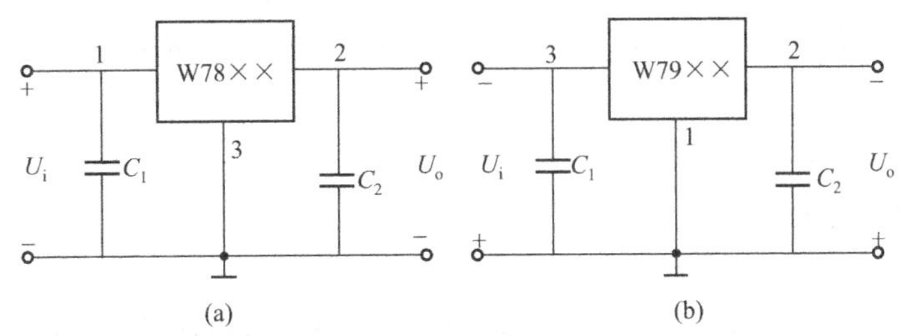

图 7-19　基本电路

使用三端集成稳压器，应注意区分输入端与输出端。假如接错，调整管的发射结将承受过高的反向电压而击穿。还应注意散热，如果散热不良，稳压器内部的过热保护装置会使稳压器终止工作。

7.4　基本放大电路

本节主要介绍共发射极放大电路，共基极放大电路与共集电极放大电路，放大电路的基本分析方法，功率放大电路。

放大电路又称放大器，它的功能是利用三极管的电流控制作用，把微弱的电信号（变化的电压或电流，简称信号）不失真地放大到所需要的数值。或者说，在输入信号控制下，实现将直流电源的能量部分地转化为按输入信号规律变化的且具有较大能量的输出信号。

7.4.1 放大电路的要求及连接方式

7.4.1.1 对放大电路的基本要求

要使放大电路完成预定的放大功能，放大器必须满足以下要求：

（1）要有一定的放大倍数。

（2）要有一定的通频带，即在一定的频率范围内，要求放大器具有相同的放大能力。

（3）非线性失真要小。由于三极管是非线性元件，被放大后的输出信号波形与原信号的波形会出现差异，这种现象称为非线性失真。放大器的失真越小越好。

（4）工作稳定。要求放大器的工作稳定，它的性能指标不随工作时间和环境条件的改变而改变。

7.4.1.2 放大电路三极管的连接方式

三极管是放大器的核心元件。如图 7-20 所示，放大器有两个输入端和两个输出端，在输入端加一个微弱的信号 u_i，通过放大器放大的信号 u_o 从输出端输出。

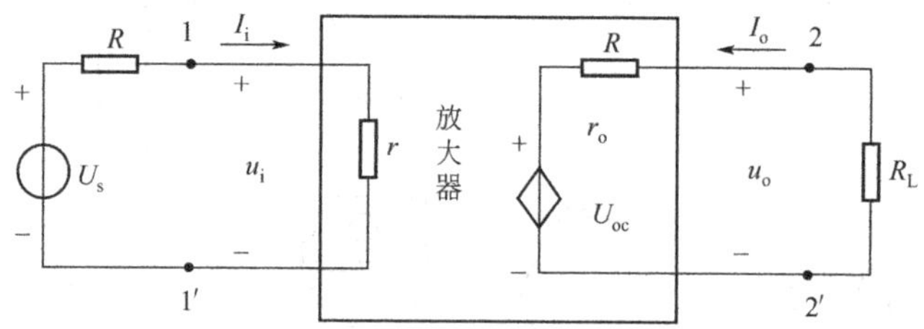

图 7-20 放大器的方框图

三极管在组成放大器时，一个电极作为信号的输入端，另一个电极作为输出端，第三个电极作为输入和输出信号的公共端。放大电路又称放大器，它的功能是利用三极管的电流控制作用，把微弱的电信号（变化的电压或电流，简称信号）不失真地放大到所需要的数值。根据公共端选用基极、发射极或集电极的不同，三极管在放大器中有共基极、共射极和共集电极三种连接方式。

7.4.2 共射极放大电路

7.4.2.1 共射极放大电路的基本特征

共射极放大电路的基本特征如下。

（1）一个微弱的电信号通过放大器后，输出电压或电流的幅度得到放大，但它随时间变化的规律不能变。

（2）输出信号的能量得到加强，这个能量由直流电源提供，经过三极管的控制，使之转换成信号能量，提供给负载。

7.4.2.2 共射极放大电路的基本组成

图 7-21(a) 所示是以 NPN 型晶体管为核心的基本放大电路。该电路输入信号 u_i 通过电容器 C_1 从晶体管的基极和发射极输入，通过电容 C_2 从集电极和发射极得到输出信号。因为发射极是输入和输出的公用端点，所以称为共发射极放大电路。电路中各元器件的作用如下所述。

（1）晶体管 VT：是放大电路的核心器件，用来实现放大。

（2）电源 U_{CC}：使晶体管发射结正偏、集电结反偏，确保晶体管工作在放大状态，同时为整个电路提供能源。U_{CC}一般取几伏至几十伏。

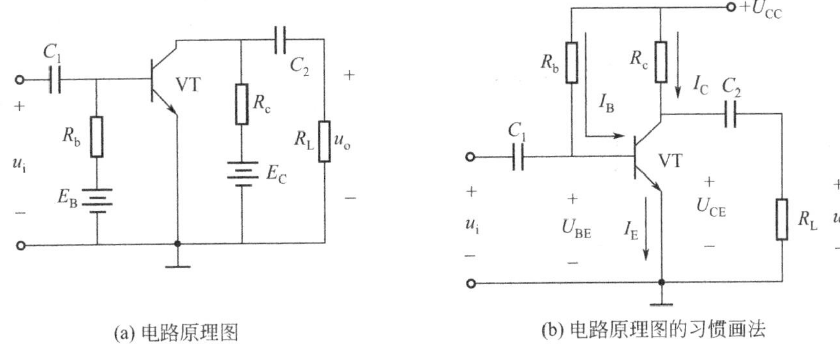

(a) 电路原理图　(b) 电路原理图的习惯画法

图 7-21　共射极基本放大电路简图

(3) 集电极电阻 R_c：将 VT 的集电极电流的变化转变为集电极电压 u_o 的变化，R_c 的值为几千欧至几十千欧。

(4) 基极偏置电阻 R_b：为晶体管提供合适的基极偏置电流，使电路获得合适的工作点。

(5) 隔直电容或耦合电容 C_1、C_2：作用是隔直流、通交流，使输入信号和输出信号中的交流成分基本无衰减地通过，直流成分则被隔离。C_1、C_2 通常是大容量电解电容，其数值为几微法到几十微法，在电路中连接时注意其极性。

为便于学习和记忆，将放大电路各基本组成部分的作用简单归纳如下：三极管起放大作用；集电极电阻 R_c 将变化的集电极电流转换为电压输出；偏置电阻 R_b 使三极管工作在线性区，耦合电容 C_1、C_2 将输入的交变信号加到发射结，并将交变的信号输出。

为了简化电路，实际使用中常常省去电路原理图中的基极电源 E_B，将基极电阻 R_b 改接至集电极电源 E_C 的正极端，如图 7-21(b) 所示。共射极放大电路既具有很大的电流放大倍数，又具有很大的电压放大倍数，功率增益也是三种接法中最大的。因此，它是三种电路中应用最广泛的一种基本电路。

7.4.3　共基极放大电路与共集电极放大电路

7.4.3.1　共基极放大电路

在三极管电路中，以基极为公共点，发射极和基极为输入端，集电极和基极为输出端，这样连接成的电路称为共基极放大电路，如图 7-22 所示。

这种电路的特点是有电压放大作用，同时具有功率放大作用，但不具有电流放大作用，稳定性高，输入阻抗小（几到几十欧），输出阻抗高（几十千欧到几百千欧）。

由于共基极放大电路输入和输出的电流反向，且工作在较高频率时性能好，所以常用在高频放大和恒流源等电路中。

7.4.3.2　共集电极放大电路

在三极管电路中，集电极是输入电路和输出电路的公共端，这样的电路称为共集电极放大电路，如图 7-23 所示。

共集电极放大电路的特点是：具有电流放大和小功率放大作用，输出和输入电流反向，输出和输入电压同向，且输入电阻大（几千千欧以上），输出电阻小（几十欧），常作为阻抗变换器。

7.4.4　放大电路的基本分析方法

分析放大电路，可分为静态和动态两种情况。静态是放大电路没有输入信号时的工作状

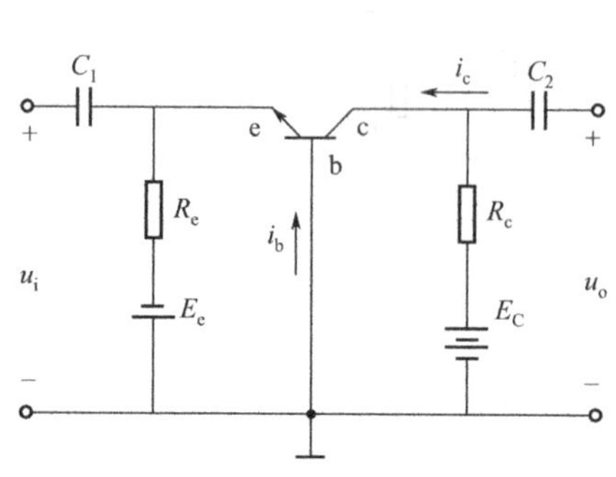

图 7-22 共基极放大电路

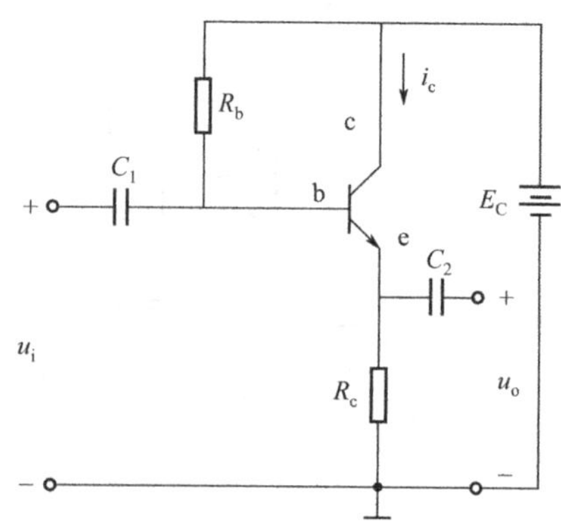

图 7-23 共集电极放大电路

态，比较简单；动态是放大电路有输入信号时的工作状态，相对复杂些。

7.4.4.1 放大电路的静态分析

如图 7-24 所示，输入信号为零，电路中只有 U_{BE}、I_B、I_C、U_{CE} 等直流分量，表示放大电路处于静态。U_{BE}、I_B、I_C、U_{CE} 四个量的数值称为放大电路的静态值。

1）用估算法确定放大电路的静态值

由于放大电路处于静态时，各量都是直流量，所以又称静态放大电路为直流通路。

三极管工作于放大状态时，发射结正向偏置，$U_{BE}=0.6\sim0.7V$，是已知量，而且数值很小，因此只需计算 I_B、I_C、U_{CE} 三个量即可。由图 7-24 可知，I_B、I_C、U_{CE} 的计算公式为

$$I_B=\frac{U_{CC}-U_{BE}}{R_B}\approx\frac{U_{CC}}{R_B}$$

式中，由于 U_{BE} 比 U_{CC} 小得多，估算时可忽略不计。

$$I_C=\bar{\beta}I_B$$

式中，$\bar{\beta}$ 为静态时的放大倍数。

$$U_{CE}=U_{CC}-I_CR_C$$

可见，若已知 R_B、R_C、$\bar{\beta}$ 和 U_{CC} 的数值，即可求出相应的静态值。

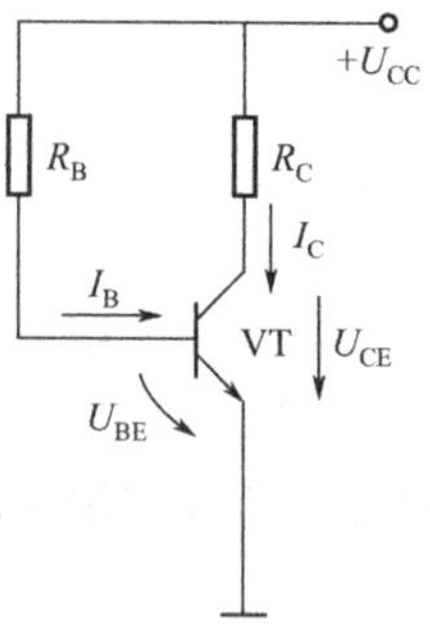

图 7-24 放大电路的静态分析示意图

【例 7-1】 如图 7-24 所示，已知 $U_{CC}=12V$，$R_C=4k\Omega$，$R_B=300k\Omega$，$\bar{\beta}=37.5$。试求电路的静态值。

解： 由上述公式可得

$$I_B\approx\frac{U_{CC}}{R_B}=\frac{12}{300\times10^3}\ (A)=0.04\ (mA)=40\ (\mu A)$$

$$I_C=\bar{\beta}I_B=37.5\times0.04=1.5\ (mA)$$

$$U_{CE}=U_{CC}-I_CR_C=12-1.5\times10^{-3}\times4\times10^3=6\ (V)$$

2）用图解法确定放大电路的静态值

例 7-1 中，如果仅仅已知三极管的输出特性曲线，如图 7-25(b) 所示，而不知道 $\bar{\beta}$ 值，就不能采用估算法，只能采用图解法求静态值。为分析方便，通常把图 7-24 所示直流通路的集电极回路画成如图 7-25(a) 所示的直流通路，其左侧是三极管的非线性电路，I_B、I_C、U_{CE} 均可以反映在输出特性曲线上。

分析可知，当 $I_C=0$ 时，$U_{CE}=U_{CC}=12V$；当 $U_{CE}=0$ 时，$I_C=U_{CC}/R_C=12/4000\ (A)=3\ (mA)$。连接这两个点即得一条直线，由于它与直流通路和集电极负载电阻

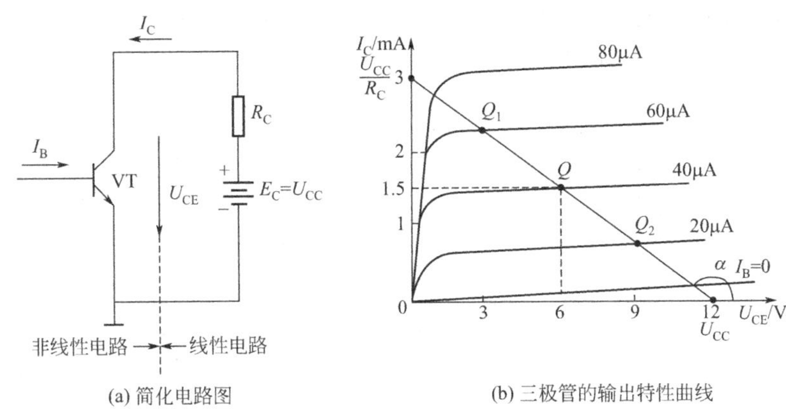

(a) 简化电路图　　(b) 三极管的输出特性曲线

图 7-25　静态值的图解法

R_C 有关，所以称为在直流负载线。在直线方程中，I_C 与 U_{CE} 值即由直流负载线上的点决定。由【例 7-1】可知，$I_B=40\mu A$，显然，所求静态值反映在直流负载线与 40μA 的特性曲线的交点 Q 上。点 Q 称为放大电路的静态工作点。

放大电路的静态值由图 7-25(b) 可知，$I_B=40\mu A$，$I_C=1.5mA$，$U_{CE}=6V$。I_B 值大小不同时，点 Q 在负载线上的位置也不同，而 I_B 值是通过基极电阻（偏流电阻）R_B 调节的。R_B 增加，I_B 减小，点 Q 沿负载线下移；R_B 减小，I_B 增加，点 Q 沿负载线上移。

放大电路的静态工作点对放大电路工作性能的影响很大，一般应设置在特性曲线放大区的中部，这是因为此处线性好，能获得较大的电压放大倍数，而且失真小。

7.4.4.2　放大电路的动态分析

在动态情况下，输入信号不为零，即放大电路有输入信号。在静态值 U_{BE}、I_B、I_C、U_{CE} 各直流分量（直流分量仍用上述方法确定）的基础上，出现了 u_i、u_{be}、i_b、i_c、u_{ce}、u_o 等交流分量，两种分量共存。

像直流通路一样，交流分量所经过的路径称为交流通路。画交流通路时要注意两点：一是 C_1、C_2 对交流相当于短路；二是直流电源对交流也相当于短路（因其内阻忽略不计）。

三极管放大电路是非线性电路，给动态分析造成困难。因此，动态分析之前，首先应对放大电路进行必要的线性化处理。

1）三极管的微变等效电路

放大电路的线性化，关键问题是三极管的线性化。三极管线性化的条件是：三极管在小信号（微变量）情况下工作。这样，在工作点附近的微小范围内，可用直线段近似地代替三极管特性的曲线段。

如图 7-26(a) 所示，u_{be}、i_b、i_c、u_{ce} 是信号分量，它们的幅值很小，符合线性化条件。如图 7-27 所示为三极管特性曲线。

当放大电路输入信号很小时，工作点 Q 附近的曲线段 ab 和 cd 均可按直线段处理。在图 7-27(a) 上，当 U_{CE} 为常数时，ΔU_{BE} 和 ΔI_B 可认为是小信号 u_{be} 和 i_b，两者之比为电阻，用 r_{be} 表示，称为三极管的交流输入电阻。在小信号条件下，r_{be} 是个常数。低频小功率三极管的 r_{be} 通常用下式估算：

$$r_{be}=300+(1+\beta)\frac{26}{I_E}$$

式中，β 为动态放大系数；I_E 为放大电路静态时的发射极电流。

这样，在小信号作用下，三极管的基极和发射极之间可用等效电阻 r_{be} 来代替，并且根据三极管电流放大原理，$i_c=\beta i_b$，i_c 受 i_b 控制，若 i_b 不变，i_c 也不变，具有恒流特性。因此，集电极和发射极之间可用等效恒流源来代替，如图 7-26(b) 所示。

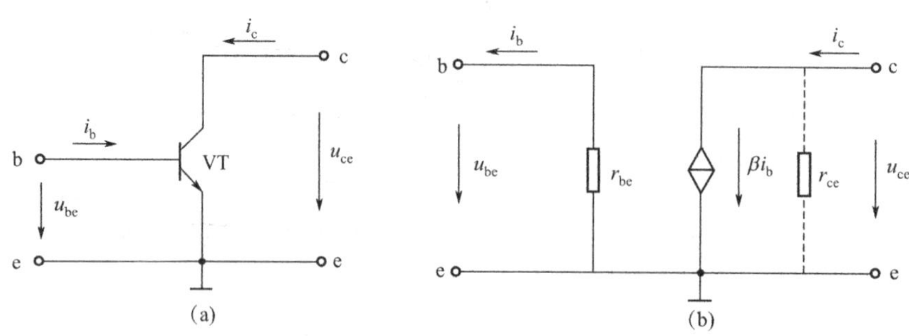

图 7-26 三极管的微变等效电路

如图 7-27(b) 所示，因为各曲线不完全与横轴平行，当 I_B 为常数时，在点 Q 附近，ΔU_{CE}和 ΔI_C 可认为就是小信号 u_{ce}和 i_c，两者之比为电阻，用 r_{ce}表示，称为三极管的交流输出电阻。它也是个常数。在图 7-26(b) 中，r_{ce}与恒流源并联。这就是三极管在小信号工作条件下完整的微变等效电路。在实际应用中，因为 r_{ce}数值很大（约几十千欧到几百千欧），分流作用极小，可忽略不计。

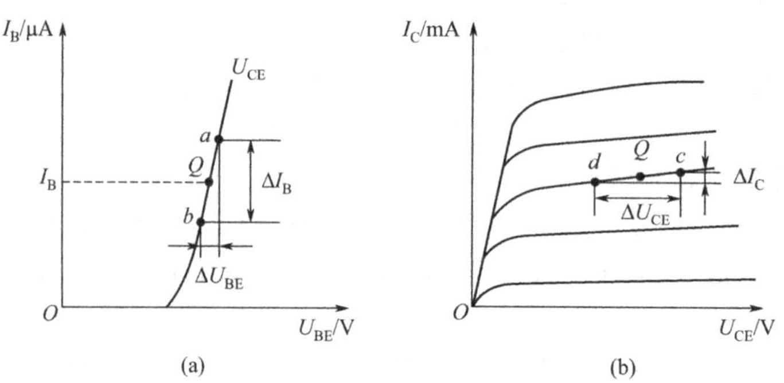

图 7-27 三极管的特性曲线

2）放大电路的微变等效电路

三极管线性化以后，放大电路的交流通路线性化就十分简单了。在三极管微变等效电路的输入端连接信号源 u_i 和基极电阻 R_B，输出端连接集电极电阻 R_C 和负载电阻 R_L，如图 7-28 所示，得到放大电路交流通路的微变等效电路。

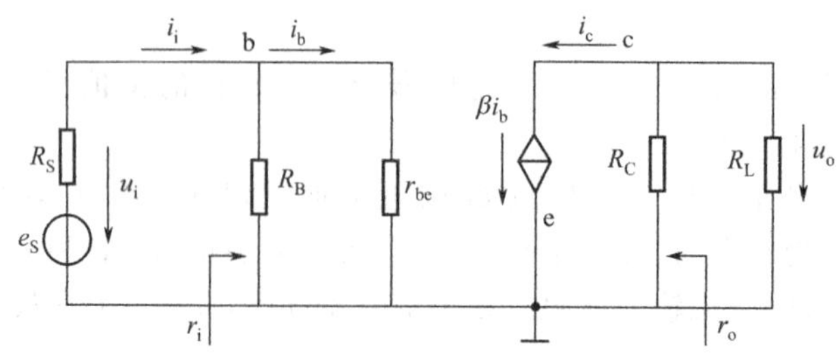

图 7-28 放大电路的微变等效电路

7.4.5 功率放大电路

功率放大电路是一种以输出较大功率为目的的放大电路。它一般直接驱动负载，带动负载能力较强。

7.4.5.1　功率放大电路的工作状态

下面介绍三极管功率放大电路的三种工作状态：甲类、乙类、甲乙类的情况，如图 7-29 所示。

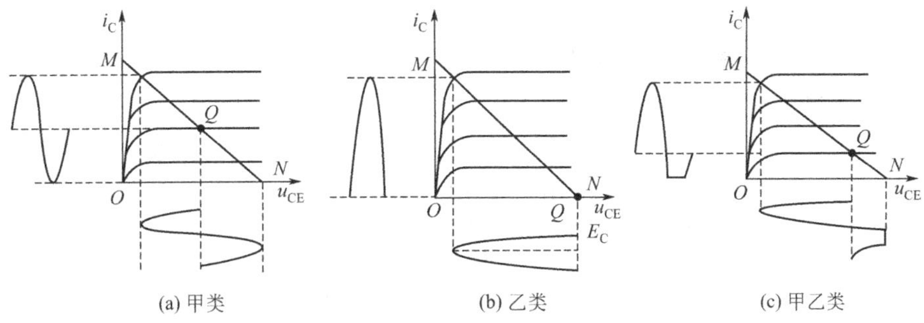

图 7-29　放大电路的工作状态

图 7-29(a) 中的静态工作点 Q 大致在交流负载线的中点，这种工作状态称为甲类放大。在甲类工作状态，不论有无输入信号，电源供给的功率总是不变。当无输入信号时，电源功率全部消耗在管子和电阻上，以管子的集电极损耗为主。当有输入信号时，其中一部分转换为有用的输出功率，另一部分转换为管耗，信号越大，输出功率越大。可以证明，在理想情况下，甲类功率放大电路的最高效率只能达到 50%。

功率放大电路必须考虑效率问题。所谓效率，就是负载上的有用功率与电源提供的直流功率之比。效率与三极管的静态管耗有关，静态管耗越小，则效率越高。而静态管耗是由静态集电极电流决定的，因此为了提高效率，必须降低静态时的工作电流。这样，三极管的工作状态就由甲类工作状态改为乙类，如图 7-29(b) 所示；也可改成甲乙类工作状态，如图 7-29(c) 所示。

7.4.5.2　推挽互补对称功率放大电路

所谓推挽，就是电路采用的两只输出三极管输入信号的极性相反。其中，一管导通时，另一管截止，交替工作。所谓互补，就是电路采用的功率输出管分别为 NPN 型和 PNP 型三极管，导电极性相反，同时要求特性参数一致。因此，这种电路形式称为推挽互补对称功率放大电路。图 7-30 所示为基本推挽互补对称功率放大电路。

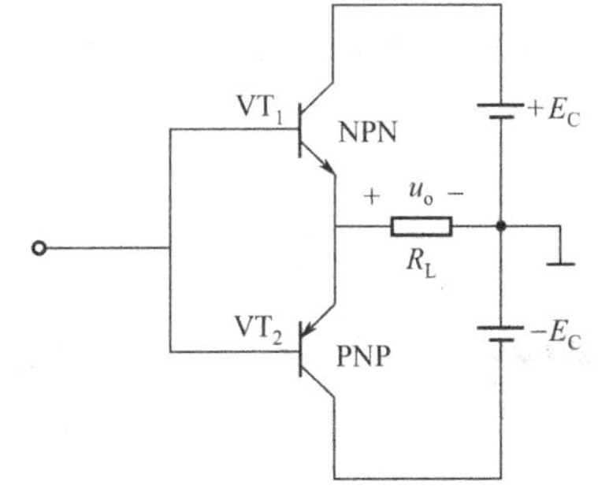

图 7-30　推挽互补对称功率放大电路示意图

分析可知，当输入信号 u_i 为正弦波时，在正半周期，三极管 VT_1 由于发射结正偏而导通，三极管 VT_2 发射结反偏而截止，VT_1 管以射极输出器方式将正半周信号传送给负载 R_L，形成输出信号为 u_o 的正半波；在负半周期，VT_1 管由于反偏而截止，VT_2 管由于正偏而导通，把负半周信号传送给负载 R_L，形成输出电压为 u_o 的负半波。于是，在整个周期内，在负载 R_L 上获得完整的输出电压 u_o 波形，当它工作在乙类状态时，其效率可达到 78%。

7.5　集成运算放大器

本节主要介绍集成运算放大器的结构、参数，基本运算电路及使用常识。

运算放大器实质上是一个高增益的多级直接耦合放大器。利用集成工艺，将运算放大器的所有元器件集成制作在同一块硅片上，然后封装在管壳内，就构成集成运算放大器（简称集成运放）。集成运放的通用性强，可靠性高，体积小，重量轻，功耗小，性能优越，外部接线很少，调试极为方便。在汽车上，采用集成运放的控制部件越来越多，如天津夏利和日本丰田轿车的交流发电机调节器等。

7.5.1 集成运算放大器的结构与组成

7.5.1.1 实际运算放大器的结构

实际集成运放的引脚除了两个输入端、一个输出端以外，还有电源端、调零端等其他附加引出端，但在集成运放的符号上并未标出。使用时，应注意集成运放的引脚功能及接线方式。

常见集成运放电路的封装外形有圆壳式、双列直插式等，如图 7-31 所示。

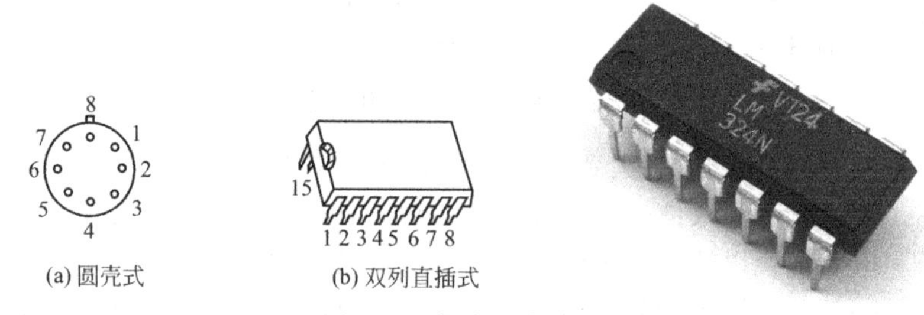

图 7-31 集成运放的外形

下面以集成运放电路 F007 为例来介绍。图 7-32 所示是 F007 型集成运放的外形、管脚排列和接线图。2 脚和 3 脚为反相和同相输入端，6 脚为输出端，7 脚和 4 脚为正、负电源端，1 脚和 5 脚为调零端，8 脚为空脚。

集成运放内部电路结构复杂。一般来说，对集成运放的内部电路不做深入了解，把它看作具有一定功能的整体。应用和选择时，除了掌握它的外部特性和各引脚功能之外，还要了解它的性能参数，以便应用集成运放组成具有不同功能的电路。

7.5.1.2 集成运算放大电路的组成

集成运放由输入级、中间级、输出级和偏置电路四部分组成，如图 7-33 所示。

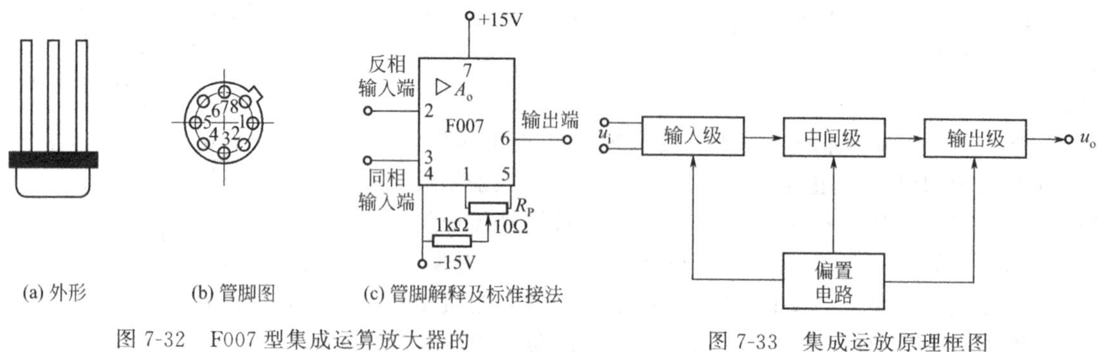

图 7-32 F007 型集成运算放大器的外形、管脚和符号图

图 7-33 集成运放原理框图

（1）输入级。输入级是运算放大器的关键部分，一般采用差动放大电路。它有极高的输入阻抗，能有效放大有用（差模）信号，抑制干扰（共模）信号。

（2）中间级。运算放大器的放大倍数主要由中间级提供，一般由共射极放大电路构成，放大倍数可达几万倍甚至几十万倍。

（3）输出级。为减小输出电阻，提高电路推动负载的能力，输出级一般由互补对称式电路组成。

（4）偏置电路。偏置电路一般由恒流源组成，用来为各级放大电路提供合适的偏置电流，使之具有合适的静态工作点。

理想集成运放的符号如图 7-34 所示。它有两个输入端，一个输出端：标“+”的为同相输入端，当输入信号由此端输入时，输出端的输出信号 u_o 与输入信号 u_+ 的相位相同；标“−”的为反相输入端，当输入信号由此端输入时，输出端的输出信号 u_o 与输入信号 u_- 的相位相反。

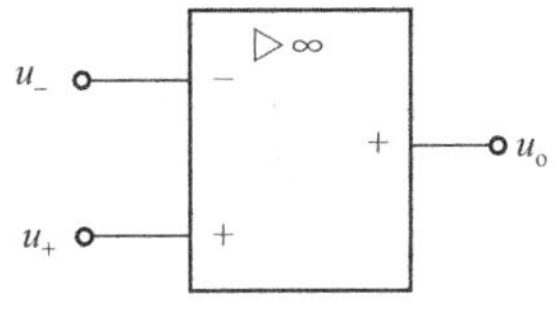

图 7-34　理想集成运放的符号

运算放大器未接反馈电路时的电压放大倍数为 A，称为开环放大倍数。运算放大器的输出电压 u_o 与加在同相输入端对地电压 u_+ 和反相输入端对地电压 u_- 的关系为

$$u_o = A_o(u_+ - u_-)$$

由上式可见，若“−”端接地，则 $u_o = A_o u_+$，输出电压 u_o 与输入电压 u_+ 同相位，故“+”端称为同相输入端；若“+”端接地，则 $u_o = -A_o u_-$，输出电压 u_o 与输入电压 u_- 反相位，故“−”端称为反相输入端。

7.5.1.3　理想运算放大器及其分析依据

从集成运算放大器电路组成可以看出，无反馈时，运算放大器具有如下特点：输入电阻很高，开环放大倍数很大，输出电阻很低。因此在分析由运算放大器组成的各种电路时，可以把实际使用的运算放大器看作一个理想运算放大器，使分析大大简化。在分析电路时，可以认为符合以下条件。

① 输入信号为零时，输出信号也为零。

② 开环电压放大倍数 $A_o = \infty$。

③ 差模输入电阻 $r_{id} = \infty$。

④ 开环输出电阻 $r_o = 0$。

由运算放大器的这些理想技术指标，得出分析运算放大电路的两个重要依据：

(1) 运算放大器两个输入端的对地电压相等，即“虚短”。

由于 $u_o = A_o(u_+ - u_-)$，而 $A_o = \infty$，得 $u_+ - u_- = u_o / A_o \approx 0$。所以 $u_+ - u_- = 0$，得 $u_+ = u_-$。

两个输入端之间并未短路，电位却相等，故称“虚短”。

(2) 流入运算放大器两个输入端的电流为 0，即“虚断”。

由于 $r_{id} = \infty$，故 $i_+ = i_- = 0$。同相输入端 i_+ 和反相输入端 i_- 都为零，两个输入端之间并未断路，电流却为零，故称“虚断”。

“虚断”、“虚短”是分析运算放大电路的两个重要依据，为分析运算放大器带来很多方便。

7.5.2　集成运放的主要参数

1）开环电压放大倍数 A_o

集成运放在开环时（无外加反馈时）的输出电压与输入差模信号电压之比称为开环电压放大倍数。它是决定运算放大器运算精度的重要因素，A_0 值越高，运算精度越高。一般情况下，A_0 为 $10^4 \sim 10^7$。

2）开环差模输入电阻 r_{id}

开环差模输入电阻 r_{id} 是集成运放开环时，输入电压变化量与由它引起的输入电流变化量之比，即从输入端看进去的动态电阻。r_{id}越大，集成运放的性能越好，它一般为几百千欧至几兆欧。

3）开环差模输出电阻 r_{od}

开环差模输出电阻 r_{od}是集成运放开环时，输出电压变化量与输出电流变化量之比。其值越小，说明运放的带负载能力越强，一般为几百欧。

4）输入失调电压 U_{io}

当输入电压为零时，输出电压并不为零。规定在室温及标准电源电压下，为了使输出电压为零，需在集成运放输入端额外附加的补偿电压称为输入失调电压 U_{io}。U_{io}越小越好，一般为几毫伏。

5）输入失调电流 I_{io}

当输入电压为零时，为了使输出电压为零，需在集成运放输入端加的补偿电流称为输入失调电流 I_{io}。I_{io}越小越好，一般为 1nA～0.1μA。

6）输入偏置电流 I_{IB}

输入偏置电流 I_{IB}是当输出电压为零时，流入运放两个输入端的静态基极电流的平均值。该值越小，信号源内阻变化时引起输出电压的变化越小。因此，I_{IB}越小越好，一般为 1nA～100μA。

7）共模抑制比 K_{CMR}

K_{CMR}是差模电压放大倍数与共模电压放大倍数之比，它是衡量运放抑制干扰信号能力大小的参数。K_{CMR}值越大，抑制干扰能力越强。一般运放的 K_{CMR}达几十万以上。

除上述主要参数外，还有输入失调电压温漂、输入失调电流温漂、最大共模输入电压和静态功耗等，这些参数可以根据集成运放的型号，从有关资料中查阅。

7.5.3 运算放大器的基本运算电路

7.5.3.1 反相比例运算电路

反相比例运算电路如图 7-35 所示。输入信号 u_i 经输入端电阻 R_1 加至运算放大器的反相输入端，同相输入端经平衡电阻 R_2（且 $R_2=R_1 /\!/ R_f$）接地，反馈电阻 R_f将输出电压 u_o 反馈至反相输入端。

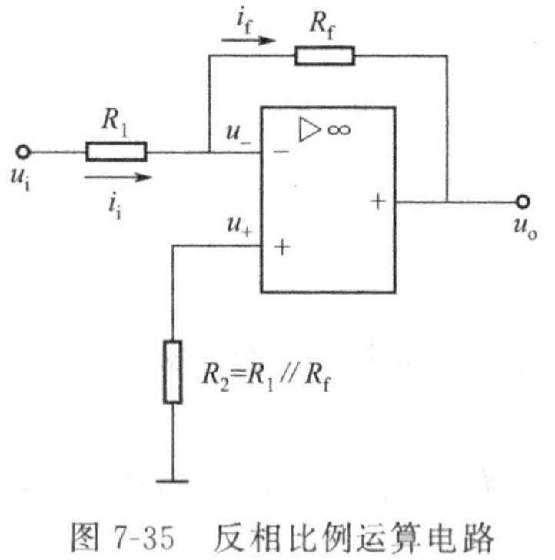

图 7-35 反相比例运算电路

根据理想集成运放虚断和虚短的特性，$i_+=i_-=0$，$u_+=u_-$，可知 $i_i=i_f$，$u_+=u_-=0$。因运算放大器两个输入端的电位均为零，但它们并没有真正直接接地，故称之为“虚地”。

又因为
$$i_i=\frac{u_i-u_-}{R_1}=\frac{u_i}{R_1}$$
$$i_f=\frac{u_--u_o}{R_f}=-\frac{u_o}{R_f}$$
$$\frac{u_i}{R_1}=-\frac{u_o}{R_f}$$

运算放大电路的放大倍数为
$$A_{uf}=\frac{u_o}{u_i}=-\frac{R_f}{R_1}$$

上式说明，反相比例运算电路的输出电压 u_o 与输入电压 u_i 相位相反，又由于 u_o 和 u_i 成比例关系，故又称为反相比例放大器。

若取 $R_1=R_f=R$，则 $u_o=u_i$，即输出信号与输入信号幅度相等，相位相反，此时的电路称为反相器，如图 7-36 所示。

7.5.3.2　同相比例运算电路

同相比例运算电路如图 7-37 所示。输入信号 u_i 经 R_2 加至运算放大器的同相输入端，输出电压经反馈电阻 R_f 及 R_1 组成的分压电路，取 R_1 上的分压作为反馈信号加到运算放大器的反相输入端。R_2 为平衡电阻（且 $R_2=R_1/\!/R_f$）。

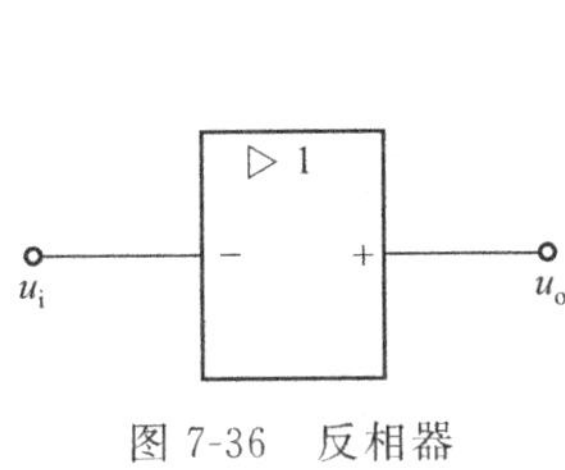

图 7-36　反相器

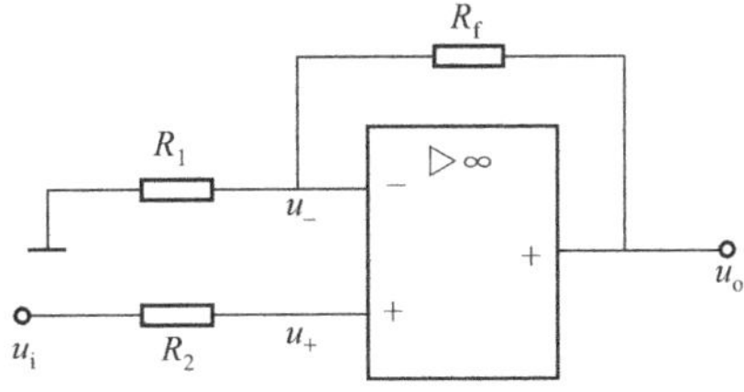

图 7-37　同相比例运算电路

根据理想集成运放的特性，$i_-=0$，$i_1=i_f$，即

$$\frac{0-u_-}{R_1}=\frac{u_--u_o}{R_f}$$

因为 $i_+=0$，可知 $u_i=u_+=u_-$，代入上式，得运算放大器的输出电压为

$$u_o=\left(1+\frac{R_f}{R_1}\right)u_i$$

放大倍数为

$$A_{uf}=\frac{u_o}{u_i}=1+\frac{R_f}{R_1}$$

上式说明，同相比例运算电路的输出电压 u_o 与输入电压 u_i 相位相同，且成比例关系，故又称为同相比例放大器。其比例关系与运算放大器本身的参数无关，由外部电路参数决定。

当同相比例运算电路中 R_1 断开或 $R_f=0$ 时，$u_o=u_i$，输出电压与输入电压大小相等、相位相同，此电路称为电压跟随器，电路如图 7-38 所示。电压跟随器跟随性能好，常用作变换器或缓冲器，在电子电路中应用极广。

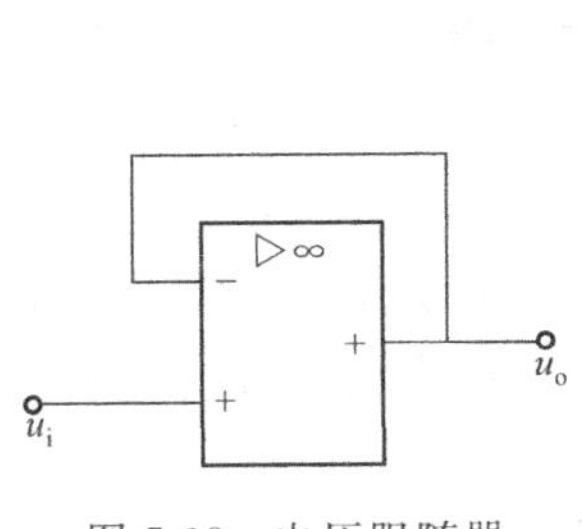

图 7-38　电压跟随器

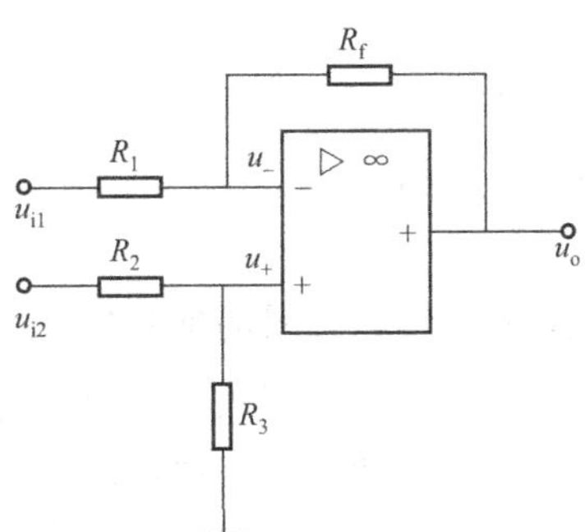

图 7-39　减法比例运算电路

7.5.3.3　减法比例运算电路

图 7-39 所示为减法比例运算电路，它的两个输入端都有信号输入。输入信号 u_{i1} 通过 R_1 接至反相输入端，u_{i2} 通过 R_2 接至同相输入端，反馈电压则由输出端通过反馈电阻 R_f 反馈到

反相输入端。在同相输入端与“地”之间接有电阻 R_3，为了使运算放大器两个输入端的输入电阻对称，通常使 $R_1=R_2$、$R_3=R_f$。

根据理想集成运放的特性，$i_-=0$，则 $i_1=i_f$，即

$$\frac{u_{i1}-u_-}{R_1}=\frac{u_--u_o}{R_f}$$

$$u_-=\frac{u_{i1}+u_oR_1}{R_1+R_f}$$

$$u_+=u_{i2}\frac{R_3}{R_2+R_3}$$

因为 $u_+=u_-$，$R_1=R_2$，$R_f=R_3$，所以运算放大器的输出电压为

$$u_o=\frac{R_f}{R_1}(u_{i2}-u_{i1})$$

可见，其输出电压 u_o 与两个输入电压的差值（$u_{i2}-u_{i1}$）成正比，故称为减法比例运算电路。

当 $R_1=R_2=R_3=R_f$ 时，$u_o=u_{i2}-u_{i1}$。

7.5.3.4 加法比例运算电路

反相比例放大器中再增加几个支路，便构成加法比例运算电路，如图 7-40 所示，输入信号 u_{i1}、u_{i2}、u_{i3} 分别通过相应支路的电阻 R_1、R_2、R_3 加到反相输入端。反馈信号通过反馈电阻加到反相输入端，同相输入端与“地”之间接有电阻 R_4。为了使运算放大器两个输入端的输入电阻对称，通常使 $R_4=R_1//R_2//R_3//R_f$。

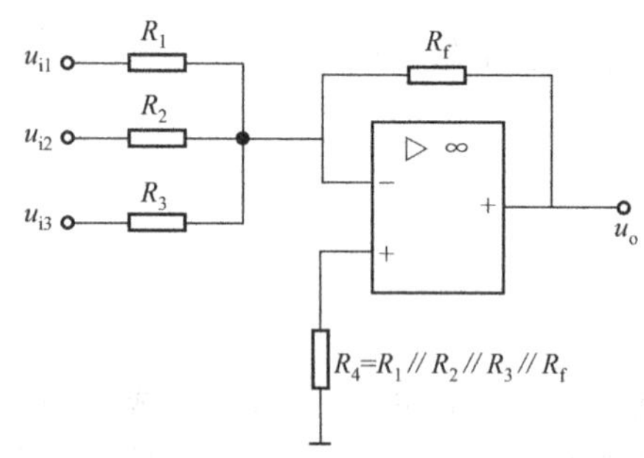

图 7-40 加法比例运算电路

由运放理想特性可知，$i_f=i_1+i_2+i_3$，且

$$i_1=\frac{u_{i1}}{R_1},\ i_2=\frac{u_{i2}}{R_2},\ i_3=\frac{u_{i3}}{R_3},\ i_f=-\frac{u_o}{R_f}$$

由此可得

$$u_o=-R_f\left(\frac{u_{i1}}{R_1}+\frac{u_{i2}}{R_2}+\frac{u_{i3}}{R_3}\right)$$

当 $R_1=R_2=R_3=\mathrm{R}$ 时，运算放大器的输出电压为

$$u_o=-\frac{R_f}{R}(u_{i1}+u_{i2}+u_{i3})$$

可见，电路的输出电压与输入电压之和成正比，所以称为加法比例运算电路。

当 $R=R_f$ 时，$u_o=-(u_{i1}+u_{i2}+u_{i3})$，电路实现了各输入信号电压的反相相加，称之为加法器。

7.5.4 集成运算放大器的使用常识

（1）调零。因为运算放大器内部的参数不可能完全对称，所以当输入信号为零时，输出信号不一定为零。集成运放在使用前，要进行调零。调零时，应将集成运放的两个输入端短路，调节外接的调零电位器，使输出电压为零。

（2）消振。集成运放的开环电压放大倍数很大，容易引起自激振荡，破坏正常工作。因此，可以加接 RC 消振电路，将集成运放的输入端接“地”，用示波器观察输出端有无自激振荡。具体接法和参数可查阅使用说明。

（3）保护电路。集成运算放大器在使用时，如果输入、输出电压过高或电源极性接反，会损坏运算放大器，所以应对输入端、输出端进行限幅保护及电源极性保护。

思考与练习

一、选择题

1. 三极管组成的放大电路在工作时，测得三极管上各电极对地的直流电位为 $U_E=2.1V$、$U_B=2.8V$ 和 $U_C=4.4V$，则该三极管处于（　　）。

A. 放大区　　B. 截止区　　C. 饱和区　　D. 击穿区

2. 负载电流越大，放大器的电压放大倍数（　　）。

A. 越大　　B. 越小　　C. 不变　　D. 略有增大

3. 桥式整流电路中，如果其中一只二极管开路，会导致（　　）情况出现。

A. 电路中电流很大，烧坏变压器

B. 电路无法正常工作，输出电压为零

C. 桥式整流将变成半波整流，输出电压下降

D. 正常，不会有什么影响

二、判断题

（　　）1. 由于放大电路的输出信号是按输入信号电压规律变化的，因此负载上得到的交流信号能量也是由输入信号提供的。

（　　）2. 将桥式整流电路中所有的整流二极管都反接，会烧坏变压器。

（　　）3. 将桥式整流电路中的二极管任意一个开路，电路仍然能够整流。

（　　）4. 滤波电容的容量越大，滤波效果越好，所以滤波电容越大越好。

三、计算问答题

1. 在单相桥式整流电路中，若有一个二极管断路，电路会出现什么现象？若有一个二极管短路，电路又会出现什么现象？

2. 已知负载电阻 $R_L=80\Omega$，负载电压 $U_L=110V$。今采用单相桥式整流电路。请为该电流选用二极管。

3. 电容滤波有何特点？对负载有何要求？电容量如何选择？

4. 电感滤波的工作原理是什么？电感量的大小与滤波效果有什么影响？

5. 什么是放大电路的静态工作点？为什么在放大电路中必须设置合适的静态工作点？

6. 在如图 7-41 所示的电路中，若 $U_{CC}=12V$，$R_c=3k\Omega$，$R_b=240k\Omega$，$\bar{\beta}=60$。试求放大器的静态工作点。

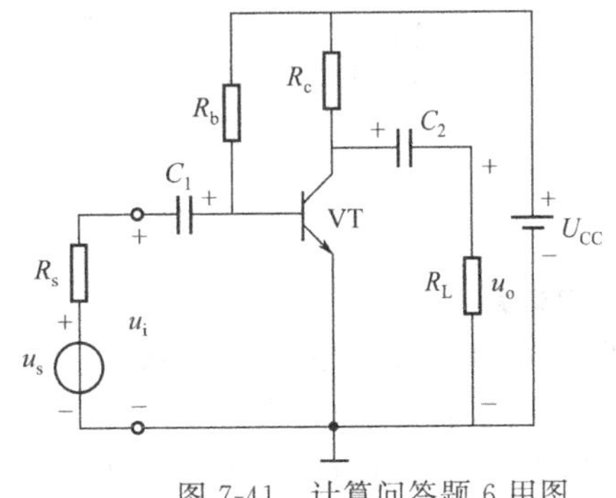

图 7-41　计算问答题 6 用图

7. 通常希望放大电路的输入电阻大一些还是小一些？为什么？通常希望放大电路的输出电阻大一些还是小一些？为什么？

8. 单级放大电路的电压放大倍数如何计算？

9. 在反相输入比例运算电路中，已知 $R_1=10k\Omega$，$R_f=50k\Omega$，设输入电压 $u_i=10\sqrt{2}\sin314t$（mV）。试求输出电压 u_o 的幅值，并画出 u_i 和 u_o 的波形。

第 8 章　数字电路基础

【教学提示】

教	知识重点	1. 基本逻辑门 2. 集成触发器 3. 组合逻辑电路 4. 时序逻辑电路
	知识难点	基本逻辑门，集成触发器，组合逻辑电路，时序逻辑电路
	推荐教学方式	从任务入手，从实物出发，边讲边学
	建议学时	12 学时
学	推荐学习方法	自己先预习，不懂的地方做出记录，查资料，听老师讲解；在老师指导下做认知实验，要在老师的指导下通电验证
	需要掌握的知识	1. 基本逻辑门 2. 集成触发器 3. 组合逻辑电路 4. 时序逻辑电路
	需要掌握的技能	1. 正确运用欧姆定律解题 2. 使用基尔霍夫定律分析电路节点，分析电路回路

电子电路的工作信号分为两大类：一类是随时间连续变化的信号，称为模拟信号，如正弦波信号，汽车上的热敏电阻式温度、压力、流量的非正弦电压信号等；另一类是随时间不连续变化的信号，即信号的变化只发生在一系列离散的瞬间，信号的数值是阶跃变化的，称为数字信号。图 8-1 所示为典型的模拟信号和数字信号。所谓脉冲，是指在很短的时间间隔内，幅度发生突然变化的电压或电流。数字信号本质上是一种脉冲信号。

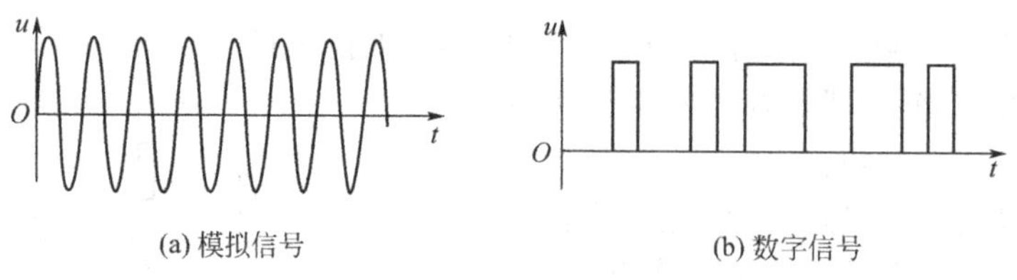

(a) 模拟信号　　(b) 数字信号

图 8-1　模拟信号和数字信号

【学习目标】

① 了解数字电路的特点及两种状态；

② 熟悉逻辑门电路的组成及逻辑符号；

③ 掌握集成门电路的组成及逻辑符号；

④ 掌握组合逻辑电路和时序逻辑电路。

8.1　数字电路基础知识

本节主要介绍数字信号和数字电路，数制和码制，以及数字电路概述。

电子电路的工作信号：一类是随时间连续变化的信号，称为模拟信号；另一类是随时间不连续变化的信号，称为数字信号。数字信号本质上是一种脉冲信号。

规定用 1 表示高电平，用 0 表示低电平。此为正逻辑表示法。

数制是指多位数码中每一位的构成方法和低位向高位的进位规则。常用数制有二进制、八进制、十进制、十六进制。

8.1.1　数字信号和数字电路

在数字电路中，数字信号往往表现为突变的电压或电流，并且只有两种可能的状态，即高电平和低电平。可以用 0 和 1 来表示数字信号。这里的 0 和 1 不代表数值的大小，只反映两种对立的工作状态。规定用 1 表示高电平，用 0 表示低电平，这种表示方法为正逻辑表示法；反之，用 0 表示高电平，用 1 表示低电平，这种表示方法为负逻辑表示法。本书未做特别说明的，均采用正逻辑表示法。

与上述两种信号相对应，电子电路分为模拟电路和数字电路两大类：用来产生、处理模拟信号的电子电路称为模拟电路；用来产生、处理数字信号的电子电路称为数字电路。

数字电路的特点如下所述：

1）数字电路重点研究输入信号和输出信号之间的逻辑关系

数字电路的数学分析工具是逻辑代数（又称布尔代数），描述电路逻辑功能的主要方法是逻辑变量的真值表、逻辑函数式、卡诺图、特性方程、状态转换图、时序图、逻辑电路图等。该电路中含有对数字信号进行传送、运算、控制、计数、寄存、译码、显示等操作的数字电路部件。

2）数字电路有利于集成化

在数字电路中，数字信号只有高、低电平两种状态，在其作用下，半导体二极管和晶体管多数工作在开关状态。所以，数字电路的基本单元电路比较简单，对元器件的精度要求不高，允许有一定的误差，使得数字电路适宜于集成化、大批量生产。

3）数字电路的抗干扰能力强

数字信号用两个相反的状态来表示，只有环境干扰很强时，才会使数字信号发生变化。因此，数字电路的抗干扰能力很强，工作稳定、可靠。

当今的汽车检测电路广泛采用数字电路。

8.1.2　数制和码制

8.1.2.1　数制

数制是指多位数码中每一位的构成方法和低位向高位的进位规则。

1）十进制

十进制的特点是数字的每一位都由 0～9 中的一个数码构成，计数的基数为 10，进位规律是“逢十进一”，常用 D 表示。各数码处在不同数位时，代表的数值不同。例如，$(257.46)_D=2\times10^2+5\times10^1+7\times10^0+4\times10^{-1}+6\times10^{-2}$。其中，$10^2$、$10^1$、$10^0$、$10^{-1}$、$10^{-2}$等分别称为十进制数各数位的权，它们都是 10 的幂。任何一个十进制数都可用它的权的展开式来表示。

2）二进制

二进制的特点是数字的每一位仅为 0 或 1 这两种数码，计数的基数为 2，进位规律是“逢二进一”，常用 B 表示。同样，二进制数也可按权展开，只不过每个数位的权是 2 的幂。与十进制数相同，二进制数也可用各位数值之和的形式表示。例如，$(1001)_B=1\times2^3+0\times2^2+0\times2^1+1\times2^0$。其中，$2^3$、$2^2$、$2^1$、$2^0$ 分别为各数位的权，它们都是基数 2 的幂。

3）八进制

八进制的特点是数字的每一位由 0～7 中的一个数码构成，计数基数为 8，进位规律是“逢八进一”。

4）十六进制

十六进制的特点是数字的每一位由 0～9、A、B、C、D、E、F 中的一个数码构成，计数基数为 16，进位规律是“逢十六进一”。

用二进制表示数时，数码串很长，书写和查错不方便，因此常用八进制和十六进制。它们也都可以按权展开。

8.1.2.2 不同进制数的相互转换

1）二进制数转换成十进制数

二进制数转换成十进制数的方法是按权展开，求加权系数之和。例如，$(10110)_B=1\times2^4+0\times2^3+1\times2^2+1\times2^1+0\times2^0=(22)_D$

任意进制数转换成十进制数都可以采用这种方法。

2）十进制数转换成二进制数

十进制数转换成任意进制数都可以用基数乘除法。十进制整数转换成二进制数可采用“除 2 取余，商为 0 止，逆序排列法”。十进制小数转换成二进制小数可采用“乘 2 取整，顺序排列法”。

例如，将 $(37.872)_D$ 转换为二进制数（误差 $e<\frac{1}{2^4}$）。

解 整数部分转换采用如下除式，小数部分转换采用如下乘式：

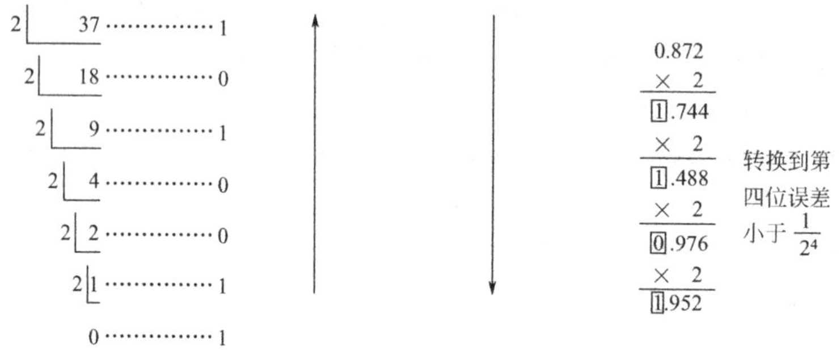

除式	余数
2 | 37	1
2 | 18	0
2 | 9	1
2 | 4	0
2 | 2	0
2 | 1	1
0	1

$$
\begin{array}{r}
0.872 \\
\times\ 2 \\
\hline
\boxed{1}.744 \\
\times\ 2 \\
\hline
\boxed{1}.488 \\
\times\ 2 \\
\hline
\boxed{0}.976 \\
\times\ 2 \\
\hline
\boxed{1}.952
\end{array}
$$

转换到第四位误差小于 $\frac{1}{2^4}$

所以，

$$(37.872)_D=(100101.1101)_B$$

3）二进制数转换成八进制数和十六进制数

例如：$(1100111)_B=(001,100,111)_B=(147)_8$

$(1100111)_B=(110,0111)_B=(A7)_{16}$

8.1.2.3 码制

不同的数码不仅可以表示数量的不同大小，还能用来表示不同的事物。在后一种情况下，这些数码已没有数量大小的含义，只是表示不同事物的代号而已，它们常按一定规律编制的各种代码来代表，这一规律称为码制。

例如，在用 4 位二进制数码表示 1 位十进制数的 0～9 这十个状态时，有多种不同的码制，最常用的是 8421 码。8421 码就是从左到右每一位的 1 分别表示 8、4、2、1。此外，还有 2421 码、5421 码、余 3 码等。格雷码的任意两个相邻代码间只有 1 位数不同，这对代码的转换和传输非常有利，也较常用。表 8-1 列出了几种常见的代码，它们的编码规则各不相同。

表 8-1　常用的 BCD 码

十进制数	8421 码	2421 码	5421 码	余 3 码	余 3 循环码
0	0000	0000	0000	0011	0010
1	0001	0001	0001	0100	0110
2	0010	0010	0010	0101	0111
3	0011	0011	0011	0110	0101
4	0100	0100	0100	0111	0100
5	0101	1011	1000	1000	1100
6	0110	1100	1001	1001	1101
7	0111	1101	1010	1010	1111
8	1000	1110	1011	1011	1110
9	1001	1111	1100	1100	1010

8.2　基本逻辑门电路

本节主要介绍基本逻辑门及基本逻辑门电路。

能够实现逻辑关系的电路就是组成各种逻辑电路的基本逻辑门。常用基本门电路有与门、或门、非门。常用复合逻辑门电路有与非门、或非门、与或非门、异或门以及三态与非门电路。

众所周知，门是控制出入的，门开着，可以自由出入；关上门，就隔断了通道。逻辑是指思维的规律性。因此，逻辑门电路是一种开关电路，它可以按照逻辑关系控制门的开关，使输出信号和输入信号符合一定的逻辑关系。一般门电路有一个输出端，但可以有多个输入端。输出端的状态由输入端状态决定，它们之间有一定的逻辑关系。能够实现这些逻辑关系的电路就是组成各种逻辑电路的基本逻辑门。门电路中的开关利用二极管、三极管的导通或截止来实现。下面通过电路，举例说明门电路的逻辑功能。

8.2.1　与门

8.2.1.1　与逻辑和与运算

1）与逻辑

图 8-2(a) 所示为实现与逻辑关系的电路。在电路中，只有当串联的开关 A 与 B 都闭合时，灯 Y 才亮。如果把灯亮作为结果，开关闭合作为条件，那么只有全部条件都满足时，结果才会发生。这样的关系称为与逻辑关系。

如图 8-2 所示，有两个输入端 A 和 B，一个输出端 Y。图中符号“&”表示输出 Y 是输入 A、B 的逻辑与，表示为

$$Y=A \cdot B=AB$$

称为逻辑表达式。

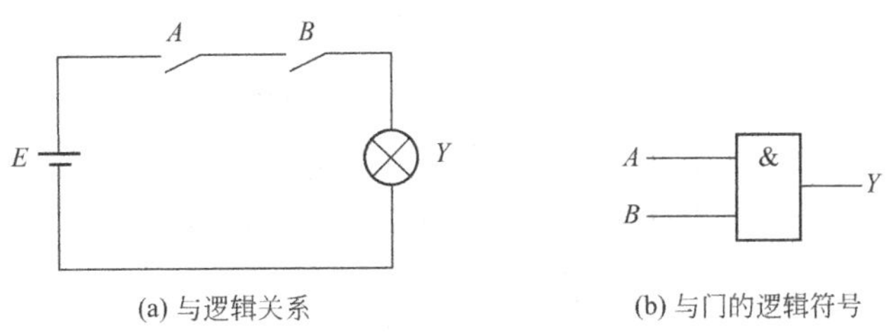

(a) 与逻辑关系　　(b) 与门的逻辑符号

图 8-2　与逻辑关系和与门的逻辑符号

实现与逻辑关系的电子电路称为与门电路，简称与门。门电路内部是由二极管、三极管等

半导体组件构成的电子电路，利用半导体组件的开关特性（导通或截止）实现开关作用。

图 8-2(b) 所示为与门的逻辑符号。与门为多入单出，逻辑功能是：输入全为 1 时，输出才为 1，简记为“有 0 出 0，全 1 出 1”。

把输入与输出状态对应起来，可得到逻辑真值表，或称逻辑状态表，如表 8-2 所示。

表 8-2　与逻辑真值表

A	B	Y
0	0	0
0	1	0
1	0	0
1	1	1

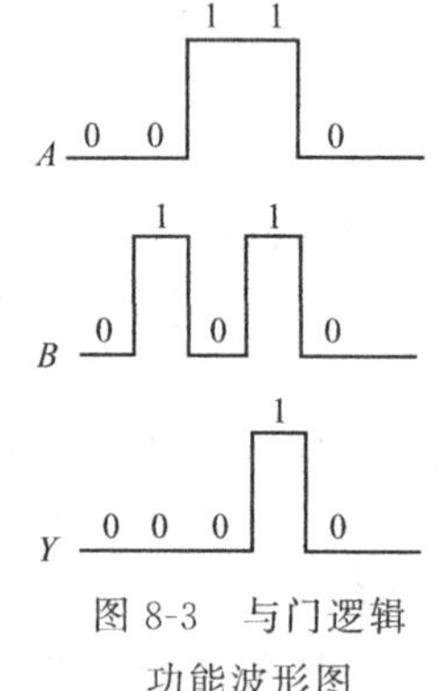

图 8-3　与门逻辑功能波形图

根据表 8-2，画出与门逻辑功能波形图如图 8-3 所示。

2）与运算

逻辑真值表简称真值表，是指由 0 和 1 组成的、反映某种逻辑关系的表格。对照表 8-2，与逻辑的基本运算如下：

$$0 \cdot 0=0,\ 0 \cdot 1=0,\ 1 \cdot 0=0,\ 1 \cdot 1=1$$

目前常用的与门集成电路有 74LS08，其外引脚和逻辑符号如图 8-4(a)、(b) 所示。

8.2.1.2　与门应用举例

利用与门电路，可以控制信号的传送。例如，有一个 2 输入与门，假定在输入端 B 输入一个持续的脉冲信号，在输入端 A 输入一个控制信号，由与门逻辑关系，画出输出端 Y 的输出波，如图 8-5 所示。

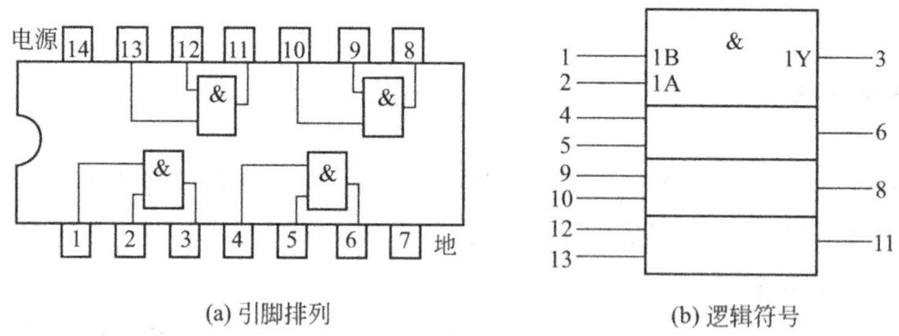

图 8-4　74LS08 的引脚和逻辑符号

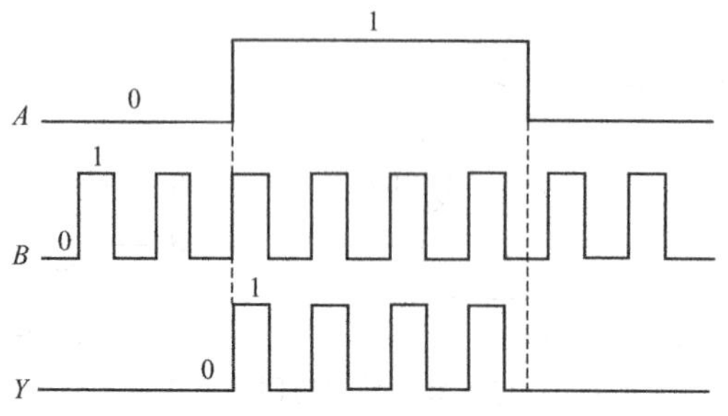

图 8-5　与门控制波形

可见，只有当 A 为 1 且 B 为 1 时，信号才能通过，在输出端 Y 得到所需的脉冲信号；当 A 为 0 时，信号不能通过，无输出。

例如，汽车座椅安全带报警系统如图 8-6 所示，如果接通点火开关，对应输入信号 $A=1$；座椅安全带扣环开关闭合，对应输入信号 $B=1$；蜂鸣器发出警报声，对应输出信号 $Y=1$，那么，当接通点火开关而未扣紧座椅安全带时，蜂鸣器就会发出警报声。其中，座椅安全带扣环开关是一端搭铁的常闭式开关，扣紧后，开关才会断开。

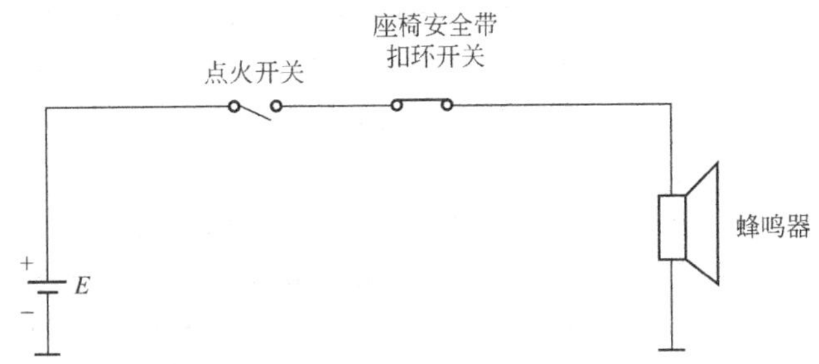

图 8-6　座椅安全带报警系统

8.2.2　或门

8.2.2.1　或逻辑和或运算

1）或逻辑

图 8-7(a) 所示为实现或逻辑关系的开关电路。在电路中，只要开关 A 或 B 有一个或一个以上闭合，灯 Y 就会亮。这里开关的闭合和灯亮之间为或逻辑关系。

或逻辑关系为：只要有一个或一个以上的条件满足时，结果就会发生。

实现或逻辑关系的电子电路称为或门电路，简称或门。

或门的逻辑符号如图 8-7(b) 所示。A 和 B 是输入端，Y 是输出端，或门也为“多入单出”。

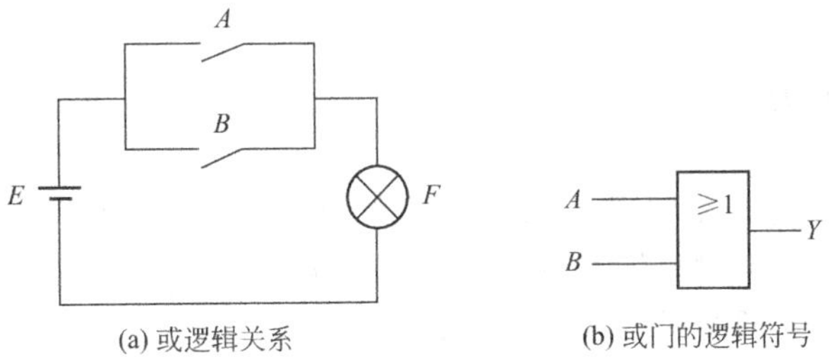

(a) 或逻辑关系　(b) 或门的逻辑符号

图 8-7　或逻辑和或门的逻辑符号

或门的逻辑功能是：只要输入中有一个或一个以上为高电平，输出便为高电平，简记为“有 1 出 1，全 0 出 0”。

或门逻辑功能真值表如表 8-3 所示。

表 8-3　或门逻辑功能真值表

A	B	Y
0	0	0
0	1	1
1	0	1
1	1	1

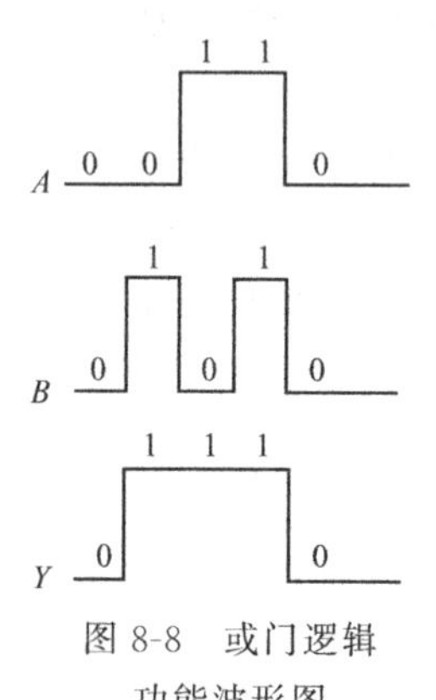

图 8-8 或门逻辑功能波形图

根据表 8-2，画出或门逻辑功能波形图，如图 8-8 所示。

2）或运算

或逻辑的运算称为或运算，又称逻辑加。或门的逻辑表达式为

$$Y=A+B$$

根据或门真值表和或门逻辑表达式，得出逻辑加的运算规律为

$$0+0=0,\ 0+1=1,\ 1+0=1,\ 1+1=1$$

常用的或门集成电路有 74LS32，它的内部有四个 2 输入的或门电路，其外引脚和逻辑符号如图 8-9(a)、(b) 所示。

8.2.2.2 或门应用举例

图 8-10 所示为两路防盗报警电路。该电路采用一个 2 输入或门，S_1 和 S_2 为微动开关，可装在门和窗户上。当门和窗户都关上时，开关 S_1 和 S_2 闭合，或门输入端全部接地，$A=0$，$B=0$，输出端 $B=0$，$Y=0$，报警灯不亮。如果门或窗任何一个被打开，相应的开关断开，该输入端经 1kΩ 电阻接至 5V 电源，为高电平，故输出也为高电平，报警灯亮。输出端还可接音响电路，实现光、声同时报警。

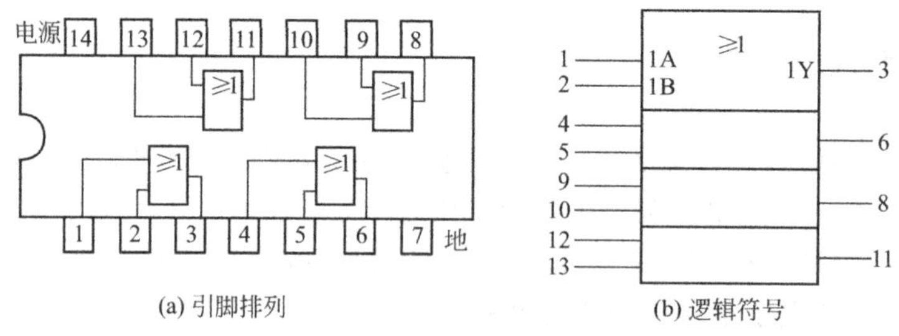

图 8-9 74LS32 的引脚和逻辑符号

8.2.3 非门

8.2.3.1 非逻辑和非运算

1）非逻辑

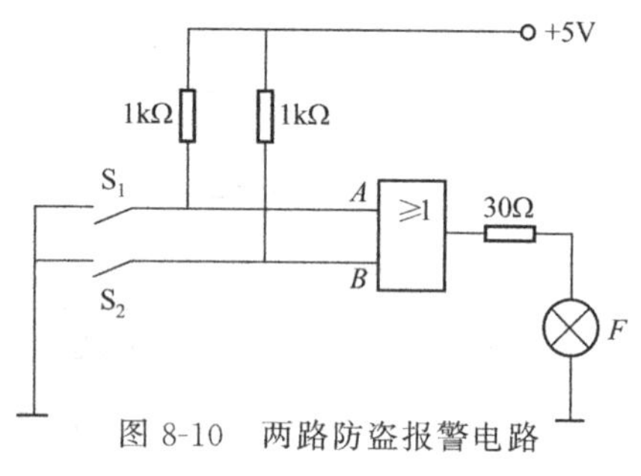

图 8-10 两路防盗报警电路

图 8-11(a) 所示为实现非逻辑关系的开关电路。在电路中，在开关 A 不闭合时，灯 Y 才会亮；在开关 A 闭合时，灯 Y 不会亮，即结果的发生与条件处于相反的状态。符合这一规律的逻辑关系称为非逻辑关系。实现非逻辑关系的电子电路称为非门电路，简称非门。非门的逻辑符号如图 8-11(b) 所示，A 是输入端，Y 是输出端。非门只有一个输入端和一个输出端。

非门的逻辑功能是：输出与输入的电平相反。可记为“有 0 出 1，有 1 出 0”。由于非门的输出与输入的状态相反，因此又称非门为反相器或倒相器。

非门逻辑功能真值表如表 8-4 所示。

表 8-4 非门逻辑功能真值表

A	Y
0	1
1	0

根据表 8-3，画出非门逻辑功能波形图，如图 8-12 所示。

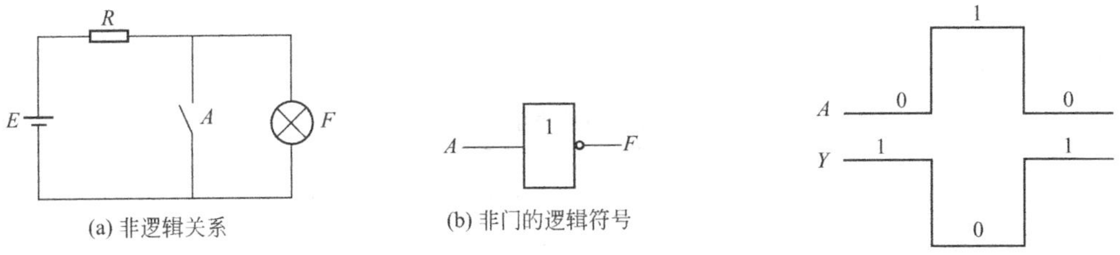

图 8-11　非逻辑和非门的逻辑符号　　　图 8-12　非门逻辑功能波形图

常用的非门电路有 74LS04，它由六个非门电路组成，其外引脚和逻辑符号如图 8-13(a)、(b) 所示。

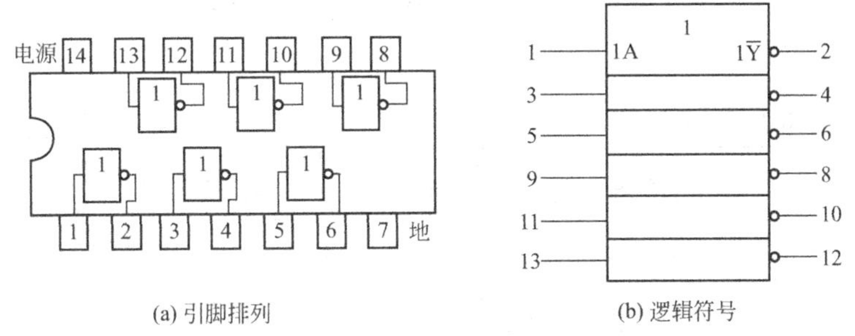

图 8-13　74LS04 六反相器

2）非运算

非逻辑的运算称为非运算，又称逻辑非。非门的逻辑表达式为

$$Y=\overline{A}$$

根据非门真值表和非门逻辑表达式，得出逻辑非的运算规律为

$$\overline{0}=1,\ \overline{1}=0$$

非门多被用来实现信号波形的整形和倒相。

8.2.3.2　非门应用举例

汽车驾驶员车门门控开关是常闭式、一端搭铁的开关。车门关闭严密时，开关才断开，对应的关门指示灯灭；当车门未关严时，对应的指示灯亮。此时，门的状态与指示灯的状态就是一种“非”的关系。

8.2.4　复合逻辑门

复合逻辑门电路是由与、或、非三种基本逻辑门组合而成的。

8.2.4.1　与非门

与非门由与门和非门组成。在与门的输出端再接一个非门，使与门的输出反相，就组成了与非门，如图 8-14 所示。和与门逻辑符号不同的是在电路输出端加一个小圆圈“○”表示逻辑非。

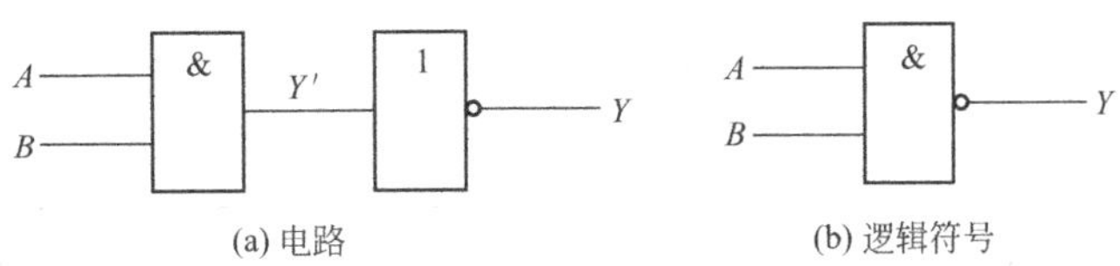

图 8-14　与非门电路及逻辑符号

与非门逻辑表达式为

$$Y=\overline{A \cdot B}$$

与非门逻辑关系简记为："有 0 出 1，全 1 出 0"，真值表如表 8-5 所示。

表 8-5 与非门的真值表

A	B	Y
0	0	1
0	1	1
1	0	1
1	1	0

常用的集成与非门电路有 74LS00，其内部有四个与非门电路，它的外引脚和逻辑符号如图 8-15(a)、(b) 所示。

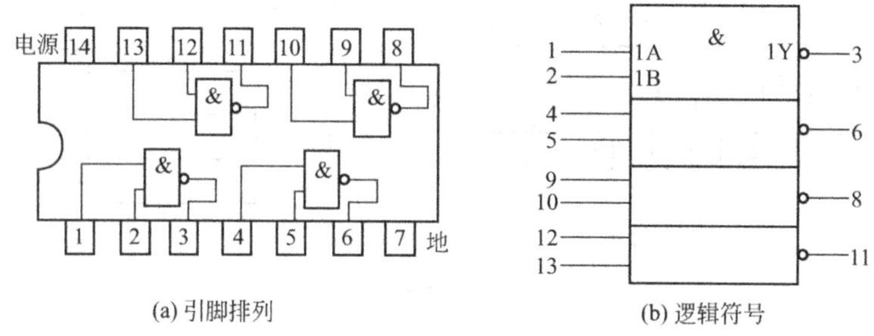

图 8-15 74LS00 四 2 输入与非门

8.2.4.2 或非门

或非门由或门和非门组成。在或门的输出端再接一个非门，使或门的输出反相，就组成了或非门，如图 8-16 所示。和与非门相似，或非门在输出端也加一个小圆圈"○"表示逻辑非。或非门逻辑表达式为

$$Y=\overline{A+B}$$

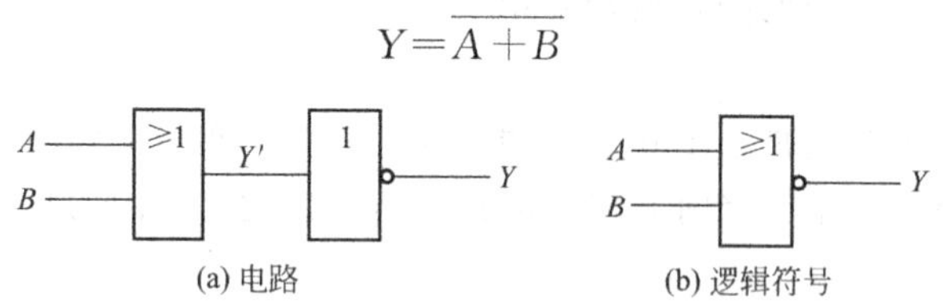

图 8-16 或非门电路及逻辑符号

或非逻辑关系简记为："有 1 出 0，全 0 出 1"。真值表如表 8-6 所示。

表 8-6 或非门的真值表

A	B	Y
0	0	1
0	1	0
1	0	0
1	1	0

常用的集成或非门电路有 74LS02，其内部有四个或非门电路。它的外引脚和逻辑符号如图 8-17(a)、(b) 所示。

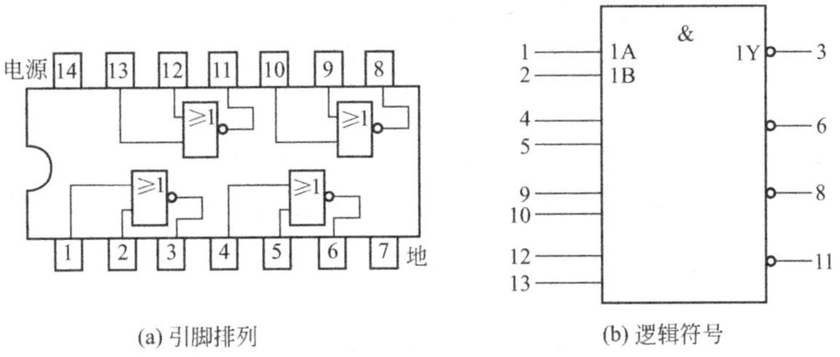

(a) 引脚排列　　(b) 逻辑符号

图 8-17　74LS02 四 2 输入或非门

8.2.4.3　与或非门

把两个（或两个以上）与门的输出端接到一个或门的各个输入端，便构成一个与或门；其后再接一个非门，就构成了与或非门，其逻辑图和逻辑符号如图 8-18 所示。与或非门的输入和输出的逻辑关系如表 8-7 所示。

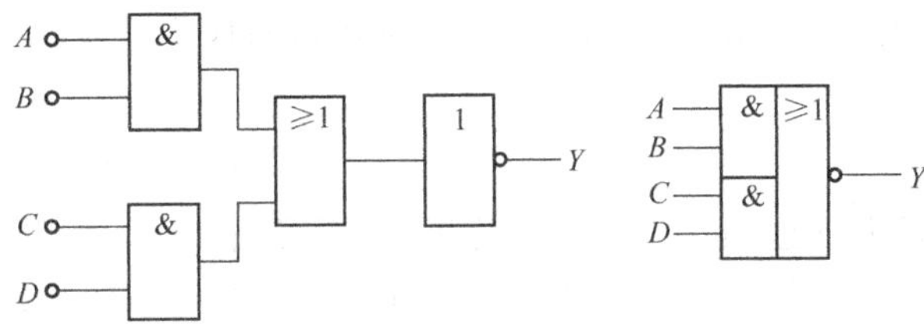

图 8-18　与或非门逻辑结构图及逻辑符号

表 8-7　与或非门的真值表

A	B	C	D	Y
0	0	0	0	1
0	0	0	1	1
0	0	1	0	1
0	0	1	1	0
0	1	0	0	1
0	1	0	1	1
0	1	1	0	1
0	1	1	1	0
1	0	0	0	1
1	0	0	1	1
1	0	1	0	1
1	0	1	1	0
1	1	0	0	0
1	1	0	1	0
1	1	1	0	0
1	1	1	1	0

从状态表可以看出，与或非门的逻辑功能是当输入端中任何一组全为 1 时，输出为 0；只有各组输入都至少有一个为 0 时，输出才能为 1。表达式为

$$Y=\overline{A \cdot B+C \cdot D}$$

8.2.4.4 异或门

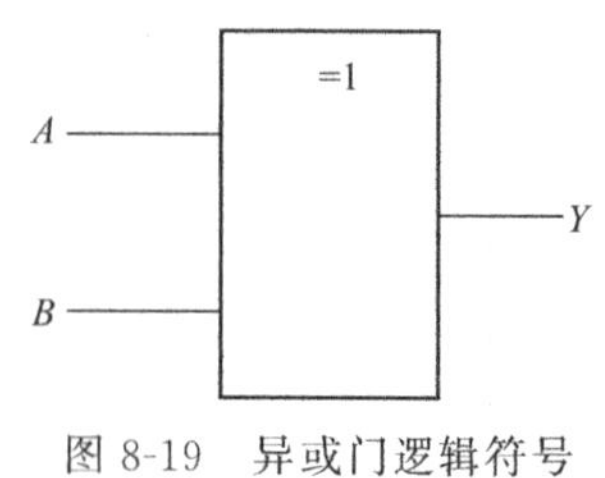

图 8-19 异或门逻辑符号

图 8-19 所示为异或门逻辑符号，其逻辑表达式是

$$Y=\overline{A}B+A\overline{B}$$

表 8-8 所示是异或门的逻辑状态表。可见，异或门的逻辑功能是：当两个输入端的状态相同（都为 0 或都为 1）时，输出为 0；反之，当两个输入端状态不同（一个为 0，另一个为 1）时，输出为 1。

表 8-8 异或门逻辑状态表

A	B	Y
0	0	0
1	1	0
0	1	1
1	0	1

常用的集成四 2 输入异或门电路有 74LS136，其内部有四个异或门电路。它的外引脚和逻辑符号如图 8-20 所示。

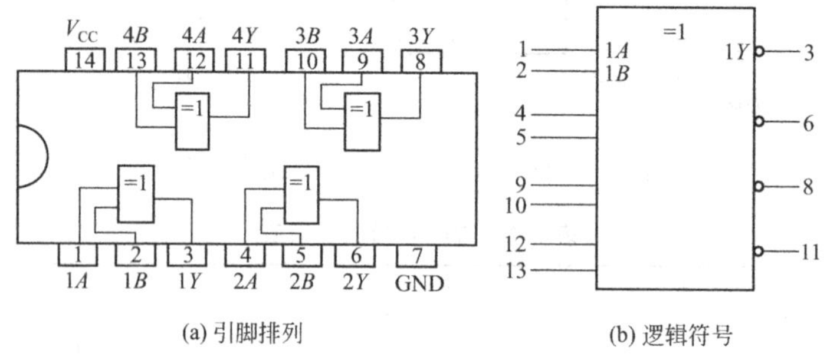

(a) 引脚排列 (b) 逻辑符号

图 8-20 74LS136 四 2 输入异或门

8.2.4.5 三态与非门

除上述常用的复合门之外，还有一种比较常用的三态与非门。与前面介绍的与非门相比，三态与非门输出有 1 态、0 态和高阻（即开路）状态。

三态与非门增加了一个控制端 E，其逻辑符号和逻辑功能如表 8-9 所示。

表 8-9 三态与非门逻辑符号和逻辑菜单

逻辑符号	逻辑功能	
A、B、E（EN）输入，& ▽ 输出 F (a)	$E=0$ $E=1$	$Y=$高阻 $Y=\overline{A\cdot B}$
A、B、E（EN，低电平有效）输入，& ▽ 输出 F (b)	$E=0$ $E=1$	$Y=\overline{A\cdot B}$ $Y=$高阻

在表 8-9 的图（a）中，当控制端 $E=0$ 时，电路输出高阻状态；当 $E=1$ 时，电路实现与

非门功能，故称控制端 E 为高电平有效。在表 8-9 的图（b）中，当 $E=0$ 时，电路实现与非门功能；当 $E=1$ 时，电路输出为高阻状态，故称控制端 E 为低电平有效。控制端不加“非”（$\overline{\ }$），表示高电平有效，加“非”（$\overline{\ }$），表示低电平有效。三态与非门在信号传输、计算机等数字系统中是一种重要的接口电路。

8.3　集成触发器

本节主要介绍 RS 触发器、D 触发器、JK 触发器、T 和 T′触发器等常用集成触发器。

在各种复杂的数字电路中，不但要对二进制信号进行算术运算和逻辑运算，还经常要将这些信号和运算结果保存起来。为此，需要使用具有记忆功能的基本逻辑单元。能够存储 1 位二进制信号的基本单元电路统称为触发器。

触发器是构成时序逻辑电路的基本单元，具有如下基本特点：

（1）具有两个稳定状态，分别称为 0 状态和 1 状态。在没有外界信号作用时，触发器维持原来的稳定状态不变，即触发器具有记忆功能。

（2）在一定的外界信号作用下，触发器可以从一个稳定状态转变到另一个稳定状态。这表明触发器可以接收信号，并保存下来。

具备上述特点的触发器电路有许多种。

（1）根据电路结构的不同，分成基本触发器、同步触发器、主从触发器、边沿触发器。

（2）根据逻辑功能的不同，分成 RS 触发器、D 触发器、JK 触发器、T 和 T′触发器。

（3）根据是否有时钟脉冲输入端，分成基本触发器和钟控触发器。

（4）根据触发方式的不同，分成电平触发器、主从触发器和边沿触发器。

下面以逻辑功能分类，分析触发器的逻辑功能。

8.3.1　RS 触发器

8.3.1.1　基本 RS 触发器

1）电路结构和符号

基本 RS 触发器简称基本触发器，由与非门或非门组成。图 8-21(a) 所示是由两个与非门交叉连接组成的基本 RS 触发器，图 8-21(b) 所示是逻辑符号。$\overline{S}$、$\overline{R}$ 为信号输入端，分别称为直接置 0 端、直接置 1 端，低电平有效，即加低电平 0 时，触发器的输出状态发生翻转，用 $\overline{S}$ 和 $\overline{R}$ 上的短横线（$\overline{\ }$）表示，在逻辑符号中用输入端的小圆圈（○）表示。Q、$\overline{Q}$ 为信号输出端，在触发器正常工作时，它们的状态相反，即当 $Q=0$，则 $\overline{Q}=1$，反之亦然。通常规定 Q 端为触发器的状态端，$Q=0$ 和 $\overline{Q}=1$ 为触发器的两个稳定状态。

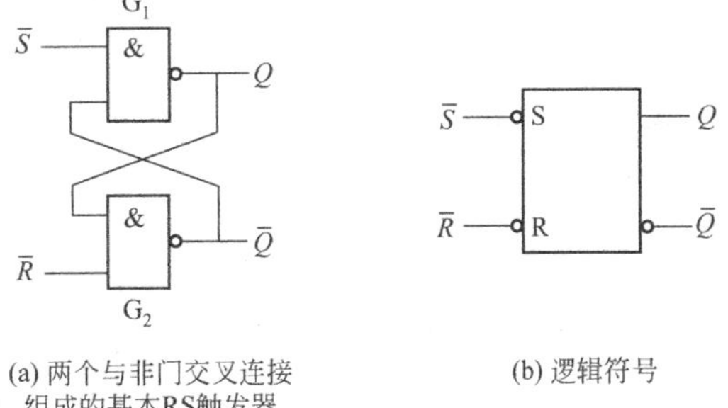

(a) 两个与非门交叉连接组成的基本RS触发器　(b) 逻辑符号

图 8-21　与非门组成的基本 RS 触发器

2）功能分析

① 当 $\overline{S}=0$，$\overline{R}=1$ 时，由与非门的逻辑功能可知 G_1 输入低电平，输出 $Q=1$，反馈到 G_2 的输入端，使 G_2 的输入均为高电平，$\overline{Q}=0$，触发器为 1 态。输入端 $\overline{S}$ 称为直接置 1 端，也称直接置位端，低电平有效。

② 当 $\overline{S}=1$，$\overline{R}=0$ 时，同理可得 $Q=0$，$\overline{Q}=1$，触发器为 0 态。输入端 $\overline{R}$ 称为直接置 0 端，也称直接复位端，低电平有效。

③ 当 $\overline{S}=\overline{R}=1$ 时，触发器的状态维持不变。设触发器原来的状态为 $Q=0$，$\overline{Q}=1$，Q 端的低电平加到 G_2 的输入端，使 $\overline{Q}$ 维持在 1 态，该信号回送到 G_1 的输入端，则 G_1 的输入均为高电平，使 Q 端维持在 0 态。若触发器原来所处状态 $Q=1$，$\overline{Q}=0$，也有类似的工作过程。这种保持原来状态的功能称为记忆功能。

④ 当 $\overline{S}=\overline{R}=0$ 时，触发器的两个输出端都为高电平，即 $Q=\overline{Q}=1$，违反了 Q 与 $\overline{Q}$ 状态必须相反的规定。而且，当 $\overline{S}$、$\overline{R}$ 的低电平同时撤销时，由于两个与非门的平均延迟时间并不知道，触发器恢复为 0 态还是 1 态无法判定，因此在应用时，严格禁止在 $\overline{S}$、$\overline{R}$ 端同时加低电平信号。

根据以上触发器的输入与输出关系，列出真值表，如表 8-10 所示。

表 8-10 基本 RS 触发器的真值表

$\overline{S}$	$\overline{R}$	Q^n	Q^{n+1}	逻辑功能
0	1	0 1	1	置 1
1	0	0 1	0	置 0
1	1	0 1	0 1	保持
0	0	0 1	未定义	禁用

表中，Q^n 为触发信号输入前电路的状态，称为现态（或称原来的状态）；Q^{n+1} 为触发信号输入后电路的状态，称为次态（或称新的状态）。因为触发器的次态 Q^{n+1} 不仅与输入状态有关，而且与现态 Q^n 有关，所以把 Q^n 也当作一个输入变量引入真值表。

基本 RS 触发器的逻辑功能还可用特性方程表示。特性方程是指次态 Q^{n+1} 的逻辑式，即

$$\begin{cases} Q^{n+1}=S+\overline{R}Q^n \\ \overline{S}+\overline{R}=1 \end{cases}$$

式中，$\overline{S}+\overline{R}=1$ 称为约束方程，它表明 RS 触发器正常工作时必须满足的条件，即 $\overline{S}$、$\overline{R}$ 不能同时为 0。

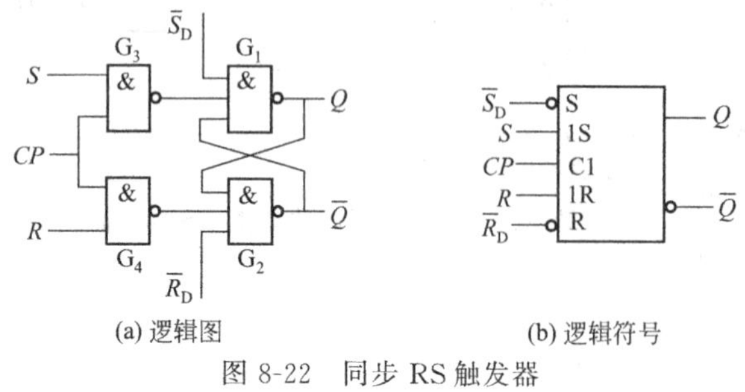

(a) 逻辑图 (b) 逻辑符号

图 8-22 同步 RS 触发器

8.3.1.2 同步 RS 触发器

基本 RS 触发器没有时钟控制端，当多个触发器一起工作时，很难保证协调一致。为此，在基本 RS 触发器的基础上增加了控制电路和控制信号。当控制信号到来时，触发器状态翻转。具有这种特征的称为同步触发器或钟控触发器。同步触发器种类很多，这里重点介绍同步 RS 触发器。

1）电路结构和符号

图 8-22(a) 所示是同步 RS 触发器的逻辑图，图 8-22(b) 所示为逻辑符号。由逻辑图可

见，同步 RS 触发器是在基本 RS 触发器的基础上，增加两个与非门 G_3、G_4 作为控制门，再增加时钟控制端 CP 组成的。S、R 是数据输入端，S 称为置 1 端，R 称为置 0 端，均为高电平有效；$\overline{S}_D$、$\overline{R}_D$ 为控制端，$\overline{S}_D$ 称为直接置 1 端，$\overline{R}_D$ 为直接置 0 端，均为低电平有效。正常运行时，$\overline{S}_D$、$\overline{R}_D$ 应接高电平。

2）功能分析

该触发器的特点是：$CP=0$，G_1、G_2 的输入为 1，触发器将保持不变；$CP=1$ 时，G_1 的输入是 $\overline{S}$，G_2 的输入是 $\overline{R}$，其功能和基本 RS 触发器一致，真值表如表 8-11 所示。

表 8-11　同步 RS 触发器的真值表

CP	S	R	Q^n	Q^{n+1}	逻辑功能
1	1	0	0 1	1	置 1
	0	1	0 1	0	置 0
	0	0	0 1	0 1	保持
	1	1	0 1	未定义	禁用

特性方程为

$$\begin{cases}Q^{n+1}=S+\overline{R}Q^n \\ SR=0(\text{约束条件})\end{cases}(CP=1\text{ 时有效})$$

同步 RS 触发器在时钟信号 $CP=1$ 期间，输出随输入变化。若输入信号受到干扰，发生多次错误变化，输出也会发生多次错误翻转，称为触发器的空翻现象。因此，同步 RS 触发器主要用于数据的寄存，不能用于计数、移位寄存和存储器等电路中。为了解决空翻问题，要求触发器只能在时钟信号的边沿到来时翻转，于是产生了边沿触发器。

8.3.2　边沿 JK 触发器

边沿 JK 触发器是在时钟信号 CP 的边沿到来时，按输入信号的状态翻转的触发器。它有下降沿触发型和上升沿触发性两种，逻辑符号如图 8-23 所示。

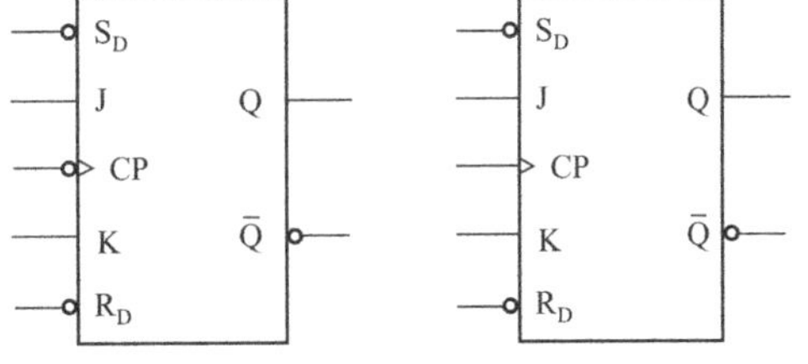

(a) 下降沿触发的JK触发器　(b) 上升沿触发的JK触发器

图 8-23　JK 触发器

图 8-23(a) 中，CP 输入端加“＞”并且加“○”，表示下降沿触发；图 8-23(b) 中，CP 不加“○”，表示上升沿触发。其中，S_D 为直接置 1 端，R_D 为直接置 0 端，低电平有效，J 和 K 为数据输入端，Q 和 $\overline{Q}$ 为状态相反输出端，CP 为触发脉冲输入端。CP 端直接加“＞”者表示边沿触发，不加“＞”者表示电平触发。下面以下降沿触发型为例，分析逻辑功能。

8.3.2.1　结构和符号

图 8-24 所示为双下降沿 JK 触发器 74LS112 的引脚排列图及逻辑符号。它是集成触发器，是内含两个独立的 CP 下降沿触发的 JK 触发器，每个触发器都有独立的数据输入端 J、K，直接置 1 端 $\overline{S}_D$、直接置 0 端 $\overline{R}_D$，时钟触发端 $\overline{CP}$ 和数据输出端 Q、$\overline{Q}$，且用单电源 U_{CC} 供电。该集成触发器有 16 个引脚，左侧半圆形缺口下方为 1 号，其他引脚按逆时针顺序排列。

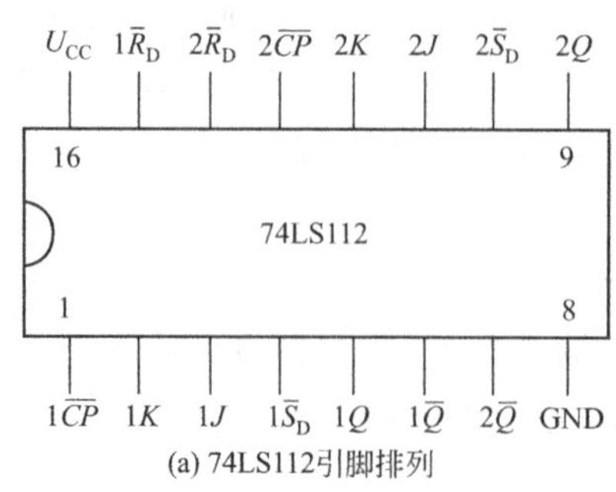

(a) 74LS112引脚排列

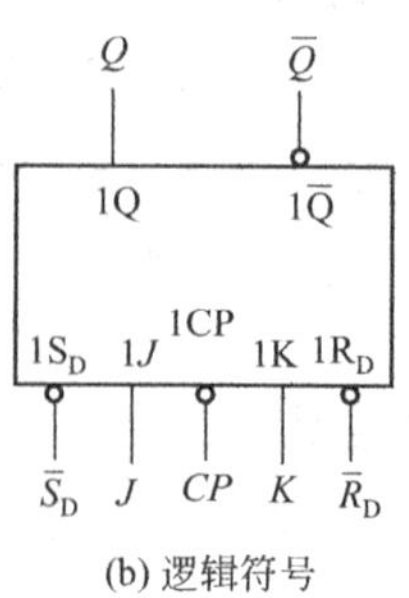

(b) 逻辑符号

图 8-24　集成 JK 触发器 74LS112

8.3.2.2　功能分析

反映 JK 触发器功能的特性方程为

$$Q^{n+1}=J\overline{Q^n}+\overline{K}Q^n \text{（}CP\text{ 下降沿时有效）}$$

当 CP 下降沿到来时，

(1) 若 $J=K=0$，则 $Q^{n+1}=Q^n$，触发器保持原有状态。

(2) 若 $J=0$，$K=1$，则 $Q^{n+1}=0$，触发器置 0，故 K 为置 0 输入端。

(3) 若 $J=1$，$K=0$，则 $Q^{n+1}=1$，触发器置 1，故 J 为置 1 输入端。

(4) 若 $J=K=1$，则 $Q^{n+1}=\overline{Q^n}$，触发器翻转。

由此得到真值表如表 8-12 所示。可见，JK 触发器是一种功能最齐全的触发器，具有四种功能。

表 8-12　JK 触发器的真值表

J	K	Q^n	Q^{n+1}	逻辑功能
0	0	0 1	0 1	保持
0	1	0 1	0	置 0
1	0	0 1	1	置 1
1	1	0 1	1 0	翻转

【例 8-1】 下降沿 JK 触发器的 CP 脉冲和输入信号 J、K 的波形如图 8-25 所示，试画出 Q 端的波形。

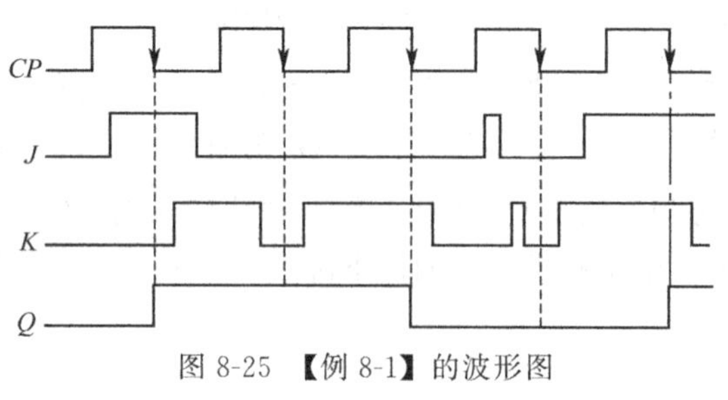

图 8-25　【例 8-1】的波形图

解：由于下降沿 JK 触发器是下降沿触发，故作图时首先找出各 CP 脉冲的下降沿，再根据当时的输入信号 J、K 得出输出 Q，画出波形。由图 8-25 可得出下降沿触发器输出 Q 的变化规律：仅在 CP 脉冲的下降沿有可能翻转，如何翻转，取决于当时的输入 J 和 K。

8.3.3　边沿 D 触发器

8.3.3.1　结构和符号

边沿 D 触发器也有上升沿触发型和下降沿触发型两种。其中，上升沿触发型用得最多。

图 8-26 所示为双上升沿 D 触发器 74LS74 的引脚排列图及逻辑符号。该集成芯片内含有两个 D 触发器，具有各自独立的数据输入端 D，时钟触发端 CP 及直接置 1 端 $\overline{S}_D$、直接置 0 端 $\overline{R}_D$。芯片有 14 个引脚，排列规则与 16 脚的 JK 触发器相同。

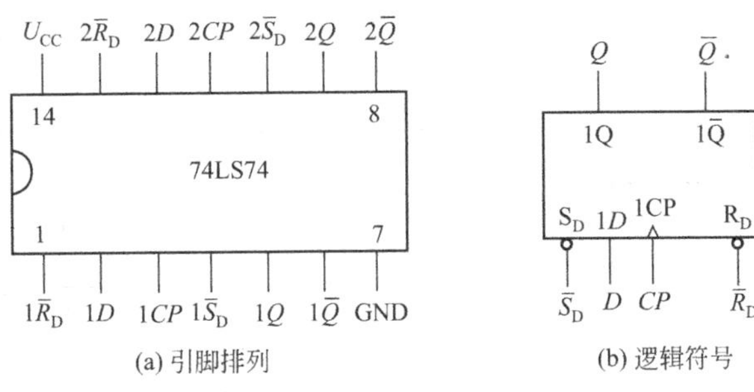

图 8-26　D 触发器 74LS74

8.3.3.2　功能分析

反映 D 触发器功能的特性方程为

$$Q^{n+1}=D(CP\text{ 上升沿时有效})$$

当 CP 上升沿到来时，

(1) 若 $D=0$，则 $Q^{n+1}=0$，触发器置 0。

(2) 若 $D=1$，则 $Q^{n+1}=1$，触发器置 1。

所以，D 触发器具有置 0、置 1 两种功能。反映逻辑功能的真值表如表 8-13 所示。

表 8-13　D 触发器的真值表

D	Q^n	Q^{n+1}	逻辑功能
0	0 1	0	置 0
1	0 1	1	置 1

【例 8-2】 上升沿 D 触发器的 CP 脉冲和输入信号 D 的波形如图 8-27 所示，试画出 Q 端的波形。

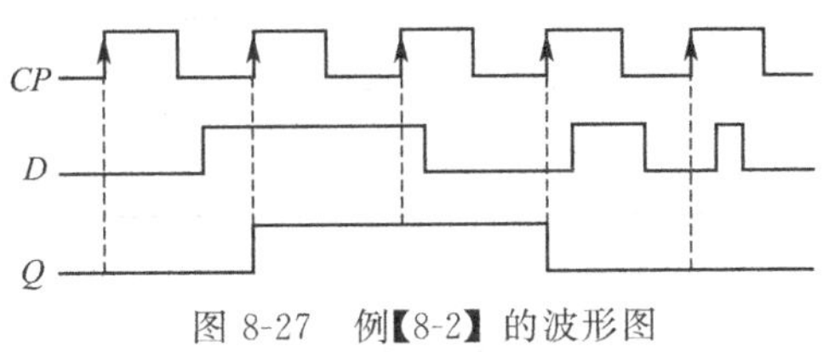

图 8-27　例【8-2】的波形图

解： 由于上升沿 D 触发器是上升沿触发，故作图时首先找出各 CP 脉冲的上升沿，再根据当时的输入信号 D 得出输出 Q，画出波形。由图 8-27 可得出上升沿触发器输出端 Q 的变化规律：仅在 CP 脉冲的上升沿有可能翻转，如何翻转，取决于当时的输入端 D。

8.3.4　T 和 T′触发器

8.3.4.1　T 触发器

在 CP 时钟脉冲有效沿作用下，具有保持和翻转功能的触发器称为 T 触发器。它无单独的产品，通常可用 JK 或 D 触发器转换而成，方法如图 8-28 和图 8-29 所示。

特性方程为

$$Q^{n+1}=T\overline{Q}^n+\overline{T}Q^n(CP\text{ 有效沿时有效})$$

不难分析，T 触发器具有保持和翻转功能，真值表如表 8-14 所示。

表 8-14 T触发器真值表

T	Q^n	Q^{n+1}	逻辑功能
0	0 1	0 1	保持
1	0 1	1 0	翻转

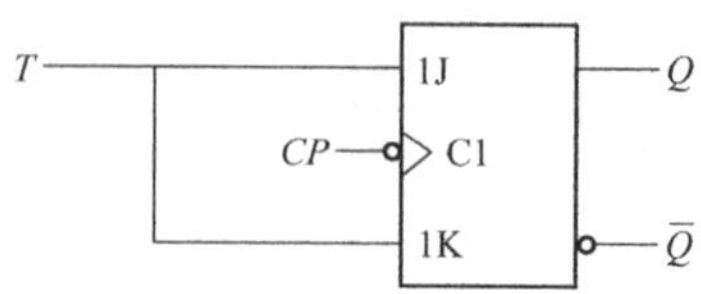

图 8-28 JK 触发器转换成 T 触发器

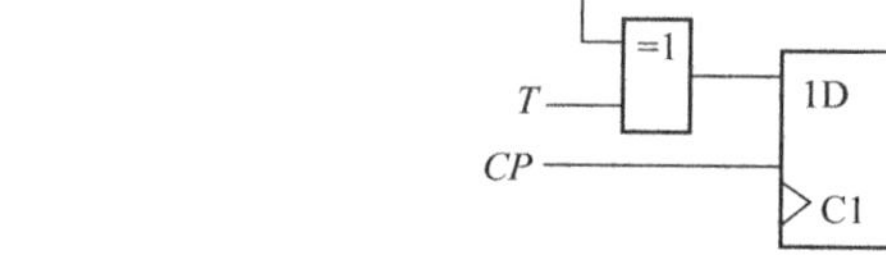

图 8-29 D 触发器转换成 T 触发器

8.3.4.2 T′触发器

在 CP 时钟脉冲有效沿作用下，只有翻转功能的触发器称为 T′触发器。与 T 触发器相似，它也没有单独的产品，通常用 JK 或 D 触发器转换而成，方法如图 8-30 和图 8-31 所示。

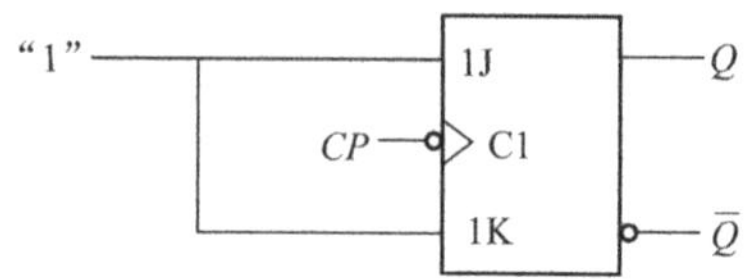

图 8-30 JK 触发器转换为 T′触发器

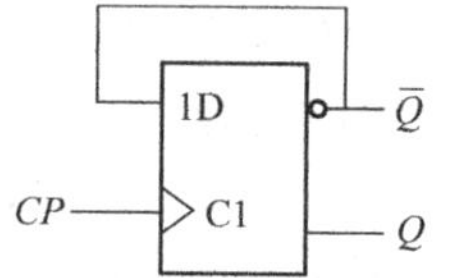

图 8-31 D 触发器转换为 T′触发器

特性方程为

$$Q^{n+1}=\overline{Q}^n (CP\text{ 有效沿时有效})$$

不难分析，T 触发器的 CP 信号每有效作用一次，触发器状态就翻转一次，处于计数状态，其真值表如表 8-15 所示。

表 8-15 T′触发器真值表

Q^n	Q^{n+1}	逻辑功能
0 1	1 0	翻转

8.4 组合逻辑电路

本节主要介绍编码器、译码器和显示译码器等几种常用组合逻辑电路。

把若干个 0 和 1 按一定的规律编排在一起，编成不同的代码，并赋予每个代码固定的含义，叫做编码。用来完成编码功能的电路称为编码器。常用的有三位二进制编码器、二—十进制编码器、优先编码器。

译码就是将代码的含义翻译出来，它是编码的逆过程。能完成译码功能的电路称为译码器（或解码器）。通用译码器包括二进制译码器、二—十进制译码器和代码转换译码器。组合逻辑电路是指在任何时刻，输出信号仅取决于该时刻的输入信号，与原来的电路状态无关的电路，即组合电路无记忆功能。前面讨论的基本门电路均属于组合逻辑电路。编码器和译码器是两种常用的组合逻辑电路。

8.4.1 编码器

在二进制数字系统中，每一位只有 0 和 1 两个数码，只能用来表达两个不同的信号。把若干个 0 和 1 按一定的规律编排在一起，编成不同的代码，并赋予每个代码固定的含义，叫做编码。用来完成编码功能的电路称为编码器。

8.4.1.1 三位二进制编码器

能将输入信息编成二进制代码的电路叫做二进制编码器。图 8-32 所示是三位二进制编码器的逻辑图，它按常用的二进制编码顺序和二进制自然计数进位形式构成，方便人们使用和记忆。

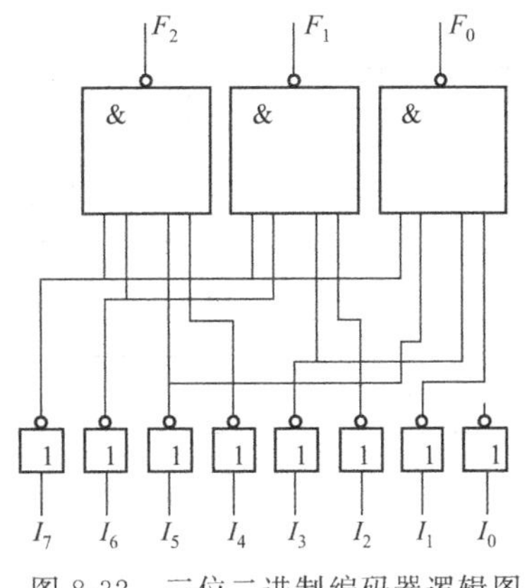

图 8-32　三位二进制编码器逻辑图

由图 8-32 可以看出，编码器由三个与非门和八个非门电路构成。八个非门输入端是编码器输入端，三个与非门输出端是编码器的输出端。

根据逻辑关系，排出三位二进制编码器的真值表如表 8-16所示。从表中可以看出，这种编码器的逻辑功能是：当任何一个输入端输入高电平信号时，输出端输出三位二进制代码。每一组代码都固定表示与输入端的对应关系，即每一组代码都对应一种信息。

值得注意的是，这种编码器每次只允许输入一个为 1 的信号；如果同时输入多个信号 1，电路就会混乱，不能工作。

表 8-16　三位二进制编码器真值表

输　入								输　出		
I_0	I_1	I_2	I_3	I_4	I_5	I_6	I_7	F_2	F_1	F_0
1	0	0	0	0	0	0	0	0	0	0
0	1	0	0	0	0	0	0	0	0	1
0	0	1	0	0	0	0	0	0	1	0
0	0	0	1	0	0	0	0	0	1	1
0	0	0	0	1	0	0	0	1	0	0
0	0	0	0	0	1	0	0	1	0	1
0	0	0	0	0	0	1	0	1	1	0
0	0	0	0	0	0	0	1	1	1	1

通过以上分析可以看出，三位二进制编码器可以对八（2^3）种状态信息进行二进制编码。如果用四位二进制编码器，可以对十六（2^4）种状态信息进行二进制编码。以此类推，用 n 位二进制编码器能对 2^n 个状态信息进行二进制编码。

由编码表写出各个输出量的逻辑表达式：

$$F_0=I_1+I_3+I_5+I_7=\overline{\overline{I}_1\cdot\overline{I}_3\cdot\overline{I}_5\cdot\overline{I}_7}$$

$$F_1=I_2+I_3+I_6+I_7=\overline{\overline{I}_2\cdot\overline{I}_3\cdot\overline{I}_6\cdot\overline{I}_7}$$

$$F_2=I_4+I_5+I_6+I_7=\overline{\overline{I}_4\cdot\overline{I}_5\cdot\overline{I}_6\cdot\overline{I}_7}$$

8.4.1.2 二—十进制编码器

能用四位二进制数的代码来表示一位十进制数字的代码，称作 BCD 码。BCD 码的种类很

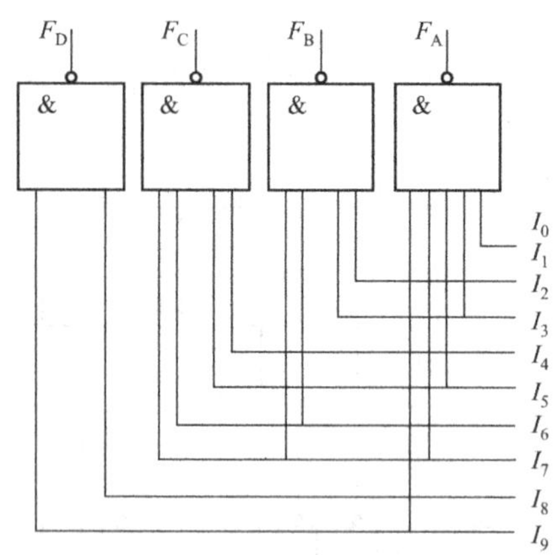

图 8-33 二—十进制编码器逻辑图

多，如 8421 码、5211 码、2421 码等。能将十个输入信号分别编排成对应的 BCD 代码的电路，称为二—十进制编码器。

常用的二—十进制编码器是 8421 码。所谓 8421，是指这种编码从左至右各位的权分别是 8、4、2、1，即代码为 1 时，分别代表十进制数码中的 8、4、2、1。各位代码与权乘积的和，就是所代表的十进制数。

图 8-33 所示是二—十进制 8421 码编码器的逻辑图。这种编码器用四个与非门电路组成。与非门的输出端构成输出代码 F_D、F_C、F_B、F_A。当与非门的输入端分别输入 I_0、I_1、I_2、I_3、I_4、I_5、I_6、I_7、I_8、I_9 十种不同信息时，输出端对应出现固定的代码。

从逻辑图中还可以看出：输入信息必须是低电平，其余未输入端全部是高电平，编码器才能正常工作。如果每一次输入的信息不是一个，而是两个或多个，编码器也会发生错误。表 8-17所示是编码器的真值表。

表 8-17 二—十进制编码器真值表

输入										输出			
I_0	I_1	I_2	I_3	I_4	I_5	I_6	I_7	I_8	I_9	F_D	F_C	F_B	F_A
0	1	1	1	1	1	1	1	1	1	0	0	0	0
1	0	1	1	1	1	1	1	1	1	0	0	0	1
1	1	0	1	1	1	1	1	1	1	0	0	1	0
1	1	1	0	1	1	1	1	1	1	0	0	1	1
1	1	1	1	0	1	1	1	1	1	0	1	0	0
1	1	1	1	1	0	1	1	1	1	0	1	0	1
1	1	1	1	1	1	0	1	1	1	0	1	1	0
1	1	1	1	1	1	1	0	1	1	0	1	1	1
1	1	1	1	1	1	1	1	0	1	1	0	0	0
1	1	1	1	1	1	1	1	1	0	1	0	0	1

上述有四个输出端的编码器可对十个数编码；如有八个输出端，可对 100 个数编码。以此类推，若有 $4n$ 个输出端，可对 10^n 个数编码。

根据编码表 8-17，可写出各个输出量的逻辑表达式：

$$F_D=I_8+I_9=\overline{\overline{I_8}\cdot\overline{I_9}}$$

$$F_C=I_4+I_5+I_6+I_7=\overline{\overline{I_4}\cdot\overline{I_5}\cdot\overline{I_6}\cdot\overline{I_7}}$$

$$F_B=I_2+I_3+I_6+I_7=\overline{\overline{I_2}\cdot\overline{I_3}\cdot\overline{I_6}\cdot\overline{I_7}}$$

$$F_A=I_1+I_3+I_5+I_7+I_9=\overline{\overline{I_1}\cdot\overline{I_3}\cdot\overline{I_5}\cdot\overline{I_7}\cdot\overline{I_9}}$$

8.4.1.3 优先编码器

优先编码器分二进制优先编码器和二—十进制优先编码器。优先编码器的功能是允许几个输入信号同时输入，而编码器只对事先排定的优先顺序中优先权最高的一个输入信号编码，对级别较低的输入信号不予理睬，防止前两种编码器中存在的，当多个信号同时输入时编码器不能正常工作的问题。

优先编码器广泛应用在计算机的优先中断系统、键盘编码和各种优先报警电路中。

8.4.2 译码器

译码就是将代码的含义翻译出来，它是编码的逆过程。能完成译码功能的电路称为译码器（或解码器）。按译码器的逻辑功能，分为通用译码器和显示译码器两大类。通用译码器又包括二进制译码器、二—十进制译码器和代码转换译码器，习惯上通称为译码器。

8.4.2.1 二进制译码器

二进制译码器是最简单的一种译码器。图 8-34 所示是三位二进制译码器，它有三个输入端、八个输出端，用三个非门和八个与门电路构成。

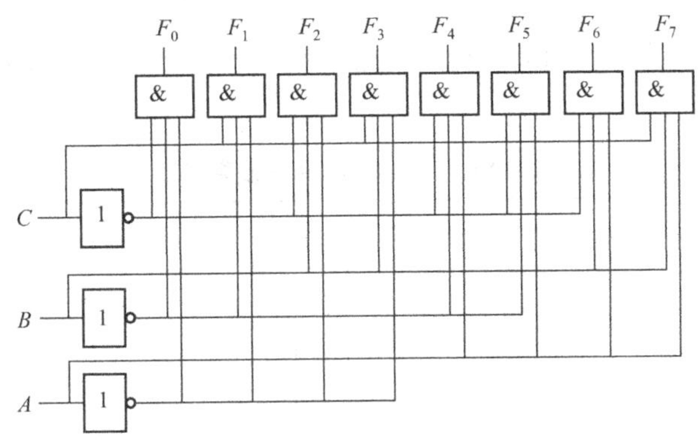

图 8-34　三位二进制译码器逻辑图

从逻辑图中可以看出，每输入一组二进制代码，就有一个输出端输出高电平 1，即译出此组代码相应的信号数码。例如，当输入 $ABC=110$ 时，根据“见 0 得 1”和“见 1 得 0”的非逻辑运算规则，与“见 0 得 0，全 1 得 1”的与逻辑运算规则，输出端输出 $F_0=0$，$F_1=0$，$F_2=0$，$F_3=0$，$F_4=0$，$F_5=0$，$F_6=0$，$F_7=0$，只有 F_6 输出高电平 1。因此，输入代码 110 时，译出数码 6。表 8-18 所示是三位二进制译码器的真值表。

表 8-18　三位二进制译码器真值表

输入			输出							
A	B	C	F_0	F_1	F_2	F_3	F_4	F_5	F_6	F_7
0	0	0	1	0	0	0	0	0	0	0
0	0	1	0	1	0	0	0	0	0	0
0	1	0	0	0	1	0	0	0	0	0
0	1	1	0	0	0	1	0	0	0	0
1	0	0	0	0	0	0	1	0	0	0
1	0	1	0	0	0	0	0	1	0	0
1	1	0	0	0	0	0	0	0	1	0
1	1	1	0	0	0	0	0	0	0	1

8.4.2.2 二—十进制译码器

将二—十进制代码翻译成 0～9 共 10 个十进制数码的电路称为二—十进制译码器。

一个二—十进制代码有四位二进制代码，所以该译码器有四个输入端和十个输出端，也称为4线—10线译码器。与二—十进制编码器一样，二—十进制译码器也有很多种。常用的集成4线—10线译码器有CT74LS42，其外引线图如图8-35所示。

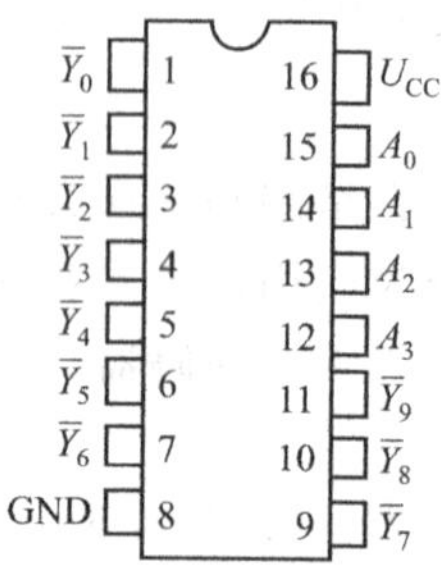

图8-35　CT74LS42外引线图

其输入端 $A_0 \sim A_3$ 接输入的BCD码，高电平有效。输出端 $\overline{Y}_0 \sim \overline{Y}_9$ 为低电平有效。真值表如表8-19所示。

表8-19　CT74LS42译码器真值表

十进制数	输入				输出									
	A_3	A_2	A_1	A_0	$\overline{Y}_0$	$\overline{Y}_1$	$\overline{Y}_2$	$\overline{Y}_3$	$\overline{Y}_4$	$\overline{Y}_5$	$\overline{Y}_6$	$\overline{Y}_7$	$\overline{Y}_8$	$\overline{Y}_9$
0	0	0	0	0	0	1	1	1	1	1	1	1	1	1
1	0	0	0	1	1	0	1	1	1	1	1	1	1	1
2	0	0	1	0	1	1	0	1	1	1	1	1	1	1
3	0	0	1	1	1	1	1	0	1	1	1	1	1	1
4	0	1	0	0	1	1	1	1	0	1	1	1	1	1
5	0	1	0	1	1	1	1	1	1	0	1	1	1	1
6	0	1	1	0	1	1	1	1	1	1	0	1	1	1
7	0	1	1	1	1	1	1	1	1	1	1	0	1	1
8	1	0	0	0	1	1	1	1	1	1	1	1	0	1
9	1	0	0	1	1	1	1	1	1	1	1	1	1	0
无关项	1	0	1	0	1	1	1	1	1	1	1	1	1	1
	1	0	1	1	1	1	1	1	1	1	1	1	1	1
	1	1	0	0	1	1	1	1	1	1	1	1	1	1
	1	1	0	1	1	1	1	1	1	1	1	1	1	1
	1	1	1	0	1	1	1	1	1	1	1	1	1	1
	1	1	1	1	1	1	1	1	1	1	1	1	1	1

8.4.2.3　显示译码器

显示译码器是将数字电路中的二进制数码用直观的十进制数在显示组件上显示出来的电路。这就需要在代码被译出后，再用译码器的输出去驱动数码显示器件。因此，下面先讨论数码显示器。

1）数码显示器

数码显示器是用来显示数字、文字和符号的器件，常用的有荧光数码管、发光二极管数码管和液晶显示器等（如图8-36所示）。使用最广泛的是七段数码显示管。

（1）发光二极管。发光二极管简称LED，它的PN结是用磷砷化镓等特殊半导体材料做成的，外面用透明的环氧树脂封装。当外加正向电压时，它可将电能转换成光能，发出清晰悦目的黄、红、绿等不同颜色的光。LED的正向工作电压一般为1.5～3V，工作电流一般为几毫安至几十毫安。

将七个或八个（有小数点）条状发光PN结封装在一起，就构成发光二极管数码管，简称

LED 数码管，其外形如图 8-37 所示。

图 8-36　汽车仪表上采用的数码显示器

图 8-37　LED 数码管

LED 数码管采用分段显示形式，也就是利用七个发光段的不同组合来构成 0～9 这十个不同图形的数码。如图 8-38 所示，当 a、b、c、d、e、f 段发光，g 段不发光时，数码管显示“0”；当 b、c 发光，其余段都不发光时，显示“1”。LED 数码管有共阴极数码管和共阳极数码管两种。共阴极数码管是将管内的七个（或八个）PN 结的阴极连在一起。使用时，将其阴极接低电平，每个 PN 结的阳极接显示译码器的各个输出端，当某个 PN 结阳极接收到高电平时，相应的 PN 结发光，显示数码图形。共阳极数码管是将各 PN 结的阳极连在一起，各 PN 结阴极接译码器输出端。使用时，将其阳极接高电平。当显示译码器输出低电平时，相应的 PN 结发光，显示数码图形。LED 数码管的内部接法如图 8-39 所示。

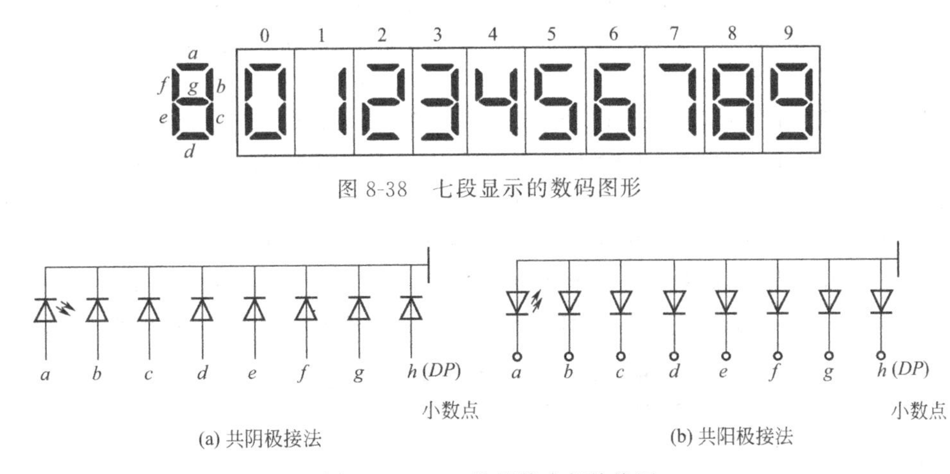

图 8-38　七段显示的数码图形

图 8-39　LED 数码管内部接线图

（2）荧光数码管。荧光数码管的外形像小型电子管，它通过字段的组合将数码显示出来（如图 8-40 所示）。它有灯丝（阴极）、栅极和阳极。阳极涂有荧光物质，分成七个（或更多）字段，有七个（或更多）阴极引出线。栅极和阳极都加正向电压，一般为 20V。当荧光数码管灯丝加热后，灯丝发射电子，电子经栅极、阳极加速打到阳极上，使荧光物质发出绿色荧光。由于阳极分成七段，只有加正向电压的那段才能发光，没加电压的不发光，所以控制各字段阳极电压便可由字段组成不同的数码。

（3）液晶显示器。液晶显示器是将一块薄而透明的液晶片放在两个电极之间，电极用薄玻璃片涂上导电材料制成。要求前面的透明，后面的电极做成所要求的字段形状，并分成七个（或八个）字段。

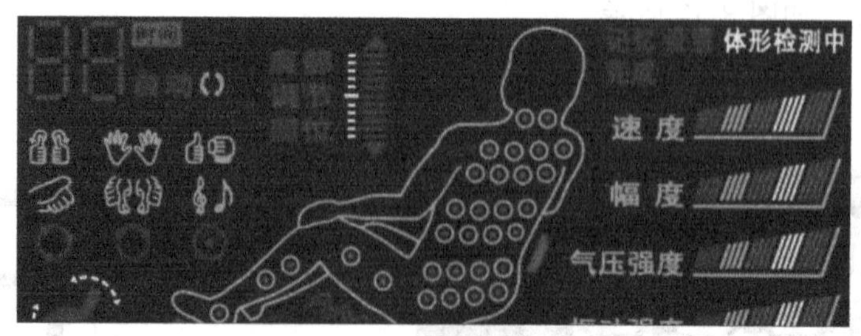

图 8-40　荧光数码管

液晶显示有反射法和透射法。当用透射法显示时，后面的电极也应是透明的。用反射法时，后面的电极不透光，是光滑的反射面。当两个电极加电压后，夹在电极中间的液晶被扰动，产生散射光线，散射光线被后面的电极反射（反射法）或穿过后面的电极（透射法），使人们看到发亮。由于后面的电极分成七八个字段，所以加电压的字段就发亮，发亮字段显示一定的数码图形。

图 8-41　采用液晶显示器的汽车仪表

液晶显示要求电源电压很低（一般 5V 以下），功耗小、寿命长，是一种很有发展前途的显示器件。图 8-41 所示为采用液晶显示器的汽车仪表。

2）显示译码器

将发光二极管数码管（或荧光数码管或液晶显示器）与译码器组合起来，就构成显示译码器。常用的有 BCD/七段译码器，其输入端 A、B、C、D 用来输入一组 BCD 8421 码，输出用数码管的各段信号 F_a、F_b、F_c、F_d、F_e、F_f、F_g 来表示。如果用 BCD/七段译码器驱动共阴极 LED 数码管时，输出信号高电平有效，即输出信号为 1，相应各段发光，其真值表如表 8-20所示。例如，当输入 8421 码 $ABCD=0101$ 时，译码器输出 $F_aF_bF_cF_dF_eF_fF_g=1011011$，此刻数码管 a、c、d、f、g 段同时发光，b、e 段同时熄灭，显示图形“5”。

表 8-20　BCD 七段译码器真值表

十进制数	输入				输出							图形
	A	B	C	D	F_a	F_b	F_c	F_d	F_e	F_f	F_g	
0	0	0	0	0	1	1	1	1	1	1	0	0
1	0	0	0	1	0	1	1	0	0	0	0	1
2	0	0	1	0	1	1	0	1	1	0	1	2
3	0	0	1	1	1	1	1	1	0	0	1	3
4	0	0	0	0	0	1	1	0	0	1	1	4
5	0	1	0	1	1	0	1	1	0	1	1	5

续表

十进制数	输入				输出							图形
	A	B	C	D	F_a	F_b	F_c	F_d	F_e	F_f	F_g	
6	0	1	1	0	1	0	1	1	1	1	1	6
7	0	1	1	1	1	1	1	0	0	0	0	7
8	1	0	0	0	1	1	1	1	1	1	1	8
9	1	0	0	1	1	1	1	1	0	1	1	9

8.5　时序逻辑电路

本节主要介绍计数器和寄存器两种常用时序逻辑电路，以及时序逻辑电路在汽车上的应用。

在组合逻辑电路中，任一时刻的输出信号，仅由当时的输入信号决定，当输入信号发生变化时，输出信号相应地发生变化。而在时序逻辑电路中，任一时刻的输出信号不仅与当时的输入信号有关，还与电路的原来状态有关，也可以说，时序逻辑电路具有记忆功能。时序逻辑电路一般由组合逻辑电路和触发器电路两部分组成。

8.5.1　计数器

计数器是用来累计和寄存输入脉冲个数的时序逻辑部件。它是数字系统中用途最广泛的基本部件之一。计数器的种类很多，有二进制计数器和十进制计数器及任意进制计数器；有同步计数器和异步计数器；还有加法计数器和减法计数器等。它不但能用于计数，还能用于分频、延时产生节拍脉冲和进行数字运算等。

8.5.1.1　二进制计数器

触发器的输出端有 0 和 1 两个状态，用来表示二进制数码的 0 和 1。用 N 个触发器可以构成 N 位二进制计数器。图 8-42 所示是用三个 T′触发器构成的三位二进制异步计数器。

图中，三个触发器都是在下降沿触发，并且前一个触发器的输出接到下一个触发器 CP 的控制端，只有右边触发器由 1 变为 0 的负跳变发生时，左边一个触发器才翻转。

设计数器开始工作时的原态为 000，即 $Q_3Q_2Q_1=000$，工作过程如下所述。

(1) 当第一个脉冲信号 $CP=1$ 来到时，只有在 CP 的下降沿时刻，Q_1 才翻转，即 Q_1 由原态 0 变为现态 1。由于是正跳变，所以 Q_2 的状态不变。此时，计数器的状态为 $Q_3Q_2Q_1=001$。

(2) 当第二个脉冲信号 $CP=1$ 来到时，也是在 CP 脉冲的下降沿时刻，Q_1 才翻转，即 Q_1 由原态 1 变为 0。由于是负跳变，所以使 Q_2 翻转，Q_2 由 0 变为 1。此时，计数器的状态 $Q_3Q_2Q_1=010$。

当第三个，第四个，……脉冲信号 $CP=1$ 来到时，都可按上述方法推导出计数器的输出状态。图 8-43 所示是根据工作原理画出的计数器波形图；表 8-21 所示是计数器的状态表。

如上所述，该计数器在每一个脉冲信号 CP 来到时，计数器自动加 1，并且每个触发器的翻转不会同时发生，所以称之为异步二进制加法计数器。如果在每个脉冲信号 CP 来到时，计数器自动减 1，这样的计数器称为减法计数器。如果在每个脉冲信号 CP 来到时，应翻转的触发器同时发生翻转，这样的计数器称为同步计数器。显然，同步计数器能提高计数器的工作效率，缩短总的传输延迟时间。

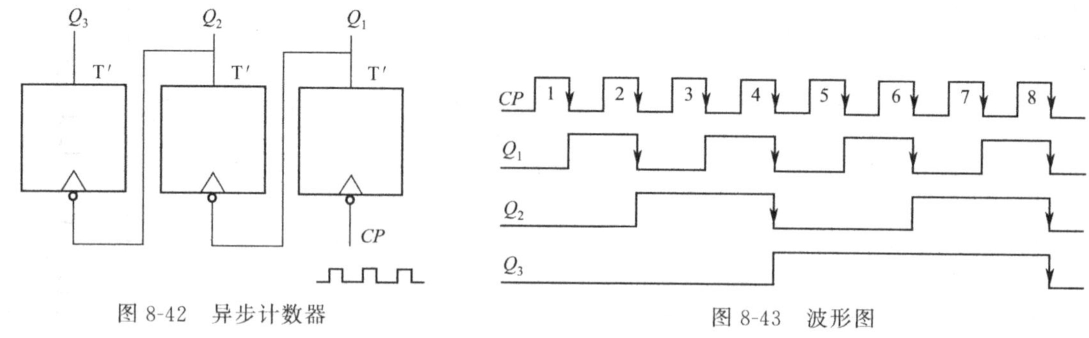

图 8-42 异步计数器

图 8-43 波形图

表 8-21 计数器状态表

输入脉冲 CP 个数	计数器状态			计数值(十进制)
	Q_3	Q_2	Q_1	
0	0	0	0	0
1	0	0	1	1
2	0	1	0	2
3	0	1	1	3
4	1	0	0	4
5	1	0	1	5
6	1	1	0	6
7	1	1	1	7

从图 8-43 中可以看出，Q_1 端输出脉冲的频率是时钟脉冲频率的 1/2，Q_2 端是 1/4，Q_3 端是 1/8，所以计数器也叫分频器，Q_1、Q_2、Q_3 端分别叫做二分频、四分频、八分频的输出端。

8.5.1.2 十进制计数器

十进制有十个数码，用四个触发器就可构成十进制计数器。用四个触发器构成十进制计数器的方法很多，图 8-44 所示是用四个 JK 触发器构成的十进制计数器的逻辑图。由于四个触发器可以表示 16 种不同状态，而十进制只有十个数码，所以必须加适当的门电路来控制。

1）电路结构

（1）如图 8-44 所示，计数器由四个 JK 触发器和一个与非门电路构成。与非门电路的输出端连接各触发器的输入端 K。K 称为直接复位端（或直接置 0 端或清除端）。$\overline{R}_d$ 表示低电平置 0。直接复位端的作用优先于输入控制端，即 $\overline{R}_d$ 起作用时，触发器置 0。

（2）触发器都是在 CP 脉冲信号的下降沿触发，即触发信号由 1 变为 0 的负跳变时，触发器才翻转；触发信号由 0 变 1 时，触发器不翻转，处于保持状态。

2）工作过程

（1）工作之前，触发器原态均为 0，即 $Q_4Q_3Q_2Q_1=0000$。由于 $Q_4=0$，所以与非门输出为 1，即各触发器输入端 K 处于高电平。

（2）当第一个脉冲信号 CP 来到时，Q_1 由 0 变为 1。由于是正跳变，所以 Q_2 处于保持状态，计数器 $Q_4Q_3Q_2Q_1=0001$。

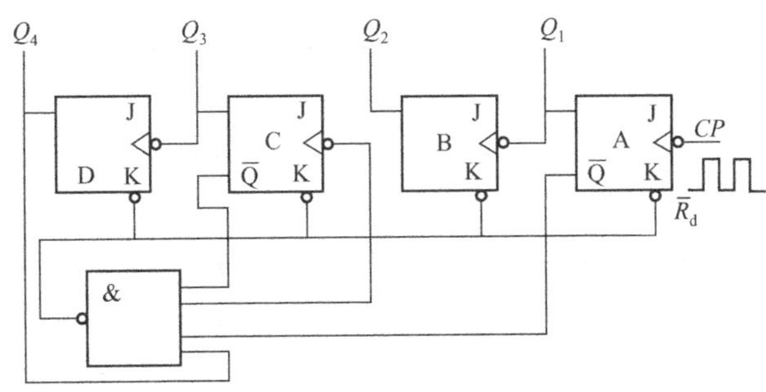

图 8-44　十进制计数器逻辑图

(3) 当第二个脉冲信号 CP 来到时，Q_1 由 1 变为 0。由于是负跳变，所以 Q_2 由 0 变为 1，计数器 $Q_4Q_3Q_2Q_1=0010$。

(4) 与二进制计数器基本相同，当第七个脉冲信号 CP 来到时，计数器 $Q_4Q_3Q_2Q_1=0111$。

(5) 当第八个脉冲信号 CP 来到时，Q_1 由 1 变为 0，Q_2 由 1 变为 0，Q_3 由 1 变为 0，Q_4 由 0 变为 1，计数器 $Q_4Q_3Q_2Q_1=1000$。由于 $Q_2=0$，所以与非门仍输出为 1。

(6) 当第九个脉冲信号 CP 来到时，Q_1 由 0 变为 1，Q_2 保持为 0，Q_3 保持为 0，Q_4 保持为 1，计数器 $Q_4Q_3Q_2Q_1=1001$。

(7) 当第十个脉冲信号 CP 来到时，Q_1 由 1 变为 0，Q_2 由 0 变为 1。几乎同时，由于与非门全部输入为 1，而产生为 0 的输出信号作用于各触发器 K 端。因 K 端是直接复位端，它优先于控制输入端，使计数器 $Q_4Q_3Q_2Q_1=0000$。

(8) 当第十一个，第十二个，……脉冲信号 CP 来到时，计数器重复以上过程。

该计数器能对 0～9 十个数计数，所以称为十进制计数器。

图 8-45 和表 8-22 所示分别是十进制计数器的波形图和状态表。

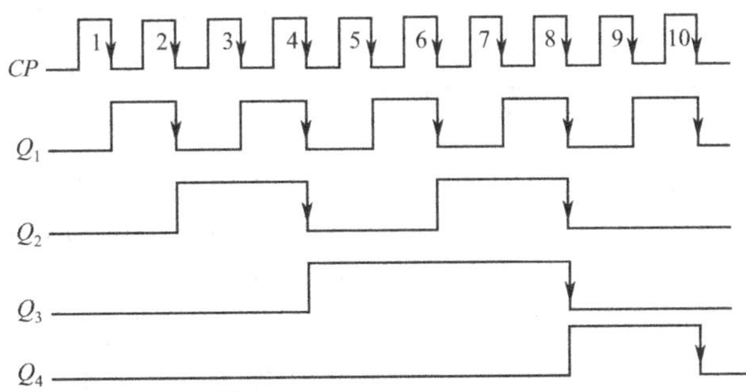

图 8-45　十进制计数器波形图

表 8-22　十进制计数器状态表

输入脉冲 CP 个数	计数器状态				计数值 （十进制）
	Q_4	Q_3	Q_2	Q_1	
0	0	0	0	0	0
1	0	0	0	1	1
2	0	0	1	0	2
3	0	0	1	1	3
4	0	1	0	0	4

续表

输入脉冲 CP 个数	计数器状态				计数值（十进制）
	Q_4	Q_3	Q_2	Q_1	
5	0	1	0	1	5
6	0	1	1	0	6
7	0	1	1	1	7
8	1	0	0	0	8
9	1	0	0	1	9

8.5.2 寄存器

用来存储数码的逻辑部件称为寄存器，它被广泛应用于各类数字系统和数字计算机中。它由触发器或由触发器和门电路构成，用来存放二进制数码或信息。由于每个触发器仅能存放一位二进制数码，因此要存放 N 位数码，应有 N 个触发器。

8.5.2.1 寄存器的分类

（1）按照寄存器接收代码的方式，分为双拍接收和单拍接收寄存器两种。所谓双拍接收方式，就是第一拍清零，第二拍存放代码；单拍接收就是不需要事先清零，只用一拍即可完成。

（2）按照寄存器的功能不同，分为代码寄存器和移位寄存器。移位寄存器具有寄存和将数码移位的双重功能。按照代码移动的方向不同，移位寄存器又分左移寄存器、右移寄存器和双向移位寄存器。

（3）按代码输入、输出方式的不同，移位寄存器有四种工作方式：串行输入—串行输出，串行输入—并行输出，并行输入—串行输出，并行输入—并行输出。

8.5.2.2 双拍接收方式的代码寄存器

图 8-46 所示是由三个 D 触发器构成的三位双拍代码寄存器。D_3、D_2、D_1 为代码寄存器的信号输入端，寄存的一组代码放在 Q_3、Q_2、Q_1 中，其工作过程如下所述。

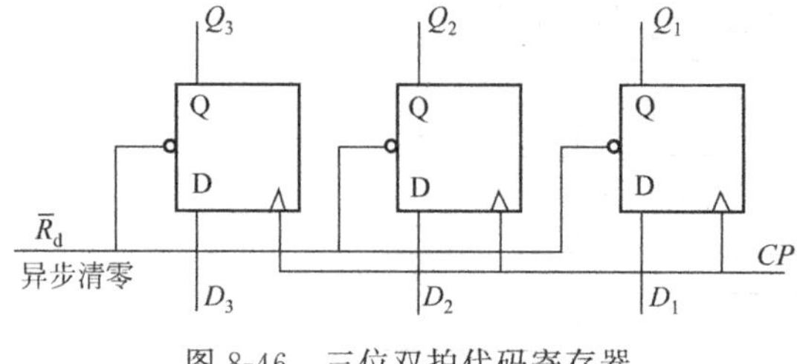

图 8-46 三位双拍代码寄存器

1）异步清零

在接收数据前，先用负脉冲使所有触发器恢复至 0 态。即使 $\overline{R}_d=0$，则寄存器 $Q_3Q_2Q_1=000$。

2）接收信息

先在接收端加正脉冲将每一个与非门打开，然后把输入数码写入相应的触发器。即使 $\overline{R}_d=0$ 时，将寄存数码送入 D_3、D_2、D_1 端，在 CP 脉冲上升沿作用下完成存放工作。寄存器 $Q_3Q_2Q_1=D_3D_2D_1$。

3）保存信息

令 $\overline{R}_d=1$，$CP=0$，由于没有时钟脉冲，各触发器保持原态。

8.5.2.3 单向移位寄存器

图 8-47 所示是由三个 D 触发器构成的三位串入-并出或串入-串出右移寄存器。代码由 D_1 送入，其他各触发器的输入由前一个触发器的输出供给，即 $D_2=Q_1$，$D_3=Q_2$。由于 D 触发器的输出现态等于输入信号，即 $Q_{n+1}=D$，所以当移位控制脉冲信号 CP 的上升沿来到时，输入数码由 D_1 移入 A，A 的状态移入 B，B 的状态移入 C，C 的状态输出寄存器，详述如下。

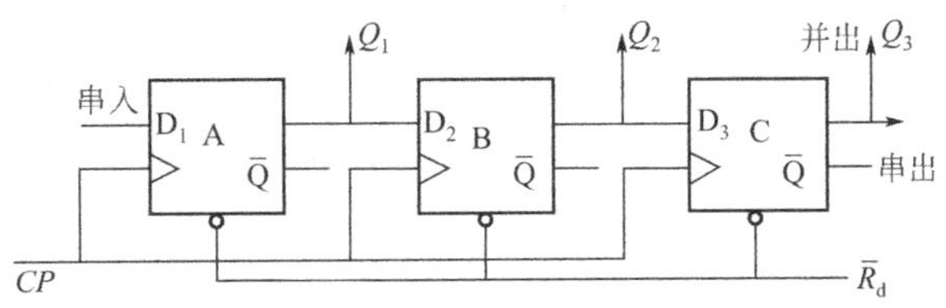

图 8-47　单向右移寄存器

1）异步清零

令 $\overline{R}_d=0$，则 $Q_3Q_2Q_1=000$。不清零时，要使 $\overline{R}_d=1$。

2）移位寄存

如果要存放数码 110，其步骤是：

(1) 输入信号 $D_1=1$。因 $D_2=Q_1=0$，$D_3=Q_2=0$。当第一个脉冲来到时，输入数码向右移动一位，使 $Q_1=1$，$Q_2=0$，$Q_3=0$，即 $Q_3Q_2Q_1=001$。

(2) 输入信号 $D_1=1$。因此时 $D_2=Q_1=1$，$D_3=Q_2=0$，在第二个脉冲来到时，输入信号又向右移动一位，使 $Q_1=1$，$Q_2=1$，$Q_3=0$，即 $Q_3Q_2Q_1=011$。

(3) 输入信号 $D_1=0$。这时 $D_2=Q_1=1$，$D_3=Q_2=1$。在第三个脉冲来到时，输入信号又向右移动一位，使 $Q_1=0$，$Q_2=1$，$Q_3=1$，即 $Q_3Q_2Q_1=110$。

三个脉冲作用后，代码 110 全部右移进入寄存器。从三个触发器的输出端并行读出 110 ($Q_3Q_2Q_1$)，完成串入-并出的代码寄存。

如果要完成向右移位的串入-串出寄存功能，还需要再加入三个脉冲信号，使寄存器中的 110 状态依次移出。

8.5.3 时序逻辑电路在汽车上的应用

时序逻辑电路在汽车上的应用很多，如多普勒雷达防抱制动控制电路、数字转速表等等。

8.5.3.1 多普勒雷达防抱制动控制电路

图 8-48 所示为多普勒雷达防抱制动控制电路的方框图。用于测定车身速度，汽车制动时，将多普勒雷达测得的车身速度信号和车轮速度传感器测得的车轮速度信号同时输入电子电路，即采用双信息输入，形成差动控制，控制制动机构的动作。

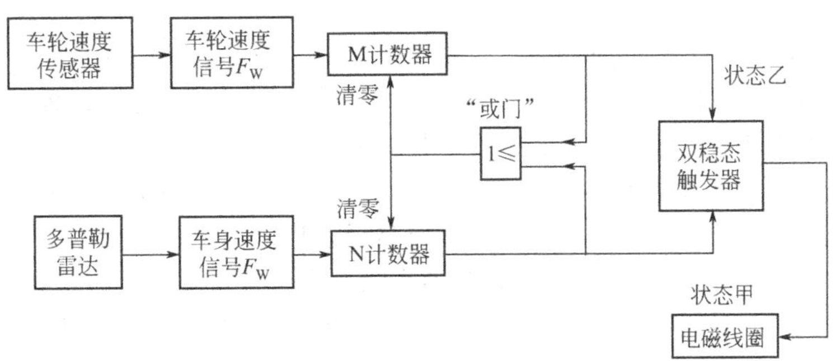

图 8-48　多普勒雷达防抱制动控制电路的方框图

车轮速度信号（脉冲频率为 F_W）和车身速度信号（多普勒频率为 F_D）分别输入 M 计数器和 N 计数器。当车轮速度信号使计数器达到 M 个计数时，M 计数器有输出；同样，当车身速度信号使计数器达到 N 个计数时，N 计数器也有输出。

汽车正常行驶时，计数器 M 始终比计数器 N 提前发出清零信号，此时双稳态触发器被置于状态乙，两个计数器不断地“清零”，并重新计数。

当汽车因制动而产生滑移时，N计数器较M计数器先输出。N计数器先输出时，触发器被置于状态甲，使电磁线圈“接通”，以降低制动油压（或气压）。制动力减小，使车轮转速升高，滑移率下降。反之，当车轮加速时，M计数器先输出，触发器翻转后处于状态乙，使电磁线圈“切断”，以增大制动油压（或气压），制动力又开始增加，使车轮转速下降。如此反复，直至汽车处于最佳制动状态下停车。

8.5.3.2 数字钟

数字钟的原理方框图如图8-49所示。它由分频电路、计时电路、校准电路几部分组成。

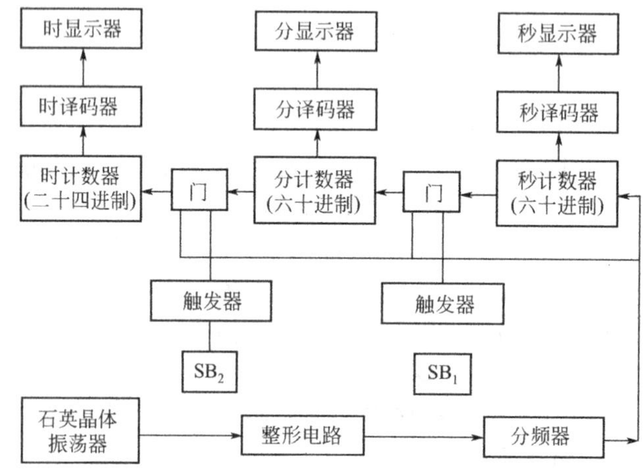

图8-49 数字钟的原理方框图

1）分频电路

分频电路由石英晶体振荡器、整形电路和分频器组成。

石英晶体振荡器是利用石英晶体作为选频电路的振荡电路，用来产生频率稳定度极高的一定频率的信号，经整形电路（例如单稳态触发器）将其转变为同一频率的方波。分频器实际上就是计数器。由前面讨论的二进制计数器的波形图中可以看到，每经过一个触发器，信号的周期增加一倍，频率降低一半，n个触发器便可将频率降至原频率的$1/2^n$。分频器的作用就是根据石英晶体振荡器的频率，适当选择n数，将频率降为1Hz，产生1Hz的标准秒脉冲。

2）计时电路

计时电路包括秒计时、分计时和时计时电路三部分。每部分都由计数器、译码器和显示器组成。秒计数器和分计数器为六十进制计数器，时计数器为二十四进制计数器。由分频电路输出的秒脉冲先进入秒计数器计数，并经秒译码器译码后令秒显示器（由2个七段数码显示器）显示出“秒”数。当秒计数器计数到60时，秒计数器恢复到零，同时向分计数器输出一个进位分脉冲。分计数器计数分脉冲数，并经分译码器译码后令分显示器显示出“分”数。当分计数器计数到60时，恢复到零，同时向时计数器发出一个进位时脉冲。时计数器计数时脉冲数，并经时译码器后由时显示器显示出“时”数。当时计数器计数到24时，恢复到零。

3）校准电路

校准电路由双稳态触发器和门电路组成。在按键SB_1和SB_2未按下时，计数程序如前所述，数字钟正常工作。在需要校准时，按下SB_1，则秒计数器和分计数器之间的通路被封锁，秒脉冲直接进入分计数器进行校准。按下SB_2时，分计数器与时计数器间的通路被封锁，秒脉冲直接进入时计数器进行校准。

8.5.3.3 数字转速表

1）数字转速表的组成

图 8-50 所示是一种转速测量系统的示意图。测量装置为数字转速表，由光电脉冲转换电路、放大器、整形电路、基准时间脉冲发生器、计数器以及译码器和数字显示器等组成。整个表组装在一起，体积很小。

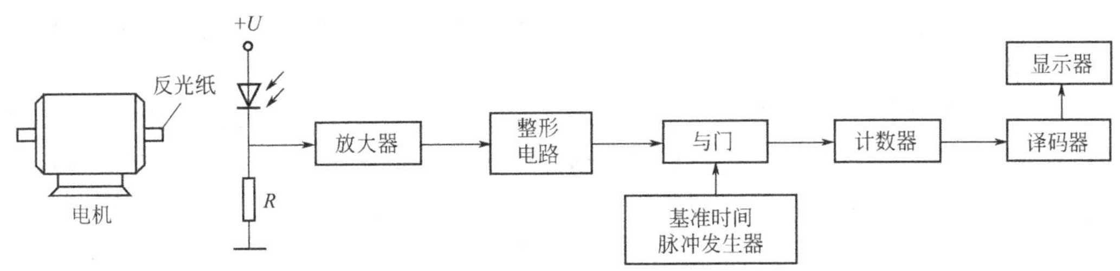

图 8-50　数字转速表

2）数字转速表的工作原理

在电机轴的外侧贴一块反光纸，当数字转速表的发光管照射反光纸后，反射光使发光管或光敏二极管导通，在电阻 R 上产生一个电压降，形成一个脉冲信号。电动机每旋转一周，光电转换装置就产生一个脉冲。这些脉冲信号经过放大整形以后，送到与门电路。

测量转速需要的基准时间是由石英晶体振荡器和分频电路产生的。基准时间产生标准秒脉冲。将秒脉冲和被测的光电脉冲信号同时送到与门电路，测量出在每秒钟内送到计数器的脉冲数，得出每分钟的脉冲数，再经译码器，使数码显示管显示出转速。

8.6　半导体存储器

本节主要介绍只读存储器和随机存取存储器等常用半导体存储器。

随着微电子技术飞速发展，在电子计算机以及其他一些数字系统的工作过程中，都需要存储大量的数据。半导体存储器就是一种能存储大量二进制信息的半导体器件，它已经成为数字系统不可缺少的组成部分。

8.6.1　概述

半导体存储器可以存放数据、程序指令以及运算的中间结果等信息，它实际上是大量寄存器按一定规律结合起来的整体。存储器由许多存储单元组成，这些存储单元数目非常庞大，但由于器件的引脚数目有限，在电路结构上不可能像寄存器那样把每一个存储单元的输入和输出直接引出。为了解决这一矛盾，在存储器中给每个存储单元编了 1 个地址，只有被输入地址代码指定的那些存储单元才能与公共的输入/输出引脚接通，完成数据的读出或写入。这就好比由许多房间组成的大宾馆，每个房间有一个号码（地址码），每个房间内存储有一定的内容（一个二进制数码）。若该存储器有 10 条地址线，则共有 $2^{10}=1024$ 个地址单元；若每一个地址单元有 8 位二进制信息，则该存储器的容量为 $2^{10}\times 8$ 位。习惯上，1k 表示 2^{10}，8 位称为 1 个字节，该存储器的容量又称为 1k 字节。

半导体存储器有多种分类方法，按读写操作原理，分为只读存储器（ROM，Read only Memory）和随机存取存储器（RAM，Random Access Memory）；按功能，分为程序存储器和数据存储器；按构成材料，分为半导体存储器和磁质存储器。随着半导体技术的发展，半导体存储器的功能和性能大幅度提高，读写操作方式更简便、实用。20 世纪 90 年代初期推出的快速擦写型存储器（Flash Memory）充分体现了体积小、功耗低、价格便宜、操作简便的优点。

8.6.2 只读存储器

只读存储器（ROM）是存放固定不变信息的存储器。ROM是一次性写入、可随机读出的存储器。一般说来，信息写入ROM是在脱机状态下进行的，所记录的信息不会由于断电而被破坏，也不会由于断电而丢失。显然，ROM适合于制造厂商大批量生产某一系统时，一次性写入，再供用户使用。

在汽车电控系统中，ROM用来存储制造厂家编制的控制程序、运行程序和原始试验数据（如喷射系统最佳混合气的喷油三维脉谱图数据、最佳点火提前角三维脉谱图数据等等），即使点火开关断开，切断电源，ROM中存储的信息也不会丢失。

按照程序要求确定ROM记忆存储电路中各MOS（Metal-Oxide-Semiconductor，金属—氧化物—半导体）管状态（导通或截止）的过程，称为ROM编程。根据ROM编程方式不同，只读存储器（ROM）分为掩膜ROM、可编程ROM（即PROM）和可改写ROM（即EROM）三种。

1）掩膜ROM

掩膜ROM简称ROM，是由厂家在制作ROM芯片的最后一道工序时，根据用户和程序要求制作一块决定MOS管连接方式的掩膜，再将所需的存储内容制作于芯片中。制作完毕后，用户不能更改存储内容。因为编程是以掩膜工艺实现，所以称之为掩膜ROM。掩膜ROM结构简单、集成度高，但掩膜工艺成本高，因此适合大批量生产。

2）PROM

可编程ROM即PROM（Programmable Read Only Memory），又称为现场编程ROM。PROMAM芯片在出厂时未经任何存储操作，现场使用前，用户可用专门的PROM编程器将自己研制的程序或数表一次性地写入PROM。同掩膜ROM一样，只能写入一次，内容一旦写入就不能更改。可见，这种存储器适合生产厂家使用。

3）EROM

可改写ROM即EROM（Programmable Read Only Memory with Erasable Contents），又称可改写可擦除ROM。EROM芯片存储的内容也是由用户自己采用专门的编程方法写入的，允许反复擦除重新写入。根据擦除信息的方法不同，EROM分为两类：一类是用紫外线照射擦除，称之为可改写可擦除只读存储器，用UVEPROM或EPROM表示；另一类是用电擦除，称之为电可擦除可编程只读存储器，用EEPROM或E^2PROM表示。

UVEPROM是用电信号写入而用紫外线擦除的ROM芯片。在芯片上方有一个圆形或方形窗口，用紫外线照射此窗口，就可擦除原有信息。由于阳光中含有紫外线成分，因此在存储内容写入后，要用不透明的标签将窗口密封，防止阳光射入使软件受到破坏。

E^2PROM（电可擦除可编程只读存储器）是一种既用电信号写入，也用电信号擦除的ROM芯片。可以通过读写操作进行逐个存储单元的读出和写入，且读写操作十分简单，与随机存储器RAM几乎没有差别，不过写入速度比RAM慢一些。E^2PROM在断电后仍能保存数据，保存时间可达10年，其寿命通常规定为1万个擦除写入周期，即可擦写1万次。

图8-51所示是ROM的原理结构图。它由地址译码器、存储矩阵和输出缓冲器组成。如果地址译码器有n条地址线，则有2^n个地址单元。若每个地址单元中存放m位二进制数，则其存储容量为$2^n \times m$位。存储矩阵由许多存储单元排列而成。存储单元可以用二极管构成，也可以用双极型晶体管或MOS管构成。每个单元能存放1位二进制代码（0或1）。每一个或一组存储单元有一个对应的地址代码。输出缓冲器通常由三态门或OC门组成。

地址译码器的作用是将输入的地址代码译成相应的控制信息。利用这个控制信号，从存储矩阵中把指定的单元选出，并把其中的数据送到输出缓冲器。

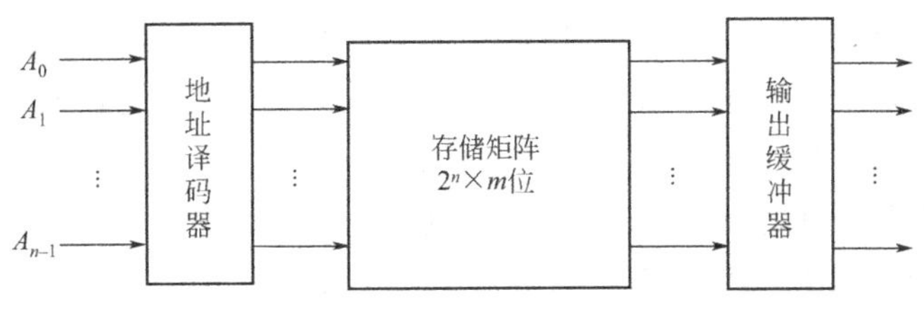

图 8-51　ROM 的原理结构图

输出缓冲器的作用有两个，一是提高存储器的带负载能力，二是实现对输出状态的三态控制，以便与系统总线连接。

掩膜 ROM 和可编程 ROM 最大的缺点是，信息一旦写入，便不能再次改变。相比较而言，写入信息后还可以反复擦除再写入的 EPROM 应用更广泛和方便，其主要集成芯片有 2716（2k×8 位）、2732（4k×8 位）、2764（8k×8 位）、27512（64k×8 位）等型号，它们可以通过 EPROM 擦洗器产生的强红外线，照射 EPROM 芯片的石英玻璃窗口，从而擦洗芯片原来的内容。近些年生产出的电擦除 ROM 芯片，由于内部设置了升压电路，读、写、擦都在 5V 电源下进行，因此它具有可在线擦除和编程写入的优点。擦除和写入时不需专用设备，但芯片价格较高。

8.6.3　随机存储器

RAM 与 ROM 相比有两点不同：一是 RAM 中的信息既可随时写入或读出，也可随时改写，改写时不必先擦除原有内容；二是半导体 RAM 中的信息会因突然断电而丢失。因此在汽车上，RAM 通常用来存储单片机工作时暂时需要存储的数据（如输入/输出数据、单片机运算得出的结果、故障代码、空燃比修正数据等等），这些数据根据需要可随时调用或被新的数据改写。

由此可见，RAM 起到一个寄存器的作用。为了保证故障代码、空燃比修正数据等能够较长时间保存，汽车电控系统都将 RAM 的电源与专用的后备电源电路或蓄电池直接连接，不受点火开关控制。但是，当后备电源电路中断、蓄电池正极或负极端子断开时，存入 RAM 中的数据仍会丢失。因此在检修或更换蓄电池之前，必须事先调取故障代码，或采取必要的不断电措施。

RAM 有双极型和 MOS 型两种。MOS 型 RAM 集成度高、功率低、价格便宜，因而得到广泛应用。MOS 型 RAM 按其工作方式，分为静态 RAM 和动态 RAM 两类。

图 8-52 所示是 RAM 的原理结构图，它由地址译码器、存储矩阵、三态缓冲器和存储器读写控制逻辑电路组成。

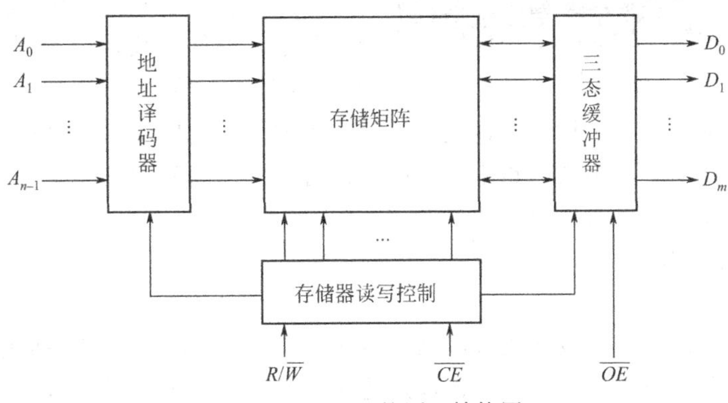

图 8-52　RAM 的原理结构图

和 ROM 不同，RAM 的数据线是双向的，数据既可以读出又可以写入，并且需要 $R/\overline{W}$ 读写控制信号用于区分读写操作。当 $R/\overline{W}$ 为高电平时，RAM 执行读操作；低电平时，执行写操作。$\overline{CE}$ 和 $\overline{OE}$ 分别为片选和输出允许端，都是低电平有效。若 $\overline{CE}$ 和 $\overline{OE}$ 均无效（即同时为 1），三态缓冲器的数据线呈高阻状态，该 RAM 芯片与系统数据总线完全隔离。

采用六管 CMOS 静态存储单元的常用静态 RAM 芯片有 6116（2k×8 位）、6264（8k×8 位）、62256（32k×8 位）等型号。这些芯片由于采用了 CMOS，使得静态功耗很小。当它们的片选信号无效时，立即进入微功耗保存数据状态。这时只需 2V 电源电压，5～40μA 电流，就可保持存储的数据不丢失。因此在供电电源断电时，仍然可用小型锂电池供电，以便长期保存存储的信息。对于单管动态存储单元，虽然增加了外围电路的复杂性，但其单元本身的电路结构简单，功耗低，便于大规模集成。目前 16kB 以上的大容量存储器多为单管动态存储器。

8.7 集成电路及在汽车上的应用

本节主要介绍集成电路及其特点与分类，集成运算放大器，以及集成电路在汽车上的应用。

集成运算放大器是由多级直接耦合放大电路组成的高增益模拟集成电路。集成电路在汽车上的应用有：555 时基集成电路、汽车前照灯电子变光器、发动机超温报警电路、轿车空调系统电路等。

8.7.1 概述

8.7.1.1 什么是集成电路

集成电路（IC，Integrated Circuit）是一种微型电子器件或部件。采用一定的工艺（如外延生长、光刻、氧化物掩蔽扩散等），把一个电路中所需的晶体管、二极管、电阻、电容和电感等组件及布线互连在一起，制作在一小块或几小块半导体芯片或介质基片上，然后封装在一个管壳内，成为具有所需电路功能的微型结构，如图 8-53 所示。其中，所有组件在结构上已组成一个整体，使电子组件向着微小型化、低功耗和高可靠性方面迈进了一大步。集成电路发明者为杰克·基尔比（Jack Kilby）。

图 8-53 集成电路

8.7.1.2 集成电路的特点

集成电路具有体积小，重量轻，引出线和焊接点少，寿命长，可靠性高，性能好等优点，同时成本低，便于大规模生产。它不仅在工业、民用电子设备，如收录机、电视机、计算机等方面应用广泛，同时在军事、通讯、遥控等方面也得到广泛应用。用集成电路来装配电子设备，其装配密度比晶体管提高几十倍至几千倍，设备的稳定工作时间也大大提高。

8.7.1.3 集成电路的分类

1）按用途分

集成电路按其用途，分为线性集成电路和数字集成电路两种。线性集成电路是以放大器为基础的一种集成电路。由于处理的信息都涉及连续变化的物理量（模拟量），人们也把这种电路称为模拟集成电路。线性集成电路的工作是线性的，整个电路起线性放大作用，如集成运算放大器等。数字集成电路工作在非线性区，起开关作用，如各种集成逻辑门电路等。在数字电路中，根据其集成度（一块芯片上包含门电路的数量），分为小规模集成电路（含 1～50 个门），中规模集成电路（含 50～100 个门），大规模集成电路（含 100～10000 个门）和超大规模集成电路（含 10^4～10^6 个门）。由于大规模和超大规模集成电路的集成度很高，所以集成电路本身不再是一个电路，而是一个数字系统。

2）按晶体管的性质分

集成电路按其晶体管的性质，分为双极型晶体管集成电路和绝缘栅场效应晶体管集成电路两种。双极型晶体管集成电路就是通常讲的 NPN 和 PNP 型晶体管组成的集成电路。因为在这种晶体管中，运动的载流子有多数载流子和少数载流子两种极性，所以称为双极型晶体管。绝缘栅场效应晶体管集成电路也称金属—氧化物—半导体场效应晶体管（简称 MOS）集成电路。MOS 中只有一种多数载流子的运动，因此称作单极型晶体管。为了提高 MOS 集成电路的工作速度和集成度，降低其功耗，采取不同的工艺措施，发展出 V 型沟道的 MOS（简称 VMOS）、双扩散 MOS（简称 DMOS）、HMOS 等新型 MOS 电路。

3）按结构和工艺不同分

集成电路按其结构和工艺的不同，还分为薄膜或厚膜集成电路、混合集成电路和半导体集成电路三种。薄膜集成电路是在玻璃或陶瓷片上用蒸发或溅射、化学气相淀积等方法制作薄膜电阻、电容以及各组件之间的连线，再将晶体二极管、三极管的管芯焊在片子上构成的。厚膜集成电路的电阻和电容用丝网印刷和烧结等厚膜工艺在同一基片上制成无源网络，在其上组装分立的半导体器件芯片或单片集成电路或微型组件，外加封装，制成混合集成电路。厚膜混合集成电路是一种微型电子功能部件。利用这两种电路可以制作较大的电容和范围较大的电阻，但工作电压高、功耗大，体积也大。

混合集成电路是由半导体集成工艺与薄（厚）膜工艺相结合制成的集成电路。混合集成电路是在基片上用成膜方法制作厚膜或薄膜组件及其互连线，并在同一基片上将分立的半导体芯片、单片集成电路或微型组件混合组装，外加封装而制成。与分立组件电路相比，混合集成电路具有组装密度大、可靠性高、电性能好等特点。相对于单片集成电路，它设计灵活，工艺方便，便于多品种小批量生产；并且组件参数范围宽、精度高、稳定性好，可以承受较高电压和较大功率。

半导体集成电路把管子和电阻都做在硅片上。它具有体积小、重量轻、功耗小等优点，在集成电路中应用最广。在制作半导体集成电路时，管子好做，电容器和高值电阻难做，制作电感更困难。因而在制作集成电路时，为了避开上述困难，绝大多数采用直接耦合方式，这也是半导体集成电路的特点。

8.7.1.4　集成电路的识别

集成电路的外形及电路引线脚的识别如图 8-54 和表 8-23 所示。

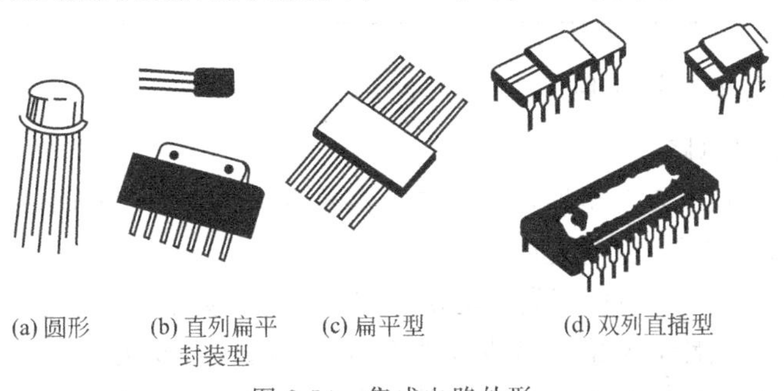

(a) 圆形　(b) 直列扁平封装型　(c) 扁平型　(d) 双列直插型

图 8-54　集成电路外形

表 8-23　正确识别集成电路引线脚

集成电路结构形式	管脚标记形式	引线脚识别方法
圆形结构	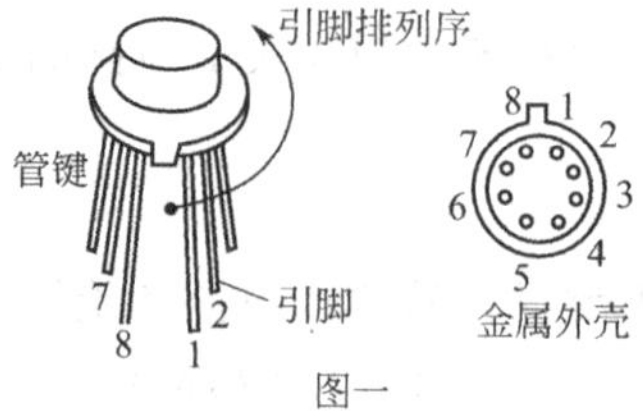 图一	圆形结构的集成电路形似晶体管，体积较大，外壳用金属封装，引线脚有 3、5、8、10 多种。识别时，将管底对准自己，从管键开始，顺时针方向读管脚序号
扁平型平插式结构	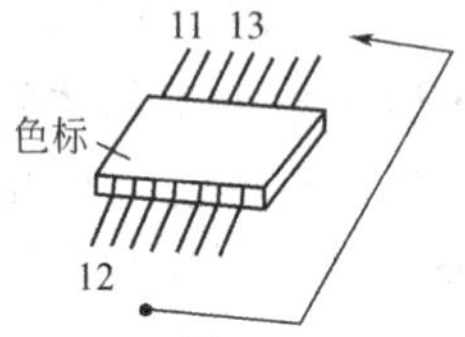 图二	这类结构的集成电路通常以色点作为引线脚的参考标记。识别时，从外壳顶端看，将色点置于正面左方位置，靠近色点的引线脚即为第 1 脚，然后按逆时针方向读出第 2、3、……各脚
扁平式直插方式结构（塑料封装）	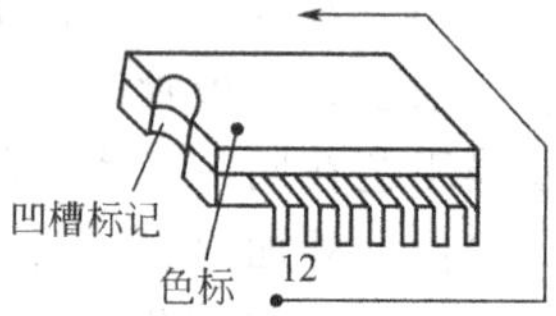 图三	塑料封装的扁平直插式集成电路通常以凹槽作为引线脚的参考标记。识别时，从外壳顶端看，将凹槽置于正面左方位置，靠近凹槽左下方第一个脚为第 1 脚，然后按逆时针方向读第 2、3、……各脚
扁平式直插式结构（陶瓷封装）	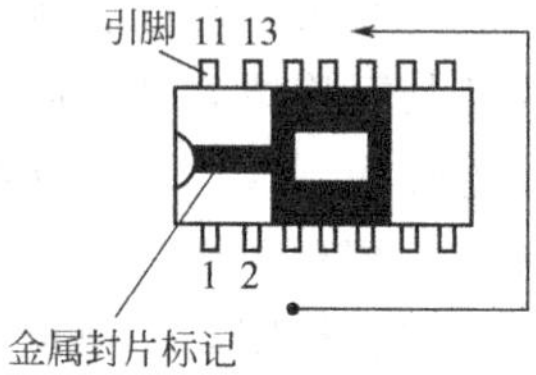 图四	这种结构的集成电路通常以凹槽或金属封片作为引线脚参考标记。识别方法同上
扁平单列直插结构	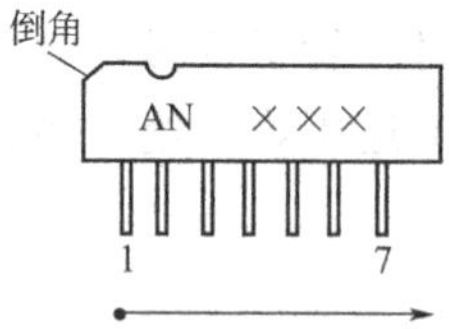 图五	这种结构的集成电路通常以倒角或凹槽作为引线脚参考标记。识别时，将引脚向下，置标记于左方，则可从左向右读出各脚。有的集成电路没有任何标记，此时应将印有型号的一面正向对着自己，按上法读出脚号

8.7.2　集成电路在汽车上的应用

8.7.2.1　555 时基集成电路

在数字电路中，为使各部分电路协调工作，需要有一个统一的时间基准。通常用 555 时基集成电路产生时间基准信号（又称定时电路）。

555 时基集成电路为一个中规模集成电路，它是一种将数字电路和模拟电路结合制作在同一片硅片上的混合集成电路，只需配置少许外部组件，就可组成振荡器、触发器等电路，在汽车上应用广泛。555 电路有双极型和 CMOS 型两种，简化结构如图 8-55 所示。

555 电路的内部由两个高精度的电压比较器、一个基本 RS 触发器和一个晶体三极管组成。R_1、R_2、R_3 均为 5kΩ 的精密电阻，它们构成基准电压分压电路，分别为两个电压比较器提供基准电压；基本 RS 触发器的 $\overline{Q}$ 端接到三极管 VT 的基极，其管脚排列如图 8-56 所示。555 时基集成电路的电源电压范围较宽（可在 5～18V 范围内选用），最大输出电流为 200mA，输出阻抗低，温度适应范围宽，所用外接组件少，可直接驱动小电机、继电器、喇叭等负载工作。如汽车上用 555 集成电路组成点火电路、调压电路及转向闪光讯响器电路等。

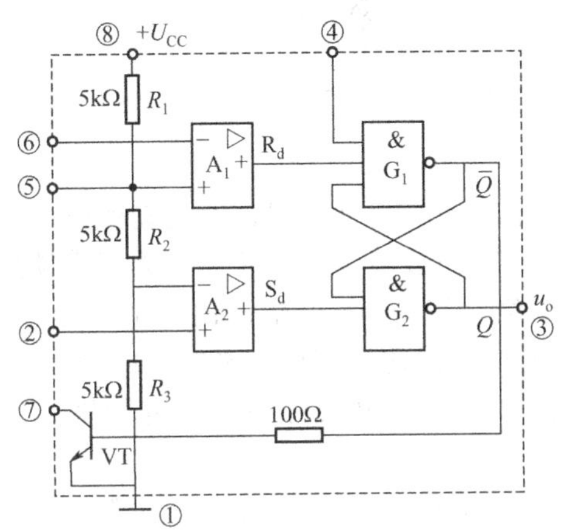

图 8-55　1555 时基电路内部结构

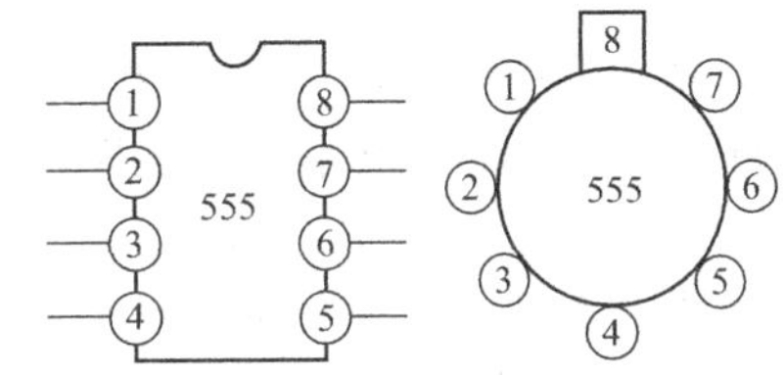

图 8-56　1555 时基电路管脚排列

①—地；②—低电平触发端；③—输出端；④—低电平复位端；⑤—电压控制端；⑥—高电平触发端；⑦—放电端；⑧—电源（$+U_{CC}$）

555 转向闪光报警器电路如图 8-57 所示。它由 555 集成电路、转向灯开关 S、指示信号灯 ZD 及报警器 Y 等组成。555 集成块和 R_1、R_p、C_1 等组成无稳态多谐振荡器，振荡周期 $T=0.693(R_1+2R_p)\ C_1$。

调节图 8-57 中的 R_p 可改变其振荡频率，其最低频率为 1Hz 左右，占空比接近 1∶1，三极管 VT_1 和 VT_2 为驱动级。当汽车向左转弯时，将转向开关 S 向左按下，则左转向灯闪亮，同时扬声器 Y 发出“嘀…嘀…”的转向提醒声；汽车右转弯时，向右按下转向开关 S，则右转向灯闪亮，同时扬声器鸣叫。

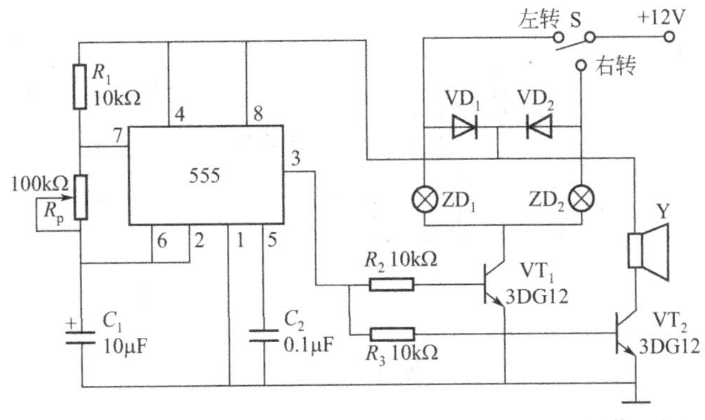

图 8-57　555 转向闪光报警器

8.7.2.2　汽车前照灯电子变光器

图 8-58 所示是由一块 CMOS 双 D 触发器 CD4013 构成的汽车大灯变光电子开关。

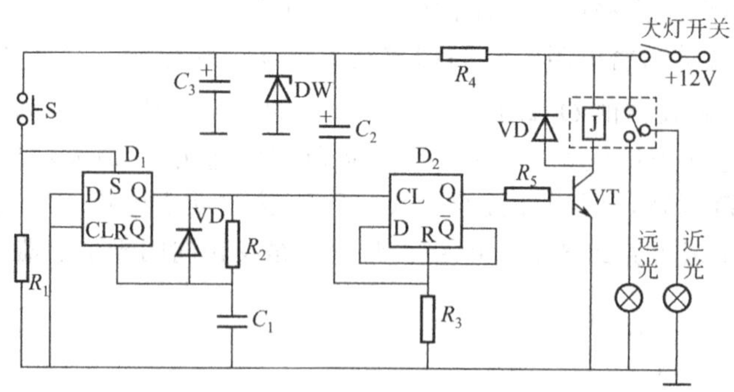

图 8-58 汽车大灯变光电子开关

在图 8-58 中，触发器 D_1 构成单稳态电路，用来消除开关抖动，保证开关动作时，只输出一个等宽的高电平。输出脉冲宽度由时间常数 R_2、C_1 的数值决定。开关 S 为不带锁按键开关，当开关 S 按动一下时，触发器 D_1 的 S_1 为高电位，使 D_1 的 Q 输出高电位，经 R_2 对 C_1 充电，触发器 D_1 的 R 端电位慢慢升高。当 R 端电位升高达到阈值电平时，D_1 触发器复位，使 D_1 的 Q 变为低电平 0。这样，开关按下一次，保证输出只有一个等宽的脉冲去触发 D_2。

D_2 构成 T 触发器，C_2、R_3 为上电复位电路，使开机时触发器 D 输出端 Q 为低电平，三极管 VT 截止，继电器 J 不吸合，处在近光位置。每按一次开关，触发器 D_2 在脉冲作用下翻转一次，继电器 J 改变一次状态，由吸合变为放开，或由释放变为吸合，起到远光、近光切换的作用。

图中，R_4、DW、C_3 起到稳压的作用，为 CD4013 提供一个稳定的电压。

8.7.2.3 发动机超温报警电路

图 8-59 所示的电路只用一块 CMOS 门电路 CC4011，用普通的热敏电阻作为测温组件，具有声、光报警的功能。图中左侧的两个门组成可控的 2Hz 左右的振荡器，右侧两个门组成 400Hz 左右的可控振荡器。当温度正常时，热敏电阻 R_T 与电阻 R 的分压低于与非门的阈值电压，因此两组振荡器均不工作，并且绿色发光二极管发光，扬声器无声。一旦超温，热敏电阻 R_T 的阻值足够小，第一级与非门打开，振荡器工作，使红、绿两个发光二极管交替发光。另外，第二个振荡器受 2Hz 信号控制，发生间歇振荡，扬声器发出断续的音响。

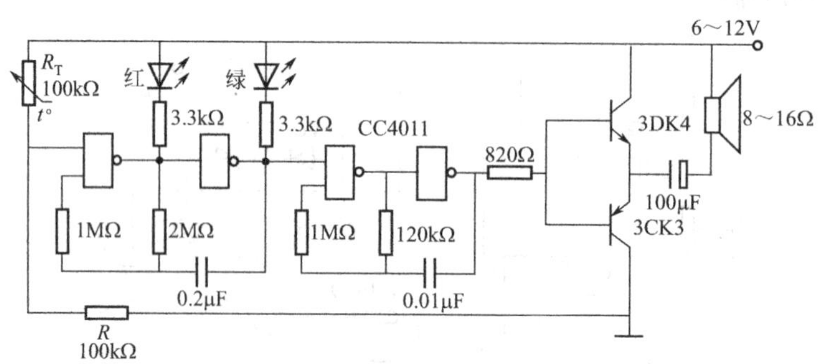

图 8-59 发动机超温报警电路

8.7.2.4 夏利轿车空调系统电路

夏利轿车空调控制电路采用专用的集成芯片 SE078（以下简称 IC），其电路原理图如图 8-60 所示。它主要由空调放大器 10、电磁离合器 12 电路、鼓风机 17 及其控制电路、冷凝器冷却风扇电机 14 及其控制电路、怠速提升电磁真空转换阀 7 电路、电源电路等组成。

1）空调放大器

空调放大器是夏利轿车空调系统电路的中心部件，它以日本电装（DENSO）公司的一片汽车空调专用集成电路 SE078 为核心，配以简单的外围电路所组成，具有蒸发器出口侧冷气温度控制、发动机转速控制、怠速提升电磁真空转换阀控制等多重调节和控制功能，使得整个空调系统电路简单、控制精度高。天津夏利轿车空调放大器的内部电路原理图如图 8-60 所示。

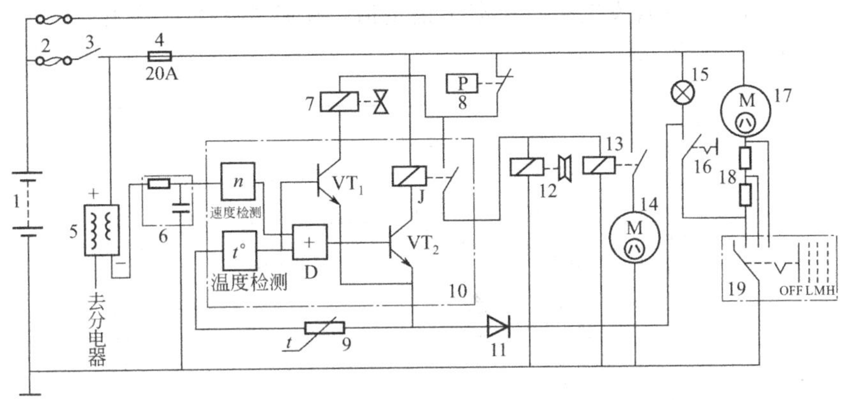

图 8-60　天津夏利轿车空调放大器的内部电路原理图

1—蓄电池；2—易熔线；3—点火开关；4—熔断丝；5—点火线圈；6—滤波器；7—怠速提升电磁真空转换阀；8—双向复合压力开关（压力小于 0.2MPa 时和大于 2.3MPa 时断开，其余导通）；9—热敏电阻；10—空调放大器；11—二极管；12—电磁离合器；13—冷凝器冷却风扇继电器；14—冷凝器冷却风扇电机；15—空调 A/C 开关接通指示灯；16—空调 A/C 开关；17—鼓风机电机；18—鼓风机调速电阻；19—鼓风机挡位开关；D—与门；J—电磁离合器继电器

(1) 发动机转速检测及比较电路。发动机转速脉冲信号由点火线圈“—”接线柱取得，经滤波器滤除点火高频杂波后，输入到空调放大器中的速度检测电路转换为与发动机转速成正比的直流电压信号，然后与转速基准电压信号一同送入比较放大电路 1。当发动机转速低于设定值时，比较放大电路 1 的反相端（—）电压低于同相端（＋）电压，故比较放大电路 1 输出高电平，经反相器 D_1 反相后，变为低电平送入与门 D_2；反之，当发动机转速高于设定值时，比较放大电路输出低电平，经反相器 D_1 反相，变为高电平送入与门 D_2。转速基准电压由电位器 RP_n 设定。

(2) 蒸发器温度检测及比较电路。蒸发器温度由安装在蒸发器冷气出口侧的一只热敏电阻温度传感器检测，经空调放大器内的温度检测电路，将蒸发器冷气出口侧的温度变换为与蒸发器温度值成反比的电压信号，与蒸发器温度设定基准电压信号一同输入比较放大电路 2，如图 8-61(a) 所示。当蒸发器温度高于设定值时，比较放大电路 2 因反相端输入电压低于同相端输入的基准电压而输出高电平；反之，当蒸发器温度低于设定值时，比较放大电路 2 输出低电平。比较放大电路 2 的输出电压信号分为两路，一路直接送入三极管 VT_1 用于控制电磁真空转换阀；另一路送入与门 D_2，与反相器 D_1 的输出信号共同控制三极管 VT_2 的基极，控制位于空调放大器内的电磁离合器继电器 J。蒸发器的温度由电位器 RP_n 设定。

(3) 空调放大器的工作原理如下所述。

① 发动机转速、蒸发器温度均高于设定值时：比较放大电路 1 输出低电平，反相器 D_1 输出高电平；比较放大电路 2 输出高电平，则三极管 VT_1 饱和导通，电磁真空转换阀通电，怠

速提升装置工作，使发动机怠速转速升高。同时，与门 D_2 因输入端均为高电平，因此也输出高电平，故三极管 VT_2 饱和导通，继电器 J 通电，触点吸合，使电磁离合器电路接通，压缩机运转制冷。

② 蒸发器温度低于设定值，而发动机转速高于设定值时：比较放大电路 2 输出低电平，三极管 VT_1 截止，电磁真空转换阀断电，使怠速提升装置停止工作。同时，给与门 D_2 输入低电平，使与门 D_2 输出低电平，三极管 VT_2 也截止，继电器 J 断电，触点断开，电磁离合器断电，使压缩机停止运转。尽管发动机转速高于设定值，比较放大器 1 输出低电平，反相器 D_1 也输出高电平，但压缩机不会工作。

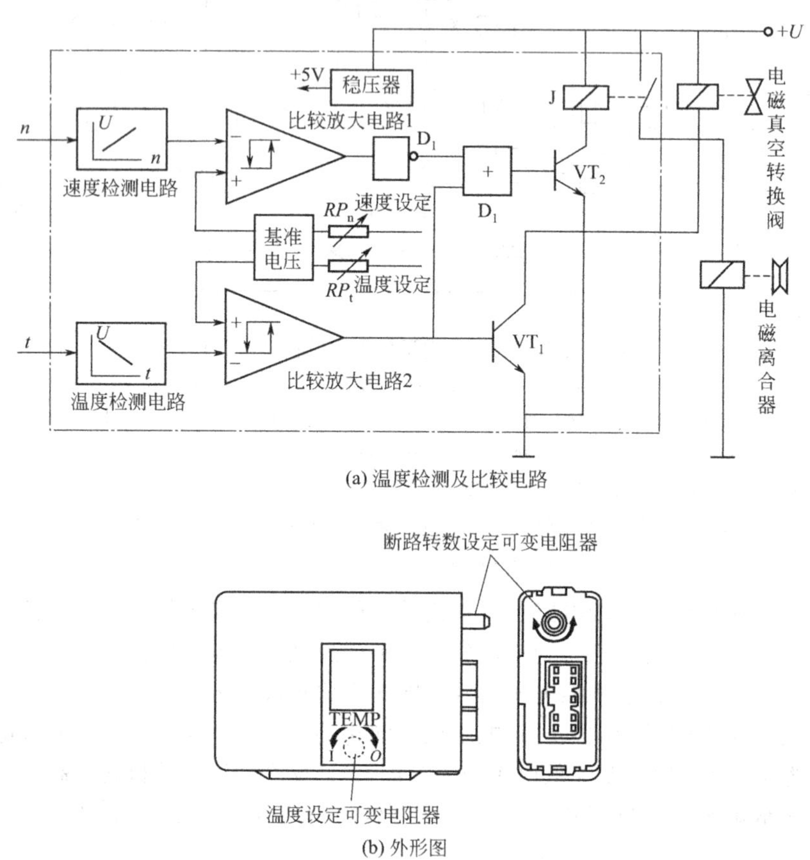

(a) 温度检测及比较电路

(b) 外形图

图 8-61　天津夏利轿车空调放大器温度调节器

③ 蒸发器温度高于设定值，而发动机转速低于设定值时：比较放大电路 2 输出高电平，使三极管 VT_1 导通，怠速提升装置工作，同时给与门 D_2 输入高电平。比较放大器 1 因发动机转速低于设定值而输出高电平，经 D_1 反相后变为低电平，输入到与门 D_2，使与门 D_2 输出低电平，故三极管 VT_2 截止，电磁离合器断电。但在怠速提升装置工作后，发动机转速升至设定值，温度和转速两个条件同时具备，压缩机运转。

④ 发动机转速和蒸发器温度均低于设定值时：比较放大电路 2 输出低电平，VT_1 截止，怠速提升装置不工作；同时，给与门 D_2 输入低电平。比较放大电路 1 输出低电平给与门 D_2，故与门 D_2 因输入两个低电平也输出低电平，使三极管 VT_2 截止，电磁离合器断电，压缩机不运转。

综上所述，压缩机电磁离合器的工作受发动机转速和蒸发器温度的双重控制，只有当两个条件同时满足时，压缩机才能运转制冷，否则，压缩机无法运转制冷。怠速提升装置仅由蒸发器温度控制，只要蒸发器温度高于设定值，怠速提升装置便始终工作，以便为压缩机的接通提供足够的发动机转速。

2）空调系统控制电路工作原理（如图 8-60 所示）

在汽车行驶中需要使用空调（冷气）时，应首先接通鼓风机挡位开关 19，并选择适当的鼓风机转速（合适的送风量），使鼓风机旋转送风；然后，按下空调 A/C 开关 16，这时指示灯 15 点亮，同时接通空调放大器 10 的搭铁电路，使空调系统投入工作（空调放大器 10 的搭铁回路为：三极管 VT_1、VT_2 的发射极→二极管 11→空调 A/C 开关 16→鼓风机挡位开关 19 的活动臂→搭铁）。如这时发动机转速、蒸发器温度同时满足电磁离合器接通条件，则 VT_2 导通，继电器 J 通电，其触点闭合，使电磁离合器 12 的电路接通，压缩机便开始运转制冷；与此同时，冷凝风扇继电器 13 通电，使冷凝器冷却风扇旋转，以加强冷凝器的冷却。当蒸发器冷气出口侧温度达到 3℃或发动机转速低于设定转速下限（800r/min±50r/min）时，继电器 J 断电，压缩机停止工作，直到蒸发器冷气出口侧温度升至 4℃，同时发动机转速高于设定值的上限值（1100r/min±50r/min），压缩机将再次运转制冷。

双向复合压力开关 8 的触点串联在电磁真空转换阀 7 和电磁离合器 12 的供电回路中，制冷系统压力过高（高于 2.3MPa）或过低（小于 0.2MPa）时，其触点断开，以便保护制冷系统压缩机。

8.7.3 数字集成电路的使用常识

（1）必须在规定的电源电压范围内工作。TTL 类：5V；CMOS 类：3～18V

（2）必须注意数字集成电路的工作温度。数字集成电路瞬时耐高温范围一般为 100～260℃，因此在数字集成电路焊接过程中，焊接时间应尽量短暂。

（3）工作频率应选择适当。实际工作时，信号频率的最高值应选取为数字集成电路最高工作频率的 1/2，才能保证数字集成电路可靠工作。

（4）输入信号的电压幅度不可超过数字集成电路的工作电压范围。

（5）输入信号的上升沿或下降沿的延迟时间不可太长。

（6）使用高速数字集成电路时，极易产生干扰，破坏电路正常的逻辑功能。因此，电路间连线不宜太长，元器件排列要合理，不允许有交叉的长引线和并行引线。

（7）数字集成电路驱动负载的能力应大于总负载。在高频运用及其他高要求的场合，还须考虑数字集成电路的抗干扰能力，即噪声容限。

因此使用时必须做到以下几点：

① 设法降低其输入阻抗，屏蔽输入端，远离信号线，不宜直接连到 CMOS 集成电路的输入端。

② 不要带电焊接、插入或取出集成电路；焊接工具的外壳应接地或断电操作。

③ 空闲的输入端切不可悬空，应接相应的逻辑电平，以不改变电路的逻辑功能和稳定可靠性为原则。

思考与练习

一、选择题

1. 逻辑函数中的逻辑与和它对应的逻辑代数运算关系为（　　）。

A. 加逻辑　　B. 乘逻辑　　C. 非逻辑　　D. 除逻辑

2. 符合“有 0 出 0，全 1 出 1”的是（　　）。

A. 与逻辑　　B. 或逻辑　　C. 非逻辑　　D. 或非逻辑

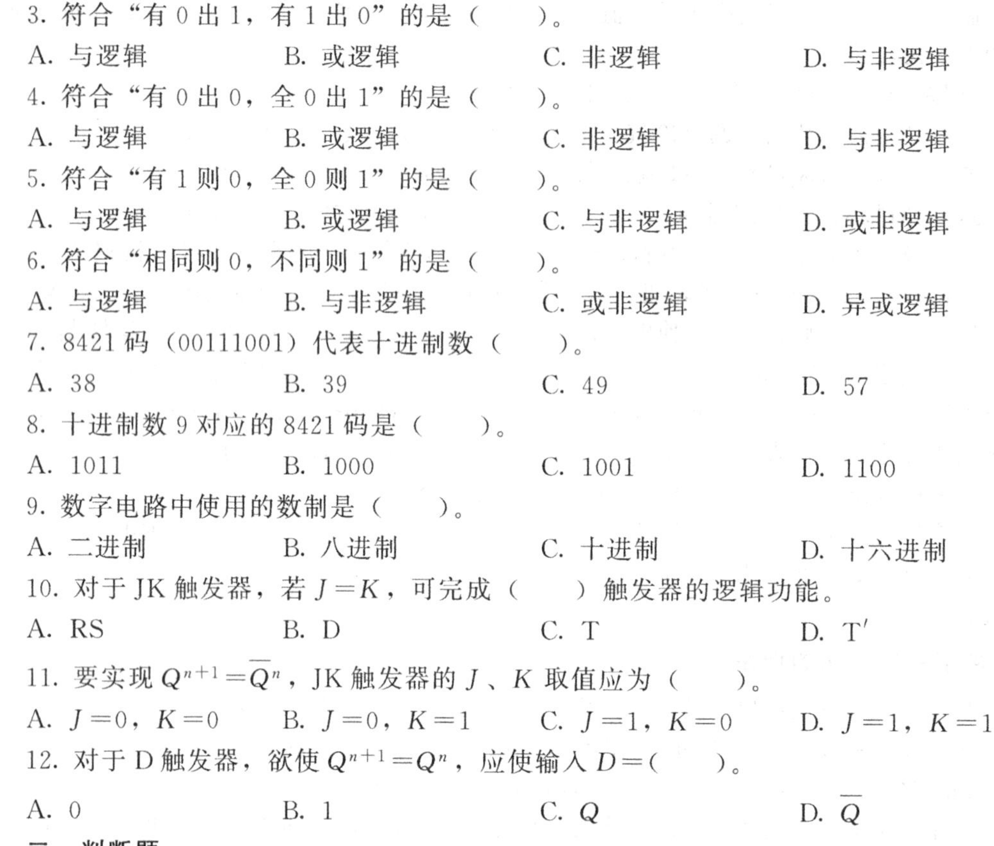

3. 符合“有 0 出 1，有 1 出 0”的是（　　）。

A. 与逻辑　　B. 或逻辑　　C. 非逻辑　　D. 与非逻辑

4. 符合“有 0 出 0，全 0 出 1”的是（　　）。

A. 与逻辑　　B. 或逻辑　　C. 非逻辑　　D. 与非逻辑

5. 符合“有 1 则 0，全 0 则 1”的是（　　）。

A. 与逻辑　　B. 或逻辑　　C. 与非逻辑　　D. 或非逻辑

6. 符合“相同则 0，不同则 1”的是（　　）。

A. 与逻辑　　B. 与非逻辑　　C. 或非逻辑　　D. 异或逻辑

7. 8421 码（00111001）代表十进制数（　　）。

A. 38　　B. 39　　C. 49　　D. 57

8. 十进制数 9 对应的 8421 码是（　　）。

A. 1011　　B. 1000　　C. 1001　　D. 1100

9. 数字电路中使用的数制是（　　）。

A. 二进制　　B. 八进制　　C. 十进制　　D. 十六进制

10. 对于 JK 触发器，若 $J=K$，可完成（　　）触发器的逻辑功能。

A. RS　　B. D　　C. T　　D. T′

11. 要实现 $Q^{n+1}=\overline{Q}^{n}$，JK 触发器的 J、K 取值应为（　　）。

A. $J=0$，$K=0$　　B. $J=0$，$K=1$　　C. $J=1$，$K=0$　　D. $J=1$，$K=1$

12. 对于 D 触发器，欲使 $Q^{n+1}=Q^{n}$，应使输入 $D=$（　　）。

A. 0　　B. 1　　C. Q　　D. $\overline{Q}$

二、判断题

（　　）1. $Y=A+B+C$ 是与逻辑关系的函数表达式。

（　　）2. 真值表、逻辑代数式及逻辑电路图是同一逻辑关系的三种不同的表达方式，只要知道其中一种，便可推出其他两种。

（　　）3. 电压或电流随时间变化而连续变化的信号称为模拟信号。

（　　）4. 寄存器是数字系统常用的主要部件，它由触发器或由触发器和门电路构成。

（　　）5. 仅具有保持和翻转功能的触发器是 RS 触发器。

（　　）6. 同步时序逻辑电路中，各触发器的时钟脉冲 CP 是同一个信号。

（　　）7. 用移位寄存器可以构成 8421BCD 码计数器。

（　　）8. 555 电路的输出只能出现两个状态稳定的逻辑电平之一。

三、简述题

1. 有三个门电路，输入均为 A、B，输出分别为 F_1、F_2、F_3，波形图如图 8-62 所示。根据波形图，写出它们的逻辑真值表和逻辑表达式，并说明其逻辑功能。

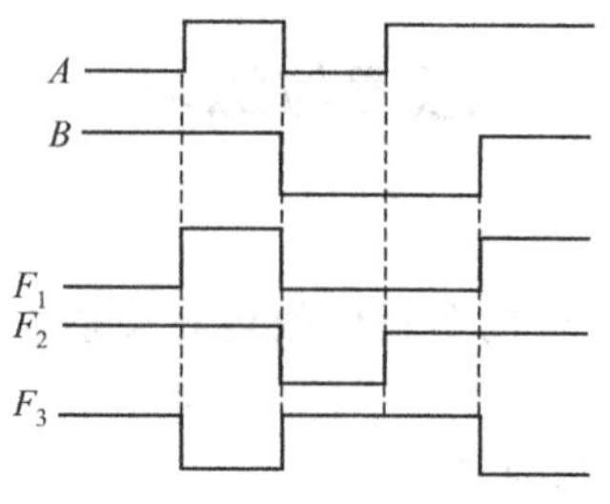

图 8-62　简述题 1 图

2. 基本逻辑门电路有哪些？各有什么特点？

3. 什么是组合逻辑电路？什么是时序逻辑电路？

4. 画出与非门组成的基本 RS 触发器符号，说明 $\overline{S}_D$ 和 $\overline{R}_D$ 两个输入端的作用。

5. 试述同步 RS、下降沿 JK、上升沿 D 等触发器的逻辑功能，并用真值表表示。

参考文献

[1] 李万升. 电工与电子技术基础 [M]. 北京：人民交通出版社，2003.
[2] 万捷. 汽车电工电子技术基础 [M]. 北京：机械工业出版社，2009.
[3] 杨艳芬. 汽车电工电子技术基础 [M]. 长沙：国防科技大学出版社，2010.
[4] 吴文民，吴政清. 汽车电工电子技术基础 [M]. 北京：金盾出版社，2009.
[5] 赵福堂. 汽车电工电子技术基础 [M]. 第 2 版. 北京：北京理工大学出版社，2009.
[6] 杨屏. 实用汽车电工电子技术 [M]. 第 2 版. 北京：机械工业出版社，2013.
[7] 任成尧. 汽车汽车电工与电子基础（新编版）[M]. 北京：人民交通出版社，2014.
[8] 吕玫. 汽车电工电子 [M]. 第 2 版. 北京：人民邮电出版社，2013.
[9] 吕爱华. 汽车电工电子技术 [M]. 第 4 版. 北京：电子工业出版社，2014.
[10] 阳鸿钧. 汽车电工电子技能速成一点通 [M]. 北京：机械工业出版社，2016.
[11] 刘春晖. 汽车电气设备检修与技术详解 [M]. 北京：机械工业出版社，2011.
[12] 臧雪岩. 汽车电工电子基础 [M]. 北京：机械工业出版社，2013
[13] 刘捷. 汽车电工电子技术基础 [M]. 北京：化学工业出版社，2015.
[14] 储克森. 汽车电工电子基础 [M]. 北京：机械工业出版社，2010.
[15] 罗富坤. 汽车电工电子技术基础 [M]. 第 2 版. 北京：机械工业出版社，2016.
[16] 刘冰、潘玉红. 汽车电工电子技术基础 [M]. 北京：人民邮电出版社，2010.